노동법 핵심이론

노동법 핵심이론 제3판

초판 발행일   2019년 11월 8일   개정판 발행일   2021년 1월 4일
제3판(전면개정) 발행일   2024년 12월 2일

지은이   이상도
펴낸이   손형국
펴낸곳   (주)북랩
편집인   선일영   편집   김은수, 배진용, 김현아, 김다빈, 김부경
디자인   이현수, 김민하, 임진형, 안유경   제작   박기성, 구성우, 이창영, 배상진
마케팅   김회란, 박진관
출판등록   2004. 12. 1(제2012-000051호)
주소   서울특별시 금천구 가산디지털 1로 168, 우림라이온스밸리 B동 B111호, B113~115호
홈페이지   www.book.co.kr
전화번호   (02)2026-5777   팩스   (02)3159-9637

ISBN   979-11-7224-381-4 13360 (종이책)   979-11-7224-382-1 15360 (전자책)

(주)북랩 성공출판의 파트너
북랩 홈페이지와 패밀리 사이트에서 다양한 출판 솔루션을 만나 보세요!
홈페이지 book.co.kr   •   **블로그** blog.naver.com/essaybook   •   **출판문의** text@book.co.kr

작가 연락처 문의 ▶ ask.book.co.kr
작가 연락처는 개인정보이므로 북랩에서 알려드릴 수 없습니다.

제3판
-전면개정-

조문 및 판례 중심 노동법 기본서

노동법

핵심이론

이상도 지음

노동법 초심자 및 수험생을 위한
노동법 박사의 명쾌한 개념 정립!

 북랩

iv

"정의의 여신이 들고 있는 저울은 공평해야 하지만 법조인의 마음속 저울은 공평해선 안 돼. 약자한테 좀 더 배려해야지. 그게 실질적인 평등이거든.

100kg 나가는 사람하고 50kg 나가는 사람하고 같은 글러브를 끼고 싸운다고 생각해 봐.

그게 공정한 경쟁이 되겠어? 예가 좀 그런가? 그러니까 월수입이 1억인 사람하고 최저생계비 이하인 사람하고 같은 죄를 지었다고 쳐 봐. 만일 이들에게 똑같이 벌금 100만 원을 매기면 한 사람한텐 껌값이지만 다른 한 사람한텐 죽으란 얘기나 마찬가지지.

그러니까 가난한 사람한테는 법에서도 뒷문을 열어줘야 해.
그게 실질적인 평등이거든."
"그러니까 법조인들의 마음속 저울은
사회적 약자 쪽으로 기울어져야 한다는 말씀이시죠?"
"그렇지. 그게 진짜 공정한 거야."

– 드라마 〈신의 저울〉

『노동법 핵심이론』은 노동법을 처음 접하는 사람이라도 노동법의 주요 내용을 짧은 시간 안에 쉽게 이해할 수 있는 교재의 필요성에 따라 출간된 노동법 기본서입니다.

이번 개정판에서는 모성보호 관련하여 2024. 10. 22. 개정, 공포된 근로기준법 및 남녀고용평등과 일·가정 양립 지원에 관한 법률을 반영하였으며, 최근 3년간의 대법원 판례 중 핵심이 되는 판례를 추가하여 효과적인 학습이 되도록 하였습니다. 또한 수험서로도 부족함이 없도록 근로기준법과 노조법을 중심으로 체계적으로 설명하였습니다. 이를 통해 노동법을 공부하는 모든 분들이 소기의 목적을 달성하기를 간절히 바랍니다.

저자의 이메일(sangcomlee@daum.net)은 항상 열려 있습니다. 본서에 대한 독자 여러분의 기탄없는 질의와 조언을 부탁드리며 저자는 이를 신속하게 지속적으로 피드백하여 노동법을 공부하는 사람들과 수험생들의 러닝메이트가 되어 함께하겠습니다.

끝으로 좋은 책이 출간될 수 있도록 아낌없는 지도와 조언을 해주신 이상덕 前 계명대학교 법과대학 교수님께 깊이 감사드리며, 자신의 일처럼 생각하고 지원을 해주신 김성광 사무관(前 전국공무원노동조합 사무처장)님과 영남대학교 하귀룡 교수, 그리고 이 책의 출간을 위하여 세심하게 살펴준 김회란 본부장님을 비롯한 (주)북랩 직원 여러분에게도 감사의 뜻을 전합니다.

2024년 12월
저자 이상도

약어표

[법령]

근로기준법: 근기법

근로자퇴직급여보장법: 근퇴법

기간제 및 단시간근로자 보호 등에 관한 법률: 기단법

남녀고용평등과 일·가정 양립 지원에 관한 법률: 남녀고평법

노동조합 및 노동관계조정법: 노조법

노동위원회법: 노위법

노동위원회규칙: 노위칙

산업안전보건법: 산안법

산업재해보상보험법: 산재법

최저임금법: 최임법

파견근로자보호 등에 관한 법률: 파견법

참고
문헌

I. 참고 서적

김유성, 『노동법(II)』, 법문사, 1997.

김지형, 『근로기준법해설』, 청림출판, 2001.

김형배, 『노동법』, 박영사, 2007.

김형배·박지순, 『노동법강의』, 신조사, 2014.

박홍규, 『노동단체법』, 삼영사, 2002.

이병태, 『최신노동법』, 중앙경제사, 2008.

이상덕, 『노동법의 기본이론』, 계명대학교 출판부, 2012.

이상덕·이학춘·이상국·고준기, 『노동법(II)』, 대명출판사, 2004.

이상윤, 『노동법』, 법문사, 2019.

이철수, 『노동법』, 현암사, 2023.

임종률, 『노동법』, 박영사, 2014.

정병석·김헌수, 『최저임금법』, 법원사, 1988.

管野和夫, 『勞動法』, 弘文堂, 2005.

II. 참고 논문

김홍영, 「부당해고 구제절차에서의 금전보상제도 및 이행강제금제도」, 한국노동법학회, 2007.

문무기, 「부당해고의 구제와 취로청구권」, 서울대 노동법연구 제5호, 1996.

문무기·윤문희·이철수·박은정, 「임금제도 개편을 위한 노동법적 과제」, 한국노동연구원, 2006.

최영호, 「교육훈련비 반환약정과 근로기준법 제27조」, 서울대 노동법연구 제10호, 2001.

· 제1편 ·
노동법 서론

· 제2편 ·
근로기준법

· 제3편 ·
노동조합 및 노동관계조정법

· 제4편 ·
그 밖의 노동법

제1편
노동법 서론

제1장
노동법 총설

제1절 노동법의 의의

Ⅰ 노동법의 개념

일반적으로 노동법은 자본주의 사회에서 근로자가 인간다운 생활을 할 수 있도록 노동관계를 규율하는 법을 의미하지만, 실제로는 근로자가 사용자에게 노동력을 제공함에 있어 사용자의 지휘와 감독을 받으며 노무를 제공하는 종속노동관계[1]를 규율하는 법규의 총체를 말한다. 이러한 노동법은 규율대상에 따라 개별적 근로관계법과 집단적 노사관계법으로 양분할 수 있는데 개별적 근로관계법은 국가의 적극적 개입을 통한 근로자의 보호를 특징으로 근로자 개인과 사용자 사이의 근로계약의 체결, 변경 및 준수, 해지를 둘러싸고 발생하는 법률관계에 대하여 규율하는 법령을 말한다. 예컨대 개개의 근로자와 사용자를 상대로 한 법체계에 해당하는 근로기준법, 근로자퇴직급여보장법, 최저임금법 등이 여기에 해당한다.

집단적 노사관계법은 노동조합을 중심으로 한 근로자단체와 사용자 또는 사용자단체 간에 집단적 법률관계를 규율하는 법규를 말한다. 즉, 개별적 근로관계에서 근로자와 사용자간에 실질적인 근로자의 권익을 보호하기가 어려운 경우에 근로자가 주체가 되어 노동조합을 결성하거나, 노사간의 교섭, 분쟁이 발생하는 경우에 이를 자주적으로 해결하도록 하는 것을 목적으로 한다. 다만 노사 당사자 간의 해결이 곤란한 경우에는 국가기관의 조정이나 심판 등의 조력을 받아 집단적 노사문제를 신속히 해결하는 역할을 한다. 노동조합 및 노동관계조정법, 근로자참여 및 협력증진에 관한 법률, 노동위원회법 등이 이에 속한다.

---

1) 사용종속관계라는 용어를 사용하기도 한다.

Ⅱ 노동법의 성격

1. 강행성

노동법은 근로자와 사용자 사이의 근로계약관계에 개입하여 근로조건에 관한 강행법적 기준을 제시하고 사용자를 규율한다. 따라서 노동법보다 낮은 근로조건을 정하는 근로계약은 그 부분에 관하여 무효가 되고(강행적 효력), 무효가 된 부분은 동법이 정하는 기준에 따른다(보충적 효력). 노동법은 특히 사용자에게 여러 가지 의무를 부과하고 이를 이행할 것을 강제하는 법규이다. 이러한 의무는 사용자에게 근로조건의 최저기준을 준수하게 하는 공법상의 의무를 말하며, 이를 위반할 때에는 벌칙이 적용된다.

2. 공법과 사법의 혼합

노동법은 국가가 사용자에게 법률에 따라 의무를 부과하고 이를 준수할 것을 강제하는 공법적 성격을 지닌다. 이것은 국가가 근로관계에 개입하는 것을 의미하며, 근로자의 불평등·불이익 등을 시정하고 근로조건의 유지·개선을 통하여 국민경제발전, 즉 전체사회의 공공복리를 도모하고자 하는 것이다. 한편으로 노동법은 계약자유의 원칙에 따라 근로조건에 관한 계약적 요소를 자유로이 체결할 수 있는 사법적 성격 또한 지닌다. 따라서 노동법은 최저기준으로서 법정기준을 제시하고 사용자에게 이를 준수하도록 강제하는 동시에, 당사자의 자유의사에 따른 근로계약의 체결을 보장하는 면에서 공법적 성격과 사법적 성격이 혼합되어 있는 이중성을 띠게 된다.

3. 집단적 자치

노동법은 집단적 자치의 성격을 지닌다. 즉, 사용자와 근로자는 단체교섭, 단체협약 등을 통하여 실질적 대등관계의 형성 및 노사자치를 실현하고 있으며, 이러한 집단적 자치는 산업평화의 이념과도 직결된다.

제2절 **노동법의 법원과 순위**

Ⅰ 노동법의 법원

1. 법원의 의의

노사간에 근로계약을 둘러싸고 개별적인 분쟁이 생겼을 경우 어떠한 기준을 적용하여 해결할 것인가가 문제이다. 이러한 경우에 기준으로 삼는 규범을 법원이라 하며 이는 재판의 기준이 되는 규범이다.

2. 법원의 종류

⑴ 법률

노동관계 법률은 국회의원이나 대통령이 발의하여 국민의 대표기관인 국회의 의결을 거쳐 제정되는 중요한 법원이다.[2] 최상위법인 헌법(제32조, 제33조) 또한 노동법의 법원으로서 중요한 의미를 지닌다.

⑵ 조약

헌법에 의하여 체결·공포된 조약과 일반적으로 승인된 국제법규는 국내법과 같은 효력을 가지며(헌법 제6조 제1항), 대표적인 것으로 ILO(국제노동기구) 협약이 있다. 다만, 국회의 비준을 받아 공포된 후에 국내 노동법원이 된다.

⑶ 단체협약·취업규칙

단체협약은 노동조합과 사용자 또는 사용자단체와의 사이에서 이루어지는 집단적 합의형태의 계약문서로서 노동조합 및 노동관계조정법 제33조[3]에 따라 노동법의 법원성을 지닌다.

---

2) 이들 법률에 부속된 명령(시행령, 시행규칙) 역시 법원이 된다.
3) "단체협약에 정한 근로조건 기타 근로자의 대우에 관한 기준에 위반하는 취업규칙 또는 근로계약의 부분은 무효로 한다. 이 경우 무효로 된 부분은 단체협약에 정한 기준에 의한다"고 하여 단체협약의 규범적 효력을 승인하고 있다.

취업규칙은 근로조건을 규정하는 동시에 사용자가 사업장에서 근로자가 준수해야 할 구체적인 사항을 정한 규범으로 근로기준법 제97조[4]에 따라 취업규칙도 법원성을 지닌다.

(4) 노동관행

단체협약이나 취업규칙 등에 있어서 명확한 규정은 없으나, 노사간에 하나의 집단적 규범으로 인식되어온 행위를 노동관행이라고 한다. 노동관행은 그 자체로서 어떠한 법적 효력을 가진다고 할 수 없으나 일정한 관행적 사실이 당사자의 규범적 의식에 투영되어 계속되어 온 경우에는 사실상 관습의 성립이 인정되고 계약의 내용이 되어 법원성을 지닌다.

(5) 행정해석

행정기관에 의한 법의해석을 말하며 예규라고도 한다. 행정해석은 법원으로서의 성격은 부인되고 있으나 실제 법령의 운용에 있어서는 일관된 업무수행이나 통일된 법해석을 위하여 중요한 의미를 지닌다. 특히 근로기준법에서는 많은 부분이 고용노동부를 중심으로 행정해석이 내려지고 법규위반의 방지, 시정지시가 행해지고 있는 실정이다. 최근에는 학설, 판례가 성숙하고 안정적으로 해석이 행해지고 있어 제도의 실제적 운용에 있어 행정해석이 주도적 역할을 해나가고 있다.

(6) 판례

재판에 있어서의 선례를 말하며 성문법주의 국가인 우리나라에서는 원칙적으로 법원이 아니다. 하지만, 산업구조의 급변에 비하여 노동입법은 즉시 현실에 뒤따를 수 없어 법과 현실 간에 빈틈이 발생할 수밖에 없고, 이러한 틈을 잠정적으로 판례에 의하여 보충될 수밖에 없으므로 판례가 반복되어 법적 확신을 가지기에 이른 경우 법원으로 인정될 수 있다.

---

4) "취업규칙에서 정한 기준에 미달하는 근로조건을 정한 근로계약은 그 부분에 관하여는 무효로 한다. 이 경우 무효로 된 부분은 취업규칙에 정한 기준에 따른다"고 정하여 취업규칙의 강행적 효력과 보충적 효력을 인정하고 있다.

Ⅱ 노동법의 적용순위

1. 일반원칙

원칙적으로 규범형식의 상호 간에는 상위규범이 하위규범에 우선하는 효력이 있으므로 노동법에도 원칙적으로 상위규범 우선의 원칙이 적용된다. 따라서 헌법은 일반 법률에 우선적으로 적용되며, 일반법률(근로기준법), 단체협약, 취업규칙, 근로계약의 순서로 우선순위가 적용된다.

2. 유리한 조건 우선의 원칙

상위규범과 하위규범이 충돌할 때 하위규범이 근로자에게 유리한 조건을 규정하고 있다면 하위규범의 유리한 내용이 적용되는데 이를 유리한 조건 우선의 원칙이라 한다. 따라서 취업규칙이 근로계약보다는 상위규범이지만 하위규범인 근로계약 내용이 근로자에게 유리하다면 근로계약에 정한 근로조건이 취업규칙보다 우선하여 적용된다.[5] 다만, 단체협약과 취업규칙과의 관련하에서 단체협약을 개정해 취업규칙의 근로조건보다 불리한 수준으로 변경한 경우에는 유리한 조건 우선의 원칙이 적용되지 않는다.[6]

3. 신규범 우선의 원칙

동등한 순위의 규범들 상호 간에는 시간적 선후관계가 있을 때에는 나중에 성립된, 즉 새롭게 성립된 규범이 우선적 효력을 가진다. 이를 신규범 우선의 원칙이라 한다. 사용자가 새로이 취업규칙을 변경한 경우에 변경전 내용보다 근로자에게 불리하다고 하더라도, 근로자 과반수 또는 노동조합의 동의를 얻는 등 적법한 변경절차를 밟아 유효하게 변경되었다면,[7] 변경전 취업규칙은 소멸되고 새로이 변경된 취업규칙만이 적용된다.

---

5) 대판 2019.11.14, 2018다200709.
6) 대판 2002.12.27, 2002두9063.
7) 근로기준법 제94조 제1항 단서.

4. 특별규정 우선의 원칙

동등한 순위의 규범들이 충돌되는 경우에도 일반적인 법원칙에 따라 특별법이 우선하여 적용된다. 예컨대 선원인 근로자에게는 근로기준법보다 특별법인 선원법이 적용되며, 산업별로 조직된 노동조합의 연합단체가 사용자단체와 단체협약을 체결하고 있더라도 기업별 단위노동조합이 사용자와 체결한 단체협약이 있을 경우에는 개별 사업장의 단체협약이 특별규범으로 우선하여 적용된다. 또한 하나의 사업장에서 취업규칙으로 징계에 관한 사항을 규정하고 보다 구체적·세부적으로 징계규정을 정한 경우에 취업규칙과 징계규정은 동일한 효력을 가지게 되나, 징계규정이 취업규칙보다 특별규정으로서 우선적으로 해석되어야 한다.

관련 판례1 대판 2019.11.14, 2018다200709.

유리한 조건 우선의 원칙

근로자에게 불리한 내용으로 변경된 취업규칙은 집단적 동의를 받았다고 하더라도 그보다 유리한 근로조건을 정한 기존의 개별 근로계약 부분에 우선하는 효력을 갖는다고 할 수 없다. 이 경우에도 근로계약의 내용은 유효하게 존속하고, 변경된 취업규칙의 기준에 의하여 유리한 근로계약의 내용을 변경할 수 없으며, 근로자의 개별적 동의가 없는 한 취업규칙보다 유리한 근로계약의 내용이 우선하여 적용된다.

관련 판례2 대판 2002.12.27, 2002두9063.

단체협약의 불리한 변경에 따른 취업규칙과의 충돌

단체협약의 개정 경위와 그 취지에 비추어 볼 때, 단체협약의 개정에도 불구하고 종전의 단체협약과 동일한 내용의 취업규칙이 그대로 적용된다면 단체협약의 개정은 그 목적을 달성할 수 없으므로 개정된 단체협약에는 당연히 취업규칙상의 유리한 조건의 적용을 배제하고 개정된 단체협약이 우선적으로 적용된다는 내용의 합의가 포함된 것으로 보아야 할 것이다.

제2장
노동기본권

　노동기본권이란 근로자의 생존권 확보를 위하여 헌법에서 보장하고 있는 근로자의 기본적인 권리, 즉 근로권과 노동3권을 말한다. 헌법 제32조 제1항에서 모든 국민은 근로의 권리를 가진다고 하여 근로의 권리를 보장함과 동시에 헌법 제33조 제1항에서 근로자는 근로조건의 향상을 위하여 자주적인 단결권·단체교섭권 및 단체행동권을 가진다고 규정하고 있다. 또한 노동기본권은 국민의 생존확보를 위하여 보장된 기본권이므로 보통 생존권적 기본권이라고 하며, 근로자의 경제적·사회적 지위향상을 위한 것이므로 경제적 기본권[8]이라고도 한다. 이것은 특히 사회적 약자로서 근로자의 생존권 보호를 위하여 근로자에게만 인정되는 특유한 기본권이다.

제1절 근로권

Ⅰ 헌법상의 의의

　헌법 제32조 제1항은 "모든 국민은 근로의 권리를 가진다"고 선언하여 이른바 근로권을 보장하고 있다. 여기서 '근로의 권리'가 법률적으로 어떠한 내용과 성격을 가지는가에 대해 헌법의 명문에 의하면 모든 국민의 권리라고 되어 있으므로, 성별이나 연령·학력 등의 제한 없이 모든 국민이 근로의 권리를 가진다고 보아야 한다. 따라서 근로의 권리는 현재 근로계약관계에 있지 않은 일반 국민까지 그 주체로 한다. 헌법의 입법정신은 엄격한 의

---

8)　그러나 경제적 기본권의 개념은 보통 일반 헌법학에서 보편적으로 사용되고 있지 않으며, 또한 그 의미가 통일된 명칭이라고도 할 수 없다.

미에서는 근로관계에 있는 근로자만의 생존확보를 목적으로 하는 것이 아니고, 장차 근로계약관계를 예상하고 있는 자들도 그 보호의 대상으로 하기 때문이다. 따라서 근로의 권리는 '모든 국민'을 위한 권리이되, 특히 근로대중의 기본권이라고 해야 한다.

헌법 제32조 제2항은 "모든 국민은 근로의 의무를 진다"고 하여 근로의 의무를 규정하고 있다. 이 근로의 의무는 그 전제로서 근로의 의사와 능력을 가지고 있는 자에게 국가는 근로의 기회를 제공하여야 한다는 것에 대한 헌법상 근거를 부여한 것으로 보아야 한다. 또한, 헌법 제32조 제1항 후단에서 "국가는 사회적·경제적 방법으로 근로자의 고용 증진과 적정임금의 보장에 노력하여야 하며, 법률이 정하는 바에 의하여 최저임금을 시행하여야 한다"고 하여 국가의 의무를 명시하고 있다. 이에 따라 국가는 고용보험법, 직업안정법, 최저임금법 등을 제정하여 국민의 근로권에 대한 국가의 정책의무를 부담하고 있다.

Ⅱ 근로권의 내용

1. 취업권

(1) 취업권의 의의

취업권이란 근로의 의사와 능력이 있는 자가 국가에 대하여 근로의 기회를 요구할 수 있는 권리를 말한다. 이것은 근로의 의사와 능력은 있어도 취업할 기회를 갖지 못하여 현실적으로 실업 중에 있는 자가 국가에 대하여 취업할 기회를 부여해 달라고 요구하는 것이므로 엄밀한 의미에서 취업요구권이라고 보아야 한다. 그러나 취업의 기회를 요구한다고 해도 사유재산제와 기업의 자유를 보장하고 있는 국가에서 그 요구를 모두 받아들인다는 것은 현실적으로 불가능하다. 다만, 국가는 구직자에게 적극적으로 고용을 실현할 정책적 의무를 부담하므로 국민은 이의 실시를 촉구할 권리를 가진다고 본다.

(2) 취업권의 보장 범위

취업권의 보장은 실업 중인 자가 근로의 기회를 새로이 가지는 권리뿐만 아니라 취업 중에 근로자가 부당한 해고를 당하지 않으면서 계속 취업을 유지할 수 있는 권리까지도 포함시켜야 한다. 다만, 취업의 요구와 아울러 취업상태의 안정에까지 근로권을 확대해석하는 것이 과연 타당한가에 대하여는 논란의 여지가 있으나, 근로자의 인간다운 생존을 실질적으로 보장해야 한다는 생존권적 기본권의 입법정신으로 보아 큰 무리는 없을 것이다. 현행 근로기준법 제23조도 사용자의 부당한 해고를 제한하는 규정을 함으로써 헌법상 근로권의 조항과 합치하는 법리를 구성하고 있다.

2. 생활비청구권

생활비청구권이란 국가가 근로의 기회를 제공할 수 없는 경우, 이에 상응하는 생활비의 지급을 국가에 요구할 수 있는 권리를 말한다. 이는 경제적 민주주의국가의 이념을 실현하고자 하는 취지에는 부합하나 근로의 권리는 국가에 대하여 직접 일자리를 청구하거나 일자리에 갈음하는 생계비의 지급청구권을 의미하는 것이 아니라 고용증진을 위한 사회적·경제적 정책을 요구할 수 있는 권리에 그친다고 보아야 한다.[9]

3. 근로권의 실질적 보장

헌법은 근로권의 현실적인 보장을 위하여 적정임금의 보장에 관한 규정을 정하고 있다(헌법 제32조 제1항 후단). 여기서 말하는 "적정임금"이란 최저임금과는 약간 다른 개념으로 근로자와 그의 가족이 건강하고 문화적인 생활을 영위하는데 필요한 임금수준이라고 할 수 있다. 또한, 헌법에서는 근로조건의 기준으로 인간의 존엄성을 보장하도록 법률로 정하고 있고(동조 제3항), 여자와 연소자의 근로에 관한 특별보호를 규정하고 있다(동조 제4항 및 제5항). 이 밖에 국가유공자, 상이군경 및 전몰군경의 유가족에게 우선적으로 근로의 기회를 부여하도록 규정하고 있다(동조 제6항).

---

9) 헌재 2002.11.28, 2001헌바50.

제2절 **단결권**

❶ **단결권의 개념**

　헌법은 근로자의 단결권을 보장함으로써 자주적인 노사관계의 형성과 노사간의 실질적 평등을 기대하고 있다. 여기서 "단결"이란 근로자들의 이익집단이 하나의 공동목적 달성을 위해 구성한 계속적 결합을 의미하며, "단결권"이란 근로조건의 유지개선을 목적으로 사용자와 대등한 지위에서 교섭할 수 있는 단결체를 결성하고, 여기에 가입할 수 있는 권리를 말한다. 이때 단결체의 보장과 활동은 노동조합의 결성에 의하여 구체화된다. 따라서 일시적 단체인 쟁의단은 노동쟁의와의 관계에서 하나의 통일체를 이루는 데 불과하며, 단체교섭을 통하여 체결한 단체협약을 계속적으로 이행해야 할 주체로 인정하기 곤란하다.[10] 한편, 근로자는 노동조합이라는 단체를 배경으로 하여 사용자와 실질적인 대등관계를 확보할 수 있으며, 단체교섭을 통하여 그들의 근로조건의 유지개선과 권익의 증진을 도모할 수 있다. 노동3권의 핵심은 단체교섭권에 있으나, 단결권을 전제로 하지 않는 한 아무런 의미가 없다.

❷ **근로자 개인의 단결권과 근로자단체의 단결권**

　헌법 제33조 제1항은 근로자 개인만이 단결권의 주체인 것처럼 되어 있으나, 그 실제에 있어서 노동조합의 단결권까지 함께 보장하고 있다.

1. **근로자 개인의 단결권**

　근로자 개인의 단결권이란 근로자가 자유로이 노동조합을 조직할 수 있는 권리와 그가 원하는 노동조합에 가입하고 그 조합에 머무를 수 있는 권리를 의미한다. 이와 같은 권리를 개별적 단결권이라고 한다.

---

10)　김형배, 『노동법』, p.148.

2. 근로자단체의 단결권

근로자단체의 단결권이란 노동조합 자체의 조직을 유지·확대하고 자주적이고 민주적인 의사결정에 따라 연합단체에 가입하거나 소속된 연합단체로부터 탈퇴할 수 있는 권리를 말한다.[11] 이와 같이 근로자단체의 단결권을 인정하는 이유는 국가가 노동조합의 존립과 그 활동을 침해한다면 아무리 근로자 개인의 단결권을 인정한다고 해도 단결권 보장이 현실적으로 유명무실해져 버리기 때문이다.

3. 소극적 단결권과 적극적 단결권

헌법 제33조 제1항의 단결권이 적극적 단결권(단결을 할 권리)만을 보장하는 것인지, 아니면 소극적 단결권(단결하지 아니할 자유)까지도 포함하는지의 견해가 나뉘고 있으나, 헌법이 근로자에 대해서만 일반적인 결사의 자유와 구별되는 단결권을 보장한 취지로 보아 적극적 단결권만 보장한 것으로 보인다. 즉, 단결권 보장의 이념은 근로자의 생존권 실현에 있으며, 그 실현은 적극적인 단결을 통해서 이룰 수 있으므로 단결 자체의 적절한 행사를 위해서는 어느 정도의 단결강제는 용인되어야 한다. 따라서 소극적 단결권은 적극적 단결권과 동등하게 보호될 수는 없다고 보아야 한다.

제3절 단체교섭권

❶ 의의

단체교섭권은 근로자가 노동조합의 조직력을 배경으로 근로조건의 유지·개선 그 밖에 근로자의 경제적·사회적 지위향상을 주된 목적으로 사용자와 교섭하는 권리를 말한다.

---

11) 대판 1992.12.22, 91누6726.

단결권은 단결 그 자체만으로는 무의미하며, 단결의 존재의의는 사용자와 단체교섭을 전개함으로써 노동법의 본래 목적을 달성할 수 있다. 이러한 단체교섭권에 대하여 국가는 그 자유를 제한하거나 금지해서는 아니 되며, 우리나라는 단체교섭권을 헌법 이외에 실정법에서 별도로 보장하고 있다. 즉, 노조법 제29조 제1항은 "노동조합의 대표자는 그 노동조합 또는 조합원을 위하여 사용자나 사용자단체와 교섭하고 단체협약을 체결할 권한을 가진다"고 규정하고 있고, 동법 제30조 제2항은 "노동조합과 사용자 또는 사용자단체는 정당한 이유 없이 교섭 또는 단체협약의 체결을 거부하거나 해태할 수 없다"고 규정하고 있다. 더욱이 노조법 제81조 제3호에서 단체교섭거부를 부당노동행위의 한 유형으로 명시하여 금지하고 있다. 이에 따라 사용자는 노동조합의 교섭요구에 응해야 할 의무를 지며, 노동조합은 사용자에게 단체교섭에 응할 것을 요구할 권리를 가지게 된다.

⑪ 단체교섭권의 성질

1. 노동조합의 권리

단체교섭권은 근로자 개인이 아닌 전체 근로자의 문제를 그 교섭의 대상으로 한다. 따라서 단체교섭권은 근로자단체, 즉 노동조합에 대하여 인정된 권리로서 근로자 개인이 개별적으로 행사하지 못하며, 노동조합의 간부라 하더라도 사적으로 행사할 수 없다.

2. 대사용자성의 권리

단체교섭권은 직접적으로 사용자에 대한 관계에서 보장된 권리이다. 노동조합이 정당하고 합리적인 방법으로 단체교섭을 요구할 경우 사용자는 이에 응해야 하며, 정당한 이유 없이 단체교섭을 거부하거나 해태하면 부당노동행위가 된다. 그러나 사용자의 단체교섭 응낙의무는 반드시 노동조합이 요구하는 내용을 수용하는 것을 의미하지 않는다. 또한, 노동조합의 요구사항이 사용자의 지위에서 처리할 수 있는 성질이 아닌 경우에 사용자는 단체교섭을 거부하거나 중단할 수 있다. 단체교섭권은 근로조건의 유지·개선에 국한할 필요는 없으며, 근로자들의 경제적·사회적 지위향상에 관한 사항도 그 대상이 된다. 경영권

사항은 사용자의 고유한 권한으로서 원칙적으로 단체교섭의 대상이 될 수 없으나 근로조건과 밀접한 관련을 갖고 있는 경우에는 단체교섭의 대상이 될 수 있다고 보아야 한다.

3. 민·형사상 면책받을 권리

노조법 제3조에 의한 민사면책조항에 의하면 사용자는 단체교섭으로 손해를 입은 경우에 노동조합 또는 근로자를 상대로 손해배상청구를 할 수 없다. 또한, 사용자는 정당한 쟁의행위로 인하여 손해를 받은 경우에도 노동조합이나 근로자에게 손해배상을 청구할 수 없다. 그러나 쟁의행위가 위법인 경우에 사용자는 민법상 채무불이행(민법 제390조) 또는 불법행위(민법 제750조)를 이유로 손해배상청구를 할 수 있다. 이때 쟁의행위 전체가 목적이나 수단에서 위법성이 있으면 손해배상책임의 주체는 노동조합 자체이고, 전체 쟁의행위 중에 개개의 행위가 부당한 경우에는 그 해당 조합원인 근로자 개인이 주체가 된다.

노조법 제4조는 노동조합의 단체교섭 행위에 대해 형법 제20조에 의한 정당행위로 보아 면책규정을 두고 있다. 즉, 형법 제20조에 의하면 "법령에 의한 행위 또는 업무로 인한 행위 기타 사회상규에 위반되지 아니하는 행위는 벌하지 아니한다"고 명시하고 있으므로, 단체교섭에 관한 행위도 법령에 의한 면책사유에 해당한다고 보아야 한다.

제4절 **단체행동권**

---

❶ 의의

단체행동권은 단체교섭을 근로자가 유리하게 전개할 수 있도록 노동조합이라는 단결체에 보장된 쟁의행위를 할 수 있는 권리를 말한다. 단체행동권은 그 성질상 사용자에게 압력을 가하여 노동조합의 요구조건에 응하도록 하는 투쟁수단으로 사법상 이해관계 당사자의 권익을 침해할 경우가 많다. 그럼에도 불구하고 헌법 또는 실정법에 의하여 단체행동권을 허용함으로써 법적 분쟁의 여지를 제거한 것이라 할 수 있다.

⑪ 단체행동권의 보장

실정법상 쟁의행위는 능동적인 쟁의수단이기 때문에 외부로부터의 침해보다 오히려 그 쟁의행위 자체가 어느 정도까지 정당성을 갖는가 하는 논란이 제기된다. 헌법에서 단체행동권을 보장하고 있는 이상 실정법에 의하여 근로자의 정당한 쟁의행위는 원칙적으로 민사상 또는 형사상의 책임이 면제된다(노조법 제3조 및 제4조). 또한, 노동조합을 결성하지 않은 일시적 조직체로서 쟁의단이나, 법외노조라도 쟁의행위에 대하여 그 정당성이 인정되는 한 형사상·민사상의 면책을 인정해야 한다. 그러나 현실로 행하여지는 쟁의행위가 목적과 방법 및 절차에 있어서 헌법에 보장한 단체행동권의 보장취지를 일탈할 경우에는 정당성을 상실한다.

⑫ 단체행동권의 범위

1. 쟁의권

단체행동권의 범위는 실정법에 의한 행위뿐만 아니라 헌법적 차원에서 보호할 가치가 있는 광범위한 행위를 의미한다. 따라서 실정법에 명시되지 아니한 행위라도 ① 노동3권과 밀접한 관련이 있거나, ② 노동조합의 본질적 행위나 부수적 행위, ③ 그 밖에 근로조건의 유지개선을 위하여 기대되는 행위가 모두 규율대상이 된다. 단체행동권에서 본질적인 내용이 되는 범위는 노동조합이 단체교섭을 유리하게 전개하기 위하여 쟁의행위를 할 수 있는 권리이다. 이 경우 쟁의행위의 범위는 노조법 제2조 제6호에 명시된 규정에 따라 파업·태업·직장폐쇄 기타 노동관계 당사자가 그 주장을 관찰할 목적으로 행하는 행위와 이에 대항하는 행위로서 업무의 정상적 운영을 저해하는 행위를 포함한다.

2. 조합 활동권

조합 활동권이란 근로자단체의 조직운영에 필요한 일상적 활동을 의미하는 것으로 여기에는 미조직 근로자에 대한 조직 확대활동, 조합원에 대한 복리활동 및 쟁의행위와 관련된 홍보활동 등을 포함한다. 다만, 조합의 활동은 취업규칙이나 단체협약에 별도의 허용규정이 있거나 관행 또는 사용자의 승낙이 있는 경우 이외에는 근무시간 외에 행해져야 하며, 그 활동에 필요한 최소한도 내에서 사업장의 일부를 이용·점거하는 데 그쳐야 한다.

Ⅳ 단체행동권의 한계

1. 최소제한의 원칙

단체행동권이 헌법상 기본권으로서 보장되고 있다 하더라도 단체행동의 성격상 국민경제나 일반 공중에게 미치는 영향이 크기 때문에 모든 행위를 정당한 것으로 볼 수 없다. 따라서 단체행동권은 근로자들의 생존권실현을 위한 마지막 실력행사의 일환이므로 헌법의 이념과 조화를 이루되, 최소한의 범위 내로 제한되어야 한다.

2. 목적에 의한 한계

단체행동권의 행사는 어디까지나 노사 쌍방이 대등한 입장에서 근로자의 근로조건을 유지·개선 또는 경제적·사회적 지위의 향상을 위한 단체교섭을 하는 목적행위에 한하여 정당성이 인정된다. 이때 대사용자관계에서 사용자가 법률적 또는 사실적으로 처리할 수 있는 사항에서만 정당성이 있는 것으로 해석하여야 한다.

3. 방법에 의한 한계

단체행동권의 행사는 방법의 측면에서 정당성이 있어야 한다. 즉 폭력을 행사하는 방법으로 하여서는 아니 된다. 다만, 헌법상 노동기본권과 함께 재산권을 보장하고 있는 취지에 비추어 정당한 쟁의행위로 인한 업무의 정지나 폐지 등으로 경제적 손실이 발생하더라도 사용자는 이를 용인·감수하여야 한다.

4. 업무의 성격에 따른 한계

공무원인 근로자는 법률이 정하는 자에 한하여 단결권·단체교섭권 및 단체행동권을 가진다(헌법 제33조 제2항). 사실상 노무에 종사하는 공무원을 제외하고는 단체행동권이 인정되지 않는다.

5. 사업의 성격에 따른 한계

사업의 성격상 법률이 정하는 주요방위산업체에 종사하는 근로자의 단체행동권은 법률이 정하는 바에 의하여 이를 제한하거나 금지할 수 있다(헌법 제33조 제3항). 노조법 제41조 제2항에 의하면 「방위사업법」에 의하여 지정된 주요방위산업체에 종사하는 근로자 중 전력, 용수 및 주로 방산물자를 생산하는 업무에 종사하는 자는 쟁의행위를 금지하고 있다.

제2편
근로기준법

제1장
총설

제1절 근로기준법의 의의와 목적

I 의의

근로기준법은 근로계약관계에 의하여 근로자 개인과 사용자 사이에서 전개되는 법률관계를 규율하는 법으로[1] 근로관계의 존속 및 종료에 이르기까지 근로자의 인간다운 생활을 보장하고자 근로조건의 기준을 정하고 있는 근로기준보장법으로 정의할 수 있다. 이는 근로계약의 당사자가 자유로이 결정하여야 할 근무조건에 대하여 국가가 근로기준보장법을 제정하여 개입함으로써 전통적인 시민법체계하에서의 계약자유의 원칙에 수정을 의미하는 것이다.[2]

II 목적

헌법은 제32조 제3항에서 "근로조건의 기준은 인간의 존엄성을 보장하도록 법률로 정한다"고 하여 위임입법의 근거를 명시하고 있다. 이에 따라 제정된 근로기준법은 근로조건의 기준을 정함으로써 근로자의 기본적 생활을 보장, 향상시키는 것을 목적으로 하며, 이러한 근로자의 기본적인 생활을 보장, 향상시키는 결과에 의하여 균형 있는 국민경제의 발전을 도모하고 있다(근기법 제1조 참조). 근로자의 기본적 생활의 보장, 향상이란 근로자 본인뿐만 아니라 그 가족의 생활도 고려하여 기본적 생활의 정도를 판단하여야 한다. 또한, 근로기준법은 경제적으로 우월적 지위에 있는 사용자가 근로조건을 일방적으로 결정하

---

1) 대판 1992.6.23, 91다19210.
2) 이상윤, 『노동법』, p.81.

는 것을 예방하고, 근로계약의 체결에서부터 종료에 이르기까지 근로관계 전반에 관하여 개별 근로자의 보호를 목적으로 한다.

제2절 **근로기준법의 기본원칙**

근로기준법은 헌법 제32조 제3항에 따라 인간으로서의 존엄성을 보장하기 위하여 근로조건의 결정·균등처우·강제근로의 금지·폭행의 금지·중간착취의 배제·공민권 행사의 보장 등에 관한 기본원칙을 규정하고 있다.

Ⅰ 근로조건의 결정

근로조건은 근로자와 사용자가 동등한 지위에서 자유의사에 따라 결정하여야 한다(근기법 제4조). 이는 형식적인 의미뿐만 아니라 실질적인 의미에서도 노사간에 동등한 입장에서 자유의사에 의거하여 근로조건을 결정하여야 함을 의미한다. 그러나 사용자의 사회·경제적 지위에 비하여 근로자는 이에 대항할 만한 힘을 가지고 있지 않으므로 사실상 동등한 지위를 기대하기란 어려움이 있다. 따라서 근로기준법에서는 제5조에서 근로자와 사용자 각자에게 단체협약, 취업규칙과 근로계약을 지키고 성실하게 이행할 의무를 규정하여 노사 대등의 지위를 보강해 주는 기능을 하고 있다.

Ⅱ 균등한 처우

1. 의의
사용자는 근로자에 대하여 남녀의 성을 이유로 차별적 대우를 하지 못하고, 국적·신앙 또는 사회적 신분을 이유로 근로조건[3])에 대한 차별적 처우를 하지 못한다(근기법 제6조). 이 규정을 균등처우의 원칙이라고 하며, 모든 국민은 법 앞에 평등하다는 헌법 제11조의 평등권을 근로관계에 반영하여 구체화한 것이다.[4])

2. 금지되는 차별사유

(1) 남녀의 차별

남녀의 차별적 대우란 합리적 이유 없이 남성 또는 여성이라는 이유로 임금을 포함한 근로조건 전반에 있어서 차별대우와 결혼 또는 임신·출산 등의 사유로 여성 근로자의 채용 또는 그 밖의 불리한 조치를 하는 경우를 말한다. 다만, 근로기준법 제5장에서 여성 근로자에 대한 특별보호조항을 두고 있는데, 이는 여성 근로자의 육체적·생리적 특수성을 감안한 모성을 보호하고자 하는 것으로 제6조의 차별대우에 해당되지 않는다.

(2) 국적에 의한 차별

국적이란 국적법상의 지위를 가리키는 것으로 국적을 이유로 하는 근로조건의 차별은 금지된다.

(3) 신앙에 의한 차별

신앙이란 종교적 신앙만을 가리키는 것이 아니라, 정치적인 신념·신조까지도 포함된다. 다만, 종교 또는 정치적 목적활동을 사업의 주된 내용으로 하는 경향사업체인 경우에는 해당 종교나 목적활동에 반하는 행위를 한 근로자에 대한 규제는 차별대우에 해당하지 않는다.

(4) 사회적 신분에 의한 차별

사회적 신분이란 사람이 태어나면서부터 선천적으로 가지고 있는 지위 또는 후천적

---

3) 대판 1992.6.23, 91다19210. 근로조건이란 사용자와 근로자 사이의 근로관계에서 임금·근로시간·해고·기타 근로자의 대우에 관하여 정한 조건을 말한다.
4) 노조법(제9조)에서도 조합원 차별대우 금지의 내용을 규정("조합원에 대하여 어떠한 경우에도 인종, 종교, 성별, 연령, 신체적 조건, 고용형태, 정당 또는 신분에 의하여 차별대우를 받지 아니한다.")하여 헌법 제11조의 평등권을 구체화하고 있다.

으로 가지게 된 지위로서 피할 수 없는 것을 가리키는 것으로 이러한 사회적 신분에 의한 차별대우 또한 금지된다.

Ⅲ 강제근로의 금지

1. 의의

사용자는 폭행, 협박, 감금, 그 밖에 정신상 또는 신체상의 자유를 부당하게 구속하는 수단으로써 근로자의 자유의사에 어긋나는 근로를 강요하지 못한다(근기법 제7조). 이 규정은 모든 국민에 대하여 법률과 적법한 절차에 의하지 아니하고는 강제노역을 받지 않는다는 헌법 제12조 제1항의 강제노역 금지에 대한 규정을 구체화한 것으로 근로자의 인격을 존중하고, 자유의사에 반한 강제근로를 근절시키려는 데 그 취지가 있다.

2. 강제근로의 수단

(1) 폭행 · 협박 · 감금

근로기준법에 의한 폭행, 협박, 감금은 강제근로의 수단으로 예시된 것에 불과하며, 근로관계에서 위와 같은 수단으로 근로자의 자유의사에 반하여 근로가 강요되었을 경우 근로기준법 제7조에 위배된다. 여기에는 작업 중 출입문을 폐쇄하거나 중요한 생활용품을 일방적으로 보관하는 것도 강제의 수단에 해당된다.

(2) 정신상 또는 신체상 자유를 부당하게 구속하는 수단

정신상 또는 신체상 자유를 부당하게 구속하는 수단이란 사회통념상 부당한 방법으로 정신 또는 신체적 행동을 방해하여 근로를 강요하는 일체의 경우를 말한다. 여기에는 '이직의 자유'를 실질적으로 제한하는 행위도 강제근로가 된다.[5] 또한, 계약불이행에 대한 손해배상액의 예정(근기법 제20조), 전차금의 상계(동법 제21조), 강제저금(동법 제22조)

---

5) 임종률, 『노동법』, p.372.

등으로 인하여 근로자의 자유의사가 구속된 경우에도 강제근로의 수단이 된다.

Ⅳ 폭행의 금지

사용자는 사고의 발생이나 그 밖의 어떠한 이유로도 근로자에게 폭행을 하지 못한다(근기법 제8조). 폭행이란 근로자에 대한 모든 형태의 유형력의 행사를 말하는 것으로 폭언을 수차 반복하는 행위도 이에 해당된다.

Ⅴ 중간착취의 배제

1. 의의

누구든지 법률에 의하지 아니하고 영리로 다른 사람의 취업에 개입하거나 중간인으로서 이익을 취득하지 못한다(근기법 제9조). 중간착취란 다른 사람의 취업을 소개하거나 알선하는 조건으로 소개료·중개료·수수료 등의 명목으로 이익을 취득하거나 취업 후에 중개인 등이 그의 지위를 이용하여 근로자의 임금의 일부를 착취하는 행위를 가리키는 것으로 임금을 유일한 생존수단으로 하는 근로자의 수입에 대한 불법적이고 부당한 중간착취를 금지함에 그 목적이 있다.

2. 중간착취의 성립요건

⑴ 영리의 목적
중간착위란 영리를 목적으로 개입 또는 중개행위를 하는 것을 금지하려는 것이므로 1회의 행위라도 영리를 목적으로 한 것이면 법 위반이 된다.

⑵ 다른 사람의 취업에 개입
다른 사람의 취업에 개입한다는 것은 근로관계의 당사자(사용자와 근로자)사이에 제3

자가 중간인으로서 개입하여 알선 또는 소개 등으로 근로관계의 성립 또는 갱신에 영향을 주는 행위를 말한다.

(3) 이익의 취득

이익이란 수수료, 중개료, 기타의 금품 등 그 명칭의 여하에 상관없이 유·무형의 경제적 가치 모두를 포함하며 그 이익취득은 근로자나 사용자, 기타의 제3자 등 누구로부터 이익을 받았는가는 묻지 않는다.

3. 적용제외

개입 또는 중개행위가 법률에 의하여 허용되는 경우에는 이 조항의 적용이 배제되는데, 직업안정법에 의한 유료직업소개사업(제19조)과 근로자공급사업(제33조)이 이에 해당한다. 또한, 파견근로자 보호 등에 관한 법률 제7조에 의한 근로자파견사업의 경우에도 중간착취에 해당하지 않는다.

Ⅵ 공민권 행사의 보장

1. 의의

사용자는 근로자가 근로시간 중에 선거권, 그 밖의 공민권 행사 또는 공의 직무를 집행하기 위하여 필요한 시간을 청구하면 거부하지 못한다. 다만, 그 권리 행사나 공의 직무를 수행하는 데에 지장이 없으면 청구한 시간을 변경할 수 있다(근기법 제10조). 이 규정은 근로자도 국민으로서 공민권 행사 또는 공의 직무를 수행할 수 있도록 법률로서 보장하는 데 그 취지가 있다.

2. 공민권 행사의 내용

(1) 선거권 기타 공민권의 행사

선거권 기타 공민권이란 국민투표권, 선거권 및 피선거권 등 국민의 참정권을 의미한다. 여기에는 입후보자 자신의 선거운동은 포함되나 다른 후보자를 위한 선거운동은 공민권 행사에 포함되지 않는다.

(2) 공의 직무

공의 직무란 법령에 근거를 두고 직무 자체가 공적인 성격을 가지는 것을 말한다. 국회의원, 지방의회의원, 노동위원회위원 등의 직무나 공직선거법상 입회인 등의 업무수행, 증인이나 감정인으로 법원에 출석하는 행위, 향토예비군설치법·민방위기본법에 의한 소집훈련, 주민등록증을 갱신하기 위한 신청행위 등이 모두 이에 해당한다고 할 수 있다.

3. 필요한 시간의 범위

사용자는 근로자가 공민권 행사 또는 공의 직무집행을 위하여 필요한 시간을 청구한 경우 이에 따른 충분한 시간을 주어야 한다. 다만 그 권리행사 또는 공의 직무집행에 지장이 없으면 그 청구한 시간을 다른 시간으로의 변경 또는 다른 날의 변경도 가능하다고 보아야 한다.

4. 임금 및 근로관계

공민권 행사 등으로 근로를 제공하지 않은 시간 동안의 임금은 당사자 간의 아무런 약정이 없는 한 원칙적으로 사용자는 임금지급의무가 면제된다. 다만, 공직선거법상의 투표에 필요한 시간과 향토예비군설치법·민방위기본법에 의한 소집훈련은 유급으로 해석하여야 한다.[6] 한편, 근로자가 공직취임으로 상당 기간 근로제공 의무를 이행할 수 없고 공직수행과 양립할 수 없는 경우에는 해고 또는 휴직처리가 가능하다고 보아야 한다.[7]

---

6) 대판 1989.5.9, 87도1801.
7) 임종률, 『노동법』, p.372.

관련 판례1 대판 2008.9.25, 2006도7660.

영리로 타인의 취업에 개입하는 행위

영리로 타인의 취업에 개입하는 행위, 즉 제3자가 영리로 타인의 취업을 소개 또는 알선하는 등 근로관계의 성립 또는 갱신에 영향을 주는 행위에는 취업을 원하는 사람에게 취업을 알선해 주기로 하면서 그 대가로 금품을 수령하는 정도의 행위도 포함되고, 반드시 근로관계 성립 또는 갱신에 직접적인 영향을 미칠 정도로 구체적인 소개 또는 알선행위에까지 나아가야만 하는 것은 아니다.

관련 판례2 대판 2019.3.14, 2015두46321.

시간당 강의료를 차등지급하는 것은 부당한 차별적 처우에 해당

근로기준법 제6조에서 정하고 있는 균등대우 원칙이나 남녀고용평등법 제8조에서 정하고 있는 동일가치노동 동일임금 원칙 등은 어느 것이나 헌법 제11조 제1항의 평등원칙을 근로관계에서 실질적으로 실현하기 위한 것이다. 그러므로 국립대학의 장으로서 행정청의 지위에 있는 피고로서는 근로계약을 체결할 때에 사회적 신분이나 성별에 따른 임금 차별을 하여서는 아니 됨은 물론 그 밖에 근로계약상의 근로 내용과는 무관한 다른 사정을 이유로 근로자에 대하여 불합리한 차별 대우를 해서는 아니 된다. 따라서 시간강사를 전업과 비전업으로 구분하여 시간당 강의료를 차등지급하는 것은 부당한 차별적 처우에 해당한다.

제3절 근로기준법의 적용 범위

❶ 인적 적용 범위

1. 상시인원에 의한 적용[8]

근로기준법은 상시 5명 이상의 근로자를 사용하는 사업 또는 사업장에 적용한다(근기법 제11조 제1항). "상시 5명"이란 근로자 수가 때때로 5명 미만이 되더라도 객관적으로 판단하여 상태적으로 5명 이상이면 이에 해당한다고 보아야 한다. 여기서 근로자란 상용근로자뿐만 아니라 일용근로자도 포함된다. 단시간근로자를 사용하는 경우에는 단순히 근로자 수에 합산할 것이 아니라, 근로조건의 비례원칙에 따라 정규근로자와 비교하여 가동노동력을 합산하는 방법으로 상시인원수를 산정함이 타당하다.[9]

2. 적용제외

⑴ 동거의 친족 및 가사사용인

동거하는 친족만을 사용하는 사업 또는 사업장과 가사사용인에 대하여는 적용하지 아니한다(근기법 제11조 제1항 단서). "동거"란 생계를 같이하는 것을 말하며 동거하는 친족 이외의 근로자가 1명이라도 있으면 동거의 친족만을 사용하는 사업 또는 사업장이 아니므로 동거의 친족을 상시근로자 수에 포함하여 5명 이상인지를 판단하여야 한다.[10] 가사사용인이란 개인이 일반 가정의 가사에 종사하는 자를 말하는 것으로 가사사용인의 근로는 주로 개인의 사생활과 관련되어 있고 근로시간이나 임금에 관한 규제를 통하여 국가적 감독행정이 미치기 어렵기 때문에 근로기준법의 적용을 배제한다.

---

8) '상시 사용하는 근로자 수'는 해당 사업 또는 사업장에서 법 적용 사유 발생일 전 1개월 동안 사용한 근로자의 연 인원을 같은 기간 중의 가동 일수로 나누어 산정한다.
9) 따라서 1일 4시간씩 근무하는 단시간근로자 2명을 사용하는 때에는 상시근로자 수가 2명이 아니라 정규근로자의 근로시간과 비례하여 동일직종·동일업무에 종사하는 한 동일한 노동력으로 상시근로자 수를 산정하여야 한다.
10) 법무 811-9087, 1980.4.15.

(2) 상시 4명 이하의 근로자

근로기준법은 상시 5명 이상의 근로자를 사용하는 경우에 전면적으로 적용되나,[11] 상시 4명 이하의 근로자를 사용하는 사업 또는 사업장에 대해서는 대통령령으로 정하는 바에 따라 이 법의 일부 규정을 적용할 수 있다(근기법 제11조 제2항). 상시 4명 이하 사업장에 대한 일부규정의 적용제외는 근로기준법에서 요구한 사항을 전면적으로 준수할 만한 여건을 갖추지 못한 영세한 사업주가 많은 현실을 고려하여 영세사업주를 보호하는 차원의 노동정책이라 할 수 있으나, 법적용의 일부만 적용됨으로 인해 근로자의 생존권보호와 최저근로조건의 확보차원에서 법의 기본이념이 훼손당할 여지가 있으므로 입법에 의한 구제조치가 필요하다.

(3) 특별법에 따른 적용제한

1) 국가공무원 및 지방공무원

국가공무원과 지방공무원은 국가공무원법·지방공무원법 등의 특별법의 적용을 받으므로 그 범위에서 근기법이 적용되지 않지만, 단순한 노무에 종사하는 자는 국가공무원법과 고용원규정 등의 규정과 저촉되지 않는 범위 내에서 일반 근로자에게 적용하는 근로기준법이 적용된다.

2) 사립학교교원

사립학교교원은 근로기준법상 근로자이나, 사립학교교원의 자격·임면·복무·신분보장 및 징계 등에 관하여 사립학교법에 특별히 규정되어 근로기준법에 우선하여 적용되므로 이러한 범위 내에서는 근로기준법의 적용이 배제된다.

3) 선원

선원의 근로조건에 대해서는 근로기준법의 특별법으로서 선원법이 제정되어 있으므로 이 법의 적용을 받는다.

---

11) 근로기준법의 적용 범위가 상시 10인 이상의 근로자를 사용하는 사업장에서 상시 5인 이상의 근로자를 사용하는 사업장(1989.3.29 개정, 법 제11조 제1항)으로 확대됨에 따라 일부적용을 받게 되는 사업장의 범위가 4인 이하의 사업장으로 조정되었다.

⓶ 장소적 적용 범위

근로기준법의 적용을 받는 사업 또는 사업장은 국내에서만 적용되며, 통치권이 미치지 못하는 국외의 사업에 대해서는 적용되지 않는다. 따라서 한국인이 경영하는 외국에 소재한 기업체에는 속지주의 원칙에 따라 근로기준법이 적용되지 않는다.[12] 국내에 본사가 있고 외국에 있는 출장소·지점에 근무하는 한국인 근로자에게는 근로기준법이 적용된다.

관련 판례 대판 2008.3.27, 2008도364.

상시 5인 이상 근로자를 사용하는 사업 또는 사업장의 의미와 판단기준

상시 5인 이상의 근로자를 사용하는 사업 또는 사업장이란 사용하는 근로자의 수가 5인 이상인 사업 또는 사업장이 아니라 사용하는 근로자의 수가 상시 5인 이상인 사업 또는 사업장을 뜻하는 것이고, 이 경우 상시라 함은 상태라고 하는 의미로서 근로자의 수가 때때로 5인 미만이 되는 경우가 있어도 사회통념에 의하여 객관적으로 판단하여 상태적으로 5인 이상이 되는 경우에는 이에 해당한다 할 것이고, 여기의 근로자에는 당해 사업장에 계속 근무하는 근로자뿐만 아니라 그때그때의 필요에 의하여 사용하는 일용근로자를 포함한다고 해석하여야 할 것이다.

---

12) 국제법 질서에 있어서 각국의 법령은 그 영역 내의 모든 사람에게 적용될 수 있을 뿐이고 다른 국가의 영역 내에서 적용·집행될 수 없다는 속지주의 법리가 일반적으로 승인되고 있으므로 국가 간의 조약이나 협약에 의하여 속인주의를 인정하는 특별한 규정이 없는 한 우리나라의 근로기준법은 국외에 소재하는 사업 또는 사업장에 적용될 수 없다.

[상시 4명 이하의 근로자를 사용하는 사업의 근로기준법 적용제외 사항]

1. 법령 요지 등의 게시 규정(제14조)

   사용자는 근로기준법에 따른 대통령령의 요지와 취업규칙을 근로자가 자유롭게 열람할 수 있는 장소에 항상 게시하거나 갖추어 두어 근로자에게 널리 알려야 한다.

2. 노동위원회에 손해배상 신청 및 귀향여비 지급 규정(제19조 제2항)

   사용자가 근로계약 시 명시한 근로조건을 위반한 경우 이에 따른 손해배상청구 및 즉시 근로계약을 해제할 수 있는데 4명 이하의 근로자를 사용하는 사업장에서는 손해배상을 청구할 경우 노동위원회에 신청할 수 없으며, 사용자를 상대로 근로계약을 해제하면서 귀향 여비를 받을 수 없다.

3. ① 부당해고 등을 제한하는 규정(제23조 제1항),

   ② 경영상 이유에 의한 해고의 제한(제24조) 및

   ③ 부당해고 구제신청(제28조)

   단, 이 경우에도 해고의 예고(제26조)는 하여야 한다.

4. 해고사유 등의 서면통지(제27조) 규정

5. 휴업수당(제46조)

6. 1주 40시간의 근로시간(제50조) 및 1주 12시간 상한의 연장근로(제53조) 제한

7. 연장·야간 및 휴일 근로에 따른 가산수당(제56조)

8. 연차 유급휴가(제60조) 및 생리휴가(제73조)

9. 여성의 보건상 유해·위험한 사업에 사용금지(제65조 제2항)

   (단, 18세 미만의 여성 및 임산부는 적용)

10. 18세 이상의 여성에 대한 야간근로 및 휴일 근로 시 당사자의 동의 규정(제70조 제1항)

11. 육아 시간(제75조) 규정

12. 기능의 습득을 목적으로 하는 근로자를 혹사하거나 가사, 그 밖의 기능습득에 관계없는 업무에 종사시키지 못하는 기능습득자의 보호(제76조) 규정

13. 취업규칙(제93조-상시 10명 이상)의 적용

14. 기숙사를 두고 있는 경우 기숙사에 관한 규정과 규칙(제98조~100조) 및 이에 대한 게시 등의(제14조 제2항) 규정

제4절 **근로기준법의 적용대상**

Ⅰ 근로자

1. 근로자의 개념

　근로기준법의 적용을 받는 근로자란 직업의 종류와 관계없이 임금을 목적으로 사업 또는 사업장에 근로를 제공하는 자(근기법 제2조 제1항 제1호)를 말하며, 일반적으로는 사용자의 지휘·감독하에 근로를 제공하고 이에 대한 대가를 받아 생활하는 자를 근로자로 본다. 사업 또는 사업장에 근로를 제공한다는 의미는 근로관계를 전제로 하므로 실업 중의 근로자는 근로자의 개념에 포함되지 않는다.[13]

2. 근로자의 요건

(1) 직업의 종류와 관계없음

　근로기준법의 적용을 받는 근로자는 근로의 종류, 근로자의 지위, 근무의 형태를 불문하고 근로의 내용이 육체노동이나 정신노동인가의 여부와 관계없이 모두 근로기준법상의 근로자에 해당한다.

(2) 임금을 목적으로 하여야 함

　근로기준법상의 근로자는 임금을 목적으로 근로를 제공하는 자이어야 한다. 여기서 "임금"이란 근로의 대가로 근로자에게 지급하는 임금·봉급 그 밖에 어떠한 명칭으로든지 지급받는 일체의 금품을 말한다. 다만, 무급으로 임금을 받지 않더라도 근로계약관계가 존속하는 경우에는 근로기준법상의 근로자라고 보아야 한다.

---

13) 근로기준법상의 근로자의 개념과 달리 노조법에 의한 근로자는 사용자에게 근로를 제공하는 근로자뿐만 아니라 실업자나 해고자, 구직자까지 모두 포함한다. 이 법에 의한 근로자는 직업의 종류를 불문하고 임금, 급료 기타 이에 준하는 수입에 의하여 생활하는 자를 말하며, 근기법상의 근로자개념과 달리 노조법은 근로자의 단결권 등 노동기본권을 확보해주는 것을 목적으로 하고 있다.

(3) 사업이나 사업장에 근로를 제공하는 자

근로기준법상의 근로자에 해당하려면 계약의 형식에 관계없이 그 실질에 있어 근로자가 사업 또는 사업장에 종속적인 관계에서 사용자에게 근로를 제공하여야 한다. 여기서 "종속적인 관계"란 근로자가 담당하는 업무의 내용이 사용자에 의하여 정하여지고, 취업규칙·복무규정·인사규정 등의 적용을 받으며 업무 수행과정에 있어서도 사용자의 지휘와 명령을 받아 그 감독하에서 근로를 제공하고 있는지를 의미한다.

Ⅱ 사용자

1. 사용자의 개념

근로기준법에서 사용자란 사업주 또는 사업경영담당자 그 밖에 근로자에 관한 사항에 대하여 사업주를 위하여 행위하는 자(근기법 제2조 제1항 제2호)라고 규정하고 있다. 따라서 사용자는 근로관계의 당사자로서 임금 등의 지급의무를 부담하며, 근로자에 대하여 지휘명령 또는 감독을 행하는 자를 말한다. 일반적 개념에 의하면 사용자는 지휘·명령권을 가지고 노동력을 수령하며, 근로관계상의 각종 의무를 준수해야 하는 자라고 한다. 이와 같이 법률에 의하여 사용자의 개념을 규정한 것은 근로관계에 있는 근로자의 보호를 위하여 근로조건을 준수할 사용자의 범위를 명확히 하려는 것이다.[14]

2. 사용자의 범위

(1) 사업주

사업주란 그 사업의 경영 주체를 말한다. 즉, 개인기업의 경우에는 경영주 개인을 말하고, 회사 그 밖의 법인조직인 경우에는 법인 자체를 말한다. 사업주는 근로기준법상 사업경영의 최고 경영자로서 근로관계상의 각종의무를 이행하여야 할 책임이 귀속되는 자

---

14)　김형배, 『노동법』, p.295.

로서 여기에는 개인, 조합, 공익법인, 회사, 재단 등이 있다.

⑵ 사업경영담당자

사업경영담당자란 사업경영일반에 관하여 책임을 지는 자로서 사업주로부터 사업경영의 전부 또는 일부에 대하여 포괄적 위임을 받고 대외적으로 사업을 대표하거나 대리하는 자를 말하는 것으로 주식회사의 대표이사 등이 이에 해당한다. 따라서, 주식회사의 이사는 대표이사와는 달리 업무집행에 관하여 회사를 대표하거나 대리하는 지위에 있는 것이 아니라 이사회의 구성원으로서 업무집행에 관한 의사결정에 참여하는 것에 불과하므로, 여기서 말하는 사업경영담당자에는 해당하지 않는다.[15]

⑶ 사업주를 위하여 행위하는 자

사업주를 위하여 행위하는 자는 근로자에 관한 사항에 대하여 사업주로부터 일정한 권한과 책임을 위임받아 인사·급여·후생·노무관리 등 근로조건을 결정하거나 구체적인 지휘·감독을 할 수 있는 자를 말한다. 이때 일정한 권한과 책임을 가지고 행위하는 자인가는 형식적 직위에 의할 것이 아니라, 구체적 직무권한에 의하여 판단하여야 한다. 따라서 건설회사의 현장소장에 지나지 아니하더라도 자신의 책임하에 근로자들을 선발·고용하고 작업을 지시·감독하면서 회사로부터 임금명목의 돈을 받아 이를 지급하는 업무를 행하여 왔다면 근로자에 관한 사항에 대하여 사업주를 위하여 행위하는 자로 보아야 한다.[16] 다만, 사업주를 위하여 행위하는 자는 근로기준법상 사용자이면서, 동시에 사업주에 대하여는 근로계약의 당사자인 근로자에도 해당된다. 예컨대 부장, 팀장 등과 같은 중간관리자는 근로조건의 결정 또는 근로의 실시에 관하여 지휘, 명령 또는 감독권을 행사하는 사용자의 지위에 있으나 사업주에 대하여는 그의 지휘와 명령을 받아 노무를 제공하는 근로자에 해당되는 것이다. 그러므로 이러한 사용자임과 동시에 근로자의 지위도 가지는 자에게는 재해보상·퇴직금 및 해고 등의 근로조건에 있어서는 근로기준법의 규정이 적용된다.[17]

---

15) 김지형, 『근로기준법 해설』, p.140.
16) 대판 1983.11.8, 83도2505.
17) 이상윤, 『노동법』, p.100.

3. 사용자 개념의 확장

근로기준법상 법적 의무를 부담하는 사용자는 근로자가 계약을 체결한 사업 또는 사업장의 사업주이다. 다만, 근로계약 체결 당사자 이외의 자에게도 사용자성을 확대 적용하는 경우가 있는데 이를 사용자 개념의 확장이라고 부른다. 도급사업에 있어서 하수급인이 직상 수급인의 귀책사유로 근로자에게 임금을 지급하지 못한 경우에는 임금지급에 대하여 하수급인과 그의 직상 수급인의 연대책임을 인정하고 있으며(근기법 제44조), 사업이 여러 차례의 도급에 따라 행하여지는 경우의 재해보상에 대하여는 원수급인의 사용자책임을 인정하고 있다(동법 제90조). 또한, 파견중인 근로자의 파견근로에 관하여는 근로계약을 체결한 파견사업주뿐만 아니라 사용사업주도 근로기준법상의 사용자로 인정된다(파견법 제34조). 판례는 ① 모기업이 자회사에 대하여 주식소유, 임원파견, 업무도급 등의 방법에 의하여 자회사의 경영을 지배하는 경우에는 자회사의 근로자에 대하여 모기업 사업주가 사용자로서의 지위를 갖게 되며[18] ② 위장도급의 경우 이를 직접 고용으로 판시한 바 있다.[19]

관련 판례1   대판 2014.2.13, 2011다78804.

근로기준법상 근로자여부 판단기준

근로기준법상의 근로자에 해당하는지 여부는 계약의 형식이 고용계약인지 도급계약인지보다 그 실질에 있어 근로자가 사업 또는 사업장에 임금을 목적으로 종속적인 관계에서 사용자에게 근로를 제공하였는지 여부에 따라 판단하여야 하고, 위에서 말하는 종속적인 관계가 있는지 여부는 업무 내용을 사용자가 정하고 취업규칙 또는 복무(인사)규정 등의 적용을 받으며 업무 수행 과정에서 사용자가 상당한 지휘·감독을 하는지, 사용자가 근무시간과 근무장소를 지정하고 근로자가 이에 구속을 받는지, 노무제공자가 스스로 비품·원자재나 작업도구 등을 소유하거나 제3자를 고용하여 업무를 대행하게 하는 등 독립하여 자신의 계산으로 사업을 영위할 수 있는지, 노무제공을 통한 이윤의 창출과 손실의 초래 등 위험을 스스로 안고 있는지와, 보수의 성격이 근로 자체의 대상적 성격인지, 기본급이나 고정급이 정하여졌는지 및 근로소득세의 원천징수 여부 등 보수에 관한 사항 근로제공

---

18) 대판 2002.11.26, 2002도649.
19) 대판 2003.9.23, 2003두3420.

관계의 계속성과 사용자에 대한 전속성의 유무와 그 정도, 사회보장제도에 관한 법령에서 근로자로서 지위를 인정받는지 등의 경제적·사회적 여러 조건을 종합하여 판단하여야 한다. 다만, 기본급이나 고정급이 정하여졌는지, 근로소득세를 원천징수하였는지, 사회보장제도에 관하여 근로자로 인정받는지 등의 사정은 사용자가 경제적으로 우월한 지위를 이용하여 임의로 정할 여지가 크다는 점에서, 그러한 점들이 인정되지 않는다는 것만으로 근로자성을 쉽게 부정하여서는 안 된다.

관련 판례2   대판 2003.9.26, 2002다64681.

근로기준법상 임원의 근로자여부 판단기준

근로기준법의 적용을 받는 근로자에 해당하는지 여부는 계약의 형식에 관계없이 그 실질에 있어서 임금을 목적으로 종속적 관계에서 사용자에게 근로를 제공하였는지 여부에 따라 판단하여야 할 것이므로, 회사의 이사 또는 감사 등 임원이라고 하더라도 그 지위 또는 명칭이 형식적·명목적인 것이고 실제로는 매일 출근하여 업무집행권을 갖는 대표이사나 사용자의 지휘·감독 아래 일정한 근로를 제공하면서 그 대가로 보수를 받는 관계에 있다거나 또는 회사로부터 위임받는 사무를 처리하는 외에 대표이사 등의 지휘·감독 아래 일정한 노무를 담당하고 그 대가로 일정한 보수를 지급받아 왔다면 그러한 임원은 근로기준법상의 근로자에 해당한다.

제5절 근로기준법의 실효성 확보

❶ 의의

근로기준법은 근로조건 등에 관하여 법정 최저기준을 정하고 사용자에 대하여 이를 준수하도록 함으로써 그 실효성을 확보하고자 한다. 즉 근로기준법에서 정하는 근로조건은 최저기준이므로 근로관계 당사자는 이 기준을 이유로 근로조건을 낮출 수 없으며(근기법 제3조), 이 법에서 정하는 기준에 미치지 못하는 근로조건을 정한 근로계약은 그 부분에 한하여 무효로 한다(동법 제15조 제1항). 제1항에 따라 무효로 된 부분은 이 법에서 정한 기준에 따르되(동조 제2항), 이를 위반할 경우에는 그 위반에 대한 벌칙을 규정하고 있으며(동법 제107조 이하), 근로조건의 기준을 확보하기 위한 감독기관으로서 근로감독제도를 두고 있다.

Ⅱ 근로감독관

1. 근로감독관의 설치

근로조건의 기준을 확보하기 위하여 고용노동부와 그 소속 기관에 근로감독관을 두며(근기법 제101조 제1항), 근로감독관의 자격, 임면, 직무 배치에 관한 사항은 대통령령으로 정한다(동조 제2항). 이는 근로기준법의 운용을 감독·지도하고 위반행위가 있을 때에는 사후조치를 통하여 근로자들의 권리구제를 신속하게 보장하기 위함이다.

2. 근로감독관의 권한

(1) 행정적 권한

근로감독관은 사업장, 기숙사, 그 밖의 부속 건물을 현장조사하고 장부와 서류의 제출을 요구할 수 있으며 사용자와 근로자에 대하여 심문할 수 있다(근기법 제102조 제1항). '장부와 서류의 제출'은 노동법령 위반 여부를 조사하기 위하여 필요한 것에 국한하며, '심문'은 노동법령의 위반 여부에 대하여 질문하고 진술을 구하는 것으로 형사소송법상의 심문과는 다르다. 의사인 근로감독관이나 근로감독관의 위촉을 받은 의사는 취업을 금지하여야 할 질병에 걸릴 의심이 있는 근로자에 대하여 검진할 수 있다(동조 제2항). 제1항 및 제2항의 경우에 근로감독관이나 그 위촉을 받은 의사는 그 신분증명서와 고용노동부장관의 현장조사 또는 검진지령서를 제시하여야 하며(동조 제3항), 현장조사 또는 검진지령서에는 그 일시, 장소 및 범위를 분명하게 적어야 한다(동조 제4항).

(2) 사법적 권한

근로감독관은 근로기준법이나 그 밖의 노동관계 법령 위반의 죄에 대하여 「사법경찰관리의 직무를 행할 자와 그 직무범위에 관한 법률」에서 정하는 바에 따라 사법경찰관의 직무를 수행한다(근기법 제102조 제5항). 또한, 이 법이나 그 밖의 노동관계 법령에 따른 현장조사, 서류의 제출, 심문 등의 수사는 검사와 근로감독관이 전담하여 수행한다. 다만, 근로감독관의 직무에 관한 범죄의 수사는 그러하지 아니하다(동법 제105조).

3. 근로감독관의 의무

근로감독관은 직무상 알게 된 비밀을 엄수하여야 하며 근로감독관을 그만 둔 경우에도 또한 같다(근기법 제103조).

4. 감독기관에 대한 신고

사업 또는 사업장에서 이 법 또는 이 법에 따른 대통령령을 위반한 사실이 있으면 근로자는 그 사실을 고용노동부장관이나 근로감독관에게 통보할 수 있고(근기법 제104조 제1항), 사용자는 제1항의 통보를 이유로 근로자에게 해고나 그 밖에 불리한 처우를 하지 못한다(동조 제2항).

관련 판례 대판 2012.10.25, 2012도8694.

근로기준법 제104조 제2항에 위반된다는 이유로 처벌하기 위한 요건

사용자의 근로자에 대한 불리한 처우가 근로기준법 제104조 제2항에 위반된다는 이유로 처벌하기 위해서는 그 불리한 처우가 근로자의 감독기관에 대한 근로기준법 위반사실 통보를 이유로 한 것이어야 하고, 불리한 처우를 하게 된 다른 실질적인 이유가 있는 경우에는 근로기준법 제104조 제2항 위반으로 처벌할 수 없다고 보아야 한다. 사용자의 불리한 처우가 감독기관에 대한 근로기준법 위반사실의 통보를 이유로 한 것인지는 불리한 처우를 하게 된 경위와 그 시기, 사용자가 내세우는 불리한 처우의 사유가 명목에 불과한지, 불리한 처우가 주로 근로자의 통보에 대한 보복적 조치로 이루어진 것인지 등을 종합적으로 고려하여 판단하여야 할 것이다.

제1절 **채용내정과 시용**

---

❶ 채용내정

1. 채용내정의 의의

일반적으로 채용내정이란 회사가 공개시험이나 추천 등을 통하여 채용예정자를 미리 결정해 두는 것을 의미한다. 사용자로서는 이러한 채용내정을 통하여 우수한 근로자를 조기에 확보하는 기능을 가지나 사용자가 본채용을 지연하거나 뒤늦게 채용내정을 취소하면 내정자가 다른 기업체에 취업할 기회마저 상실하는 등의 불이익을 받게 되는 문제가 발생한다.[20]

2. 채용내정의 법적 성질

채용내정자를 근로기준법상의 근로자로 보호할 수 있는가, 아니면 사용자가 일방적으로 채용을 취소할 수 있는가 하는 의문이 제기될 수 있는데 이는 채용내정의 법적 성질을 어떻게 파악하는가에 따라 달라진다.

(1) 근로계약 예약설

이 설은 채용내정을 근로계약 체결의 예약에 불과하다고 보는 견해이다. 이러한 예

---

20) 임종률, 『노동법』, p.384.

약의 파기나 예약불이행은 손해배상책임이 발생할 뿐, 근로계약의 체결자체를 요구
할 수는 없다고 한다. 이러한 견해는 채용절차가 완료될 때까지 본 계약과 구분하고
있으므로 개념적으로는 명확하나, 내정단계에서 근로자를 보호하는 데 법적 구속
력이 약하다는 비판을 받게 된다.

(2) 근로계약 성립설

이 설은 근로계약의 성립시기에 대해 졸업예정자가 채용시험에 응시하는 것을 청약
으로, 사용자에 의한 채용내정통지를 승낙으로 보아 근로계약은 채용내정의 통지
시에 성립한다고 보는 견해로서 다수설과 판례의 입장이다. 이러한 견해는 채용내
정으로써 근로계약이 성립되는 것으로 보고, 다만 졸업을 하지 못할 것이 해제조건
이 되는 데 불과하다.

3. 채용내정의 취소

채용내정 중에 있는 자는 졸업일 이전의 기간 중에 현실적인 근로관계가 성립되는 것
은 아니라 하더라도 채용내정의 취소 통보는 실질적으로 해고에 해당한다. 따라서 해고에
관한 근로기준법 제23조 제1항에 따른 정당한 이유가 있어야 한다. 다만 채용내정자들에
대한 경영상 이유에 의한 해고 시, 판례는 근로기준법 제24조 제3항이 적용되지 않는다
고 하여 경영상 이유에 의한 해고의 요건을 다소 완화하여 적용하고 있다. 예정된 취업일
에 사용자의 귀책사유로 인해 연기되거나, 휴업하여 채용내정자가 근로를 제공하지 못하
였다면 휴업수당[21] 지급의무가 발생한다. 한편 근로자는 채용내정이 되어 있다 하더라도
보다 나은 직업을 선택할 수 있는 자유가 있으므로, 적어도 1개월 전의 사전통고(민법 제
660조)로 자유로이 채용내정을 취소할 수 있다. 이러한 경우에 채용내정자가 지나치게 신
의칙에 반하는 행위를 한 경우에만 예외적으로 계약위반책임 또는 불법행위책임을 물을
수 있다.

---

21) 근로기준법 제46조에 따라 평균임금의 100분의 70 이상의 수당을 지급하여야 한다.

Ⅱ 시용

1. 시용기간의 개념

시용이란 근로자를 정규사원으로 임명하지 않고 일정 기간 동안의 근무상황 등을 고려하여 이를 평가한 후 본채용을 하고자 하는 시험적 채용기간을 의미한다. 이러한 시용기간은 본채용을 전제로 하여 근로자가 실제 가지고 있는 직업능력, 적격성을 평가하기 위한 기간이라는 점에서 근로자의 직업능력의 습득 및 배양을 위한 수습기간과는 개념적으로 구별된다. 다만 일반적으로 근로자가 수습을 시작한 날부터 3개월 이내의 기간을 수습기간으로 보고 있으므로 시용기간의 의미를 수습기간으로 해석하여도 무방할 것이다.

2. 시용계약의 법적 성질

시용계약이 근로자의 업무능력 등을 고려한 적격성을 평가하기 위한 것이라 하더라도 그 형태가 다양하여 법적 성질을 규명하는 데 견해가 통일되어 있지 않다. 다만, 오늘날의 통설과 판례는 시용계약은 그 자체로서 정식 근로계약에 해당되지만 시용기간 중 근로자의 부적격성을 이유로 근로계약을 해지할 수 있는 해지권 유보설[22]을 취하고 있다.

3. 본채용의 거부와 해고의 법리

사용자에 의한 본채용의 거절은 당해 근로자의 직장의 상실을 의미하므로 적격성 평가기준을 어디까지 인정할 필요가 있는지가 문제 된다. 시용제도의 목적에 비추어 볼 때 정식채용 여부는 통상의 근로자에 대한 해고와 동일한 기준에 따라야 한다고는 볼 수 없을 것이지만 이 경우에도 객관적으로 합리적인 이유가 존재하여야 한다. 다만, 근로계약에 시용기간을 명시하지 아니한 경우에는 정식사원으로 채용된 것으로 보아야 한다.[23]

---

22) 대판 1991.5.31, 90가합18673.
23) 대판 1999.11.12, 99다30473.

4. 시용기간 만료의 효과

시용기간이 만료되었음에도 불구하고 사용자가 정식 채용을 거부하지 않은 채 시용기간이 경과하거나, 근로계약에 시용기간을 명시하지 아니한 경우[24]에는 기간의 정함이 없는 정규근로자로 채용된 것으로 보아야 한다. 한편 시용기간 후 사용자가 근로자를 정규근로자로 채용하면 기존의 시용기간은 정규 근로관계의 근속기간에 포함된다.[25]

관련 판례1 대판 2000.11.28, 2000다51476.

채용내정의 법적 성질

신규 채용된 자들의 채용내정 시부터 정식발령일까지 사이에는 사용자에게 근로계약의 해약권이 유보되어 있다고 할 것이어서 채용내정자들에 대하여는 근로기준법 제24조 제3항(경영상 이유에 의한 해고)이 적용되지 않는다고 보아야 한다.

관련 판례2 대판 2015.11.27, 2015두48136.

본채용 거부의 요건

시용기간 중에 있는 근로자를 해고하거나 시용기간 만료 시 본 계약의 체결을 거부하는 것은 사용자에게 유보된 해약권의 행사로서, 당해 근로자의 업무능력, 자질, 인품, 성실성 등 업무적격성을 관찰·판단하려는 시용제도의 취지·목적에 비추어 볼 때 보통의 해고보다는 넓게 인정되나, 이 경우에도 객관적으로 합리적인 이유가 존재하여 사회통념상 상당하다고 인정되어야 한다(대판 2006.2.24, 2002다62432). 위와 같은 근로기준법 규정의 내용과 취지, 시용기간 만료 시 본 근로계약 체결 거부의 정당성 요건 등을 종합하여 보면, 시용근로관계에서 사용자가 본 근로계약 체결을 거부하는 경우에는 해당 근로자로 하여금 그 거부사유를 파악하여 대처할 수 있도록 구체적. 실질적인 거부사유를 서면으로 통지하여야 한다.

---

24) 대판 1999.11.12, 99다30473.
25) 대판 2022.2.17, 2021다 218083.

제2절 **근로계약의 체결과 법적 규제**

❶ 근로계약의 의의

근로계약은 근로자가 사용자에게 근로를 제공하고 사용자는 이에 대하여 임금을 지급함을 목적으로 체결된 계약을 말한다(근기법 제2조 제1항 제4호). 고용계약이 노무의 제공과 보수의 지급이라는 내용을 전제로 한 채무적 쌍무계약으로서 사적자치원리에 의한 계약의 자유가 성립되는 데 반하여, 근로계약은 일정한 범위에서 법적 제한을 하고 있다. 다만, 고용계약이나 근로기준법상의 근로계약은 모두 노무제공의 종속성을 전제로 하는 점에서 그 의미가 같다고 보아야 한다.[26]

❷ 근로조건의 명시

1. 명시의무사항

사용자는 근로계약을 체결할 때에 근로자에게 임금, 소정근로시간, 휴일, 연차 유급휴가 및 그 밖에 대통령령으로 정하는 근로조건을 명시하여야 한다(근기법 제17조). "대통령령으로 정하는 근로조건"이란 ① 취업의 장소와 종사하여야 할 업무에 관한 사항 ② 취업규칙의 기재사항(제93조 제1호~제12호) ③ 사업장의 부속 기숙사에 근로자를 기숙하게 하는 경우에는 기숙사 규칙에서 정한 사항을 말한다(동법 시행령 제8조).

2. 명시의 방법

근로조건을 명시하여야 하는 방법에 대하여는 명문의 규정이 없으므로 문서는 물론 구두에 의하여도 가능하다. 그러나 ① 임금의 구성항목·계산방법·지급방법 ② 소정근로시간 ③ 제55조에 따른 휴일 ④ 제60조에 따른 연차 유급휴가에 관한 사항에 대하여는 서

---

26) 대판 2001.4.13, 2000도4901.

면에 기재하고 근로자에게 교부하여야 한다(근기법 제17조 제2항). 교부할 서면은 근로계약서에 포함되는 것이 일반적이나 기타 첨부 서류로도 무방하다.

3. 근로조건 명시의 효력

근로기준법 제17조에 따라 명시된 근로조건이 사실과 다를 경우에 근로자는 근로조건 위반을 이유로 노동위원회에 손해의 배상을 청구할 수 있으며 즉시 근로계약을 해제할 수 있다. 또한, 근로계약이 해제되었을 경우에는 사용자는 취업을 목적으로 거주를 변경하는 근로자에게 귀향 여비를 지급하여야 한다(근기법 제19조). 이것은 유리한 조건으로 근로자를 유인했으나 사실과 달리 불리한 근로조건으로 인정되는 경우 사용자에게 배상책임과 귀향여비의 부담책임을 부과하여 불법적인 행위를 근절하기 위한 것이다. 여기에서 명시된 근로조건이란 근로기준법 제17조에 의하여 체결 당시에 사용자가 명시한 임금, 소정근로시간, 휴일, 연차 유급휴가, 그 밖에 대통령령으로 정하는 근로조건을 말하며 근로조건 위반에 관한 손해배상청구는 근로계약 체결 시에 명시된 사항이 사실과 다른 경우로만 한정된다.[27]

Ⅲ 근로자 명부

사용자는 각 사업장별로 근로자 명부를 작성하고 근로자의 성명, 생년월일, 이력, 그 밖에 대통령령으로 정하는 사항을 적어야 하며(근기법 제41조 제1항), 근로자 명부에 적을 사항이 변경된 경우에는 지체 없이 정정하여야 한다(동조 제2항). 다만, 사용기간이 30일 미만인 일용근로자에 대하여는 근로자 명부를 작성하지 아니할 수 있다(동법 시행령 제21조). 근로자 명부에는 고용노동부령으로 정하는 바에 따라 ① 성명, ② 성별, ③ 생년월일, ④ 주소, ⑤ 이력, ⑥ 종사하는 업무의 종류, ⑦ 고용 또는 고용갱신 연월일, 계약기간을 정한 경우에는 그 기간, 그 밖의 고용에 관한 사항, ⑧ 해고, 퇴직 또는 사망한 경우에는 그 연월일과 사유, ⑨ 그 밖에 필요한 사항을 적어야 한다(동법 시행령 제20조).

---

27)　대판 1983.4.12, 82누507.

제3절 **근로계약 체결상의 보호**

❶ 위약예정의 금지

1. 의의

  사용자는 근로계약 불이행에 대한 위약금 또는 손해배상액을 예정하는 계약을 체결하지 못한다(근기법 제20조). 이에 위반하여 위약금을 정하거나 또는 손해배상액을 예정하는 계약을 체결한 자는 500만원 이하의 벌금에 처한다(동법 제114조 제1호). 근로계약에서 위약금 또는 손해배상액을 정하는 것은 근로자의 자유의사를 부당하게 구속함으로써 강제근로에 종사하게 할 염려가 있으므로, 이를 방지하는 동시에 근로자의 자유로운 직업선택을 보호하기 위한 것이다. 사용자는 근로자와의 근로계약의 체결 시뿐만 아니라 근로계약의 불이행을 이유로 위약금 또는 손해배상액을 예정하는 것도 금지된다.

2. 위약예정금지의 내용

(1) 위약금을 약정하는 계약

  위약금은 채무불이행의 경우에 채무자가 채권자에게 지불할 것을 미리 약정하는 금액으로서 민법(제398조)에서는 계약이행을 담보하기 위해 손해배상액의 예정이나 위약금의 약정을 인정하고 있다. 그러나 근로기준법에서는 위약금으로 인해 강제근로나 신분구속의 염려가 있기 때문에 이를 금지하고 있다.

(2) 손해배상액을 예정하는 계약

  손해배상액의 예정이란 채무불이행의 경우에 배상하여야 할 손해액을 실제 손해와는 관계없이 미리 정함을 말한다. 이러한 계약이 체결되면 사용자는 채무불이행의 사실만을 증명하면 손해의 발생과 그 손해액을 입증하지 않더라도 예정액을 청구할 수 있으므로 법은 이를 금지하고 있다. 다만, 근로자의 채무불이행으로 인한 손해배상의 금액을 예정하지 않고, 위법·부당하게 사용자에게 손해를 입힌 경우에는 불

법행위를 구성하므로 현실적으로 발생한 손해를 배상하여야 한다.[28]

3. 위약예정에 해당하지 않는 경우

(1) 신원보증계약

근로자가 근무 중에 계약위반이나 불법행위로 인하여 손해가 발생할 경우를 대비하여 사용자가 신원보증계약을 체결하는 경우는 근로기준법 제20조에 위배되지 않는다.[29]

(2) 교육훈련비 반환약정

교육훈련비 반환약정은 사업주가 근로자를 교육·훈련시키면서 소요되는 비용을 대여하는 형식을 취하며, 훈련종료 후 일정 기간 계속 근무를 한 때에는 그 반환의무를 면제하되 그러하지 아니한 경우에는 이를 반환하여야 한다는 내용의 약정을 체결하는 것을 말한다.[30] 이는 기업체에서 비용을 부담하여 직원에 대한 교육훈련을 시키면서 일정한 의무재직기간 이상 근무하지 아니할 때에는 기업체가 지급한 해당 교육비용의 전부 또는 일부를 근로자로 하여금 상환하도록 한 부분으로 근로기준법 제20조에서 금지된 위약금 또는 손해배상을 예정하는 계약이 아니므로 유효하다.[31]

(3) 해외연수비 반환약정

해외연수 후 일정 기간의 의무재직기간과 이를 지키지 않은 근로자에 대한 연수비 반환은 위약금 또는 손해배상예정의 약정이 아니고 연수비 반환채무의 면제기간을 정한데 불과하므로 이와 같은 약정은 유효하다.[32] 그러나 해외연수가 교육훈련이 아니라 출장업무를 수행한 것에 불과하고 이러한 과정에서 지급한 금품이 업무수행상의 필요불가결한 경비를 보전해 준 것에 불과하다면, 의무재직기간 위반을 이유로 이를 반환하기로 하는 약정은 무효이다.[33]

---

28) 대판 1978.2.28, 77다2479.
29) 대판 1980.9.24, 80다1040.
30) 최영호, 『교육훈련비 반환약정과 근로기준법 제27조』, p.83.
31) 대판 1996.12.6, 95다24944.
32) 대판 1992.2.25, 91다26232.
33) 대판 2003.10.23, 2003다7388.

(4) 사이닝보너스 반환약정

사이닝보너스란 기업이 우수한 전문인력을 확보하기 위해 근로계약을 체결하면서 기본 연봉과는 별개로 일회성의 인센티브 명목으로 지급하는 금품을 의미한다. 기업이 전문인력을 채용하면서 사이닝보너스를 지급하는 대가로 근로자에게 일정한 기간을 의무적으로 근무할 것을 요구하고, 근로자가 이를 위반하여 의무근무기간이 경과하기 전에 사직하는 경우 사이닝보너스의 반환의무가 문제된다. 판례는 사이닝보너스가 이직에 따른 보상이나 근로계약 등의 체결에 대한 대가로서의 성격에 그칠 뿐이라면 근로자는 약정근무기간을 준수하지 않았더라도 사이닝 보너스를 반환할 의무가 없다고 보았다.[34] 다만 전속근무 약속에 대한 조건으로 사이닝보너스를 지급하였다면, 의무근무기간 및 반환범위 등을 종합적으로 고려하여 판단하여야 할 것이다.

Ⅱ 전차금상계의 금지

1. 의의

사용자는 전차금 그 밖에 근로할 것을 조건으로 하는 전대채권과 임금을 상계하지 못한다(근기법 제21조). 전차금상계의 금지제도는 금전대차관계와 근로관계를 완전히 분리함으로써 금전대차에 기인하여 발생하는 근로자의 신분적 구속의 폐습을 방지하기 위한 것이다. 전차금은 근로자를 특정한 사용자에게 장기간 예속시켜 신분적 구속을 하게 되고 불리한 근로조건을 강요하게 되는 방법으로 악용되고 있으므로 근로기준법 제21조는 이와 같은 폐해를 방지하자는 데 그 목적이 있다.

---

34) 대판 2015.6.11, 2012다55518.

2. 주요 내용

(1) 전차금

전차금이란 근로계약의 체결 시 또는 그 후에 근로를 제공할 것을 조건으로 하여 사용자로부터 차용하여 장차의 임금으로 변제할 것을 약정하는 금전을 말한다. 다만, 임금을 가불하는 경우에는 전차금으로 대여하는 것이 아니라 임금을 지급일 전에 가불하는 것이므로 본조에 저촉되지 않는다.

(2) 근로할 것을 조건으로 하는 전대채권

전대채권은 전차금 이외에 근로자 또는 그 친권자 등에게 미리 일정한 조건을 전제로 대여하는 금전으로서 전차금과 동일한 목적을 가지는 것을 말한다. 이때 사용자가 대여하는 전대채권은 일반적 채권을 금지하는 것이 아니고 근로할 것을 조건으로 하는 금전을 규제하고자 하는 것이다. 이러한 전대채권은 근로자가 변제를 하기 위하여 근로가 강제되거나 퇴직의 자유 등을 박탈하게 되므로 신분적인 구속을 수반하게 되어 금지하고 있다.

(3) 임금과의 상계금지

상계란 전차금 변제 부분을 근로자의 임금채권에서 소멸시키는 일방적 의사표시를 말한다.[35] 따라서 개별 근로자의 의사에 반하여 노동조합이 채무액을 사용자로 하여금 임금에서 공제하도록 한 단체협약은 그 부분이 무효가 된다.[36] 그러나 본조는 근로자의 자유의사에 의한 상계를 금지하고 있지는 않으므로 근로자 자녀를 위한 학자대여금, 주택구입을 위한 대금 등이 일정 기간 후에 임금에서 상계되더라도 본조 위반은 아니다.

3. 근로기준법 제21조의 위반

근로조건을 전제로 한 전차금과 임금의 상계를 내용으로 하는 계약은 위법이므로 벌칙

---

35) 임종률, 『노동법』, p.406.
36) 근기 01254-9703, 1987.6.16.

이 적용된다(근기법 제114조 제1호). 이 경우 전차금을 대여하는 계약이 존재하더라도 상계의 의사표시는 강행법규 위반으로서 사법상 무효가 되지만, 근로자의 임금채권은 그대로 남게 된다. 따라서 소정의 임금전액을 지급하여야 하며, 이에 위반한 때에는 근로기준법 제43조(임금 지급)의 위반이 된다. 전차금상계의 위반성은 계약체결만으로 판단할 것이 아니라 객관적·실질적으로 사용자의 일방에 의하여 상계조치가 이루어지는 시점부터 법규 위반성을 판단하여야 한다.

Ⅲ 강제저금의 금지

1. 의의

사용자는 근로계약에 덧붙여 강제저축 또는 저축금의 관리를 규정하는 계약을 체결하지 못하고(근기법 제22조 제1항), 근로자의 위탁으로 근로자의 저축을 관리하는 경우에는 저축의 종류·기간 및 금융기관을 근로자가 결정하고, 근로자 본인의 이름으로 저축할 것과 근로자가 저축증서 등 관련 자료의 열람 또는 반환을 요구할 때에는 즉시 이에 따라야 한다(동조 제2항). 사용자가 근로계약에 덧붙여 임금의 일정액을 강제로 저축하게 하고 그 반환을 어렵게 하는 것은 근로자가 자유롭게 직장을 떠날 수 없도록 하는 신분적 구속의 수단으로 이용될 뿐만 아니라, 저축금이 기업의 경영자금으로 유용됨으로써 기업도산으로 인한 반환불능의 위험성이 있는 각종의 사회적 폐단을 가져올 가능성이 있기 때문이다.

2. 주요 내용

(1) 근로계약에 덧붙여

"근로계약에 덧붙여"라는 의미는 근로계약의 체결 또는 존속의 조건을 말한다. 그러므로 근로계약에 명문으로 저축할 것을 약정한 경우는 물론 취업조건으로 저축계약을 강요하거나 취업 후 저축계약을 하지 않으면 해고한다는 경우 등이 근로계약에 덧붙여 맺은 강제저축계약에 해당한다. 또한, 강제저축계약은 사용자 자신이 근로자와 계약하는 것은 물론 근로자에 대하여 사용자 이외의 특정한 제3자, 즉 특정 우체국, 금융기관 등과 저축계약을 맺도록 하는 것도 포함된다. 다만, 근로자가 자발적으로 저축을 할 의사가 있는 경우에 사용자가 자기의 거래은행에 저축하도록 권유하여 특정 은행과 계약하는 경우에는 근로기준법 제22조에 저촉되지 않는다.

(2) 저축금의 관리를 규정하는 계약

"저축금의 관리를 규정하는 계약"에는 사용자 자신이 직접 근로자의 예금을 받아 스스로 관리하는 소위 사내예금은 물론, 사용자가 근로자의 임금을 다시 개개의 근로자의 명의로 은행 기타 금융기관에 예금하여 그 통장과 인감을 보관하거나 예금 인출에 대하여 금지·제한하는 경우를 말하는 것으로 이는 강행법규에 위반된다.

(3) 근로자의 위탁에 의한 저축금 관리계약

"근로자의 위탁으로 근로자의 저축을 관리하는 경우"란 근로계약에 덧붙이지 않고 근로자의 임의에 의한 저축금을 위탁받아 관리하는 계약을 말한다. 근로자가 그의 자유의사에 의하여 저금을 하고 그 관리를 사용자에게 위탁하는 경우에는 이를 금지할 이유가 없지만, 이러한 경우라도 이를 방치하여 둔다면 사실상 강제저금으로 작용하거나 사용자가 임의로 처분·유용할 우려가 있기 때문에 근로기준법 제22조 제2항에 따른 사항을 준수하여야 한다.

3. 근로기준법 제22조의 위반

근로기준법 제22조의 강제저금의 금지 규정을 위반한 경우에는 벌칙이 적용된다(근기법 제110조 제1호 및 동법 제114조 제1호).

관련 판례1 대판 1996.12.6, 95다24944.

위약예정금지와 연수비 반환약정

기업체에서 비용을 부담 지출하여 직원에 대하여 위탁교육훈련을 시키면서 일정 임금을 지급하고 이를 이수한 직원이 교육 수료일자부터 일정한 의무재직기간 이상 근무하지 아니할 때에는 기업체가 지급한 임금이나 해당 교육비용의 전부 또는 일부를 근로자로 하여금 상환하도록 하되 의무재직기간 동안 근무하는 경우에는 이를 면제하기로 약정한 경우, 교육비용의 전부 또는 일부를 근로자로 하여금 상환하도록 한 부분은 근로기준법 제24조에서 금지된 위약금 또는 손해배상을 예정하는 계약이 아니므로 유효하지만, 임금 반환을 약정한 부분은 기업체가 근로자에게 근로의 대상으로 지급한 임금을 채무불이행을 이유로 반환하기로 하는 약정으로서 실질적으로는 위약금 또는 손해배상을 예정하는 계약이므로 근로기준법 제24조에 위반되어 무효이다.

관련 판례2 대판 2015.6.11, 2012다55518.

사이닝보너스 반환약정의 유효성

사용자가 약정 당시 근로자에게 약정근무기간을 채우지 못할 경우 사이닝보너스를 반환하여야 한다는 사실을 고지하지 아니하였고, 근로자로서도 근무기간 7년이 사이닝보너스의 반환과 결부된 의무기간이라고는 예상하기 힘들었을 것으로 보이는 점 등을 고려하면 이 사건의 사이닝보너스는 이직에 따라 일회성으로 지급한 위로금 또는 입사계약 즉 근로 약정 체결에 대한 대가로서의 성격에 그치는 것으로 해석함이 타당하고, 나아가 약정근무기간 동안 피고가 근무하리라 믿고 원고가 지출한 비용으로까지 해석되지는 아니한다. 따라서 피고가 원고와 이 사건 약정을 체결하고 원고에 이직해 입사한 이상 이 사건 사이닝보너스가 예정하는 대가적 관계에 있는 반대급부는 이행되었다고 할 것이다.

제4절 **근로계약 당사자의 권리와 의무**

❶ 근로자의 의무

1. 근로제공의무

근로계약의 체결 당사자인 근로자는 기본적으로 근로제공의무를 지는데, 근로제공의
무는 근로계약에 있어서 사용자의 지휘명령에 따르고 근로를 제공하여야 하는 근로자의
가장 본질적인 의무이다. 근로제공의무의 구체적 내용 및 그 범위는 사용자가 정하는 데
에서 출발하며 보통 단체협약, 취업규칙 등으로 정해지지만, 사용자가 근로계약에 기초하
여 기대하는 포괄적 사항도 근로제공의무에 해당한다.

2. 충실의무

충실의무란 근로자가 직무수행을 위한 행위에 전념하고 다른 행위를 하여서는 아니 된다
는 것을 의미한다. 다만, 충실의무가 직무에 헌신해야 하는 것을 의미하지는 않으므로 해당
직무에 있어 통상 요구되는 주의를 기울이고 있으면 충분하다.

3. 겸직(겸업, 이중취직)의 금지

겸직이란 근로자가 사용자의 허락 없이 다른 사업장에 취업하거나 스스로 사업을 하는
것을 말하는 것으로 사용자는 취업규칙으로 근로자의 겸직을 제한할 수 있고 근로자가
이를 위반하는 경우 징계할 수 있다.[37] 이는 겸직으로 인해 본래의 근로제공에 지장을 초
래하거나 기업질서를 문란케 할 우려가 있기 때문이다. 그러나 회사의 기업질서나 노무제
공에 특별한 지장을 가져오지 않는 경우에는 겸직금지의 대상이 되지 않는다.[38]

---

37) 이병태, 『노동법』, p.976.
38) 서울행판 2001.7.24, 2001구7465.

4. 경업피지(경업금지)의무

경업피지란 고급관리직이나 기술직, 회사의 영업비밀을 알고 있는 직원이 경쟁업체에 취업하거나 동일업종의 회사를 경영하는 것을 말하는 것으로 근로자는 경업행위를 하지 않을 의무를 가진다.[39] 다만, 근로자의 경업피지의무는 그것을 특별히 금하는 합리적 사유가 있어야 한다.[40] 따라서 일반적 지식·기능에 불과함에도 이를 이유로 한 경업의 금지는 단순한 경쟁의 제한으로서 경업금지에 해당하지 않는다.

5. 비밀유지의무

비밀유지의무란 근로자가 근로제공과 관련하여 알게 된 사업이나 경영상 비밀[41]을 제3자에게 누설하지 않을 의무를 말한다. 다만 부정경쟁방지를 위한 금지사항 위반행위, 범죄행위, 기타 법위반행위, 명백한 계약위반행위 등은 비밀유지 의무가 아니며, 회사의 신용 명예와 관련된 비밀을 제3자나 일반에게 공포해야 할 정당한 이익이 있고, 그 이익이 사용자의 개인 이익보다 중요하다고 판단될 때에는 근로자의 비밀유지의무는 성립하지 않는다.

⑪ 사용자의 의무

1. 임금지급의무

임금은 근로계약을 체결할 때에 계약당사자가 명시적으로 약정하여야 할 중요한 사항 중의 하나로서 사용자는 근로자의 근로제공에 대한 대가로서 임금을 지불할 의무를 진다. 임금액에 관해서는 당사자가 자유로이 약정할 수 있으나 그것이 취업규칙·단체협약 또는 최저임금법의 기준보다 낮을 때에는 임금액에 대한 약정은 무효로 되며, 그 부분은

---

39) 이병태, 『노동법』, p.976.
40) 서울행판 2001.7.24, 2001구7465.
41) 경영상 비밀이란 공공연하게 알려져 있지 않고 독립된 경제적 가치를 가지는 것으로서 상당한 노력에 의하여 비밀로 유지된 생산방법, 판매방법, 기타 영업활동에 유용한 기술 또는 경영정보를 말한다.

취업규칙이나 단체협약 또는 최저임금법에 정한 기준으로 대체된다(근기법 제97조; 노조법 제33조; 최임법 제6조 제3항).

2. 안전배려의무

사용자는 자신의 지배하에 놓이는 근로자의 생명·신체·건강에 대하여 신의칙상 적절한 보호조치를 강구할 것이 요청되는데, 이러한 사용자의 의무를 안전배려의무라 한다. 이 의무는 근로자의 생명·신체·건강을 침해해서는 아니 된다는 소극적 의무만을 뜻하는 것이 아니라, 생산시설의 위험으로부터 근로자를 안전하게 보호하기 위해 적절한 조치를 강구해야 하는 적극적인 내용도 포함한다. 안전배려의무의 내용에 대한 일률적인 기준은 없으나, 당사자의 약정이나 취업규칙 및 단체협약 등에 의하여 결정되며 이러한 약정이 없는 경우에는 개별적 근로관계의 내용과 관련하여 사회통념상 타당한 범위 내에서 인정되어야 한다. 사용자가 그의 귀책사유로 안전배려의무를 위반한 경우 근로자는 채무불이행 책임에 따른 손해배상을 청구할 수 있고, 사용자에게 적절한 조치나 안전배려의무에 위반하는 행위를 중지할 것을 요구할 수 있다.

Ⅲ 취업청구권

1. 취업청구권의 의의

취업청구권은 근로계약관계가 존속하고 있는 근로자가 근로를 제공하고자 하는 의사와 능력이 있음에도 불구하고 사용자가 근로자의 근로제공을 거부하는 경우에 근로자가 사용자에게 현실적으로 근무시킬 것을 요구할 수 있는 권리이다. 즉, 취업청구권의 문제는 근로자의 노동력을 사용자의 처분에 맡긴 경우 임금청구권과는 별도로 취업청구권까지 가질 수 있느냐 하는 것으로 사용자가 부당노동행위의 의사를 갖고 징계의 일환으로 근로자를 대기명령 하는 등의 문제가 제기될 수 있다.

2. 취업청구권의 법적 근거

(1) 원칙적 긍정설

이 설은 근로관계의 존재가 단순히 근로자와 사용자 간의 채권 채무만을 의미하는 것이 아니라 근로자의 노동을 통한 인격실현의 과정이라는 측면을 중시하여 취업청구권을 인정하는 견해이다.[42] 즉, 근로자는 스스로의 근로를 통하여 생활에 필요한 사항들을 얻고 있으며 임금 이외의 위와 같은 본질적 이익은 구체적인 취업을 통하여 얻어지는 것이므로, 이러한 근로계약의 특수성에서 비롯되는 근로의 본질적 이익을 향유하기 위한 권리로서 취업청구권이 인정된다고 한다.[43]

(2) 원칙적 부정설

이 설은 근로자의 근로제공은 근로계약상의 의무에 불과하고 권리는 아니므로 취업청구권을 사용자가 따로 인정할 수는 없다고 보는 입장이다.[44] 다만, 이 경우에도 당사자 사이에 특약이 있는 경우 또는 특수한 기능자(외과 수련의, 배우, 연수생 등)의 경우에는 예외적으로 취업청구권[45]을 인정한다.

(3) 검토의견

취업청구권은 근로관계의 특성상 본질적으로 요청되는 권리인 만큼 사용자는 정당한 이유 없이 이를 제한하거나 박탈할 수 없다. 즉 근로자에게 업무를 부여하지 않는 것은 소속된 사회에서 명백히 인격의 존엄성을 침해당하는 것이며 자신의 능력과 인격을 향상시킬 수 있는 기회를 박탈당하는 것이다.[46] 나아가 그 인정범위에 있어서도 근로계약 당사자 사이의 특약이나 견습공, 연구원, 배우, 수련의 등과 같이

---

42) 이상윤, 『노동법』, p.187.
43) 문무기, 『부당해고의 구제와 취로청구권』, pp.342~343에 의하면, ① 민법의 일반원칙인 채권자 일반의 수령의무를 긍정하는 한 취업거부는 근로자의 존엄성과 인격권을 침해하는 것이므로 취업청구권이 인정되어야 한다는 견해(박홍규, 『노동법론』, pp.372~272), ② 사용자의 부당한 취업거부는 노동재산권과 노동인격권을 포함한 노동의 보람을 통하여 자유로운 삶을 향유할 수 있는 권리인 '노동향유권'을 침해하는 것이고 취업청구권의 관념은 노동향유권인 개념에 포섭된다고 하는 견해(이흥재, 『해고제한에 관한 연구』, pp.199~200), ③ 근로자의 취업청구권은 근로자의 인격권의 실현이라는 헌법상의 가치 질서에 비추어 그 당위성이 인정되며, 구체적인 법적 근거는 이러한 인간의 존엄성과 가치를 보장하고 있는 우리 헌법 제10조의 기본이념을 대전제로 하면서 근로관계의 채권관계로서의 본질에 비추어 사용자의 부수적 의무로서의 신의칙에서 구해야 한다는 견해(김소영, 『근로자의 취업청구권』, pp.141~143)가 있다.
44) 임종률, 『노동법』, p.346.
45) 학자에 따라서는 취로청구권(문무기), 보직청구권(이상윤)이라고 부르기도 한다.
46) 이상윤, 『노동법』, p.187.

근로로 인하여 임금획득 외에 근로자의 능력이나 기술의 습득, 유지, 향상 등 별도의 이익이 있는 자에 한정할 필요는 없다.[47] 또한, 노동위원회의 부당해고 구제결정 또는 법원의 해고무효확인 판결의 의미가 원상회복을 의도한다고 하더라도 근로관계의 회복을 위한 사용자의 사후조치가 재량에 맡겨져 있다면[48] 근로자에게는 당연히 현실적인 취업을 주장하고 이를 사용자에게 강제하기 위한 취업청구권이 인정되어야 한다.[49] 다만, 경영상 불가피한 조업의 정지나 단축 등의 경우, 경영질서의 유지를 위하여 필요한 경우 등에는 예외적으로 취업청구권이 부정된다.[50]

3. 취업청구권의 효과

근로자는 사용자의 책임 있는 사유로 취업하지 못할 경우에는 사용자의 채무불이행책임에 의한 손해배상청구권을 갖는다. 채무불이행책임에 의한 손해배상의 범위는 임금뿐만 아니라 정신적 손해에 대해서도 배상할 의무가 있다.[51] 다만, 사용자의 취업(근로수령의무)거부에 대한 강제이행의 방법에 관해 노동위원회나 법원의 구제명령 또는 판결이 있었음에도 불구하고 사용자가 임의로 근로자를 취업시키지 않는 경우 실질적으로 사용자에게 원상회복을 강제적으로 실현시킬 방법은 없고, 결국 손해배상책임에 한정된다는 한계가 있다.

관련 판례1 대판 1990.12.7, 90다카23912.

근로자의 진실고지의무

이력서에 허위의 경력을 기재한다는 것은 그 자체가 그 근로자의 정직성에 대한 중요한 부정적인 요소가 됨은 물론, 기업이 고용하려고 하는 근로자들에 대한 전인격적인 판단을 그르치게 하는 것이므로 근로자가 채용될 때 제출한 이력서에 허위의 경력 등을 기재한 행위를 징계해고사유의 하나로 삼은 취업규칙은 그와 같은 허위사항의 기재가 작성자의 착오로 인한 것이라거나 그 내용이

---

47) 문무기, 『부당해고의 구제와 취로청구권』, pp.348~349.
48) 서울고판 1994.12.23, 94나35291.
49) 우리나라에서는 아직 근로자의 취업청구권에 대한 논의가 활발하지는 않지만, 실제로 사업장에서 취업거부가 현실적으로 발생되고 있다는 점에서 앞으로 문제가 될 가능성이 충분하다.
50) 임종률, 『노동법』, p.345.
51) 대판 1996.4.23, 95다6923.

극히 사소하여 그것을 징계해고사유로 삼는 것이 사회통념상 타당하지 않다는 등의 특별한 사정이 없는 한 정당한 해고사유를 규정한 것으로 유효하다.

관련 판례2 대판 2010.3.11, 2009다82244.

사용자와 근로자 사이의 경업금지의무

사용자와 근로자 사이에 경업금지약정이 존재한다고 하더라도, 그와 같은 약정이 헌법상 보장된 근로자의 직업선택의 자유와 근로권 등을 과도하게 제한하거나 자유로운 경쟁을 지나치게 제한하는 경우에는 민법 제103조에 정한 선량한 풍속 기타 사회질서에 반하는 법률행위로서 무효라고 보아야 하며, 이와 같은 경업금지약정의 유효성에 관한 판단은 보호할 가치있는 사용자의 이익, 근로자의 퇴직 전 지위, 경업제한의 기간·지역 및 대상 직종, 근로자에 대한 대가의 제공 유무, 근로자의 퇴직 경위, 공공의 이익 및 기타 사정 등을 종합적으로 고려하여야 하고, 여기서 말하는 '보호할 가치있는 사용자의 이익'은 「부정경쟁방지 및 영업비밀보호에 관한 법률」 제2조 제2호에서 정한 '영업비밀' 뿐만 아니라, 그 정도에 이르지 아니하였더라도 당해 사용자만이 가지고 있는 지식 또는 정보로서 근로자와 사이에 이를 제3자에게 누설하지 않기로 약정한 것이나 고객관계나 영업상의 신용의 유지도 이에 해당한다.

관련 판례3 대판 1996.4.23, 95다6823.

사용자의 손해배상책임

사용자가 정당한 이유 없이 근로자의 근로제공을 계속적으로 거부하는 경우에는 근로자의 인격적 법익을 침해하는 것이므로 사용자는 이에 대한 손해배상책임을 부담한다.

제3장
근로관계의 내용

제1절 임금

❶ 임금의 의의

임금은 근로자가 생계를 유지하기 위한 유일한 수단[52]으로 근로기준법에서 보호되어야 할 가장 기본이 되는 근로조건이다. 따라서 임금문제는 노동운동에 있어서도 가장 큰 관심의 대상이 될 뿐만 아니라, 근로자의 최저한의 근로조건을 정하는 근로기준법에 있어서도 필수적인 보호대상이 된다.[53]

1. 임금의 개념

근로기준법 제2조 제1항 제5호는 "임금이란 사용자가 근로의 대가로 근로자에게 임금, 봉급, 그 밖에 어떠한 명칭으로든지 지급하는 일체의 금품을 말한다"고 규정하고 있다. 따라서 ① 사용자가 근로자에게 지급하는 금품으로서 ② 근로의 대가인 것은 ③ 그 명칭을 불문하고 모두 임금이라 할 수 있다.[54]

2. 임금의 요건

⑴ 사용자가 근로자에게 지급하는 금품

임금은 사용자로부터 근로자에게 지급되어야 한다. 따라서 사용자가 아닌 제3자가

---

52) 임종률, 『노동법』, p.389.
53) 김형배, 『노동법』, p.309.
54) 대판 1999.9.3, 98다34393.

지급하였다면 이를 근로기준법상의 임금이라고 할 수 없다.[55] 예컨대 근로자가 손님으로 받은 팁은 사용자가 지급하는 것이 아니므로 임금이 아니다. 그러나 일정금액으로 정해진 팁을 사용자가 손님으로부터 받아 예치하는 과정을 거쳐 분배하는 경우에는 임금이라고 볼 수 있다.[56] 국민연금·건강보험 등 각종 사회보험제도에 따라 사용자가 부담하는 보험료는 임금이 아니다. 그러나 근로자 부담의 보험료나 근로소득세 등은 사용자가 원천징수를 한 것에 불과하므로 임금에 포함된다.

(2) 근로의 대가

근로의 대가란 사용자가 근로자에게 지급하는 금품 가운데 사용종속관계에서 행하는 근로에 대한 보상을 말한다. 예컨대 단체협약·취업규칙 또는 관례에 따라 정기적·계속적으로 지급되는 가족수당[57], 통근수당, 식대, 체력단련비, 하계휴가비, 차량유지비[58], 상여금[59] 등은 근로의 대가로서 임금에 포함된다. 그러나 ① 경조금·위문금 등과 같이 임의적·은혜적으로 지급하는 것[60], ② 손해보상의 성격을 가진 급여로서 해고예고에 대신하여 지급되는 해고수당, ③ 일시적 또는 일부 근로자에게만 지급되는 학자보조금 등의 복리후생비[61], ④ 장비구입비, 출장비, 판공비 및 업무비용 등과 같이 실비 변상적인 금품, ⑤ 근로제공과 직접적으로 관련이 없는 복지포인트[62] 등은 근로의 대가가 아니므로 임금이 아니다.

(3) 명칭의 여하를 불문

근로기준법에 있어서의 임금은 그 명칭이 반드시 임금이어야 한다는 것은 아니다. 즉 그 명칭이 급료·봉급·수당·장려금 등 어떠한 명칭으로 지급되는 것인가를 불문하고, 근로의 대상으로 지급되는 것이면 모두 임금에 해당된다. 근로기준법 제2조

---

55) 이상윤, 『노동법』, p.196.
56) 대판 1992.4.28, 91누8104.
57) 가족수당이 일정한 요건에 해당하는 근로자에게 일률적으로 지급되어 왔다면, 이는 임의적, 은혜적인 급여가 아니라 근로에 대한 대가의 성질을 가지는 것으로서 임금에 해당한다(대판 1995.7.11, 93다26168).
58) 차량유지비가 차량보유를 조건으로 지급되었거나 직원들 개인 소유의 차량을 업무용으로 사용하는데 필요한 비용을 보조하기 위해 지급된 것이라면 실비변상적인 것으로서 근로의 대가로 볼 수 없으나 전 직원에 대하여 또는 일정한 직급을 기준으로 일률적으로 지급되었다면 근로의 대가로 볼 수 있다(대판 2002.5.31, 2000다18127).
59) 상여금이 계속적·정기적으로 지급되고 그 지급액이 확정되어 있다면 이는 근로의 대가로 지급되는 임금의 성질을 가지나, 그 지급 사유의 발생이 불확정적이고 일시적으로 지급되는 것은 임금이라고 볼 수 없다(대판 2011.10.13, 2009다86246).
60) 대판 1994.5.24, 93다4649.
61) 대판 1995.5.12, 94다55934.
62) 대판 2019.8.22, 2016다48785.

제1항 제5호에서 "임금, 봉급, 그 밖에 어떠한 명칭"이라고 표현한 것은 임금에 포함되는 금품의 여러 가지 형태를 예시한 것에 불과하다. 따라서 수당·복리후생비 등 명칭만을 가지고 임금의 해당여부를 판단하여서는 안 되며, 구체적으로 근로에 대한 대가로 지급되었는지의 여부를 살펴보아 판단하여야 한다.[63]

Ⅱ 평균임금

1. 평균임금의 정의

평균임금이란 이를 산정하여야 할 사유가 발생한 날 이전 3개월 동안에 그 근로자에 대하여 지급된 임금의 총액을 그 기간의 총일수로 나눈 금액을 말하고, 근로자가 취업한 후 3개월 미만인 경우도 이에 준한다(근기법 제2조 제1항 제6호). 평균임금이 당해 근로자의 통상임금보다 적으면 그 통상임금액을 평균임금으로 한다(동조 제2항). 근로기준법 시행령 제2조에서는 평균임금의 계산에서 제외되는 기간과 임금[64]을 마련해 놓고 있는데, 이는 근로자의 생활보호라는 관점에서 근로자에게 평상시 지불되고 있는 임금의 평균액을 사실 그대로 반영하여 산정하는 데 그 취지가 있다.[65]

2. 평균임금의 요건

(1) 산정하여야 할 사유가 발생한 날

평균임금을 산정하여야 할 사유는 근로자의 퇴직(근퇴법 제8조 제1항), 사용자의 귀책

---

63) 이상윤, 『노동법』, p.197.
64) 평균임금의 산정기간에 ① 수습을 시작한 날부터 3개월 이내의 기간 ② 사용자의 귀책사유로 휴업한 기간 ③ 출산전후휴가 기간 ④ 업무상 부상 또는 질병의 요양을 위한 휴업기간 ⑤ 육아휴직 기간 ⑥ 쟁의행위 기간 ⑦ 「병역법」, 「예비군법」 또는 「민방위기본법」에 따른 의무를 이행하기 위하여 휴직하거나 결근으로 임금을 지급받지 못한 기간 ⑧ 업무 외 부상이나 질병, 그 밖의 사유로 사용자의 승인을 받아 휴업한 기간에는 그 기간과 그 기간 중에 지급된 임금은 평균임금 산정기준이 되는 기간과 임금의 총액에서 각각 제외한다. 또한, 「남녀고용평등과 일·가정 양립지원에 관한 법률」에 따른 ① 가족돌봄휴직 및 가족돌봄휴가 기간과 ② 가족돌봄 등을 위해 근로시간 단축을 한 근로자에 대해서도 그 기간을 평균임금 산정기간에서 제외한다.
65) 근로자의 임금은 실제 근로를 제공하는 근로시간이나 실적에 따라 상당한 차이가 있으므로 산정하는 시기가 어느 때인가에 따라 생길 수 있는 우연적인 불균형을 피하여 통상적인 근로를 할 수 없을 때도 가능한 한 실제로 받았던 통상적인 생활임금에 따른 근로자의 생활을 보장하려는 데 이 제도의 취지가 있다(대판 1995.2.28, 94다8631).

사유로 인한 휴업(근기법 제46조), 연차 유급휴가(동법 제60조 제5항), 재해보상(동법 제78~84조), 감급의 제재(동법 제95조) 등이다.

⑵ 산정방법

지급사유가 발생한 당일은 민법 제157조의 초일불산입의 원칙에 따라 산입하지 않으며, 취업 후 3개월이 되지 않고 평균임금의 산정사유가 발생한 경우에는 취업 후의 전 기간과 그 기간 중에 지급된 임금의 총액으로 산정한다. "임금의 총액을 그 기간의 총일수로 나눈 금액"이란 3개월간의 총일수를 분모로 하고 그 기간 중의 임금의 총액을 분자로 하는 계산이 된다. 평균임금의 산정기간인 3개월간 중에 근로기준법 시행령 제2조 제1항의 각호에 해당하는 기간이 있는 경우에는 그 일수와 그 기간 중에 지급된 임금을 당해 기간과 임금총액에서 각각 공제하여 잔여기간의 일수와 임금액으로써 평균임금을 산정한다. 만일 이와 같은 기간과 그 기간 중의 임금을 공제하지 않는다면 평균임금이 부당하게 저액이 될 우려가 있기 때문이다.

⑶ 근로자에게 지급된 임금의 총액

임금의 총액이란 현실적으로 이미 지급되어 근로자가 수령한 임금뿐만 아니라 실제로 지급되지 아니한 것(임금체불 등)이라도 사유발생일에 있어서 이미 채권으로 확정된 임금까지도 포함한다. 예컨대 6월, 12월로 1년에 2회에 걸쳐 상여금을 지급하기로 되어 있는데, 평균임금의 산정사유 발생일이 5월일 경우 이전 3개월간에는 실제로 상여금을 지급받지 못한 경우에 있어서도 3개월분의 상여금은 이미 채권으로 확정되어 있으므로 상여금을 월할하여 임금총액에 포함시켜야 한다. 또한, 근로시간의 장단에 의한 임금의 다소 또는 근무형태의 특수사정(감봉상태의 경우 등)으로 인한 임금액의 변동이 있다 하더라도 근로기준법 시행령 제2조 제1항의 해당사유가 아닌 한 이를 상관하지 않는다. 한편 판례는 해외 파견기간 중에 해외근무라는 특수한 근로조건에 따라 임시로 국내직원보다 과다한 임금을 받는 경우, 이러한 초과급여부분은 평균임금에 포함하지 않는 것으로 판단하고 있다. 이는 국내근무보다 특별히 늘어나게 될 비용에 대한 실비변상적인 성질의 것이기 때문이다. 따라서 당해 급여가 평균임금에 산입되는지는 근로의 대가성을 가지는가에 의하되, 이는 명칭만으로 판단할 것이 아니라 근로계약, 취업규칙 또는 단체협약의 구체적 내용이나 노사관행 등의 실태를 종합적으로 고려하여야 한다.

3. 평균임금의 특별적용

(1) 일용근로자

일용근로자의 평균임금은 고용노동부장관이 사업이나 직업에 따라 정하는 금액으로 한다(근기법 시행령 제3조). 일용근로자는 그 고용상태가 일반 상용근로자에 비하여 고르지 못할 뿐만 아니라 일반적으로 종사하는 사업장이나 임금액이 변동되는 경우가 많아 일반 상용근로자의 평균임금과 동일하게 취급한다는 것은 적당하지 않기 때문이다. 그런데 노동부 유권해석[66]은 "일용근로자에 대한 직종별 임금은 따로 정하여진 바는 없으나, 일반(상용)근로자의 경우와 같이 근로기준법 제2조 제1항 제6호에 의하여 3개월 동안의 지급총액을 총일수로 나누면 된다"고 하여 현재로서는 상용근로자와 실무상으로 구별하지는 않는다.

(2) 특별한 경우

근로기준법에 따라 평균임금을 산정할 수 없는 경우에는 고용노동부장관이 정하는 바에 따른다(근기법 시행령 제4조). 이는 평균임금의 산정방식에 관해 행정부에 광범위한 결정권을 위임하는 것으로 위 규정에 의한 "평균임금을 산정할 수 없는 경우"란 문자 그대로 산정하는 것이 기술상 불가능한 경우에만 한정할 것이 아니라 이 규정에 의하여 산정하는 것이 현저하게 부적당한 경우까지도 포함한다고 해석하여야 한다.[67]

⑩ 통상임금

1. 통상임금의 정의

---

66) 근기 1455-9989, 1970.10.23.
67) 대판 1995.2.28, 94다8631.

통상임금이란 근로자에게 정기적·일률적으로 소정근로 또는 총 근로에 대하여 지급하기로 정한 시간급금액, 일급금액, 주급금액, 월급금액 또는 도급금액을 말한다(근기법 시행령 제6조 제1항). 이러한 통상임금은 평균임금의 최저한을 보장함과 아울러 해고예고에 갈음하는 해고예고수당(근기법 제26조), 연장·야간 및 휴일근로에 대한 가산수당(동법 제56조), 연차 유급휴가 수당(동법 제60조 제5항), 출산전후 유급휴가의 급여(동법 제74조) 등을 산출하는 기초가 된다.

2. 통상임금의 요건

(1) 소정근로의 대가

소정근로란 근로자가 법정근로시간의 범위 내에서 통상적으로 제공하는 근로를 말한다. 따라서 법정근로시간을 초과하여 행한 근로의 대가인 가산임금은 통상임금이 아니며, 일정 금액을 연장근로의 대가로 급여에 포함하여 지급하는 고정 시간외 수당 또한 소정근로의 대가로 볼 수 없으므로 통상임금에 해당되지 않는다.[68]

(2) 정기성

"정기적"이란 미리 정해진 일정한 기간마다 정기적으로 지급되는 것이라는 의미로 1개월을 초과하는 기간마다 지급되는 임금도 정기적으로 지급되는 것이면 통상임금에 포함될 수 있다.[69] 2013년 대법원 전원합의체 판결[70]에 의하면 정기상여금이 1개월을 초과하여 지급되더라도 그것이 정기적으로 지급되는 것이면 통상임금에 포함될 수 있다는 점을 명확히 하였다.

(3) 일률성

"일률적"이란 모든 근로자를 지급대상으로 하고 있다는 의미이다. 다만, 전체 근로자에게 지급되지 않더라도 일정한 조건이나 기준에 도달한 모든 근로자에게 지급되는 것이면 일률성이 인정된다. 여기서 '일정한 조건' 또는 '기준'은 근로와 관련된 것

---

68) 대판 2021.11.11, 2020다224739.
69) 대판 1996.2.9, 94다19501.
70) 대판(전합) 2013.12.18, 2012다94643.

이어야 한다. 따라서 부양가족이 있는 근로자에게만 지급되는 가족수당은 그 조건이 근로와 무관하므로 통상임금이 아니다. 그러나 모든 근로자에게 기본금액을 가족수당 명목으로 지급하는 경우, 그 기본금액은 모든 근로자에게 일률적으로 지급되는 근로의 대가와 같으므로 통상임금에 해당한다. 일정한 근속기간 이상을 재직할 것을 지급조건으로 하거나 근속기간에 따라 지급액이 달라지는 근속수당의 경우 모든 근로자에게 일률적으로 지급되는 임금이 아니지만, 근로와 관련된 일정한 조건 또는 기준에 해당하고 그 조건 또는 기준을 충족한 모든 근로자에게 지급되는 임금이므로 통상임금에 해당한다. 또한, 특수한 기술의 보유나 특정한 경력의 구비가 임금지급의 조건인 경우(기술수당, 자격수당, 면허수당, 특수작업수당[71] 등) 특수한 기술이나 경력이라는 근로와 관련된 일정한 조건 또는 기준에 해당하는 모든 근로자에게 일률적으로 지급이 되므로 통상임금에 포함된다.

⑷ 고정성

고정적인 임금이란 근로자가 소정근로시간을 근무하기만 하면 업적과 성과 등에 상관없이 확정적으로 지급받게 되는 임금을 의미한다. 따라서 초과근로를 제공하고 추가로 지급받는 임금이나 실제 근무성적에 따라 지급여부나 지급액이 달라지는 성과급은 고정성이 인정되지 않아 통상임금이 아니다. 다만, 성과급의 경우 최소한도로 보장되는 부분만큼은 근무성적과 무관하게 누구나 받을 수 있는 고정적인 임금으로서 통상임금에 해당한다. 또한 근로자가 소정근로를 했는지 여부와 관계없이 지급일 기타 특정시점에 재직 중인 근로자에게만 지급하기로 정해져 있는 임금은 소정근로에 대한 대가의 성질을 가지는 것이라고 보기 어려울 뿐 아니라 고정성도 결여한 것으로 보아야 하므로 통상임금에 해당하지 않지만, 근로자가 특정시점 전에 퇴직하더라도 그 근무일수에 비례한 만큼의 임금을 받을 수 있다면, 근무일수에 비례하여 지급되는 한도에서는 통상임금에 해당한다. 한편 단체협약이나 취업규칙에 정기상여금의 재직자 지급 규정을 두고 있더라도 실제로 퇴직한 근로자에게도 근무한 기간에 따라 일할 계산하고 있는지 여부를 따져 고정성을 판단해야 한다.[72]

---

71) 고열작업수당이 일정한 공정에 종사하는 모든 근로자들에 대해서 일정한 조건이 충족되면 일정한 금액이 매년 정기적·일률적으로 지급된 것으로서 통상임금에 포함된다(대판 2005.9.9, 2004다41217).
72) 대판 2020.4.29, 2018다303417.

3. 통상임금에 대한 노사합의의 효력

　통상임금에 산입될 수당을 통상임금에서 제외하기로 한 노사간의 합의는 법이 정한 기준에 달하지 못하는 근로조건을 정한 계약으로서 근로기준법 제15조 제1항에 의거하여 무효로 보아야 한다. 대법원은 예외적으로 노사간에 정기상여금이 통상임금에 해당하지 않는다고 신뢰한 상태에서 이를 통상임금에서 제외하는 합의를 한 후에, 근로자가 그 합의의 무효를 주장하며 추가임금을 청구함으로써 이로 인해 예측하지 못한 새로운 재정적 부담을 떠안을 기업에게 중대한 경영상 어려움을 초래하거나 기업의 존립이 위태롭게 될 수 있다는 사정이 있을 경우 그 추가임금의 청구는 신의칙상 적용되지 않는다고 위 법리의 적용을 배제하였으나,[73] 최근의 판결 경향은 신의칙에 대한 위배 여부를 신중하고 엄격하게 판단해야 한다는 신중론을 펴고 있다.[74]

4. 통상임금의 산정

　통상임금은 초과근로수당 등의 계산 기초가 되기 때문에 시간급으로 산정하는 것이 원칙이다. 그러나 임금은 일급이나 월급 등으로 지급되는 것이 일반적이므로 일급이나 월급 등의 임금을 시간급 통상임금으로 환산하여야 하며 이에 대한 산정방법[75]은 근로기준법 시행령 제6조 제2항에서 규정하고 있다. 한편, 회사에서 포괄임금제를 운영하면서 고정연장근로시간을 명시하고 그에 해당하는 고정연장근로수당을 지급하였을 경우라 하더라도 고정급인 통상임금에 해당하지 않는다.[76] 따라서 포괄임금제에서 고정연장근로수당을 제외한 후 통상임금을 산정하여야 한다.

---

73) 대판(전합) 2013.12.18, 2012다89399.
74) 대판 2022.4.28, 2019다238053.
75) ① 시간급 금액으로 정한 임금은 그 금액.
　② 일급 금액으로 정한 임금은 그 금액을 1일의 소정근로시간 수로 나눈 금액.
　③ 주급 금액으로 정한 임금은 그 금액을 1주의 통상임금 산정 기준시간 수로 나눈 금액.
　④ 월급 금액으로 정한 임금은 그 금액을 월의 통상임금 산정 기준시간 수로 나눈 금액.
　⑤ 일·주·월 외의 일정한 기간으로 정한 임금은 제2호부터 제4호까지의 규정에 준하여 산정된 금액.
　⑥ 도급 금액으로 정한 임금은 그 임금 산정기간에서 도급제에 따라 계산된 임금의 총액을 해당 임금 산정기간의 총근로시간 수로 나눈 금액.
　⑦ 근로자가 받는 임금이 제1호부터 제6호까지의 규정에서 정한 둘 이상의 임금으로 되어 있는 경우에는 제1호부터 제6호까지의 규정에 따라 각각 산정된 금액을 합산한 금액.
76) 대판 2002.4.12, 2001다72173. 시간외근로수당을 실제 시간외근로와 관계없이 정기적·일률적으로 지급하기로 정하여진 고정급인 통상임금으로 볼 수는 없다.

Ⅳ 임금수준의 보호

임금에서 근로자에게 가장 중요한 것은 근로자가 얼마만큼의 임금을 받을 수 있는가의 임금액이다. 그러나 임금액의 결정을 근로계약에만 맡겨 놓을 경우에는 개별근로자와 사용자 사이에는 대등한 교섭관계가 이루어질 수 없기 때문에 근로자는 실질적으로 적정임금의 확보를 보장받을 수 없게 됨은 물론 모든 사업장의 근로자들이 노동조합에 의하여 조직되어 있는 것도 아니므로 단체교섭을 통하여 임금이 결정되기를 기대할 수도 없게 된다. 따라서 헌법 제32조 제1항에서는 적정임금의 보장을 위한 국가의 노력의무를 정하고 최저임금제의 실시에 관한 규정을 두고 있다. 이에 따라 근로자의 임금액을 보호하기 위한 제도로서 별도로 최저임금법을 제정하여 이를 보호하고 있으며, 근로기준법에서는 휴업수당(제46조)과 도급 근로자(제47조)에 대한 임금액 보호규정을 두고 있다.

1. 휴업수당

사용자의 귀책사유로 휴업하는 경우에 사용자는 휴업기간 동안 그 근로자에게 평균임금의 100분의 70 이상의 수당을 지급하여야 한다(근기법 제46조 제1항).

(1) 사용자의 귀책사유

민법에서는 사용자의 책임 있는 사유로 근로자가 근로의 이행을 할 수 없게 되는 경우에 근로자는 사용자에 대하여 임금을 청구할 수 있으나, 근로기준법에 의하면 휴업수당으로서 평균임금의 100분의 70이상의 청구권이 발생될 뿐이다. 이러한 규정은 근로자의 보호를 위하여 제정되었음에도 불구하고 오히려 민법보다 불완전하다고 여겨질 수 있다. 그러나 이러한 민법상의 규정에 의한 사용자의 책임을 묻기 위해서는 사용자의 고의·과실 그 밖에 이와 동등시할 만한 사유가 있어야 하므로 근로기준법 제46조의 귀책사유의 범위는 민법의 규정보다는 넓은 의미로 해석된다. 즉, 근로기준법은 근로자의 귀책사유가 아닌 사유로 인하여 근로자가 일을 할 수 없게 된 경우에 임금상실이라는 위험으로부터 근로자를 보호하기 위하여 민법의 원리와는 다른 휴업지불을 인정하는 것으로 사용자의 고의·과실이 없는 경우에도 사용자의 세력범위 안에서 발생하는 경영장애는 사용자의 귀책사유로 인정된다. 예컨대 공장의 화재, 기계의 파손, 원자재의 부족, 주문의 감소, 판매부진에 따른 조업의 중단 등이 경영장애에 속한다. 그러나 천재지변에 의한 휴업의 경우와 정당한 직장폐쇄의 경우에는 사용자의 귀책사유에 해당하지 않아 휴업수당의 지급의무가 없다. 한편, 휴업수당과 관련하여 부분파업 시에 파업불참자나 비조합원이 근로를 희망하여 노무제공의 이행상태에 있는 경우에 사용자가 그들의 노무제공을 거부하면 근로자는 임금 또는 휴업수당을 청구할 수 있는가 문제되는데, 사용자의 휴업수당 지급의무는 발생하지 않는다고 보아야 할 것이다. 이는 노동조합이 전략적 관점에서 중요부서의 근로자들만을 파업에 참가시킨 경우에 사용자가 근로희망자들에게 휴업수당을 지급해야 한다면 형평의 원칙에 반하고, 파업의 결과 향상된 근로조건이 근로희망자에게도 적용되며 부분파업 시 근로희망자가 휴업수당을 받지 못하는 위험부담도 근로자 전체의 연대적 관점에서 정당하기 때문이다.

(2) 휴업수당액

근로기준법 제46조의 규정에 의한 휴업수당액은 평균임금의 70% 이상이어야 한다. 다만 평균임금의 70%에 해당하는 금액이 통상임금을 초과하는 경우에는 통상임금을 휴업수당으로 지급할 수 있다(근기법 제46조 제1항 단서). 이는 과다한 초과근로수당 등으로 휴업근로자에게 지급되는 임금이 정상적으로 근로한 자에게 지급되는 통상임금보다 많아지는 것을 방지하기 위한 것이다. 한편, 휴업기간 또는 부당해고 기간 중에 근로자가 다른 직장에 종사하여 이익(중간수입)을 얻은 때에는 이를 공제할 수 있는가가 문제가 되는데, 휴업수당은 강행규정에 의한 금액이므로 휴업수당의 한도에서는 이를 이익공제의 대상으로 삼을 수 없고, 그 휴업수당을 초과하는 금액에서 중간수입을 공제하여야 한다.

(3) 부득이한 사유의 휴업

부득이한 사유로 사업을 계속하는 것이 불가능하여 노동위원회의 승인을 받은 경우에는 법정기준(평균임금의 70%)에 못 미치는 휴업수당을 지급할 수 있다(근기법 제46조 제2항). 부득이한 사유란 천재지변과 같은 불가항력적인 사유 외에도 사회통념에 비추어 사용자가 노력을 다하여도 휴업을 막을 수 없는 경우에 휴업수당을 감액함으로써 휴업에 따른 부담을 완화하려는 것이다.

2. 도급 근로자의 임금보장

(1) 임금보장

사용자는 도급이나 그 밖에 이에 준하는 제도로 사용하는 근로자에게 근로시간에 따라 일정액의 임금을 보장하여야 한다(근기법 제47조). 도급이나 그 밖에 이에 준하는 제도란 임금이 고정급으로 정해져 있는 것이 아니라, 작업의 양 또는 성과에 따라 정하는 것을 말한다. 도급제 내지 성과급제에 있어서는 원자재의 부족 기타 근로자의 책임으로 볼 수 없는 사정에 의한 실적 등의 부족으로 임금이 현저히 저액이 될 경우를 예상하여 일정액의 임금을 보장하여 도급근로자의 기본적인 생활을 보장하려는데 그 취지가 있다. 근로자가 실제 취업하고 있을 경우 '일정액의 임금'에 대해 정해진 기준은 없으나 근로기준법 제46조의 휴업수당 상당액인 평균임금의 100분의 70 이상의 금액은 되어야 한다고 본다. 한편 근로기준법 제47조에 위반하여 임금의 보장을 하지 않는 경우에는 500만원 이하의 벌금에 처한다(근기법 제114조 제1호).

(2) 연대책임

사업이 한 차례 이상의 도급에 따라 행하여지는 경우에 하수급인이 직상 수급인의 귀책사유로 근로자에게 임금을 지급하지 못한 경우에는 그 직상 수급인은 그 하수급인과 연대하여 책임을 진다. 다만, 직상 수급인의 귀책사유가 그 상위 수급인의 귀책사유에 의하여 발생한 경우에는 그 상위 수급인도 연대하여 책임을 진다(근기법 제44조 제1항). 하수급인은 대부분의 도급인 또는 상위 수급인에 경제적으로 의존하고 있을 뿐만 아니라 영세성을 면치 못하고 있다. 도급인이나 상위 수급인의 원자재의 제공 지연, 도급보수의 지급 지체 등은 하수급인의 임금지급에 직접 영향을 미칠 수 있다. 그러므로 동 규정은 이러한 경우를 고려하여 하수급인이 직상 수급인의 귀책사유로 근로자에게 임금을 지급하지 못하게 되는 경우에 그 직상 수급인은 당해 수급인과 연대하여 임금지급책임을 부담하도록 한 것이다.[77] 한편, 건설업에서 사업이 2차례 이상 도급이 이루어진 경우에는 건설사업자가 아닌 하수급인이 그가 사용한 근로자에게 임금을 지급하지 못하였다면, 그 하수급인의 직상 수급인은 자

---

77) 김형배·박지순, 『노동법 강의』, p.154.

신에게 귀책사유가 있는지 여부 또는 하수급인에게 대금을 지급하였는지 여부와 관계없이 하수급인과 연대하여 하수급인이 사용한 근로자의 임금을 지급할 책임을 부담한다. 이는 직상 수급인이 건설업 등록이 되어 있지 않아 건설공사를 위한 자금력 등이 확인되지 않는 자에게 건설공사를 하도급하는 위법행위를 함으로써 하수급인의 임금지급의무 불이행에 관한 추상적 위험을 야기한 잘못에 대하여 실제로 하수급인이 임금지급의무를 이행하지 않아 이러한 위험이 현실화되었을 때 그 책임을 묻는 취지로서, 건설 하도급 관계에서 발생하는 임금지급방식을 개선하여 건설근로자의 권리를 보장할 수 있도록 하는 데 입법 취지를 두고 있다.[78]

Ⅴ 임금의 지급

1. 임금지급의 방법

임금은 근로자의 유일한 생계수단이므로 근로기준법은 법적규제를 통해 임금을 확실하고 신속하게 근로자의 수중에 인도함으로써 근로자의 생활을 보장하려는 목적을 가지고 있다. 근로기준법 제43조에 의하면 임금은 통화로 직접 근로자에게 그 전액을 지급[79]하여야 하고(제1항), 매월 1회 이상 일정한 날짜를 정하여 지급하여야 한다(제2항).

(1) 통화급의 원칙

통화란 강제통용력이 있는 화폐를 말하는 것으로 임금지불수단으로 적절하지 못한 현물급여의 지급을 금지하여 근로자의 불편과 위험을 방지하는 데 그 취지가 있다. 따라서 상품권이나 어음으로 지급하는 것도 허용되지 않는다. 다만, 은행 발행의 자기앞수표의 경우 현금과 같이 통용되므로 통화급의 원칙에 위배되지 않는다고 보아야 한다.

---

78) 대판 2021.6.10, 2021다217370.
79) 다만, 법령 또는 단체협약에 특별한 규정이 있는 경우에는 임금의 일부를 공제하거나 통화 이외의 것으로 지급할 수 있다(근기법 제43조 제1항 단서).

(2) 직접급의 원칙

임금은 반드시 근로자 본인에게 지급되어야 한다는 원칙이다. 그러므로 근로사 이외의 자에게 임금을 지급하는 것은 물론 근로자의 위임을 받은 임의대리인에게 지급하는 것도 금지된다. 또한, 임금청구권자가 미성년자라 하더라도 법정대리인이 임금을 대리 수령할 수 없으므로 미성년자에게 직접 지급하여야 한다. 임금채권을 제3자에게 양도한 경우 임금채권의 양도에 관해서는 금지규정이 없으나, 대법원 판례[80]에 따르면 임금채권을 양수한 양수인이라고 할지라도 스스로 사용자에 대하여 임금의 지급을 청구할 수는 없다고 한다. 따라서 근로자가 제3자에 대한 채무의 변제를 사용자에게 위임한 경우라도 사용자가 제3자에게 직접 지급하는 것은 직접급의 원칙에 반한다. 다만, 사용자가 근로자에게 지급해야 될 임금이 국세징수법에 따라 국가기관이 압류하거나 민사집행법의 범위[81] 내에서 채권자가 임금채권을 압류한 경우 사용자가 이를 공제하여 압류채권자 등에게 지급하는 것은 허용된다. 한편, 사용자가 은행 등에 임금 지급사무를 위임하는 것은 직접급의 원칙에 반하지 않으나 이 경우에도 근로자의 자유로운 의사에 근거하고 그 구좌가 근로자가 지정하는 본인명의의 예금구좌여야 한다.

(3) 전액급의 원칙

전액급의 원칙은 임금전액을 지급하여야 한다는 것을 말한다. 이 원칙은 사용자가 일방적으로 임금의 일부를 공제하여 지급하는 것을 금지하여 근로자의 생활을 안정시키기 위한 취지이다.

다만, 법령에 따른 조세 및 사회보험료와 단체협약 내의 조합비 공제조항 등은 전액급의 원칙에 위반되지 않는다. 사용자는 근로자에 대해 가지는 채권(손해배상금 등)을 근로자의 임금채권과 상계할 수 없으며, 퇴직금에 대하여도 마찬가지나, 근로자의 요구에 따라 임금의 일부가 가불로서 이미 지급된 경우 이를 임금채권과 상계하는 것은 전액급의 원칙에 위배되지 않는다. 한편, 근로자의 귀책사유로 임금의 일부를 감액(근

---

80) 대판 1988.12.13, 87다카2803.
81) 민사집행법 제246조 제1항에 따르면 임금·상여금·퇴직금, 그 밖에 이와 비슷한 성질을 가진 급여채권의 2분의 1에 해당하는 금액은 압류하지 못한다.

기법 제95조)하는 경우 임금채권 자체가 발생하지 않는다고 보아야 할 것이다.

⑷ 매월 1회 이상 정기일 지급의 원칙

매월 1회 이상 정기일 지급의 원칙은 임금을 일정한 날짜를 정하여 지급함으로써 생활의 안정과 계획성을 부여하도록 한 것이다. "매월 1회 이상"이란 매월 1일부터 말일까지 적어도 1회 이상은 임금을 지급하여야 한다는 의미이고, "일정한 날짜를 정하여"라는 것은 지불일이 특정됨과 동시에 그 날짜가 주기적으로 도래하는 것이어야 한다. 예를 들면 월급은 월의 말일, 주급은 토요일로 정한 경우에 이 원칙에 반하지 않으나 '매월 제3주 월요일' 등으로 지급기일을 정하는 것은 지급기일이 특정되어 있지 않기 때문에 정기일 지급의 원칙에 위반된다. 그러나 임시로 지급되는 임금, 수당 그 밖에 이에 준하는 것 또는 대통령령으로 정하는 임금[82]에 대하여는 이 원칙을 적용받지 않는다(근기법 제43조 제2항 단서). 사용자가 임금지급을 위하여 최선의 노력을 다하였으나 경영부진으로 인한 자금사정의 악화 등으로 도저히 임금 지급기일을 지킬 수 없었던 불가피한 사정이 인정되는 경우에는 임금체불의 죄책을 물을 수 없다.[83] 한편 근로기준법 제43조 제2항에 따라 정하는 날까지 임금을 지급하지 아니한 경우 그다음 날부터 지급하는 날까지의 지연 일수에 대하여 대통령령으로 정하는 이율(연 100분의 20)에 따른 지연이자를 지급하여야 한다.

⑸ 근로기준법 제43조의 위반효과

근로기준법 제43조(임금 지급)를 위반한 자는 3년 이하의 징역 또는 3천만원 이하의 벌금에 처한다(근기법 제109조 제1호). 근로기준법 제43조가 개개 근로자의 임금확보를 위한 것이므로 근로자 1인에 대하여 하나의 죄가 성립하게 된다. 따라서 10인에 대한 근로기준법 위반 시의 벌금은 3억원이 상한액이 된다.

---

82) 근로기준법 시행령 제23조 매월 1회 이상 지급하여야 할 임금의 예외.
  ① 1개월을 초과하는 기간의 출근 성적에 따라 지급하는 정근수당.
  ② 1개월을 초과하는 일정 기간을 계속하여 근무한 경우에 지급되는 근속수당.
  ③ 1개월을 초과하는 기간에 걸친 사유에 따라 산정되는 장려금, 능률수당 또는 상여금.
  ④ 그 밖에 부정기적으로 지급되는 모든 수당.
83) 대판 1985.10.8, 85도1262.

2. 임금의 비상시 지급

(1) 의의

근로자가 출산, 질병, 재해, 그 밖에 대통령령으로 정하는 비상한 경우의 비용에 충당하기 위하여 임금 지급을 청구하면 지급기일 전이라도 이미 제공한 근로에 대한 임금을 지급하여야 한다(근기법 제45조). 이는 임금의 지급원칙을 정한 제43조의 규정에 대한 예외로 근로자에게 긴박한 사정이 있는 경우에 임금의 비상시 지급청구를 인정하여 근로자의 생존을 보호해야 할 필요성이 있기 때문이다.

(2) 청구요건

1) 출산·질병·재해 등의 비상시

"비상한 경우"란 근로자나 그의 수입으로 생계를 유지하는 자가 ① 출산하거나 질병 또는 재해를 당한 경우, ② 혼인 또는 사망한 경우, ③ 부득이한 사유로 1주 이상 귀향하게 되는 경우를 말한다(근기법 시행령 제25조). "근로자의 수입에 의하여 생계를 유지하는 자"란 근로자가 부양의무를 지고 있는 친족에 한정하는 것이 아니라 동거인이라도 무방하다. 다만 친족이라 하더라도 독립하여 생계를 유지하고 있는 자는 포함되지 않는다. 질병은 업무상은 물론 업무와 관계없는 질병의 경우까지도 포함되며, 재해는 화재·홍수·천재지변·사변 등을 모두 포함한다.

2) 비상시 지급의 청구와 지급기일

근로자의 비상시 지급청구가 있는 경우에 사용자는 며칠 내로 임금을 지급해야 하는가에 대해서는 명문의 규정이 없으나 지체 없이 이를 지급해야 한다.

3) 청구의 대상으로서의 임금

근로기준법 제45조에 의하여 사용자가 청구에 의하여 지급해야 하는 임금은 이미 제공한 근로에 대한 임금에 한정되며, 장래의 근로에 대한 대가는 이에 포함되지 않는다. 따라서 단체협약 또는 취업규칙에서 특약을 정하지 않는 한 사용자는 아직 근로의 제공이 없는 기간에 대한 임금지급의무는 없다.

(3) 근로기준법 제45조의 위반효과

근로기준법 제45조의 위반행위에 대하여 사용자는 1천만원 이하의 벌금에 처한다(근기법 제113조). 사용자가 비상시 지급에 불응함으로 인하여 근로자의 재해가 확산되어 손해가 발생한 경우에는 손해배상을 청구할 수 있다고 해석된다.

3. 임금대장

(1) 의의

사용자는 사업장별로 임금대장을 작성하고 임금과 가족수당 계산의 기초가 되는 사항, 임금액, 그 밖에 대통령령으로 정하는 사항을 임금을 지급할 때마다 적어야 한다(근기법 제48조 제1항). 사용자에 대하여 임금대장을 작성하도록 하는 것은 적법한 급여관리의 필요성 때문으로 근로자와의 분쟁 시 중요한 입증 서류가 된다.

(2) 임금대장의 기재사항

임금대장에는 근로자 개인별로 ① 성명, ② 생년월일, 사원번호 등 근로자를 특정할 수 있는 정보, ③ 고용 연월일, ④ 종사하는 업무, ⑤ 임금 및 가족수당의 계산 기초가 되는 사항, ⑥ 근로일수, ⑦ 근로시간 수, ⑧ 연장·야간·휴일근로를 시킨 경우에는 그 시간 수, ⑨ 기본급·수당 기타 임금의 내역별 금액 ⑩ 임금의 일부를 공제한 경우에는 그 금액을 적어야 한다(근기법 시행령 제27조 제1항). 임금대장의 기재사항 중 사용기간이 30일 미만인 일용근로자에 대하여는 제②호 및 제⑤호의 사항을 적지 않을 수 있으며(동조 제2항), 상시 4명 이하의 근로자를 사용하는 사업 또는 사업장의 근로자와 동법 제63조(근로시간 적용제외 근로자) 각 호의 어느 하나에 해당하는 근로자는 제⑦호 및 제⑧호의 사항을 적지 않을 수 있다(동조 제3항).

4. 임금명세서

사용자는 임금을 지급하는 때에는 근로자에게 임금명세서를 서면[84]으로 교부하여야

---

84) 「전자문서 및 전자거래 기본법」 제2조제1호에 따른 전자문서를 포함한다.

한다(근기법 제48조 제2항). 임금명세서에는 ① 근로자의 성명, 생년월일, 사원번호 등 근로자를 특정할 수 있는 정보, ② 임금지급일, ③ 임금총액, ④ 기본급, 각종 수당, 상여금, 성과금, 그 밖의 임금의 구성항목별 금액(통화 이외의 것으로 지급된 임금이 있는 경우에는 그 품명 및 수량과 평가총액), ⑤ 임금의 구성항목별 금액이 출근일수·시간 등에 따라 달라지는 경우에는 임금의 구성항목별 금액의 계산방법(연장근로, 야간근로 또는 휴일근로의 경우에는 그 시간 수를 포함), ⑥ 법 제43조제1항 단서에 따라 임금의 일부를 공제한 경우에는 임금의 공제 항목별 금액과 총액 등 공제내역을 적어야 한다.

5. 가산임금

(1) 취지

가산임금제는 사용자에 대한 경제적 압박을 통하여 연장·야간 및 휴일근로를 억제하는 한편 이러한 근로에 따른 근로자의 건강 및 문화생활의 침식을 경제적으로 보상하기 위하여 설정된 것으로,[85] 사용자는 연장·야간(오후 10시부터 다음 날 오전 6시 사이의 근로)및 휴일 근로에 대하여는 근로기준법 제56조에 따른 가산임금을 지급하여야 한다.

(2) 가산임금률

1) 연장·야간근로

사용자는 연장(야간)근로에 대하여 통상임금의 100분의 50 이상을 가산하여 근로자에게 지급하여야 한다(근기법 제56조 제1항 및 제3항).

2) 휴일근로

사용자는 8시간 이내의 휴일근로에 대하여는 통상임금의 100분의 50, 8시간을 초과한 휴일근로에 대하여는 통상임금의 100분의 100 이상을 가산하여 근로자에게 지급하여야 한다(근기법 제56조 제2항).

---

85) 임종률, 『노동법』, p.442.

3) 중복시 지급률

야간근로가 연장근로 혹은 휴일근로와 중복될 경우 야간근로수당은 추가로 지급
해야 하나, 연장근로와 휴일근로가 중복될 경우에는 휴일근로 가산수당 할증률
만을 적용한다.

관련 판례1　대판 1999.9.3, 98다34393.

임금의 의미

임금이란 사용자가 근로의 대가로 근로자에게 지급하는 일체의 금원으로서, 근로자에게 계속
적·정기적으로 지급되고 그 지급에 관하여 단체협약, 취업규칙 등에 의하여 사용자에게 지급의무
가 지워져 있다면, 그 명칭 여하를 불문하고 모두 그에 포함된다.

관련 판례2　대판 2018.12.13, 2018다231536.

경영평가성과급의 임금포함 여부

경영평가성과급이 계속적·정기적으로 지급되고 지급대상, 지급조건 등이 확정되어 있어 사용자에
게 지급의무가 있다면 평균임금 산정의 기초가 되는 임금에 포함된다.

관련 판례3　대판 2019.8.22, 2016다48785.

근로의 대가의 의미

사용자가 근로자에게 지급하는 금품이 계속적·정기적으로 지급된 것이라 하더라도 금품지급의무의
발생이 근로제공과 직접적으로 관련되거나 그것과 밀접하게 관련된 것으로 볼 수 있어야 한다. 사용
자가 선택적 복지제도를 시행하면서 직원 전용 온라인 쇼핑사이트에서 물품을 구매하는 방식 등으
로 사용할 수 있는 복지포인트를 단체협약, 취업규칙 등에 근거하여 근로자들에게 계속적·정기적으
로 배정한 경우라 하더라도, 이러한 복지포인트는 근로기준법에서 말하는 임금에 해당하지 않는다.

관련 판례4 대판 1999.2.9, 97다56235.

평균임금 산정의 기초가 되는 임금의 범위

평균임금 산정의 기초가 되는 임금총액에는 사용자가 근로의 대상으로 근로자에게 지급하는 금품으로서, 근로자에게 계속적·정기적으로 지급되고 단체협약, 취업규칙, 급여규정, 근로계약, 노동관행 등에 의하여 사용자에게 그 지급의무가 지워져 있는 것은 그 명칭 여하를 불문하고 모두 포함되고, 반면 사용자 이외의 자가 지급한 금품이나 근로의 대상으로서 지급되는 것이 아니라 근로자가 특수한 근무조건이나 환경에서 직무를 수행함으로 말미암아 추가로 소요되는 비용을 변상하기 위하여 지급되는 실비변상적 금원 또는 사용자가 지급의무 없이 은혜적으로 지급하는 금원 등은 평균임금 산정의 기초가 되는 임금총액에 포함되지 아니한다.

관련 판례5 대판 2007.07.12, 2005다25113.

초과운송수입금의 평균임금 여부

운송회사가 그 소속 운전사들에게 매월 실제 근로일수에 따른 일정액을 지급하는 것 외에 그 근로형태의 특수성과 계산의 편의 등을 고려하여 하루의 운송수입금 중 회사에 납입하는 일정액의 사납금을 공제한 잔액을 그 운전사 개인의 수입으로 하여 자유로운 처분에 맡겨 왔다면 위와 같은 운전사 개인의 수입으로 되는 부분 또한 그 성격으로 보아 근로의 대가인 임금에 해당한다 할 것이므로, 사납금 초과수입금은 특별한 사정이 없는 한 퇴직금 산정의 기초가 되는 평균임금에 포함된다. 다만 이 경우 운송회사가 근로자들의 개인 수입 부분이 얼마가 되는 지 알 수도 없고 이에 대해 관리 가능하거나 지배 가능한 부분이 아니라면 근로자들의 개인 수입 부분은 퇴직금 산정의 기초인 평균임금에 포함되지 않는다.

관련 판례6 대판 2009.10.15, 2007두72519.

통상의 경우보다 현저하게 많은 경우, 평균임금의 산정방법

근로자가 의도적으로 현저하게 평균임금을 높이기 위한 행위를 함으로써 근로기준법에 의하여 그 평균임금을 산정하는 것이 부적당한 경우에 해당하게 된 때에는 근로자가 그러한 의도적인 행위를 하지 않았더라면 산정될 수 있는 평균임금 상당액을 기준으로 하여 퇴직금을 산정하여야 한다. 이러한 경우 근로자에게 지급된 임금이 여러 항목으로 구성되어 있어 그러한 임금항목들 가운데 근로자의 의도적인 행위로 현저하게 많이 지급된 것과 그와 관계없이 지급된 임금항목이 혼재되어 있다면, 그중 근로자의 의도적인 행위로 현저하게 많이 지급된 임금항목에 대해서는 그러한 의도적인 행위를 하기 직전 3개월 동안의 임금을 기준으로 하여 근로기준법이 정하는 방식에 따라 평균임금을 선정하여야 할 것이지만, 그와 무관한 임금항목에 대해서는 근로기준법에 정한 원칙적인 산정방식에 따라 퇴직이전 3개월 동안의 임금을 기준으로 평균임금을 산정하여야 할 것이다. 나아가 근로자의 의도적인 행위로 현저하게 많이 지급된 임금항목에 대하여 위와 같이 그러한 의도적인 행위를 하기 직전 3개월 동안의 임금을 기준으로 하더라도, 만약 근로자가 이처럼 퇴직직전까지 의도적인 행위를 한 기간 동안에 동일한 임금항목에 관하여 근로자가 소속한 사업 또는 사업장에서 동일한 직종의 근로자에게 지급된 임금수준이 변동되었다고 인정할 수 있는 경우에는 특별한 사정이 없는 한 이를 평균임금의 산정에 반영하는 것이 근로자의 퇴직 당시 통상의 생활임금을 사실대로 반영할 수 있는 보다 합리적이고 타당한 방법이다.

관련 판례7   대판 2013.12.18, 2012다89399.

통상임금의 요건으로서의 소정근로의 대가

어떠한 임금이 통상임금에 속하기 위해서는 그 임금이 소정근로의 대가로 근로자에게 지급되는 금품이어야 하는데, 이때 소정근로의 대가라 함은 근로자가 소정근로시간에 통상적으로 제공하기로 정한 근로에 관하여 사용자와 근로자가 지급하기로 약정한 금품을 말한다. 이와 달리 근로자가 소정근로시간을 초과하여 근로를 제공하거나 근로계약에서 제공하기로 정한 근로 외의 근로를 특별히 제공함으로써 사용자로부터 추가로 지급받는 임금이나 소정근로시간의 근로와는 관련 없이 지급받는 임금은 소정근로의 대가라 할 수 없으므로 통상임금에 속하지 않는다.

관련 판례8   대판 2007.6.17, 2006다13070.

통상임금의 의의

소정 근로 또는 총 근로의 대상으로 근로자에게 지급되는 금품으로서 그것이 정기적·일률적으로 지급되는 것이면 원칙적으로 모두 통상임금에 속하는 임금이라 할 것이나, 근로기준법의 입법 취지와 통상임금의 기능 및 필요성에 비추어 볼 때 어떤 임금이 통상임금에 해당하려면 그것이 정기적·일률적으로 지급되는 고정적인 임금에 속하여야 하므로, 정기적·일률적으로 지급되는 것이 아니거나 실제의 근무성적에 따라 지급 여부 및 지급액이 달라지는 것과 같이 고정적인 임금이 아닌 것은 통상임금에 해당하지 아니한다고 할 것인데, 여기서 '일률적'으로 지급되는 것이란 모든 근로자에게 지급되는 것뿐만 아니라 일정한 조건 또는 기준에 달한 모든 근로자에게 지급되는 것도 포함되고, 여기서 말하는 '일정한 조건'이란 고정적이고 평균적인 임금을 산출하려는 통상임금의 개념에 비추어 볼 때 고정적인 조건이어야 한다.

관련 판례9 대판 2017.9.26, 2017다232020.

고정성이 결여된 상여금의 통상임금 여부

지급일에 근로자가 재직할 것을 요건으로 두고 있는 상여금은 고정성이 결여되어 통상임금에 포함된다고 할 수 없다.

관련 판례10 대판 2016.9.23, 2013다85189.

명절휴가비 등의 통상임금 여부

과적단속원들에게 지급한 정액급식비, 교통보조비, 명절휴가비는 모두 근로의 대가로 정기적·일률적으로 지급되는 고정적인 임금이므로 통상임금에 해당한다.

관련 판례11 대판 2020.4.29., 2016다7647.

물품구입권으로 지급한 CCTV 수당의 통상임금 여부

CCTV 수당은 운전직 근로자의 근로제공과 관련하여 근로의 대상으로 지급된 소정근로의 대가이고, 근무일수에 따라 지급액이 달라지기는 하지만 근무일에 소정근로를 제공하기만 하면 CCTV 수당을 지급받는 것이 확정되어 있었으며, 정기적·일률적·고정적으로 지급한 것이므로 통상임금에 포함되고, 비록 그것이 실비 변상 명목으로 지급되었고 피고 발행의 물품구입권으로 교부되었다고 하더라도 마찬가지라고 볼 수 있다.

관련 판례12 대판 2022.4.28, 2019다238053.

추가 법정수당 청구의 신의칙 위배 여부

통상임금 재산정에 따른 근로자의 추가 법정수당 청구를 중대한 경영상의 어려움을 초래하거나 기업 존립을 위태롭게 한다는 이유로 배척한다면, 기업 경영에 따른 위험을 사실상 근로자에게 전가하는 결과가 초래될 수 있다. 따라서 근로자의 추가 법정수당 청구가 사용자에게 중대한 경영상의 어려움을 초래하거나 기업의 존립을 위태롭게 하여 신의칙에 위배되는지는 신중하고 엄격하게 판단해야 한다. 기업이 일시적으로 경영상의 어려움에 처하더라도 사용자가 합리적이고 객관적으로 경영 예측을 하였다면 그러한 경영상태의 악화를 충분히 예견할 수 있었고 향후 경영상의 어려움을 극복할 가능성이 있는 경우에는 신의칙을 들어 근로자의 추가 법정수당 청구를 쉽게 배척해서는 안 된다.

제2절 근로시간

I 근로시간의 의의

근로시간이란 근로자가 사용자의 지휘·감독하에 근로계약상의 근로를 제공하는 시간을 말하는 것으로 휴식시간을 제외한다. 따라서 근로자가 그의 노동력을 사용자의 처분하에 둔 시간이면 근로시간에 포함되며 실제로 당해 시간에 근로를 제공하였는지의 여부는 문제시되지 않는다. 근로시간은 근로자의 건강·문화적 생활을 위해서뿐만 아니라 사용자의 생산능률향상에 미치는 영향이 크기 때문에 근로기준법에서는 법정근로시간을 규정하고 있다.

⑪ 근로시간의 범위

1. 법정 근로시간

(1) 일반 근로자의 근로시간(1일 8시간/1주 40시간)

근로기준법 제50조에서 1주간의 근로시간은 휴게시간을 제외하고 40시간을 초과할 수 없으며(제1항), 1일의 근로시간은 휴게시간을 제외하고 8시간을 초과할 수 없도록 규정하고 있다(제2항). 여기서 "1주"란 휴일을 포함한 7일을 말하며, "1일 8시간"이라는 의미는 오전 0시부터 오후 12시까지를 의미한다. 다만, 계속근로가 2일에 걸쳐 계속적으로 행하여지는 경우에는 하나의 근로로 보아 시업시각이 속하는 날의 근로로써 근로시간을 판단해야 한다.

(2) 유해·위험작업의 근로시간(1일 6시간/1주 34시간)

산업안전보건법 제139조는 "유해하거나 위험한 작업으로서 높은 기압에서 하는 작업 등 대통령령으로 정하는 작업에 종사하는 근로자에게는 1일 6시간, 1주 34시간을 초과하여 근로하게 해서는 아니 된다"고 규정하고 있다. 이는 건강상 고도의 유해·위험성을 가지는 잠수 작업 등에 종사하는 근로자의 생명과 건강을 보호하려는 것이다.[86]

(3) 연소근로자의 근로시간(1일 7시간/1주 35시간)

근로기준법 제69조는 "15세 이상 18세 미만인 자의 근로시간은 1일에 7시간, 1주에 35시간을 초과하지 못한다. 다만, 당사자 사이의 합의에 의하여 1일 1시간, 1주에 5시간을 한도로 연장할 수 있다"고 규정하고 있다. 연소근로자에 대한 근로시간을 제한하는 취지는 이들이 신체적으로나 도덕적으로 성인근로자와는 구별되어야 할 뿐만 아니라, 나아가서는 미성숙한 노동력을 보호하기 위한 것으로 헌법 제32조 제4항과 제5항은 여자와 연소근로자에 대한 특별보호를 규정하고 있다.

---

86) 임종률, 『노동법』, p.416.

2. 소정근로시간

소정근로시간이란 법정근로시간(근기법 제50조 및 제69조, 산안법 제139조)의 범위 내에서 사용자와 근로자 간에 합의하여 근로하기로 정한 시간을 말한다. 따라서 단시간근로자가 소정근로시간을 초과하는 연장근로를 할 경우 법정근로시간에 미치지 않더라도 가산임금을 지급하여야 하며, 소정근로시간이 법정근로시간을 위반한 경우에는 그 위반된 부분은 무효가 되며, 사용자에게는 연장근로에 따른 가산임금을 지급하여야 한다.

3. 대기시간

대기시간이란 실제로 업무에 종사하지 아니하고 업무대기의 상태에 있는 시간을 말한다. 근로자가 휴게시간 외에 일시적으로 원료의 미도착, 정전, 기계고장 등으로 인하여, 근로의 제공을 중단하지 않을 수 없는 경우가 생긴다. 이러한 대기시간은 근로자가 사용자의 지휘·감독하에 있다고 보기 때문에 근로시간에 산입시키는 것이 원칙이다.

Ⅲ 근로시간의 탄력적 운용

1. 탄력적 근로시간제

(1) 의의

탄력적 근로시간제란 일정한 단위기간(2주 또는 3개월 이내) 내에서 어떤 근로일의 근로시간을 연장시키는 대신에 다른 근로일의 근로시간을 단축함으로써 일정 기간의 평균 근로시간을 법정근로시간 내로 맞추는 변형근로시간제를 말한다. 이는 근로시간을 유연화하여 노사가 사업장실태에 맞는 다양한 형태의 근로시간제를 선택할 수 있도록 하려는 데 그 취지가 있다. 다만 3개월 및 6개월 이내 탄력적 근로시간제의 규정은 장기간의 탄력근로로 인한 과로 등의 문제점이 발생하므로 노사합의를 전제로 엄격히 운영할 필요가 있다.

(2) 요건

1) 2주간 이내의 탄력적 근로시간제

사용자는 취업규칙(취업규칙에 준하는 것을 포함)에서 정하는 바에 따라 2주 이내의 일정한 단위기간을 평균하여 1주간의 근로시간이 법정근로시간을 초과하지 아니 하는 범위에서 특정한 주에 40시간을, 특정한 날에 8시간을 초과하여 근로하게 할 수 있다(근기법 제51조 제1항). 다만, 특정한 주의 근로시간은 48시간을 초과할 수 없다(동조 제1항 단서)고 규정하여, 1주의 최장근로시간을 설정함으로써 장기간 근로의 가능성을 예방하고자 근로시간의 상한선을 제한하고 있다.

한편, 탄력적 근로제의 시행을 통해 근로자의 임금수준이 낮아질 경우 취업규칙 의 불이익한 변경에 해당되어 근로자 과반수의 동의를 얻어야 한다고 볼 수 있으 나 사용자가 근로기준법 제51조 제4항에 따른 임금보전방안을 강구하는 이상 취 업규칙의 불이익변경으로 볼 수는 없다고 할 것이다.

2) 3개월 이내의 탄력적 근로시간제

사용자는 근로자대표와의 서면 합의에 따라 ① 대상근로자의 범위, ② 단위기간 (3개월 이내의 일정한 기간으로 정하여야 한다), ③ 단위기간의 근로일과 그 근로일별 근로시간, ④ 그 밖에 대통령령으로 정하는 사항(서면 합의의 유효기간)을 정하면 3 개월 이내의 단위기간을 평균하여 1주간의 근로시간이 40시간을, 특정한 날에 8 시간의 근로시간을 초과하여 근로하게 할 수 있다. 다만, 특정한 주의 근로시간은 52시간을, 특정한 날의 근로시간은 12시간을 초과할 수 없다(근기법 제51조 제2항). 이 규정은 장기간의 탄력근로로 인한 과로 등의 문제점이 발생하므로 노사합의를 전제로 엄격히 운영할 필요가 있다.

3) 3개월을 초과하는 탄력적 근로시간제

단위기간(3개월을 초과하고 6개월 이내의 일정한 기간으로 정하여야 한다)을 제외하면 3 개월 이내의 탄력적 근로시간제와 도입요건은 동일하다. 다만, 3개월을 초과하는 탄력적 근로시간제의 경우 근로일 종료 후 다음 근로일 개시 전까지 근로자에게 연속하여 11시간 이상의 휴식 시간을 주어야 하며,**87)** 각 주의 근로일이 시작되기 2주 전까지 근로자에게 해당 주의 근로일별 근로시간을 통보하여야 한다.

(3) 효과

탄력적 근로시간제를 도입하면 사용자는 사업체의 주기적인 수주량변동 및 사업체의 특성에 따라 근로시간을 효율적으로 배분함으로써 기업의 경쟁력을 높일 수 있다는 장점이 있다. 또한 탄력적 근로시간제는 법정근로시간을 일정한 조건하에 변형할 수 있도록 법률로 인정하는 제도이므로 특정주에 40시간, 특정일에 8시간을 넘어 근로하더라도 초과된 부분은 연장근로에 해당되지 아니한다. 다만 근로자가 근로한 기간이 그 단위기간보다 짧은 경우에는 그 단위기간 중 해당 근로자가 근로한 기간을 평균하여 1주간에 40시간을 초과하여 근로한 시간 전부에 대하여 연장근로에 따른 가산임금을 지급하여야 한다(근기법 제51조의 3). 한편, 탄력적 근로시간제 실시는 근로시간의 변형에 따른 임금수준을 저하시킬 우려가 있으므로 사용자는 탄력적 근로시간제에 따라 근로자를 근로시킬 경우 i) 3개월 이내의 탄력적 근로시간제의 경우 기존의 임금수준이 낮아지지 아니하도록 임금보전방안을 강구하여야 하며, ii) 3개월을 초과하는 탄력적 근로시간제의 경우 임금항목을 조정 또는 신설하거나 가산임금 지급 등의 임금보전방안을 마련하여 고용노동부장관에게 신고**88)**하여야 한다.

(4) 탄력적 근로시간제의 적용제외

탄력적 근로시간제는 ① 15세 이상 18세 미만의 근로자, ② 임신 중인 여성 근로자에 대해서는 적용하지 아니한다(근기법 제51조 제3항).

---

87) 천재지변 등 대통령령으로 정하는 불가피한 경우에는 근로자대표와의 서면 합의가 있으면 이에 따른다.
88) 근로자대표와의 서면합의로 임금보전방안을 마련한 경우에는 그러하지 아니하다.

2. 선택적 근로시간제[89]

(1) 의의

사용자는 취업규칙에 따라 업무의 시작 및 종료시각을 근로자의 결정에 맡기기로
한 근로자에 대하여 근로자대표와의 서면 합의에 따라 일정한 사항을 정하면 1개
월 이내의(신상품 또는 신기술의 연구개발 업무의 경우에는 3개월로 한다) 정산기간을 평균
하여 법정근로시간의 범위를 초과하지 아니하는 범위 내에서 특정주에 40시간, 특
정일에 8시간을 초과하여 근로하게 할 수 있다(근기법 제52조). 이와 같은 선택적 근
로시간제도는 각 근로일의 근로시간을 근로자의 자유의사에 맡김으로써 근로자는
생활상의 필요에 따라 자율적으로 근로시간의 조정이 가능하고, 사용자측으로서도
효율적인 근로시간의 배치로 인해 획일적 관리방식을 개선함으로써 경영합리화를
도모하려는 데 그 취지가 있다.

(2) 요건

선택적 근로시간제를 실시하기 위해서 사용자는 먼저 취업규칙 또는 이에 준하는
규정에서 일정 범위의 근로자에 대해서는 업무의 시작 및 종료시각을 근로자가 자
유롭게 정할 수 있도록 규정해야 하고, 근로자 대표와 ① 대상근로자의 범위(15세 이
상 18세 미만의 근로자는 제외한다), ② 정산기간(1개월 이내의 일정한 기간으로 정하여야 한
다), ③ 정산기간의 총 근로시간, ④ 반드시 근로하여야 할 시간대를 정하는 경우에
는 그 시작 및 종료시각, ⑤ 근로자가 그의 결정에 의하여 근로할 수 있는 시간대를
정하는 경우에는 그 시작 및 종료시각, ⑥ 표준근로시간 등에 대하여 서면 합의를
하여야 한다(근기법 제52조 제2항). 표준근로시간이란 사용자와 근로자 대표가 합의
하여 정한 1일의 근로시간을 말한다(동법 시행령 제29조). 사용자는 근로자의 건강권
보호와 임금손실 방지를 위한 조치로서 선택적 근로시간제에 따라 1개월을 초과하
는 정산기간을 정하는 경우에는 ① 근로일 종료 후 다음 근로일 시작 전까지 근로
자에게 연속하여 11시간 이상의 휴식 시간을 주고, ② 매 1개월마다 평균하여 1주

---

89) 영문표기상 'Flextime System'에 해당된다. 근로자가 근로시간을 완전하게는 아니지만, 어느 정도로 선택할 수 있다는
점에 착안하여 선택적 근로시간 또는 유동적 근로시간으로 번역할 수 있다. 현행 근로기준법 제52조는 선택적 근로시
간제라고 명시하고 있다.

간의 근로시간이 1주 평균 40시간을 초과한 경우에는 통상임금의 100분의 50 이상을 가산하여 근로자에게 지급하여야 한다(동법 제52조 제2항). 다만, 이 경우 연장근로수당 지급 규정(제56조 제1항)은 적용하지 않는다.

(3) 효과

1) 가산임금지급의 면책

선택적 근로시간제는 총 근로시간이 소정 근로시간을 초과하더라도 법정근로시간 범위 이내인 경우에는 할증임금의 지급은 문제 되지 않는다. 그러나 정산기간의 총 근로시간이 법정근로시간을 초과하는 경우에는 연장근로가 성립하고 따라서 해당 근로자에 대하여 할증임금이 지급되어야 한다.

2) 근로시간의 자율규제

선택적 근로시간제는 주로 근로자의 필요에 의하여 출·퇴근시간이 선택되므로 근로자 스스로 근로시간을 선택하여 책임을 지게 되는 이상 사용자에 의한 특정 시간대의 업무명령이 상대적으로 제한을 받을 수밖에 없다.

3. 재량근로시간제

(1) 의의

업무의 성질에 비추어 업무 수행 방법을 근로자의 재량에 위임할 필요가 있는 업무로서 대통령령으로 정하는 업무는 사용자가 근로자대표와 서면 합의로 정한 시간을 근로한 것으로 본다(근기법 제58조 제3항). 이를 재량근로시간제라고 하며 연구개발 등 고도의 전문적 업무에 종사하는 근로자에 대해서는 업무수행을 근로자의 재량에 맡기고, 실제 근로시간을 당사자 간의 약정에 의하여 결정하게 함으로써 업무를 효율적으로 수행하고자 하는 데 그 취지가 있다.

(2) 요건

1) 대상 업무

대통령령으로 정하는 재량근로의 대상 업무는 ① 신상품 또는 신기술의 연구개발이나 인문사회과학 및 자연과학에 관한 연구업무, ② 정보처리시스템의 설계 또는 분석업무, ③ 신문·방송 또는 출판사업에 있어서 기사의 취재·편성 또는 편집업무, ④ 의복·실내장식·공업제품·광고 등의 디자인 또는 고안업무, ⑤ 방송프로·영화 등의 제작사업에 있어서 프로듀서나 감독업무, ⑥ 그 밖에 고용노동부장관이 정하는 업무를 말한다(근기법 시행령 제31조).

2) 서면 합의의 내용

서면 합의에는 ① 대상 업무, ② 사용자가 업무의 수행 수단 및 시간 배분 등에 관하여 근로자에게 구체적인 지시를 하지 아니한다는 내용, ③ 근로시간의 산정은 그 서면 합의로 정하는 바에 따른다는 내용을 명시하여야 한다.

(3) 효과

상기 요건을 충족시키는 경우에는 실제 근로시간과는 상관없이 사용자와 근로자 당사자 간에 합의한 시간을 근로시간으로 본다. 이러한 재량적 근로시간제는 근로의 시간보다는 근로의 성과에 따른 임금지급 및 근로시간의 결정이 곤란한 전문직 근로자에게 주로 인정된다는 특징이 있다.

Ⅳ 연장근로

1. 법정 근로시간을 초과하는 연장근로

근로기준법 제50조는 1일 8시간, 1주 40시간의 법정 근로시간제도를 규정하고 있으나, 당사자 간에 합의하면 제50조의 근로시간을 연장할 수 있다. 다만 연장근로는 근로자의 건강에 악영향을 줄 뿐만 아니라 사용자에게도 근로자의 피로에 기인한 생산능률 저하 등 불이익을 준다. 이에 따라 연장근로에 대하여는 법적 제한을 할 필요가 있는데, 근로기준법 제53조 제1항에서는 1주간에 12시간을 한도로 연장근로를 제한하고 있다. 1주간의 연장근로가 12시간을 초과하였는지는 근로시간이 1일 8시간을 초과하였는지를 고려하지 않고 1주간의 근로시간 중 40시간을 초과하는 근로시간을 기준으로 판단

하여야 한다.[90]

(1) 합의의 당사자

합의란 근로계약의 당사자인 사용자와 근로자와의 개별적 합의를 의미한다. 다만, 개별근로자의 연장근로에 관한 합의권을 박탈하거나 제한하지 아니하는 범위에서 는 단체협약에 의한 합의도 가능하다.[91]

(2) 합의의 방식

합의의 형식은 연장근로를 할 때마다 할 필요는 없고 근로계약 등으로 미리 이를 약정하는 것도 가능하다.[92] 입법론으로는 연장근로가 필요한 업무의 종류, 구체적 사유, 연장근로시간 수 등에 관한 합의내용을 갖추도록 할 필요가 있다.[93]

2. 탄력적 근로시간제에서의 연장근로

근로기준법 제53조 제2항에 따르면 당사자 간에 합의하면 1주간에 12시간을 한도로 탄력적 근로시간제에서의 근로시간을 연장할 수 있다. 이에 따라 2주간 이내의 경우에는 특정한 주의 근로시간이 60시간(48+12), 3개월 이내 및 3개월을 초과하는 경우에는 특정한 주의 근로시간이 64시간(52+12)까지 허용되는 것으로 해석할 수 있다. 하지만 우리나라의 근로기준법이 주 40시간을 전제로 하는 만큼 지나치게 긴 근로시간은 근로자 보호라는 취지에 반하므로 탄력적 근로시간제 하에서도 총 연장근로시간이 주 12시간을 넘지 못하도록 수정할 필요가 있다.

---

90) 대판 2023.12.7, 2020도15393. 이번 판결은 행정해석으로만 규율됐던 연장근로시간 한도 계산을 어떻게 할지에 대한 기준을 최초로 제시한 것으로 연장근로계산 시 1주 단위로 관리할 수 있으므로, 특정시기에 초과근무가 필요한 제조업 등의 산업현장에서는 유연한 관리가 가능하다는 평가가 있다. 그러나 이는 법원이 사실상 장시간 노동을 허용한 것으로 대상판결에 의하면 근로 도중 휴게시간을 보장 시 하루 17시간씩 사흘을 몰아 일하는 것이 가능하다는 결론에 이른다. 따라서 극단적인 초과노동에 대한 우려를 없애고 노동자의 건강권보장을 위해서라도 국회가 이른 시일 내에 입법 보완에 나서야 할 것이다.
91) 대판 1993.12.21, 93누5796.
92) 대판 1995.2.10, 94다19228.
93) 일본 노동법 시행규칙 제16조는 "사용자는 연장근로나 휴일근로를 시키는 경우에는 이에 따른 구체적 사유, 업무의 종류, 근로자의 수 및 연장시간 또는 근로시킬 휴일에 대해 협정하여야 한다"고 규정하고 있다.

3. 선택적 근로시간제에서의 연장근로

근로기준법 제53조 제2항 후단에 따르면 당사자 간에 합의하면 정산기간을 평균하여 1주간에 12시간을 초과하지 아니하는 범위에서 근로시간을 연장할 수 있다. 그러나 선택적 근로시간제에서의 연장근로 또한 특정한 주 혹은 날에 근로가 집중될 수 있으므로 근로자 보호를 위해 이에 대한 연장근로의 상한시간을 제한할 필요가 있다.

4. 특별한 사정이 있는 경우 및 특례 연장근로

사용자는 특별한 사정이 있으면 고용노동부장관의 인가와 근로자의 동의를 받아 합의연장의 근로시간 한도를 초과하여 근로하게 할 수 있다. 다만, 사태가 급박하여 고용노동부장관의 인가를 받을 시간이 없는 경우에는 사후에 지체 없이 승인을 받아야 한다(근기법 제53조 제4항). 고용노동부장관은 제4항에 따른 근로시간의 연장이 부적당하다고 인정하면 그 후 연장시간에 상당하는 휴게시간이나 휴일을 줄 것을 명할 수 있고(동조 제5항), 사용자는 제4항에 따라 연장근로를 하는 근로자의 건강 보호를 위하여 건강검진 실시 또는 휴식시간 부여 등 고용노동부장관이 정하는 바에 따라 적절한 조치를 하여야 한다(동조 제7항). 특별한 사정이 있는 경우에 따른 근로시간 연장의 인가 또는 승인은 해당 사업 또는 사업장에서 자연재해와 「재난 및 안전관리기본법」에 따른 재난 또는 이에 준하는 사고가 발생하여 이를 수습하기 위한 연장근로를 피할 수 없는 경우로 한정한다(동법 시행규칙 제9조 제2항). 한편, 다음 각호의 어느 하나에 해당하는 사업에 대하여 사용자가 근로자대표와 서면으로 합의한 경우에도 1주 12시간의 한도를 초과하는 연장근로를 하게 하거나 제54조에 따른 휴게시간을 변경할 수 있다(동법 제59조 제1항). ① 육상운송 및 파이프라인 운송업. 다만, 「여객자동차 운수사업법」에 따른 노선 여객자동차운송사업은 제외한다. ② 수상운송업 ③ 항공운송업 ④ 기타 운송관련 서비스업 ⑤ 보건업. 다만 이 경우에도 사용자는 근로일 종료 후 다음 근로일 개시 전까지 근로자에게 연속하여 11시간 이상의 휴식 시간을 주어야 한다(동조 제2항). 그러나 특별한 사정이 있는 경우 및 위의 각호에 해당하는 사업이라 하더라도 연장근로가 제한되는 임산부에 대해서는 근로기준법 제53조 제4항의 적용을 배제하는 것이 타당하다고 본다.

ⓥ 적용제외

　근로기준법에서 정한 근로시간, 휴게와 휴일에 관한 규정은 ① 토지의 경작·개관, 식물의 재식·개간, 식물의 재식·재배·채취 사업, 그 밖의 농림 사업 ② 동물의 사육, 수산 동식물의 채포·양식 사업, 그 밖의 축산, 양잠, 수산 사업 ③ 감시 또는 단속적으로 근로에 종사하는 자로서 사용자가 고용노동부장관의 승인을 받은 자 ④ 대통령령으로 정하는 업무**94)**에 종사하는 근로자에 대해서는 적용하지 않는다(근기법 제63조). 이는 사업의 성질 또는 업무의 특수성으로 인하여 근로시간 등에 대한 규정들을 일률적으로 적용하기가 어려운 경우에 한하여 그 적용을 배제한 것이다. 다만, 그 성질을 달리하는 휴가 및 야간근로수당(제56조 제3항), 야간근로의 제한(제70조)에 관한 규정은 그 적용이 배제되지 않는다.

관련 판례1　대판 2006.11.23, 2006다41990.

근로기준법상의 근로시간

근로기준법상의 근로시간은 근로자가 사용자의 지휘·감독 아래 근로계약상의 근로를 제공하는 시간을 말하는바, 근로자가 작업시간의 도중에 현실로 작업에 종사하지 않은 대기시간이나 휴식·수면시간 등이라 하더라도 그것이 휴게시간으로서 근로자에게 자유로운 이용이 보장된 것이 아니고 실질적으로 사용자의 지휘·감독 아래 놓여 있는 시간이라면 이는 근로시간에 포함된다.

관련 판례2　대판 2006.9.8, 2006도388.

특정 근로자에 대한 연장근로 거부

근로자가 연장 또는 휴일근로를 희망할 경우 회사에서 반드시 이를 허가하여야 할 의무는 없지만, 특정 근로자가 파업에 참가하였거나 노조활동에 적극적이라는 이유로 해당 근로자에게 연장근로 등을 거부하는 것은 해당 근로자에게 경제적 내지 업무상의 불이익을 주는 행위로서 부당노동행위에 해당할 수 있다.

---

94)　"대통령령으로 정하는 업무"란 사업의 종류에 관계없이 관리·감독업무 또는 기밀을 취급하는 업무를 말한다.

관련 판례3　대판 1995.2.10, 94다19228.

연장근로에 관한 당사자 간의 '합의'의 방식

8시간 근로제에 따른 기준근로시간을 정하면서 아울러 그 예외의 하나로 당사자 간의 합의에 의한 연장근로를 허용하고 있는바, 여기서 당사자 간의 합의라 함은 원칙적으로 사용자와 근로자와의 개별적 합의를 의미한다 할 것이고, 이와 같은 개별 근로자와의 연장근로에 관한 합의는 연장근로를 할 때마다 그때그때 할 필요는 없고 근로계약 등으로 미리 이를 약정하는 것도 가능하다.

제3절 휴게·휴일·휴가

❶ 휴게시간

1. 의의

휴게시간이란 근로시간 중에 사용자의 지휘·감독으로부터 완전히 벗어나 자유로이 이용할 수 있는 시간을 말한다. 근로기준법 제54조 제1항에 따르면 사용자는 근로시간이 4시간인 경우에는 30분 이상, 8시간인 경우에는 1시간 이상의 휴게시간을 근로시간 도중에 주어야 한다.

2. 휴게시간의 배치

휴게시간은 근로시간 도중에 주어야 하므로 작업 시작 전 또는 작업 후에 주는 것은 허용되지 않는다. 다만, 휴게시간을 식사시간으로 사용하게 하는 것은 무방하다.

3. 자유이용의 원칙

휴게시간은 근로자가 자유롭게 이용할 수 있다(근기법 제54조 제2항). 휴게시간 중 작업장을 이탈하는 것은 원칙적으로 근로자의 자유이지만 사업장의 규율유지상 불필요한 외출을 사용자가 제한할 수 있다. 휴게시간 후에는 다시 근로를 해야 하므로 음주 등을 금지하는 것도 위법이 아니다. 그러나 휴게시간 중에 조합 활동의 일환으로서 유인물을 배포하는 행위는 시설관리상의 목적을 해치지 않는 한 정당하다.**95)**

4. 부여방법

휴게시간의 부여방법에 관해서는 명문의 규정이 없으나 근로시간 도중에 일제히 주는 것이 바람직하다. 휴게시간을 시간대별로 부여할 경우 육체적·정신적 피로에 충분한 시간이 부여되지 않아 그 적법성에 논란이 있을 수 있다.

ⓐ 휴일

1. 의의

사용자는 근로자에게 1주에 평균 1회 이상의 유급휴일을 보장하여야 한다(근기법 제55조 제1항). 유급휴일이란 1주 동안의 소정근로일을 개근한 자에게 주는 임금이 보장되는 휴일로서 근로자가 사용자의 지휘·명령으로부터 완전히 벗어나 근로를 제공할 의무가 없는 날을 말한다. 또한, 사용자는 근로자에게 대통령령으로 정하는 휴일을 유급으로 보장하여야 한다(동조 제2항). "대통령령으로 정하는 휴일"이란 「관공서의 공휴일에 관한 규정」 제2조의 공휴일(제1호 일요일은 제외한다) 및 제3조의 대체공휴일을 말한다(동법 시행령 제30조 제2항). 기존에 관공서의 공휴일은 민간 기업의 법정 휴일이 아니었으나 근로자가 차별 없이 휴식을 취할 수 있도록 공휴일을 근로기준법상 유급휴일로 보장하려는 것으로 기업

규모별로 순차적으로 시행되었다.**96)**

2. 부여방법

근로기준법 제55조 제1항의 유급휴일을 어느 날에 주어야 하느냐에 대해서는 단체협약이나 취업규칙에 정하여져 있으면 그날로 하되, 반드시 일요일이어야 할 필요는 없다. 다만, 근로자의 건강 등을 고려해 규칙적으로 부여하는 것이 바람직하다. 휴일은 원칙적으로 0시부터 24시까지의 달력상의 하루를 의미하는 것이지만, 3교대 작업이나 교대제 등 특별한 사정이 있는 경우에는 2일간에 걸쳐 계속 24시간의 휴식을 주는 경우에도 1일의 휴일이 된다.

3. 휴일근로

유급휴일에 근무하는 경우 사용자는 근로기준법 제56조 제2항에 따른 금액 이상을 가산하여 지급하여야 한다. 다만, 토요일(소정근로일에서 제외되는 1일)은 노사가 별도로 정하지 않는 이상 무급휴무일이 되며, 무급휴무일인 토요일에 근로하였더라도 휴일근로수당은 발생하지 않고 주 40시간을 초과하였거나 1일 8시간을 초과한 경우 연장근로수당만 발생한다.

4. 휴일의 대체

근로자대표와 서면으로 합의한 경우 휴일을 특정한 근로일로 대체할 수 있다(근기법 제55조 제2항 단서). "특정한 근로일로 대체"란 휴일로 특정되어 있는 날에 근로를 시키고, 근로가 예정된 날을 휴일로 하는 대체하는 것을 말한다. 휴일 대체의 경우에는 휴일 자체가 변경되어 버리기 때문에 휴일에 근로시켜도 휴일근로로 되지 않는다. 그러므로 사용자는 휴일의 대체로 인한 근로에 대하여는 근로기준법 제56조의 가산임금을 지불할 필요가 없게 된다. 다만, 사전에 근로자에게 교체할 휴일을 특정하여 고지(24시간 전)하여야 한다. 휴일 대체의 경우 개별 근로자의 동의를 요하지는 않으나 사용자에 의해 악용될 가능성

---

96) 근로자 300인 이상: 20.1.1. 근로자 30~300인 미만: 21.1.1. 근로자 5~30인 미만: 22.1.1. 시행.

이 있기 때문에 근로자보호의 견지에서 그 절차에 엄격한 조건을 설정할 필요가 있다. 즉, 취업규칙이나 단체협약에 규정하거나 휴일을 대체할 수 있는 구체적 사유를 명시하여 야 할 것이다. 한편 근로자의 날에는 휴일 대체가 불가하므로 이날에 근로한 경우에는 휴 일근로수당을 지급하여야 한다.

[대통령령으로 정하는 휴일(근로기준법 제55조 제2항)]

1. 공휴일(15일)
   ① 국경일 중 3·1절, 광복절, 개천절, 한글날
   ② 1월 1일
   ③ 설날 연휴 3일(음력 12월 말일~1월 2일)
   ④ 부처님 오신날(음력 4월 8일)
   ⑤ 어린이날(5월 5일)
   ⑥ 현충일(6월 6일)
   ⑦ 추석 연휴 3일(음력 8월 14일~8월 16일)
   ⑧ 기독탄신일(12월 25일)
   ⑨ 공직선거법 제34조에 따른 임기만료에 의한 선거의 선거일

2. 대체공휴일
   ① 공휴일이 토요일이나 일요일 또는 다른 공휴일과 겹치는 경우에는 그 공휴일 다음의 첫 번째 비공휴일을 대체공휴일로 한다(단, 설·추석 연휴는 일요일 또는 다른 공휴일과 겹치는 경우에만 해당)
   ② 공휴일 중 1월 1일과 현충일은 대체공휴일이 적용되지 않는다.

Ⅲ 휴가

1. 보상 휴가제

근로기준법 제57조는 "사용자는 근로자대표와의 서면 합의에 따라 제56조에 따른 연장근로·야간근로 및 휴일근로에 대하여 임금을 지급하는 것을 갈음하여 휴가를 줄 수 있다"고 규정하고 있다. 이 규정은 이미 제공한 근로에 대한 보상을 금전적 보상이 아닌 근로시간으로 대체하여 지급함으로써 사용자에 대한 경제적 부담을 완화하고 근로자의 휴가를 촉진하여 건전한 노동력을 확보하고자 하는 것이다. 보상 휴가제의 실시는 근로자대표와의 서면 합의를 전제로 하므로 단체협약이나 취업규칙 또는 별도의 협약이나 특약으로 작성하여도 무방하다.

2. 연차 유급휴가

(1) 의의

연차 유급휴가(이하 "연차휴가"라 한다)는 근로자에게 매년 일정 일수의 계속적인 휴가를 줌으로써 근로자의 심신의 피로를 회복하고 건강을 유지하며 문화적인 생활을 보장하기 위한 것으로 사용자는 1년간 80퍼센트 이상 출근한 근로자에게 15일의 유급휴가를 주어야 하고(근기법 제60조 제1항), 계속하여 근로한 기간이 1년 미만인 근로자 또는 1년간 80퍼센트 미만 출근한 근로자에게 1개월 개근 시 1일의 유급휴가를 주어야 한다(동조 제2항). 이에 따라 1년을 초과하되 2년 이하의 기간 동안 근로를 제공한 근로자에 대하여는 최초 1년 동안의 근로제공에 관하여 근로기준법 제60조 제2항에 따른 11일의 연차휴가가 발생하고, 최초 1년의 근로를 마친 다음 날에 근로기준법 제60조 제1항에 따른 15일의 연차휴가까지 발생함으로써 최대 연차휴가 일수는 총 26일이 된다.[97] 다만, 1년 미만 기간 동안 발생한 연차휴가(11일)는 입사일로부터 1년간 사용하지 않으면 소멸됨에 따라 2년차 근로자가 실제 사용할 수 있는 연차휴가는 15일이다.

---

97) 대판 2022.9.7, 2022다245419.

(2) 성립요건

1년간 80% 이상의 출근이라고 하는 것은 1년간의 소정근로일수(총 일수에서 휴일을 제외한 일수)에 80% 이상을 출근한 것을 말한다. 법령, 단체협약이나 취업규칙 등에 의하여 근로의무가 없는 것으로 정해진 날은 유급, 무급을 불문하고 이를 제외하여 소정근로일수를 산정하여야 한다. 근로자가 업무상의 부상 또는 질병으로 휴업한 기간이나 임신 중의 여성에게 근로기준법 제74조 제1항에서 제3항까지의 규정에 따라 부여한 출산전후·유산·사산 휴가기간 및 「남녀고평법」 제19조 제1항에 따른 육아휴직으로 휴업한 기간은 출근한 것으로 본다. 또한 근로기준법 제74조 제7항에 따른 임신기 근로시간 단축을 사용하여 단축된 근로시간 및 「남녀고평법」 제19조의2 제1항에 따른 육아기 근로시간 단축을 사용하여 단축된 근로시간도 연차휴가가 산정되는 출근일수로 간주한다.

(3) 휴일가산

사용자는 3년 이상 계속하여 근로한 근로자에게는 최초 1년을 초과하는 계속근로연수 매 2년에 대하여 1일을 가산한 유급휴가를 주어야 한다. 이 경우 가산휴가를 포함한 총 휴가일수는 25일을 한도로 한다(근기법 제60조 제4항).

(4) 시기의 지정과 변경

연차휴가는 근로자가 청구한 시기에 주어야 하고, 그 기간에 대하여는 취업규칙 등에서 정하는 통상임금 또는 평균임금을 지급하여야 한다. 다만, 근로자가 청구한 시기에 휴가를 주는 것이 사업운영에 막대한 지장이 있는 경우에는 그 시기를 변경할 수 있다(근기법 제60조 제5항). "사업운영에 막대한 지장이 있는 경우"란 근로자가 지정한 휴가일에 휴가를 주게 되면 업무의 운영이 불가능할 정도로 사업의 정상적인 운영을 현저히 저해하는 경우를 말하고, "시기를 변경할 수 있다."라는 것은 사용자가 그 시기를 변경하여 이를 특정할 수 있다는 것이 아니라 근로자가 지정하는 시기와 다른 시기를 제시하여 다시 근로자가 이를 청구할 수 있다는 의미로 해석하여야 한다.

(5) 휴가의 소멸

연차휴가는 1년간 행사하지 아니한 때에는 소멸한다. 근로자의 청구시기는 1년간의 근

로를 마친 다음 날로부터 1년 이내에 근로자가 이를 희망 또는 지정하는 시기에 주어야
한다. 다만 계속하여 근로한 기간이 1년 미만인 근로자의 유급휴가는 최초 1년의 근로
가 끝날 때까지의 기간 동안 행사하지 않으면 소멸한다(근기법 제60조 제7항).

(6) 연차휴가 미사용수당

연차휴가를 1년간 사용하지 못하여 휴가청구권이 소멸하더라도 임금청구권은 소멸
하지 않으므로 이 경우에는 연차휴가 미사용수당이 지급되어야 하고 소멸시효는 3
년이다. 연차휴가 미사용수당에 대해서는 법에 직접 규정되어 있지 않으나, 판례·행
정해석 등에 따르면 사용하지 못한 일수에 해당하는 통상임금을 지급하면 되고 가
산임금을 지급할 의무는 없다.[98] 한편 1년간의 근로를 마치고 80% 출근율을 충족
하더라도 곧바로 퇴직하여, 그 전년도 1년간의 근로를 마친 다음 날 근로관계가 존
속하지 않는 경우에는 전년도 출근율에 대한 연차유급휴가 미사용수당 청구권은
발생하지 않는다.

(7) 사용촉진

사용자가 연차휴가의 사용을 촉진하기 위한 조치를 하였음에도 불구하고 근로자가
휴가를 사용하지 아니하여 소멸된 경우 사용자는 그 사용하지 않은 휴가에 대하여
보상할 의무가 없고, 휴가 소멸을 저지하는 사용자의 귀책사유에도 해당하지 않는
것으로 본다(근기법 제61조). 이는 근로자가 사용하지 않은 휴가에 대한 임금을 목적
으로 휴가의 사용을 회피하는 것은 휴가 제도의 취지에 반한다는 점을 고려하여 휴
가 사용을 촉진하려는 특례를 규정한 것이다.[99] 다만 근로자가 지정된 휴가일에 출
근한 경우 사용자가 노무수령 거부의사를 명확하게 표시하지 않았거나, 근로자에
대하여 업무지시를 하여 근로자가 근로제공을 한 경우에는 근로자의 자발적인 의
사에 따라 휴가를 사용한 것으로 볼 수 없어 사용자는 연차휴가수당을 지급해야
할 의무를 진다.[100] 한편 개정 근로기준법은 계속 근로연수가 1년 미만인 근로자에
대해서도 연차휴가 사용촉진제도를 도입하였다.[101]

---

98) 대판 1990.12.26, 90다카12493.
99) 임종률, 『노동법』, p.457.
100) 대판 2020.2.27, 2019다279283.
101) 2020.3.31. 신설(근로기준법 제61조 제2항).

1) 1년 이상 근로자의 사용촉진(동조 제1항)

① 휴가가 끝나기 6개월 전을 기준으로 10일 이내에 사용자가 근로자별로 사용하지 아니한 휴가 일수를 알려주고, 근로자가 그 사용 시기를 정하여 사용자에게 통보하도록 서면으로 촉구할 것.

② 서면 촉구에도 불구하고 근로자가 촉구를 받은 때부터 10일 이내에 사용하지 아니한 휴가의 전부 또는 일부의 사용 시기를 정하여 사용자에게 통보하지 아니하면 사용시한 2개월 전까지 사용자가 사용하지 않은 휴가의 사용 시기를 정하여 근로자에게 서면으로 통보할 것.

2) 1년 미만 근로자의 사용촉진(동조 제2항)

① 최초 1년의 근로기간이 끝나기 3개월 전을 기준으로 10일 이내에 사용자가 근로자별로 사용하지 아니한 휴가 일수를 알려주고, 근로자가 그 사용 시기를 정하여 사용자에게 통보하도록 서면으로 촉구할 것. 다만, 사용자가 서면 촉구한 후 발생한 휴가에 대해서는 최초 1년의 근로기간이 끝나기 1개월 전을 기준으로 5일 이내에 촉구하여야 한다.

② 서면 촉구에도 불구하고 근로자가 촉구를 받은 때부터 10일 이내에 사용하지 아니한 휴가의 전부 또는 일부의 사용 시기를 정하여 사용자에게 통보하지 아니하면 사용시한 2개월 전까지 사용자가 사용하지 않은 휴가의 사용 시기를 정하여 근로자에게 서면으로 통보할 것.

⑻ **휴가의 대체**

사용자는 근로자대표와의 서면 합의에 따라 연차휴가일을 갈음하여 특정한 근로일에 근로자를 휴무시킬 수 있다(근기법 제62조). 이 규정은 연차휴가일을 대체하여 특정한 근무일을 근로자들이 다 함께 연차로 사용토록 하는 것으로 징검다리 휴일에 연속해서 쉬도록 하는 것이 대표적이다.

관련 판례1 대판 2019.10.17, 2014두3020.

휴식·수면시간의 근로시간 판단기준

근로계약에서 정한 휴식시간이나 수면시간이 근로시간에 속하는지 휴게시간에 속하는지는 특정 업종이나 업무의 종류에 따라 일률적으로 판단할 것이 아니라 근로계약의 내용이나 해당 사업장에 적용되는 취업규칙과 단체협약의 규정, 근로자가 제공하는 업무의 내용과 해당 사업장에서의 구체적 업무방식, 휴게 중인 근로자에 대한 사용자의 간섭이나 감독 여부, 자유롭게 이용할 수 있는 휴게 장소의 구비 여부, 그 밖에 근로자의 실질적 휴식을 방해하거나 사용자의 지휘·감독을 인정할 만한 사정이 있는지와 그 정도 등 여러 사정을 종합하여 개별 사안에 따라 구체적으로 판단하여야 한다. 휴식·수면시간이라 하더라도 근로자에게 자유로운 이용이 보장된 것이 아니라 실질적으로 사용자의 지휘·감독을 받고 있는 시간이라면 근로시간에 포함된다고 보아야 한다.

관련 판례2 대판 2020.6.25, 2016다3386.

휴일근로수당

휴일근로수당으로 통상임금의 100분의 50 이상을 가산하여 지급하여야 하는 휴일근로에는 근로기준법 제55조 소정의 주휴일 근로뿐만 아니라 단체협약이나 취업규칙 등에 의하여 휴일로 정하여진 날의 근로도 포함된다. 위 법리는 1일 근무하고 그다음 날 쉬는 격일제 근무 형태에서 근무가 없는 날에 근로를 제공한 경우에도 마찬가지여서, 단체협약이나 취업규칙 등에서 휴일로 정하였다고 볼 수 없다면, 그날의 근로제공에 대하여 근로기준법상 휴일근로수당이 지급되어야 하는 것은 아니다.

관련 판례3 대판 2000.9.22, 99다7367.

휴일대체

단체협약 등에서 특정된 휴일을 근로일로 하고 대신 통상의 근로일을 휴일로 교체할 수 있도록 하는 규정을 두거나, 그렇지 않더라도 근로자의 동의를 얻은 경우 미리 근로자에게 교체할 휴일을 특정하여 고지하면, 다른 특별한 사정이 없는 한 이는 적법한 휴일대체가 되어 원래의 휴일은 통상의 근로일이 되고, 그 날의 근로는 휴일근로가 아닌 통상근로가 되므로 사용자는 근로자에게 휴일근로수당을 지급할 의무를 지지 않는다.

관련 판례4 대판 2017.5.17, 2014다232296, 232302.

연차휴가 부여 및 미사용 수당의 청구 범위

연차휴가 부여를 위한 출근율을 계산할 때 근로자가 업무상의 부상 또는 질병으로 휴업한 기간은 출근한 것으로 간주한다. 이는 근로자가 업무상 재해 때문에 근로를 제공할 수 없었음에도 업무상 재해가 없었을 경우보다 적은 연차휴가를 부여받는 불이익을 방지하려는 데에 취지가 있다. 그러므로 근로자가 업무상 재해로 휴업한 기간은 장단을 불문하고 소정근로일수와 출근일수에 모두 포함시켜 출근율을 계산하여야 한다. 설령 그 기간이 1년 전체에 걸치거나 소정근로일수 전부를 차지한다고 하더라도, 이와 달리 볼 아무런 근거나 이유가 없다. 한편 근로자가 연차휴가에 관한 권리를 취득한 후 1년 이내에 연차휴가를 사용하지 아니하거나 1년이 지나기 전에 퇴직하는 등의 사유로 인하여 더 이상 연차휴가를 사용하지 못하게 될 경우에는 사용자에게 연차휴가일수에 상응하는 임금인 연차휴가수당을 청구할 수 있다. 따라서 근로자가 업무상 재해 등의 사정으로 인해 연차휴가를 사용할 해당 연도에 전혀 출근하지 못한 경우라 하더라도, 이미 부여받은 연차휴가를 사용하지 않은 데 따른 연차휴가수당은 청구할 수 있다. 이러한 연차휴가수당의 청구를 제한하는 내용의 단체협약이나 취업규칙은 근로기준법에서 정하는 기준에 미치지 못하는 근로조건을 정한 것으로서, 효력이 없다.

관련 판례5 대판 2019.10.18, 2018다239110.

연차휴가수당의 기초가 되는 임금

취업규칙 등에서 연차휴가수당 산정 기준을 정하지 않은 경우, 연차휴가수당은 통상임금을 기초로 산정하여야 한다.

관련 판례6 대판 2011.7.14, 2011다23149.

연차휴가 대체

연차휴가를 토요일 휴무로 대체하기 위해서는 반드시 근로자대표와의 서면 합의를 통해서만 가능하다.

관련 판례7 대판 2021.10.14, 2021다227100.

연차휴가 청구권

근로기준법 제60조 제1항이 규정한 연차휴가는 1년간 80% 이상 출근한 근로자에게 부여되는 것으로 연차휴가를 사용할 권리는 다른 특별한 정함이 없는 한 그 전년도 1년간의 근로를 마친 다음 날 발생한다고 보아야 하므로, 그 전에 퇴직(1년 기간제 근로계약을 체결하여 1년의 근로계약 기간이 만료됨과 동시에 근로계약 관계가 더 이상 유지되지 아니하는 근로자도 포함) 등으로 근로관계가 종료한 경우에는 연차휴가를 사용할 권리에 대한 보상으로서의 연차휴가수당도 청구할 수 없다.

제4절 여성과 연소자의 보호

오늘날 여성과 연소자에 대한 보호는 단순히 은혜적인 약자보호의 필요성에 의한 것이 아니고 여성과 연소근로자의 신체적·생리적 특성을 감안하여 이에 알맞은 특별보호를 하는 것이 국가의 책임이라는 관점에서 비롯되었다. 여성과 연소자에 대한 보호방안은 헌법 제32조 제4항과 제5항에 명시하고 있으며 근로기준법 제5장은 여성과 연소자에 대한 보호를 구체적으로 규정하고 있다.

Ⅰ 여성과 연소자의 공통보호

1. 유해·위험사업에의 사용금지

사용자는 임신 중이거나 산후 1년이 지나지 아니한 여성과 18세 미만자를 도덕상 또는 보건상 유해·위험한 사업에 사용하지 못한다(근기법 제65조 제1항).

2. 야간 및 휴일 근로의 금지

사용자는 임산부와 18세 미만자를 오후 10시부터 오전 6시까지의 시간 및 휴일에 근로시키지 못한다. 다만, 다음 각호의 어느 하나에 해당하는 경우로서 고용노동부장관의 인가를 받으면 그렇지 못한다(근기법 제70조 제2항)

① 18세 미만자의 동의가 있는 경우.

② 산후 1년이 지나지 아니한 여성의 동의가 있는 경우.

③ 임신 중의 여성이 명시적으로 청구하는 경우.

3. 갱내근로의 금지

사용자는 여성과 18세 미만인 자를 갱내에서 근로시키지 못한다. 다만, 보건·의료, 보도·취재 등 대통령령으로 정하는 업무를 수행하기 위하여 일시적으로 필요한 경우[102]에는 그러하지 아니하다(근기법 제72조).

4. 탄력적 근로시간제의 적용배제

15세 이상 18세 미만의 근로자와 임신 중인 여성 근로자에 대하여는 탄력적 근로시간제를 적용하지 아니한다(근기법 제51조 제3항).

ⓑ 여성 근로자에 대한 특별보호

1. 여성 근로자에 대한 보호

(1) 야간 및 휴일 근로의 제한

사용자는 18세 이상의 여성을 오후 10시부터 오전 6시까지의 시간 및 휴일에 근로

---

102) ① 보건, 의료 또는 복지 업무, ② 신문·출판·방송프로그램 제작 등을 위한 보도·취재 업무, ③ 학술연구를 위한 조사 업무, ④ 관리·감독 업무 및 위의 ①~④항까지의 업무와 관련된 분야에서 하는 실습 업무(근기법 시행령 제42조).

시키려면 그 근로자의 동의를 받아야 한다(근기법 제70조 제1항).

(2) 생리휴가의 보장

사용자는 여성 근로자가 청구하면 월 1일의 생리휴가를 주어야 한다(근기법 제73조). 생리휴가를 청구한 날에 근로자가 출근하여 근로를 하더라도 할증임금이 가산되지는 않는다. 이는 근로자가 휴가권을 스스로 포기한 것으로 보아야 하기 때문이다.[103]

2. 임산부의 보호

(1) 출산전후휴가

사용자는 임신 중의 여성에게 출산 전과 출산 후를 통하여 90일(미숙아를 출산한 경우에는 100일, 한 번에 둘 이상 자녀를 임신한 경우에는 120일)의 출산전후휴가를 주어야 한다. 이 경우 휴가 기간의 배정은 출산 후에 45일(한 번에 둘 이상 자녀를 임신한 경우에는 60일) 이상이 되어야 한다(근기법 제74조 제1항). 또한, 임신 중인 여성 근로자가 유산의 경험 등 대통령령으로 정하는 사유로 제1항의 휴가를 청구하는 경우 출산 전 어느 때라도 휴가를 나누어 사용할 수 있도록 하여야 한다. 이 경우 출산 후의 휴가기간은 연속하여 45일(한 번에 둘 이상 자녀를 임신한 경우에는 60일) 이상이 되어야 한다(동조 제2항). 사용자는 임신 중인 여성이 유산 또는 사산한 경우로서 당해 근로자가 청구하면 대통령령으로 정하는 바에 따라 유산·사산휴가를 주어야 한다(동조 제3항). 출산전후휴가와 유산·사산휴가 중 최초 60일(한 번에 둘 이상 자녀를 임신한 경우에는 75일)은 유급으로 한다. 다만, 「남녀고평법」 제18조에 따라 출산전후휴가급여 등이 지급된 경우에는 그 금액의 한도에서 지급의 책임을 면한다(동조 제4항).

(2) 시간외근로의 금지

1) 임신 중의 여성 근로자

사용자는 임신 중의 여성 근로자에게 시간외근로를 하게 하여서는 아니 되며, 그 근로자의 요구가 있는 경우에는 쉬운 종류의 근로로 전환하여야 한다(근기법 제74조 제5항).

---

103) 김형배·박지순, 『노동법 강의』, p.207.

2) 산후 1년이 지나지 아니한 여성

사용자는 산후 1년이 지나지 아니한 여성에 대하여는 단체협약이 있는 경우라도 1일에 2시간, 1주에 6시간, 1년에 150시간을 초과하는 시간외근로를 시키지 못한다(근기법 제71조).

(3) 근로시간 단축

사용자는 임신 후 12주 이내 또는 32주 이후에 있는 여성 근로자(고용노동부령으로 정하는 유산, 조산 등 위험이 있는 여성 근로자의 경우 임신 전 기간)가 1일 2시간의 근로시간 단축을 신청하는 경우 이를 허용하여야 한다. 다만, 1일 근로시간이 8시간 미만인 근로자에 대하여는 1일 근로시간이 6시간이 되도록 근로시간 단축을 허용할 수 있다(근기법 제74조 제7항). 사용자는 제7항에 따른 근로시간 단축을 이유로 해당 근로자의 임금을 삭감하여서는 아니 된다(동조 제8항).

(4) 업무시간의 변경 허용

사용자는 임신 중인 여성 근로자가 1일 소정근로시간을 유지하면서 업무의 시작 및 종료 시각의 변경을 신청하는 경우 이를 허용하여야 한다. 다만, 정상적인 사업 운영에 중대한 지장을 초래하는 경우 등 대통령령으로 정하는 경우에는 그러하지 아니하다(동조 제9항).

(5) 업무복귀의 보장

사업주는 출산전후휴가 종료 후에는 휴가 전과 동일한 업무 또는 동등한 수준의 임금을 지급하는 직무에 복귀시켜야 한다(근기법 제74조 제6항).

(6) 태아검진 시간의 허용

사용자는 임신한 여성 근로자가 「모자보건법」 제10조에 따른 임산부 정기건강진단을 받는 데 필요한 시간을 청구하는 경우 이를 허용하여 주어야 한다(근기법 제74조의2 제1항). 또한, 이에 따른 건강진단 시간을 이유로 그 근로자의 임금을 삭감하여서는 아니 된다(제2항).

(7) 유급수유시간의 보장

사용자는 생후 1년 미만의 유아를 가진 여성 근로자가 청구하면 1일 2회 각각 30분 이상의 유급 수유 시간을 주어야 한다(근기법 제75조).

Ⅲ 연소근로자에 대한 특별보호

연소자란 만 18세 미만인 자로서 근로기준법상 연소자에 대한 보호방안은 육체적·정신적으로 성장과정에 있는 연소근로자에 대한 취업연령의 제한 및 근로시간의 규제를 통하여 건강한 성장을 보호함은 물론 친권자에 의한 노동력 착취 등으로부터 보호하기 위해서이다.

1. 최저취업연령의 제한

15세 미만인 자(중학교에 재학 중인 18세 미만인 자를 포함)는 근로자로 사용하지 못한다. 다만, 대통령령으로 정하는 기준에 따라 고용노동부장관이 발급한 취직인허증을 지닌 자는 근로자로 사용할 수 있다(근기법 제64조 제1항). 취직인허증은 본인의 신청에 따라 의무교육에 지장이 없는 경우에는 직종을 지정하여서만 발행할 수 있고(동조 제2항), 이를 받을 수 있는 자는 13세 이상 15세 미만인 자로 하되 예술공연 참가를 위한 경우에는 13세 미만인 자도 취직인허증을 받을 수 있다(동법 시행령 제35조 제1항).

2. 연소자증명서의 비치

사용자는 18세 미만인 자에 대하여는 그 연령을 증명하는 가족관계기록사항에 관한 증명서와 친권자 또는 후견인의 동의서를 사업장에 갖추어 두어야 한다(근기법 제66조). 연령을 증명하는 '가족관계기록사항에 관한 증명서'를 갖추어 두도록 한 것은 연소자를 성인으로 취급하지 않도록 주의를 환기시키고 해당 근로자에게 연소자에 관한 규정이 적용되는지 여부를 둘러싼 분쟁에 대비하려는 것이다.[104] 동의서는 근로계약 체결에 대한 동의서를 말한다.

---

104) 임종률, 『노동법』, p.581.

3. 미성년자의 근로계약 및 임금청구

친권자나 후견인은 미성년자의 근로계약을 대리할 수 없다(근기법 제67조 제1항). 친권자, 후견인 또는 고용노동부장관은 근로계약이 미성년자에게 불리하다고 인정하는 경우에는 이를 해지할 수 있다(동조 제2항). 사용자는 18세 미만인 자와 근로계약을 체결하는 경우에는 제17조(임금·소정근로시간·휴일·연차 유급휴가)에 따른 근로조건을 서면으로 명시하여 교부하여야 한다(동조 제3항). 미성년자는 독자적으로 임금을 청구할 수 있다(동법 제68조).

4. 근로시간의 특례

15세 이상 18세 미만인 자의 근로시간은 1일에 7시간, 1주일에 35시간을 초과하지 못한다. 다만, 당사자 사이의 합의에 따라 1일에 1시간, 1주에 5시간을 한도로 연장할 수 있다(근기법 제69조).

제5절 **직장 내 괴롭힘의 금지**

---

❶ 의의

직장 내 괴롭힘이란 사용자 또는 근로자가 직장에서의 지위 또는 관계 등의 우위를 이용해 업무상 적정범위를 넘어 다른 근로자에게 신체적, 정신적 고통을 주거나 근무환경을 악화시키는 행위를 말하는 것으로 근로기준법에 사용자 또는 근로자의 직장 내 괴롭힘의 금지 규정(근기법 제6장의2)이 신설되었다.[105] 이에 따라 상시 10명 이상의 근로자를 사용하는 사용자는 직장 내 괴롭힘의 예방 및 발생 시 조치사항에 관한 취업규칙을 필수적으로 기재하여야 하며 직장 내 괴롭힘 발생 사실에 대한 신고·주장을 이유로 한 해고 등 불

---

105) 2019.7.16. 시행됨.

이익 조치 시 벌칙을 적용받는다. 또한, 산업재해보상보험법(제37조 업무상 재해의 인정 기준)에 직장 내 괴롭힘으로 인한 업무상 정신적 스트레스가 원인이 되어 발생한 질병을 업무상 질병으로 포함시켰으며, 산업안전보건법(제4조 정부의 책무)에 직장 내 괴롭힘 예방을 위한 조치기준을 마련하고 지도 및 지원에 관한 사항을 이행할 책무를 지도록 규정하였다. 한편 사용자에 의한 직장 내 괴롭힘의 금지조치도 강화되어 직장 내 괴롭힘을 행한 사용자와 사용자의 친족[106]인 근로자에 대해서는 일천만원 이하의 과태료가 부과된다.[107]

⑪ 직장 내 괴롭힘의 판단기준

직장 내 괴롭힘으로 인정되려면 아래의 세 가지 요소를 모두 충족해야 한다. 발생하는 장소는 반드시 사업장일 필요는 없으며, 외근·출장지 등 업무 수행 과정 등의 장소, 회식이나 기업 행사 등의 장소뿐만 아니라 사적 공간에서 발생한 경우라도 직장 내 괴롭힘으로 인정될 수 있으며, 사내 메신저·SNS 등 온라인상에서 발생한 경우도 직장 내 괴롭힘에 해당될 수 있다. 다만 판례에서는 직장 내 괴롭힘 여부를 판단함에 있어 행위가 일회적·우발적 또는 단기간의 것인지, 아니면 계속적·반복적인 것인지가 중요한 판단기준이 되고 있다.

1. 직장에서의 지위 또는 관계 등의 우위를 이용할 것

'지위의 우위'란 지휘명령 관계에서 상위에 있는 경우를 말하나, 직접적인 지휘명령 관계에 놓여있지 않더라도 회사 내 직위·직급 체계상 상위에 있음을 이용하였다면 인정되며, '관계의 우위'란 주로 개인 대 집단과 같은 수적 측면, 연령·학벌·성별·출신 지역·인종 등 인적 속성, 근속연수·전문지식 등 업무역량, 노조·직장협의회 등 근로자 조직 구성원 여부, 감사·인사부서 등 업무의 직장 내 영향력, 정규직 여부 등의 요소 등이 문제 될 수 있다. 다만, 행위자가 피해자와의 관계에서 우위성이 있는지는 특정 요소에 대한 사업장 내 통상적인 사회적 평가를 토대로 판단하되, 관계의 우위성은 상대적일 수 있기 때문에 행위자와 피해자

---

106) 사용자의 배우자, 사용자의 4촌이내의 혈족 및 인척
107) 2021.4.13. 신설.

간에 이를 달리 평가해야 할 특별한 사정이 있는지도 함께 확인할 필요가 있다.

2. 업무상 적정범위를 넘을 것

문제 된 행위가 업무상 적정범위를 넘는 것으로 인정되기 위해서는 그 행위가 사회 통념에 비추어 볼 때 업무상 필요성이 인정되지 않거나 업무상 필요성이 인정되더라도 업무상 지시나 주의·명령 행위의 모습이 폭행이나 과도한 폭언 등을 수반하는 등 사회 통념상 상당성을 결여하였다고 보아야 한다.

3. 신체적·정신적 고통을 주거나 근무환경을 악화시키는 행위일 것

근무환경을 악화시키는 것이란, 그 행위로 인하여 피해자가 능력을 발휘하는 데 간과할 수 없을 정도의 지장이 발생하는 것을 의미하며, 행위자의 의도가 없었더라도 그 행위로 신체적·정신적 고통을 받았거나 근무환경이 악화되었다면 직장 내 괴롭힘에 해당된다.

Ⅲ 직장 내 괴롭힘 발생 시 조치

1. 신고 및 조사

누구든지 직장 내 괴롭힘 발생 사실을 알게 된 경우 그 사실을 사용자에게 신고할 수 있고(근기법 제76조의3 제1항), 사용자는 신고를 접수하거나 직장 내 괴롭힘 발생 사실을 인지한 경우에는 지체 없이 당사자 등을 대상으로 그 사실 확인을 위하여 객관적으로 조사를 실시하여야 한다(제2항).

2. 피해 근로자의 보호

사용자는 조사 기간 동안 직장 내 괴롭힘과 관련하여 피해를 입은 근로자 또는 피해를 입었다고 주장하는 근로자를 보호하기 위하여 필요한 경우 해당 피해 근로자 등에 대하여 근무장소의 변경, 유급휴가 명령 등 적절한 조치를 하되, 피해 근로자 등에 반하는 조치를 하여서는 아니 되고(근기법 제76조의3 제3항), 조사 결과 직장 내 괴롭힘 발생 사실이 확인된 때에는 피해 근로자가 요청하면 근무장소의 변경, 배치전환, 유급휴가 명령 등 적절한 조치를 하여야 한다(제4항).

3. 행위자에 대한 조치

사용자는 직장 내 괴롭힘 발생 사실이 확인된 때에는 지체 없이 행위자에 대하여 징계, 근무장소의 변경 등 필요한 조치를 하여야 한다. 이 경우 사용자는 징계 등의 조치를 하기 전에 그 조치에 대하여 피해 근로자의 의견을 들어야 한다(근기법 제76조의3 제5항).

4. 불리한 처우의 금지

사용자는 직장 내 괴롭힘 발생 사실을 신고한 근로자 및 피해 근로자 등에게 해고나 그 밖의 불리한 처우를 하여서는 아니 된다(근기법 제76조의3 제6항).

5. 비밀누설 금지

직장 내 괴롭힘 발생 사실을 조사한 사람, 조사 내용을 보고받은 사람 및 그 밖에 조사 과정에 참여한 사람은 해당 조사 과정에서 알게 된 비밀을 피해 근로자 등의 의사에 반하여 다른 사람에게 누설하여서는 아니 된다. 다만, 조사와 관련된 내용을 사용자에게 보고하거나 관계 기관의 요청에 따라 필요한 정보를 제공하는 경우는 제외한다(근기법 제76조의3 제7항).

Ⅳ 직장 내 괴롭힘 행위의 예시[108]

사회통념상 합리적 수준에서의 업무상 지시 및 명령 등은 비록 불만을 느끼는 경우라

---

108) 고용노동부, 『직장 내 괴롭힘 판단 및 예방·대응 매뉴얼』, p.16.

도 직장 내 괴롭힘이 아니지만, 아래의 경우 등은 직장 내 괴롭힘으로 인정될 수 있다. 다만, 당사자와의 관계, 행위장소 및 상황, 행위에 대한 피해자의 반응, 행위내용 및 정도, 행위기간 등 구체적인 사정을 참작하여 종합적으로 판단하여야 한다.

① 정당한 이유 없이 업무능력이나 성과를 인정하지 않거나 조롱하는 경우
② 정당한 이유 없이 훈련 승진 보상 일상적인 대우 등에서 차별하는 경우
③ 특정 근로자에 대하여만 모두가 꺼리는 힘든 업무를 반복적으로 부여하는 경우
④ 근로계약서 등에 명시되어 있지 않은 허드렛일만 시키거나 일을 거의 주지 않는 경우
⑤ 정당한 이유 없이 업무와 관련된 중요한 정보제공이나 의사결정 과정에서 배제시키는 경우
⑥ 정당한 이유 없이 휴가나 병가, 각종 복지혜택 등을 쓰지 못하도록 압력을 행사하는 경우
⑦ 다른 근로자들과는 달리 특정 근로자의 일하거나 휴식하는 모습만을 지나치게 감시하는 경우
⑧ 사적 심부름 등 개인적인 일상생활과 관련된 일을 하도록 지속적, 반복적으로 지시하는 경우
⑨ 정당한 이유 없이 부서이동 또는 퇴사를 강요하는 경우
⑩ 개인사에 대한 뒷담화나 소문을 퍼뜨리는 경우
⑪ 신체적인 위협이나 폭력을 가하는 경우
⑫ 욕설이나 위협적인 말을 하는 경우
⑬ 다른 사람들 앞이나 온라인상에서 나에게 모욕감을 주는 언행을 하는 경우
⑭ 의사와 상관없이 음주·흡연·회식 참여를 강요하는 경우
⑮ 집단 따돌림의 경우
⑯ 업무에 필요한 비품(컴퓨터·전화)을 주지 않거나, 인터넷 사내 네트워크 접속을 차단하는 경우

관련 판례　대판 2022.7.1, 2022도4925.

직장 내 괴롭힘에 대한 불리한 처우의 판단기준

직장 내 괴롭힘을 신고한 근로자에 대한 사업주의 조치가 피해 근로자 등에 대한 '불리한' 조치로서 '위법한' 것인지 여부는 그러한 조치가 직장 내 괴롭힘에 대한 문제 제기 등과 근접한 시기에 있었는지, 조치를 한 경위와 과정, 조치를 하면서 사업주가 내세운 사유가 피해 근로자 등의 문제 제기 이전부터 존재하였던 것인지, 피해 근로자 등의 행위로 인한 타인의 권리나 이익 침해 정도와 사업주의 조치로 피해 근로자 등이 입은 불이익 정도, 그러한 조치가 종전관행이나 동종 사안과 비교하여 이례적이거나 차별적인 취급인지 여부, 사업주의 조치에 대하여 피해 근로자 등이 구제신청 등을 한 경우에는 그 경과 등을 종합적으로 고려하여 판단해야 한다. 여기서 불리한 '조치'에는 파면, 해임, 해고, 그 밖에 신분상실에 해당하는 불이익조치만이 아니라 직무 미부여, 직무 재배치, 그 밖에 본인의 의사에 반하는 인사조치 등이 포함된다. 회사는 직장 내 괴롭힘 발생 사실을 신고한 피해 근로자에게 불리한 처우를 한 혐의로 기소되었는데, 새 근무지의 환경이 객관적으로 낮다고 해도 피해 근로자의 의사에 반해 원거리 전보한 점 등을 종합하면 불리한 처우를 한 것으로 보아야 한다.

제6절 **취업규칙**

❶ 취업규칙의 의의

취업규칙이란 사업장에서 근로자가 취업상 준수하여야 할 규율과 임금, 근로시간 등의 근로조건에 관한 구체적인 사항을 정한 규칙을 총칭하는 것으로 노동조합이 없는 기업에서 취업규칙은 근로계약의 내용을 정하는 유일한 규칙이 된다. 다만, 근로기준법은 취업규칙이 사용자에 의해 일방적으로 작성됨에 따라 근로자 보호의 관점에서 취업규칙의 불이익변경 시 동의를 받도록 규제를 하고 있다.

ⓘ 취업규칙의 법적 성질

근로기준법은 근로조건의 결정에 관하여 노사대등결정의 원칙을 이상으로 하고 그 수 단으로서 노조법에 의하여 단결권, 단체교섭권 및 단체행동권을 부여한 반면에 다른 한편 으로는 취업규칙에 대한 사용자의 일방적 제정·변경을 용인하여 사실상 사회규범으로서 당사자를 구속하는 양면적 성격을 지니고 있다. 즉, 취업규칙이 사용자에 의하여 일방적 으로 작성되었음에도 취업규칙 그 자체로서 근로자에 대하여 구속력을 갖는 법적 규범으 로 인정될 수 있는가의 여부와 만일 법적 규범으로 승인되어 근로자에 대하여 구속력을 갖는다면 그 근거는 과연 무엇인가에 대하여는 학설이 대립되어 있다.

1. 계약설

계약설에 따르면 취업규칙은 근로조건을 정하는 사실상의 기준으로서 규범이지만 그것 만으로는 당사자를 구속하지 못하며, 근로계약의 내용이 되는 근로조건 등에 대해 근로 자의 명시 또는 묵시적인 동의가 있어야만 법적 구속력을 갖는다고 본다.

2. 법규범설

법규범설은 사용자가 일방적으로 작성한 취업규칙이 실제로는 살아있는 규범으로서 기 능하고 있는 현실을 직시하여 관습법 또는 취업규칙의 강행적 효력을 규정한 법 제97조에 의해 구속력의 법적 근거를 찾으려는 입장이다. 이러한 법규범설은 사업장의 여러 근로관 계를 집단적으로 규율 짓고 질서를 유지하기 위해서는 근로조건을 집단적·획일적으로 규 정한 취업규칙을 법규범으로 설정하는 외에는 다른 도리가 없다는 현실을 그대로 인식하 고 이에 즉응하여 세워진 이론이다. 따라서 취업규칙은 특정의 기업 내에서 행해지는 법 규범으로 근로자는 사업장에 고용됨과 동시에 개별적인 승낙 여부를 불문하고 당연히 취 업규칙의 적용을 받는다고 한다.

Ⅲ 취업규칙의 작성·신고

1. 작성의무

상시 10명 이상의 근로자를 사용하는 사용자는 취업규칙을 작성하여 고용노동부장관에게 신고하여야 하며, 이를 변경하는 경우에도 또한 같다(근기법 제93조 제1항). 다만, 상태적으로 10명 미만이라면 사업장의 사정에 따라 10명을 초과하는 때가 있더라도 취업규칙 작성의무는 없다. 이때 "사용"이란 사용자와의 사이에 현실적인 사용관계만 있으면 족하고 근로자의 사업장에서의 지위나 상용근로자인지 여부 등은 문제 되지 않는다. 상시 10명 이상의 근로자를 사용하고 있는 지 여부를 기업단위로 판단할 것인가, 아니면 개개의 사업장 단위로 판단할 것인가 하는 문제가 있는데, 취업규칙의 성질이나 제정목적 등에 비추어 본다면 사업장단위설이 타당하다고 할 것이다. 그러나 전국 각지에 여러 개의 사업장을 두고 종업원을 수백 명 사용하는 자가 각 사업장의 근로자 수가 10명 미만이라는 이유로 취업규칙 작성의무를 면제받는다는 것은 매우 불합리하다고 할 수 있다. 따라서 취업규칙 작성의무는 기업단위로 판단하되 동일한 기업에 속하더라도 한 사업장의 사업내용과 다른 사업장의 사업내용이 전혀 별개의 독립된 것이라면 사업장별로 판단하는 것이 타당하다고 생각된다. 이는 사업내용이 달라지면 그 사업장에서의 작업방식과 그것을 뒷받침하는 취업규칙의 내용이 모두 달라져야 한다는 점에 비추어 볼 때도 그러하다.

2. 필요적 기재사항

취업규칙에 기재해야 할 필요적 기재사항은 ① 업무의 시작과 종료 시각, 휴게시간, 휴일, 휴가 및 교대 근로에 관한 사항, ② 임금의 결정·계산·지급방법, 임금의 산정기간·지급시기 및 승급에 관한 사항, ③ 가족수당의 계산·지급 방법에 관한 사항, ④ 퇴직에 관한 사항, ⑤ 「근로자퇴직급여보장법」 제8조에 따른 퇴직금, 상여 및 최저임금에 관한 사항, ⑥ 근로자의 식비, 작업 용품 등의 부담에 관한 사항, ⑦ 근로자를 위한 교육시설에 관한 사항, ⑧ 산전후휴가·육아휴직 등 근로자의 모성 보호 및 일·가정 양립 지원에 관한 사항, ⑨ 안전과 보건에 관한 사항, ⑨의2. 근로자의 성별·연령 또는 신체적 조건 등의 특성에 따른 사업장 환경의 개선에 관한 사항, ⑩ 업무상과 업무 외의 재해부조에 관한 사항, ⑪

직장 내 괴롭힘의 예방 및 발생 시 조치 등에 관한 사항, ⑫ 표창과 제재에 관한 사항, ⑬ 그 밖에 해당 사업 또는 사업장의 근로자 전체에 적용될 사항 등을 말한다(근기법 제93조). 필요적 기재사항 중 일부에 관하여 개별적 근로계약이나 단체협약에서 별도로 정한 경우라 할지라도 본조의 작성의무가 면책되는 것은 아니므로 반드시 취업규칙의 본문에 포함시키거나 별도 규정하였음을 명시하여야 한다. 다만, 필요적 기재사항이라 하더라도 해당 사업 또는 사업장에 해당하지 않는 내용이면 기재하지 않아도 무방하다.

3. 근로자의 의견청취

사용자는 취업규칙의 작성 또는 변경에 관하여 해당 사업 또는 사업장에 근로자의 과반수로 조직된 노동조합이 있는 경우에는 그 노동조합, 근로자의 과반수로 조직된 노동조합이 없는 경우에는 근로자의 과반수의 의견을 들어야 한다(근기법 제94조 제1항). 근로자의 과반수로 조직된 노동조합이란 당해 사업장의 모든 근로자 중 그 과반수를 차지하는 근로자가 가입하고 있는 노동조합을 말하며, 한 사업장에 2개 이상의 조합이 조직되었으나 모두가 근로자의 과반수에 미달되는 조직일 경우에는 당해 사업장 근로자 과반수의 의견을 듣는 것이 가장 타당할 것이다. 그러나 일부 근로자에게만 적용되는 취업규칙의 경우에는 전체 근로자의 과반수의 의견뿐만 아니라 적용근로자의 과반수의 의견을 들어야 한다.**109)** 한편, 사용자가 의견청취의무를 위반한 경우에는 근로기준법 제114조의 벌칙이 적용되나 불리하지 않게 변경된 취업규칙을 무효로 보는 것은 불합리하다는 점에서 취업규칙은 유효하다 할 것이다.**110)**

4. 사용자의 주지의무

사용자는 취업규칙을 근로자가 자유롭게 열람할 수 있는 장소에 항상 게시하거나 갖추어 두어 근로자에게 널리 알려야 한다(근기법 제14조 제1항). 취업규칙의 효력이 생기기 위해서는 적어도 법령의 공포에 준하는 절차로서 그것이 새로운 기업 내 규범인 것을 널리 종업원 일반으로 하여금 알게 하는 절차 즉, 어떠한 방법이든지 적당한 방법에 의한 주지가

---

109) 대판 1990.12.7, 90다카19647.
110) 대판 1999.6.22, 98두6647.

필요하다.[111]

Ⅳ 취업규칙의 불이익변경

1. 불이익변경의 의미

취업규칙의 불이익변경이란 사용자가 취업규칙 규정을 개정하거나 신설하여 종전보다 근로조건을 낮추거나 강화된 복무규율을 부과하여 근로자의 기득권이 박탈 또는 감소하는 것을 말하는 것으로 사용자는 취업규칙을 근로자에게 불리하게 변경하는 경우에는 그 동의를 받아야 한다(근기법 제94조 제1항 단서).

2. 불이익변경의 판단기준

취업규칙의 변경으로 인해 일부의 근로자에게는 유리하고 일부의 근로자에게는 불리하여 근로자 상호간의 이익이 충돌되는 경우에는 근로자에게 불이익한 것으로 취급하여 근로자들 전체의 의사에 따라 결정하여야 한다.[112] 다만, 취업규칙의 변경으로 특정의 근로조건은 불리하게 변경되나 다른 조건은 유리하게 변경되는 경우 이를 비교 종합하여 불이익변경인지를 판단하여야 한다.[113] 한편 종전의 판례는 취업규칙 변경이 불이익하더라도 예외적으로 사회통념상 합리성이 인정될 경우에는 동의를 얻지 못한 취업규칙 변경의 효력을 인정하였으나,[114] 최근의 대법원 전원합의체 판결[115]에 따르면 사용자가 취업규칙을 근로자에게 불리하게 변경하면서 근로자의 집단적 동의를 받지 못한 경우, 노동조합이나 근로자들이 집단적 동의권을 남용하였다고 볼 만한 특별한 사정이 없는 한 해당 취업규칙의 작성 또는 변경에 사회통념상 합리성이 있다는 이유만으로 그 유효성을 인정할 수는 없다고 판단하였다. 즉 사회통념상 합리성 법리(종전 판례)는 강행규정인 근로기준법 제94

---

111) 대판 2004.2.12, 2001다63599.
112) 대판 1993.5.14, 93다1893.
113) 대판 1995.3.10, 94다18072.
114) 대판 2010.1.28, 2009다32362.
115) 대판 2023.5.11, 2017다35588.

조 제1항 단서의 명문규정에 반하고, 헌법 정신과 근로기준법의 근본 취지, 근로조건의 노사대등결정 원칙에 위배되며, 근로조건의 유연한 조정은 사용자에 의한 일방적 취업규칙 변경을 승인함으로써가 아니라 근로자의 동의를 구하는 사용자의 설득과 노력을 통하여 이루어져야 한다고 판시함으로써 기존의 사회통념상 합리성 법리를 폐기하였다. 한편 대법원은 집단적 동의권 남용 법리를 새로 제시하여 근로자의 동의가 없는 취업규칙의 불이익변경이 유효할 수 있는 여지를 두었는데, 집단적 동의권이 인정되기 위해서는 관계 법령이나 근로관계를 둘러싼 사회 환경의 변화로 취업규칙을 변경할 필요성이 객관적으로 명백히 인정되고, 근로자의 집단적 동의를 구하고자 하는 사용자의 진지한 설득과 노력이 있었음에도 불구하고 근로자 측이 합리적 근거나 이유 제시 없이 취업규칙의 변경에 반대하였다는 등의 사정이 있는 경우를 말한다. 다만 이 경우에도 근로기준법 제94조 제1항 단서의 입법 취지와 절차적 권리로서 집단적 동의권이 갖는 중요성을 고려할 때, 집단적 동의권의 남용 여부는 엄격하게 판단해야 한다고 강조하였다.

3. 동의의 방식

동의의 방식은 당해 사업장에서 과반수로 조직된 노동조합이 있는 경우에는 그 노동조합, 노동조합이 없는 경우에는 근로자들의 집단적 의사결정방법에 의한 과반수의 동의가 있어야 한다.[116] 그러므로 개별근로자의 동의는 근로자의 집단적 동의방식을 대신할 수 없다.

관련 판례1 대판 2007.9.6, 2006다83246.

일부 근로자에 대한 별도의 취업규칙

사용자는 같은 사업장에 소속된 모든 근로자에 대하여 일률적으로 적용되는 하나의 취업규칙만을 작성하여야 하는 것은 아니고, 근로자의 근로조건, 근로형태, 직종 등의 특수성에 따라 근로자 일부에 적용되는 별도의 취업규칙을 작성할 수 있다.

---

116) 대판 2008.2.29, 2007다85997.

관련 판례2 대판 1994.12.23, 94누3001.

노동조합의 동의·협의절차의 효력

취업규칙의 작성·변경에 관한 권한은 원칙적으로 사용자에게 있으므로 사용자는 그 의사에 따라 취업규칙을 작성·변경할 수 있다 할 것이고, 단체협약에서 취업규칙의 작성·변경에 관하여 노동조합의 동의를 얻거나 노동조합과의 협의를 거치거나 그 의견을 듣도록 규정하고 있다 하더라도 원칙적으로 취업규칙상의 근로조건을 종전보다 근로자에게 불이익하게 변경하는 경우가 아닌 한 그러한 동의나 협의 또는 의견청취절차를 거치지 아니하고 취업규칙을 작성·변경하였다고 하여 그 취업규칙의 효력이 부정된다고 할 수 없다.

관련 판례3 대판 2011.6.24, 2009다58364.

불리하게 변경된 취업규칙의 적용 여부

사용자가 취업규칙에서 정한 근로조건을 근로자에게 불리하게 변경함에 있어서 근로자의 동의를 얻지 않은 경우에 그 변경으로 기득이익이 침해되는 기존의 근로자에 대한 관계에서는 효력이 미치지 않게 되어 종전 취업규칙의 효력이 그대로 유지되지만, 변경 후에 변경된 취업규칙에 따른 근로조건을 수용하고 근로관계를 갖게 된 근로자에 대한 관계에서는 당연히 변경된 취업규칙이 적용되어야 한다.

관련 판례4 대판 2010.1.28, 2009다32522.

사회통념상 합리성이 있는 경우 취업규칙 변경

사용자가 일방적으로 새로운 취업규칙의 작성·변경을 통하여 근로자가 가지고 있는 기득의 권리나 이익을 박탈하여 불이익한 근로조건을 부과하는 것은 원칙적으로 허용되지 아니하지만, 당해 취업규칙의 작성 또는 변경이 그 필요성 및 내용의 양면에서 보아 그에 의하여 근로자가 입게 될 불이익의 정도를 고려하더라도 당해 조항의 법적 규범성을 시인할 수 있을 정도로 사회통념상 합리성이 있다고 인정되는 경우에는 종전 근로조건 또는 취업규칙의 적용을 받고 있던 근로자의 집단적 의사결정방법에 의한 동의가 없다는 이유만으로 그의 적용을 부정할 수는 없다. 다만, 취업규칙을 근로자에게 불리하게 변경하는 경우에는 그 동의를 받도록 한 근로기준법을 사실상 배제하는 것이므로 사회통념상 합리성의 유무는 제한적으로 엄격하게 해석하여야 한다.

관련 판례5 대판 2012.6.28, 2010다17468.

취업규칙의 변경과 불이익의 판단

취업규칙의 변경이 근로자에게 불리한 변경에 해당하는지 여부는 근로자 전체에 대하여 획일적으로 결정되어야 할 것이고, 그 변경이 일부 근로자에게는 유리하지만 다른 일부 근로자에게는 불리할 수 있어서 근로자에게 전체적으로 유리한지 불리한지를 단정적으로 평가하기가 어려운 경우에는 근로자에게 불이익한 것으로 취급하여 근로자들 전체의 의사에 따라 결정하게 하는 것이 타당하다.

관련 판례6 대판 2012.6.28, 2010다17468.

취업규칙의 불이익변경 시 동의주체 근로자의 범위

여러 근로자 집단이 하나의 근로조건 체계 내에 있어 비록 취업규칙의 불이익변경 시점에는 일부 근로자 집단만이 직접적인 불이익을 받더라도 그 나머지 다른 근로자 집단에게도 장차 직급의 승급 등으로 변경된 취업규칙의 적용이 예상되는 경우 일부 근로자 집단은 물론 장래 변경된 취업규칙 규정의 적용이 예상되는 근로자 집단을 포함한 전체 근로자 집단이 동의주체가 되고, 그렇지 않고 근로조건이 이원화되어 있어 변경된 취업규칙이 적용되어 직접적으로 불이익을 받게 되는 근로자 집단 이외에 변경된 취업규칙의 적용이 예상되는 근로자 집단이 없는 경우에는 변경된 취업규칙이 적용되어 불이익을 받는 근로자 집단만이 동의 주체가 된다.

관련 판례7 대판 2008.2.29, 2007다85997.

집단적 의사결정방법에 의한 과반수 동의의 의미

취업규칙의 변경에 의하여 기존 근로조건의 내용을 일방적으로 근로자에게 불이익하게 변경하려면 종전 취업규칙의 적용을 받고 있던 근로자 집단의 집단적 의사결정방법에 의한 동의를 요한다고 할 것인바, 그 동의방법은 근로자 과반수로 조직된 노동조합이 있는 경우에는 그 노동조합의, 그와 같은 노동조합이 없는 경우에는 근로자들의 회의 방식에 의한 과반수의 동의가 있어야 하고, 여기서 말하는 근로자의 과반수란 기존 취업규칙의 적용을 받는 근로자 집단의 과반수를 뜻한다.

제7절 **기능습득 및 기숙사**

Ⅰ 기능습득

1. 의의

직업훈련제도가 마련되기 이전에 근로자의 직업능력은 기능습득을 통하여 이루어지기 때문에 가혹한 조건에서 혹사당할 우려가 많았다. 이로 인하여 근로기준법은 여러 가지 보호규정을 두었으나 기술의 변화로 인하여 새로운 직업훈련체계의 필요에 따라 근로자직업능력 개발법으로 대체되었으며, 현재의 근로기준법 제7장에서는 제77조의 규정만을 두고 있다. 이에 따르면 "사용자는 양성공, 수습, 그 밖의 명칭을 불문하고 기능의 습득을 목적으로 하는 근로자를 혹사하거나 가사, 그 밖의 기능습득에 관계없는 업무에 종사시키지 못한다"고 규정함으로써 기능습득자에 대한 가혹한 대우와 기능을 습득해 가는 과정에서 발생할 봉건적인 폐단을 방지하여 기능습득자를 보호하는 데 그 목적이 있다.

2. 기능습득자에 대한 보호

⑴ 혹사의 금지

사용자는 기능습득을 목적으로 하는 근로자를 혹사하여서는 아니 된다. "'혹사'란 열악한 근로환경이나 근로조건하에서 사용하는 것을 말하는 것으로 판단은 일반적인 사회통념에 따를 수밖에 없으나, 기능습득을 구실로 일반 근로자에 비해 불리한 근로조건하에서 사용하는 것도 혹사에 해당한다.

⑵ 가사, 그 밖의 기능습득에 관계없는 업무에의 사용금지

가사, 그 밖의 기능습득에 관계없는 각각의 경우란 예컨대, 사용자의 개인 용무나, 심부름, 집안일 등 기능습득과 관계없는 잡무 등을 말한다. 그러나 사업장의 정돈이나, 기계·기구의 정비 등 당해 기능을 습득하는 데 어느 정도 필요하다고 인정되는 업무는 포함되지 않는다. 물론, 이에 대한 범위는 사회통념에 비추어 구체적으로 판단하여야 한다.

Ⅱ 기숙사

1. 의의

기숙사의 개념에 대하여 근로기준법상 명문의 규정은 없으나 사업경영의 필요상 그 일부로서 주거시설을 마련하여 근로자의 공동생활을 제공하는 것으로 사용자가 근로자의 복리증진을 도모하는 동시에 양호한 노동력의 확보를 실현하는 수단으로 이용되고 있다. 그러나 열악한 시설환경으로 부속 기숙사에 기숙하는 근로자의 건강을 해치고 사생활 자유에 대한 침해의 소지가 생길 수 있으므로 근로기준법은 기숙하는 근로자의 안전과 보건 및 사생활의 보호를 실질적으로 보장하기 위하여 사용자에 대하여 기숙사 규칙의 작성의무와 설치·운영기준을 정하고 이를 준수하도록 규정하고 있다.

2. 기숙사 생활의 보장

(1) 사생활의 보호

사용자는 사업장 또는 사업장의 부속 기숙사에 기숙하는 근로자의 사생활[117]의 자유를 침해하지 못한다(근기법 제98조 제1항). 기숙사의 거주시설 자체가 사용자의 제공에 의한 것이기 때문에 사용자에 의한 물적시설의 관리로 인해 기숙사 근로자의 사생활이 침범당할 위험이 있으나 기숙사 생활은 어디까지나 근로관계와는 별개의 사생활로서 사용자는 이에 간섭하여서는 아니 된다. 기숙사 근로자의 사생활의 자유를 침해하는 구체적 예를 들면 ① 외출 또는 외박에 대하여 사용자의 승인을 받게 하는 것, ② 교육·오락 및 기타 행사에의 참가를 강제하는 것, ③ 공동의 이익을 해치는 장소 및 시간을 제외하고 면회의 자유를 제한하는 등이 이에 해당된다.

(2) 임원선거의 간섭 금지

사용자는 기숙사 생활의 자치에 필요한 임원선거에 간섭하지 못한다(근기법 제98조 제2항). 근로자의 기숙사 생활은 사생활의 자유를 그 전제로 하므로 기숙사 생활의

---

117) "사생활"이란 업무시간 전·후의 사적 생활을 의미한다.

질서는 자치에 의하여 유지되어야 하고, 이를 위해서는 근로자 스스로에 의해 필요한 임원을 선거해야 한다. 그러나 임원 이외에 기숙사 설비의 관리자 및 경비원 등을 두는 것은 사용자의 권한에 속한다.

3. 기숙사 규칙의 작성과 변경

기숙사는 다수의 근로자가 기거하는 곳으로 사용자는 기숙사에 관하여 관리권을 가지므로 근로기준법은 기숙사에 있어서의 공동생활의 질서를 유지하기 위하여 기본적인 규정을 두고 있다.

(1) 기숙사 규칙의 작성의무(근기법 제99조 제1항)

부속 기숙사에 근로자를 기숙시키는 사용자는 ① 기상, 취침, 외출과 외박에 관한 사항, ② 행사에 관한 사항, ③ 식사에 관한 사항, ④ 안전과 보건에 관한 사항, ⑤ 건설물과 설비의 관리에 관한 사항, ⑥ 그 밖에 기숙사에 기숙하는 근로자 전체에 적용될 사항에 관한 기숙사 규칙을 작성하여야 한다.

(2) 근로자의 과반수를 대표하는 자의 동의

사용자는 기숙사 규칙을 작성·변경하는 경우에는 기숙사에 거주하는 근로자의 과반수를 대표하는 자의 동의를 받아야 한다(근기법 제99조 제2항). 기숙사 근로자의 과반수를 대표하는 자는 반드시 자치조직 또는 노동조합의 대표자이어야 할 필요는 없으며 선거 기타의 방법으로 기숙사 근로자로부터 선출된 자이면 된다. 또한, 근로자의 과반수를 대표하는 자의 동의를 받으려는 경우 기숙하는 근로자의 과반수가 18세 미만인 때에는 기숙사 규칙안을 7일 이상 기숙사의 보기 쉬운 장소에 게시하거나 갖추어 두어 알린 후에 동의를 받아야 한다(동법 시행령 제54조).

(3) 의무

사용자는 기숙사에 관한 규정과 기숙사 규칙을 기숙사에 게시하거나 갖추어 두어 기숙하는 근로자에게 널리 알려야 하고(근기법 제14조 제2항), 사용자와 기숙사에 기숙하는 근로자는 기숙사 규칙을 지켜야 한다(동법 제99조 제3항).

4. 기숙사의 설치·운영 및 유지관리

(1) 기숙사의 설치·운영 기준

사용자는 부속 기숙사를 설치·운영할 때 ① 기숙사의 구조와 설비, ② 기숙사의 설치장소, ③ 기숙사의 주거 환경 조성, ④ 기숙사의 면적, ⑤ 그 밖에 근로자의 안전하고 쾌적한 주거를 위하여 필요한 사항에 관하여 대통령령으로 정하는 기준을 충족하도록 하여야 하고(근기법 제100조), 소음이나 진동이 심한 장소 등을 피하여야 한다(동법 시행령 제56조). 기숙사 침실의 넓이는 1인당 2.5㎡ 이상으로 하며(동령 제58조), 침실 하나에 15명 이하의 인원이 거주할 수 있는 구조이어야 한다(동령 제55조).

(2) 기숙사의 유지관리 의무

사용자는 부속 기숙사에 대하여 근로자의 건강 유지, 사생활 보호 등을 위한 조치를 하여야 하며(근기법 제100조의2), 취업시간을 달리하는 2개 조 이상의 근로자들을 같은 침실에 기숙하게 하여서는 아니 된다(동법 시행령 제57조).

제8절 재해보상

Ⅰ 재해보상제도의 의의

재해보상제도는 근로자가 업무상 부상 또는 질병에 걸리거나 사망한 경우에 그 해당 근로자 또는 유족을 보호하기 위하여 마련된 제도로서 우리나라에서는 근로기준법상의 직접보상방식과 산업재해보상보험법상의 사회보험방식을 병용하고 있다.

1. 근로기준법상 재해보상제도

근로기준법상의 재해보상제도는 원칙적으로 근로자의 과실을 묻지 않는다. 다만, 근로자가 중대한 과실로 업무상 부상 또는 질병에 걸리고 또한 사용자가 그 과실에 대하여 노동위원회의 인정을 받으면 휴업보상이나 장해보상을 하지 아니하여도 된다(근기법 제81조). 근기법상 재해보상제도의 특징은 실질적인 손해에 대한 보상이 아니라 평균임금을 기준으로 정형화되어 있는 정률보상의 성격을 가짐으로써 보상액이 충분치 못하고 사용자가 자신의 재산으로 근로자에게 직접 보상을 하는 직접보상방식을 채택하고 있어 사용자가 충분한 능력이 없는 경우에는 근로자에 대한 적절한 보상을 할 수 없다는 문제점이 있다.

2. 산업재해보상보험법상의 재해보상제도

산업재해보상보험법에 의한 재해보상제도는 재해보상책임을 공정하고 신속하게 이행하기 위해 사용자를 가입자로 하고 정부 관장의 보험제도를 정한 것으로, 무과실책임제도를 채택하고 있다는 점에서 근로기준법상의 재해보상제도와 동일하나 직접보상방식이 아닌 사회보험에 의한 간접보상방식을 통해 국가가 사업주로부터 소정의 보험료를 징수하여 그 기금으로 사업주를 대신하여 재해근로자에게 보상을 해주는 제도이다. 이 제도는 근로자를 사용하는 모든 사업 또는 사업장에 적용되며, 근로자의 업무상 재해를 사용자의 보상능력과 상관없이 신속하게 보상받을 수 있다는 장점이 있다. 사업주가 산재보험의 가입자가 되어 보험료를 납부한 이상 동일한 재해에 대하여 근로기준법에 따른 재해보상 책임을 면하게 된다(산재법 제80조 제1항). 따라서 근로자가 업무상 재해를 당하게 된 경우 산재법이 원칙적으로 적용되며, 산재법이 적용되지 않는 경우에 한해 근로기준법상 재해보상을 받는다고 보아야 한다.

ⓘ 근로기준법상 재해보상의 종류와 내용

1. 요양보상

근로자가 업무상 부상 또는 질병에 걸리면 사용자는 그 비용으로 필요한 요양을 행하거나 필요한 요양비를 부담하여야 한다(근기법 제78조 제1항). 요양보상의 범위는 진찰, 약제 또는 진료재료와 의지(義肢), 그 밖의 보조기의 지급, 처치, 수술, 입원, 간병, 이송, 그 밖의 치료 등 노동부령이 정하는 사항이다(동법 시행령 제44조 별표5). 요양보상 및 휴업보상은 매월 1회 이상 하여야 한다(동령 제46조).

2. 휴업보상

사용자는 요양 중에 있는 근로자에게 그 근로자의 요양 중 평균임금의 100분의 60의 휴업보상을 하여야 한다(근기법 제79조 제1항). 제1항에 따른 휴업보상을 받을 기간에 그 보상을 받을 자가 임금의 일부를 지급받은 경우에는 사용자는 평균임금에서 그 지급받은 금액을 뺀 금액의 100분의 60의 휴업보상을 하여야 한다(동조 제2항).

3. 장해보상

근로자가 업무상 부상 또는 질병에 걸리고, 완치된 후 신체에 장해가 있으면 사용자는 그 장해정도에 따라 평균임금에 별표에서 정한 일수를 곱한 금액의 장해보상을 하여야 한다(근기법 제80조 제1항). 장해보상은 근로자의 부상 또는 질병의 완치 후 지체 없이 하여야 한다(동법 시행령 제51조 제1항).

4. 유족보상·장의비

근로자가 업무상 사망한 경우에는 사용자는 근로자가 사망한 후 지체 없이 그 유족에게 평균임금의 1,000일분의 유족보상을 행하여야 하며(근기법 제82조 제1항), 평균임금 90일분의 장의비를 지급하여야 한다(동법 제83조).

5. 일시보상

요양보상을 받는 근로자가 요양을 시작한 지 2년이 지나도 부상 또는 질병이 완치되지 아니하는 경우에는 사용자는 그 근로자에게 평균임금 1,340일분의 일시보상을 하여 그 후의 이 법에 따른 모든 보상책임을 면할 수 있다(근기법 제84조).

6. 분할보상

사용자는 지급 능력이 있는 것을 증명하고 보상을 받는 자의 동의를 받으면 제80조(장해보상), 제82조(유족보상) 또는 제84조(일시보상)에 따른 보상금을 1년에 걸쳐 분할보상을 할 수 있다(근기법 제85조).

Ⅲ 도급사업에서의 재해보상

사업이 여러 차례의 도급에 따라 행하여지는 경우의 재해보상에 대하여는 원수급인을 사용자로 본다(근기법 제90조 제1항). 그러나 원수급인이 서면상 계약으로 하수급인에게 보상을 담당하게 하는 경우에는 그 수급인도 사용자로 본다. 다만, 2명 이상의 하수급인에게 똑같은 사업에 대하여 중복하여 보상을 담당하게 하지 못한다(동조 제2항). 이 경우 원수급인이 보상의 청구를 받으면 보상을 담당한 하수급인에게 우선 최고(催告)[118]할 것을 청구할 수 있다. 다만, 그 하수급인이 파산의 선고를 받거나 행방이 알려지지 아니하는 경우에는 그러하지 아니하다(동조 제3항).

Ⅳ 재해보상청구권 및 이의절차

1. 보상청구권

보상을 받을 권리는 퇴직으로 인하여 변경되지 아니하고, 양도나 압류하지 못한다(근기법 제86조). 사용자는 재해보상에 관한 중요한 서류를 재해보상이 끝나지 아니하거나 재해보상 청구권이 시효로 소멸되기 전에 폐기하여서는 아니 된다(동법 제91조). 재해보상 청구권은 3년간 행사하지 아니하면 시효로 소멸한다(동법 제92조).

---

118) 상대방에게 일정한 행위를 할 것을 요구하는 통지를 냄.

2. 이의 절차

업무상의 부상, 질병 또는 사망의 인정, 요양의 방법, 보상금액의 결정, 그 밖에 보상의 실시에 관하여 이의가 있는 자는 고용노동부장관에게 심사나 사건의 중재를 청구할 수 있다(근기법 제88조 제1항). 제1항의 청구가 있으면 고용노동부장관은 1개월 이내에 심사나 중재를 하여야 하고(동조 제2항), 필요에 따라 직권으로 심사나 사건의 중재를 할 수 있다(동조 제3항). 고용노동부장관이 1개월의 기간에 심사 또는 중재를 하지 아니하거나 심사와 중재의 결과에 불복하는 자는 노동위원회에 심사나 중재를 청구할 수 있다(동법 제89조 제1항).

관련 판례1 대판 2008.11.27, 2008다40847.

근로기준법상 요양보상

근로기준법상의 요양보상에 대하여는 사용자는 특단의 사정이 없는 한 그 전액을 지급할 의무가 있고 근로자에게 과실이 있다고 하더라도 그 비율에 상당한 금액의 지급을 면할 수 없는 것이어서 이를 배상액에서 공제할 수 없는 것이므로, 재해근로자가 수령한 요양보상 중 근로자의 과실 비율에 따른 금원을 부당이득이라 하여 사용자의 손해배상액으로부터 공제할 수 없다.

관련 판례2 대판 2013.8.22, 2013다25118.

사용자가 산업재해보상보험에 가입 시 근로기준법에 의한 재해보상책임

사용자가 산업재해보상보험에 가입하여 당해 사고에 대하여 마땅히 보험급여가 지급되어야 하는 경우라면 사용자는 근로기준법에 의한 재해보상책임을 면하고, 비록 산재보험법에 의한 보험급여가 지급되어야 하는 데도 수급권자가 근로복지공단이 행한 보험급여에 대한 결정에 불복하지 아니하는 등의 이유로 결과적으로 보험급여가 지급되지 아니하게 되었다 하더라도 달리 볼 것은 아니다.

제1절 인사이동

❶ 배치전환

1. 의의

배치전환이란 동일기업 내에서 근로자의 직무내용(직종), 직무장소의 어느 것을 장기에 걸쳐 변경하는 기업 내 인사이동을 의미한다. 이 중 근무장소의 변경을 전근이라 하고, 이를 수반하지 아니하는 직무내용의 변경을 전직[119]이라 한다.

2. 법적 근거

근로계약은 그의 노동력의 사용을 사용자에게 맡기는 포괄적 합의를 포함하고 있으므로, 사용자는 이 합의에 의하여 배치전환을 결정할 권한을 갖지만, 근로기준법 제23조 제1항에 따라 정당한 사유가 있는 경우에 한하여 배치전환명령이 인정된다고 본다. 다만, 근로계약 체결 시 근로자의 직무내용이나 근무지를 명시적으로 특정한 경우에는 근로자의 동의가 있어야 한다.

판례는 근로자에 대한 전보나 전직은 원칙적으로 인사권자인 사용자의 권한에 속하므로 업무상 필요한 범위 내에서 사용자는 상당한 재량권을 가지며 그것이 근로기준법 등에 위반되거나 권리남용에 해당되는 등 특별한 사정이 없는 한 무효라고 할 수 없고, 전보처분 등이 권리남용에 해당하는지의 여부는 전보처분 등의 업무상의 필요성과 전보 등에

---

119) 이를 전보라고 부르는 견해(이상윤, 『노동법』, p.444)도 있다.

따른 근로자의 생활상의 불이익을 비교, 교량하고 근로자 측과의 협의 등 그 전보처분 등의 과정에서 신의칙상 요구되는 절차를 거쳤는지 여부를 종합적으로 고려하여 결정하여야 한다고 판시하고 있다.[120]

3. 배치전환의 정당성 판단기준

(1) 업무상 필요성
사용자의 배치전환 명령은 업무상 필요성이 있어야 하며, 업무상의 필요를 충족시키기 위하여 사용자는 그 배치에 있어 당해 근로자를 선택할 수밖에 없는 구체적인 합리성이 존재하여야 한다.

(2) 생활상 불이익과의 비교형량
사용자의 배치전환 명령이 업무상 필요성에 의하여 이루어졌다 하더라도 당해 근로자의 생활상의 불이익과의 비교, 형량을 통하여 근로자가 통상 감수하여야 할 정도를 현저하게 벗어난 것이라면 당해 배치전환은 권리남용에 해당되어 무효가 된다.

(3) 절차상의 신의칙
근로자 본인과 성실한 협의 등 신의칙상 요구되는 절차를 거쳤는지도 정당한 인사권의 행사여부를 판단하는 하나의 요소가 된다. 이는 근로자의 입장을 소명할 기회를 부여하여 근로자의 불이익을 감소시키고 인사이동의 절차적 정당성을 확보하고자 한 것이다. 그러나 근로자 본인과 성실한 협의절차를 거쳤는지 여부는 정당한 인사권의 행사인지 여부를 판단하는 하나의 요소일 뿐 그러한 절차를 거치지 아니하였다는 사정만으로 배치전환 등이 권리남용에 해당되어 당연히 무효로 되는 것은 아니다.

---

120) 대판 2000.4.11, 99두2963.

Ⅱ 전출

1. 의의

　전출이란 근로자가 원래 기업의 근로자로서의 신분을 보유하면서 다른 기업에 옮겨 그 기업의 지휘명령을 받으며 근로하고, 일정 기간 후에는 원래의 지위로 복귀되는 것을 예정하고 있는 경우를 말한다. 타 기업으로 지휘명령을 받고 근로하는 점에서 배치전환과 구별되고, 종래 기업의 근로자로서의 신분을 보유하고 있는 점에서 근로계약을 해지하고 새롭게 고용되는 전적과 구별된다.

2. 법적 근거

　사용자는 경영권에 근거하여 기업 간의 합의만으로 전출을 명령할 수 있는 것은 아니다. 이는 근로계약의 일신전속적 성격에 반한다. 따라서 사용자는 해당 근로자의 승낙 기타 법률상 정당한 근거 없이 근로자를 제3자의 지휘하에 두어 노무에 따르게 하는 것은 허락되지 않으며, 근로자의 동의를 전출의 요건으로 하는 점에 관하여는 학설, 판례 모두 일치하고 있다. 또한 취업규칙이나 단체협약에 포괄적 전출의무규정이 있다고 하더라도 상대방 기업이 특정되지 않은 경우 전출명령에 응할 의사가 없는 근로자에 대하여 전출을 강제할 수 있는 효력까지 가지는 것은 아니므로 전출을 명할 때마다 근로자의 동의를 요한다고 할 것이다. 다만 기업이 취업규칙 및 단체협약상의 전출규정에 전출상대방을 구체적으로 특정하고 전출기간, 근로조건 등을 명시하여 사전동의를 받는 경우 정당한 것으로 인정된다.

3. 전출자의 근로계약관계

　전출자의 경우 소속기업과 전출기업이라는 복수의 사용자가 존재하고 있기 때문에 누구를 사용자로 하여 책임을 지울 것인가 하는 문제가 생긴다. 소속기업과 전출기업 사이에 사용자의 책임과 권한의 분배가 정해져 있을 때는 이에 의할 것이지만, 그 내용이 명확하지 아니한 경우에는 근로기준법 등에 대한 권한과 의무를 실질적으로 누가 가지고 있는

가를 기준으로 사용자가 결정되어야 한다. 통상적으로는 근로자를 업무에 종사시키고 있는 전출기업이 근로기준법상의 사용자에 해당한다고 할 수 있으며, 소속기업과의 근로관계는 휴직상태에 있는 것이 일반적이다.

Ⅲ 전적

1. 의의

전적이란 원래의 기업과의 근로관계를 종료하고, 다른 기업과 근로계약을 새롭게 체결하거나, 근로계약상 사용자의 지위를 양도하는 것이다. 배치전환(전직·전근)이 하나의 기업내부에서 발생하는 인사이동인데 반하여, 전적은 동일그룹내의 다른 기업사이의 이동을 의미하며, 종전 사용자와의 근로관계를 합의해지하고 이적하게 될 사용자와 새로운 근로계약을 체결한다는 점에서 원래의 기업과의 근로관계를 존속시키는 전출과 구별된다. 오늘날 기업에서는 전적과 전출을 경영위기를 극복하기 위한 방안으로 활용하는 경우가 많으며, 특히 대규모 기업내의 다른 계열사 또는 협력업체에 자사 근로자를 전적 또는 전출시키는 것이 일반적인 유형이다. 최근에는 기업의 구조조정 등을 위해서 기업간의 전적이 많이 행해지고 신규 채용자 중 유휴인력이 발생한 경우, 동종 업종의 다른 기업들간에 인력 추천 및 수용의 사례가 늘고 있다. 하지만 근로기준법에서는 전적에 관한 명확한 규정이 존재하지 않아 근로자보호의 실현에 안정성을 해칠 수 있으므로 전적에 관한 명시적인 규정의 입법이 필요하다.

2. 전적명령의 유효요건

전적은 이적하게 될 회사와 새로운 근로계약을 체결하는 것 또는 근로계약상의 사용자의 지위를 양도하는 것이기 때문에 동일기업내의 인사이동인 배치전환(전적·전근)과 달리 특별한 사정이 없는 한 근로자의 개별적인 동의를 얻어야 효력이 발생한다. 이는 근로관계에 있어서 업무지휘권의 주체가 변경되어 발생하는 근로자의 불이익을 방지하려는데 있다. 문제는 사전에 포괄적인 동의를 근거로 전적을 명할 수 있는가의 여부인데, 판례는 이를 긍정하는 것으로 보인다. 즉 사용자가 기업그룹 내부의 전적에 관하여 미리 근로자의 포괄적인 동의를 얻어 두면, 그 때마다 근로자의 동의를 얻지 아니하더라도 근로자를 다른 계열기업으로 유효하게 전적시킬 수 있다고 판시하였다.[121] 다만, 포괄적 동의의 구체적인 방법에 있어서는 미리 전적할 계열기업을 특정하고 그 기업에서 종사하여야 할 업무 등의 기본적인 근로조건을 명시하여 근로자의 동의를 얻어야 한다. 전적의 경우에는 근로제공의 상대방 변경이라는 측면에 따른 근로자의 동의의 존부에 관심이 집중[122]됨으로써 사용자의 업무상 필요성과 근로자의 생활상 불이익에 대한 검토와 양자의 비교·형량이라는 측면이 깊이 있게 검토되지 못하는 경향이 있는 것으로 보이는데, 오히려 근로자의 불이익이 기업 내 전직보다 크다는 관점에서 사용자가 전적 명령을 내릴 때도 근로기준법 제23조 1항에 따른 정당한 이유[123]가 있어야 하며, 이에 따라 전적은 업무상 필요한 범위에서 근로자의 생활상의 불이익을 고려해야만 한다. 근로자가 통상 감수하여야 할 정도를 현저하게 벗어난 것이라면 이 또한 권리남용으로 인한 무효라고 볼 수밖에 없다.

3. 전적 이후의 근로관계

전적이 유효하게 이루어진 경우에는 당사자 사이에 종전 기업과의 근로관계를 승계하기로 하는 특약이 있거나 이적하게 될 기업의 취업규칙 등에 종전 기업에서의 근속기간을 통산하도록 하는 규정이 있는 등의 특별한 사정이 없는 한 종전 기업과의 근로관계는 당연히 종료된다. 따라서 각종 근로조건에 대해서는 근로자와 새로운 기업이 합의한 내용에 따르게 되며, 퇴직금 산정을 위한 근속연수도 새롭게 산정하면 된다. 한편, 사용자의 전적 명령이 정당하지 않은 경우 해당 근로자는 노동위원회에 신청하여 구제를 받을 수 있고 법원에 제소하여 사법적 구제를 받을 수도 있다.[124]

---

121) 대판 1993.1.26, 92다11695.
122) 전적문제에 대한 제한의 법리를 근로기준법이 아닌 민법의 원리를 보다 강하게 적용한 것으로 보이며, 이에 따라 사용자의 전적명령에 대한 문제를 판단함에 있어 그 요건으로서 민법 제657조 제1항의 근로자의 동의를 필요로 하는 것으로 보인다.
123) 전적 명령의 법적 근거에 대해서 근로기준법 제23조 제1항에는 전적에 관한 언급은 없으나 '전직'의 취지에 유추 적용하여 이 규정을 적용해야 할 것으로 판단된다.
124) 임종률, 『노동법』, p.496.

Ⅳ 휴직

1. 의의와 형태

휴직이란 어떤 근로자를 직무에 종사하게 하는 것이 불가능하거나 부적당한 사유가 발생한 때에 근로자의 지위를 그대로 두면서 일정한 기간 근로의 제공을 면제 또는 금지하는 사용자의 처분행위를 말한다. 휴직의 목적은 다양하며 그 형태도 여러 갈래로 나누어져 있다. 상병휴직은 업무외의 상병으로 장기간 취업이 불가능하게 된 경우에 행하여지고, 소정기간 중에 상병이 회복하면 복직하지만, 1년 이상의 장기간에 걸친 질환일 경우에는 근로계약을 해지하는 것이 일반적이다. 그러나 업무상 질병은 산업재해보상보험법 제5조 제1호의 업무상재해에 해당되는 한 휴직기간의 제한을 받지 않는다. 공무휴직은 공직에 취임하는 경우에 적용되며 노조전임자 휴직은 근로자가 노동조합업무에 종사하는 경우에 해당한다. 이외에도 사용자에게 책임이 있는 경영상 이유에 의한 휴직 등이 있다.

2. 휴직명령권의 정당요건

휴직명령권은 단체협약이나 취업규칙, 근로계약 등에 의하거나 사용자의 인사권에 근거하여 인정될 수 있다. 그러나 휴직의 경우에 근로자는 임금청구권의 행사 또는 승진 등에 있어서 불이익을 받을 수 있기 때문에 근로자 개인의 귀책사유나 질병 또는 일신상의 사유가 아닌 한 사용자에 의한 휴직명령권은 일정한 제한을 따르게 된다. 근로기준법 제23조 제1항에 의하면 사용자는 근로자에게 정당한 이유 없이 휴직을 할 수 없다. 따라서 단체협약이나 취업규칙 등 휴직근거규정에 의하여 사용자에게 일정한 휴직사유발생에 따른 휴직명령권을 부여하고 있다 하더라도 휴직명령이 유효하기 위해서는 정당한 요건을 갖추어야 한다. 판례는 "휴직규정의 설정목적과 실제기능, 휴직명령의 합리성 여부, 휴직명령으로 인해 근로자가 받게 될 신분·경제상의 불이익 등 구체적인 사정을 모두 참작하여 근로자가 상당한 기간에 걸쳐 근로의 제공을 할 수 없다거나 근로의 제공이 매우 부적당하다고 인정되는 경우에만 정당성이 인정된다"고 판시하고 있다.[125]

---

125) 대판 1992.11.13, 92다16690.

3. 휴직 중의 임금 및 근로계약관계

휴직 중에도 근로계약은 존속하고 있기 때문에 근로의무가 면제되는 것 이외에 근로자의 권리·의무는 통상의 경우와 다르지 않다. 다만 그사이의 임금에 관하여는 단체협약·취업규칙의 규정 또는 개별적 합의에 의하여 결정된다. 근로자의 사정 또는 근로자의 귀책사유에 의한 휴직의 경우에는 임금을 지급하지 않는 경우가 일반적이나, 사용자에게 책임이 있는 경우에는 해당 휴직은 휴업에 해당하게 되어 근로기준법 제46조에 따른 휴업수당을 지급하여야 할 것이다. 휴직기간의 근속연수에 대해서는 원칙적으로 사용종속관계가 유지되는 한 계속근로연수에 포함시켜야 한다. 다만, 근로자의 귀책사유로 인한 휴직기간의 경우 단체협약이나 취업규칙 등에 따로 정한 바가 있다면 근속연수에서 제외할 수 있다고 본다.

Ⓥ 직위해제(대기발령)

1. 의의

직위해제는 근로자가 직무수행능력이 부족하거나 근무성적 또는 근무태도 등이 불량한 경우, 근로자에 대한 징계절차가 진행 중인 경우, 근로자가 형사사건으로 기소된 경우 등에 있어서 당해 근로자가 장래에 있어서 계속 직무를 담당하게 될 경우 예상되는 업무상의 장애 등을 예방하기 위하여 일시적으로 당해 근로자에게 직위를 부여하지 아니함으로써 직무에 종사하지 못하도록 하는 잠정적인 조치로서의 보직의 해제를 의미한다.[126] 따라서 과거의 근로자의 비위행위에 대하여 기업질서 유지를 목적으로 행해지는 징벌적 제재로서의 징계와는 그 성질이 다르나, 징계의 사전조치로서 직위해제 후 대기발령을 함께 내리는 것이 일반적이다.

---

126) 대판 1996.10.29, 95누15926.

2. 직위해제의 정당성

직위해제는 근로자가 잠정적으로 직무를 하지 못하도록 하는 인사명령의 하나로 정당한 이유가 있어야 하며, 취업규칙 등에 직위해제에 관한 사유나 절차에 대해 정해놓고 있다면 이에 따라야 한다. 다만, 직위해제를 포함한 인사명령은 원칙적으로 사용자의 고유권한에 속하고 '잠정적인 조치'라는 특성을 갖기 때문에 확정적인 처분인 배치전환에 비해 업무상 필요한 범위 안에서 사용자에게 재량권을 행사할 수 있는 범위가 더 넓다고 보아야 한다.

관련 판례1   대판 2013.6.27, 2013다9475.

전직·전보처분에 관한 재량과 정당한 인사권의 범위

근로자에 대한 전보나 전직은 원칙적으로 인사권자인 사용자의 권한에 속하므로 업무상 필요한 범위 내에서 사용자는 상당한 재량권을 가지고, 그것이 근로기준법 등에 위반되거나 권리남용에 해당되는 등의 특별한 사정이 없는 한 무효라고 할 수 없고, 전보처분 등이 권리남용에 해당하는지의 여부는 전보처분 등의 업무상의 필요성과 전보 등에 따른 근로자의 생활상의 불이익을 비교, 교량하여 결정되어야 하고, 업무상의 필요에 의한 전보 등에 따른 생활상의 불이익이 근로자가 통상 감수하여야 할 정도를 현저하게 벗어난 것이 아니라면, 이는 정당한 인사권의 범위 내에 속하는 것으로서 권리남용에 해당하지 않는다. 그리고 전보처분 등을 할 때 근로자 본인과 성실한 협의절차를 거쳤는지가 정당한 인사권의 행사인지 여부를 판단하는 하나의 요소라고는 할 수 있으나, 그러한 절차를 거치지 아니하였다는 사정만으로 전보처분 등이 권리남용에 해당하여 당연히 무효가 된다고는 할 수 없다.

관련 판례2   대판 2013.2.28, 2010두20447.

전직처분 등에 있어 업무상 필요성

사용자가 전직처분 등을 함에 있어서 요구되는 업무상의 필요란 인원 배치를 변경할 필요성이 있고 그 변경에 어떠한 근로자를 포함시키는 것이 적절할 것인가 하는 인원 선택의 합리성을 의미하는데, 여기에는 업무능률의 증진, 직장질서의 유지나 회복, 근로자 간의 인화 등의 사정도 포함된다.

관련 판례3 대판 1992.1.21, 91누5204.

근무장소가 특정되어 있는 경우

근로계약상 근로의 장소가 특정되어 있는 경우에 이를 변경하는 전직이나 전보명령을 하려면 근로자의 동의가 있어야 한다.

관련 판례4 대판 1995.2.17, 94누7959.

전보명령의 정당성 여부

근로자들에 대한 전보명령이 업무상 필요성이 그다지 크지 않은 데 비하여 근로자들이 출퇴근하는 것이 현실적으로 매우 곤란한 등 근로자들에게 큰 생활상 불이익을 주며, 인사관리 면에서 그 전보대상자의 선정도 적절하다고 할 수 없고, 또 사용자가 그 근로자들의 방송 인터뷰 및 평소의 노조 활동 등으로 좋지 않은 감정을 갖고 있다가 근로자들의 동의를 구한 바 없이 공휴일에 형식적인 제청절차만을 거쳐 전보명령을 행한 것이라면, 사용자가 한 근로자들에 대한 전보명령은 인사에 관한 재량권을 남용한 것으로 근로기준법 제27조(현행 제23조) 제1항에 위반된 부당전보라고 본다.

관련 판례5 대판 1997.3.28, 95다51397.

근로자의 계열사 간 전출·전입의 경우 근로관계의 단절 여부

근로자가 모회사로부터 자회사로, 다시 자회사로부터 모회사로 전출되는 경우에 근로자가 자의에 의하여 계속근로관계를 단절할 의사로써 모회사 또는 자회사에 사직서를 제출하고 퇴직금을 지급받은 다음 자회사 또는 모회사에 다시 입사하였다면 전자와의 근로관계는 일단 단절될 것이지만, 그것이 근로자의 자의에 의한 것이 아니라 모회사의 경영방침에 의한 일방적인 결정에 따라 퇴직과 재입사의 형식을 거친 것에 불과하다면 이러한 형식을 거쳐서 퇴직금을 지급받았더라도 근로자에게 근로관계를 단절할 의사가 있었다고 할 수 없고 따라서 계속근로관계도 단절되지 않는다.

관련 판례6 대판 1993.1.26, 92누8200.

전적의 의미와 근로자의 동의 방법

가. 근로자를 그가 고용된 기업으로부터 다른 기업으로 적을 옮겨 다른 기업의 업무에 종사하게 하는 이른바 전적은, 종래에 종사하던 기업과 간의 근로계약을 합의해지하고 이적하게 될 기업 간에 새로운 근로계약을 체결하는 것이거나 근로계약상의 사용자의 지위를 양도하는 것이므로, 동일 기업 내의 인사이동인 전근이나 전보와 달라, 특별한 사정이 없는 한 근로자의 동의를 얻어야 효력이 생긴다.

나. 근로자의 동의를 전적의 요건으로 하는 이유는 근로관계에 있어서 업무지휘권의 주체가 변경됨으로 인하여 근로자가 받을 불이익을 방지하려는 데에 있다고 할 것인바 그룹 내의 기업에 고용된 근로자를 다른 계열기업으로 전적시키는 것은 비록 형식적으로는 사용자의 법인격이 달라지게 된다고 하더라도 실질적으로 업무지휘권의 주체가 변동된 것으로 보기 어려운 면이 있으므로, 사용자가 기업그룹 내부의 전적에 관하여 미리(근로자가 입사할 때 또는 근무하는 동안) 근로자의 포괄적인 동의의 얻어 두면 그때마다 근로자의 동의를 얻지 아니하더라도 근로자를 다른 계열기업으로 유효하게 전적시킬 수 있다.

다. 사용자가 기업그룹 내의 전적에 관하여 근로자의 포괄적인 사전 동의를 받은 경우에는 전적할 기업을 특정하고 그 기업에서 종사하여야 할 업무에 관한 사항 등의 기본적인 근로조건을 명시하여 근로자의 동의를 얻어야 된다.

관련 판례7 대판 1995.5.10, 95다42270.

근로자의 동의 없이 전적이 가능한 경우

전적은 원칙적으로 근로자의 동의를 얻어야 효력이 생기는 것이나, 기업그룹 내에서 근로자의 동의를 얻지 아니하고 다른 계열기업으로 근로자를 전적시키는 관행이 있어서 그와 같은 관행이 기업 내에서 일반적으로 근로관계를 규율하는 규범적 사실로 명확하게 승인되거나 기업의 구성원이 일반적으로 아무런 이의를 제기하지 아니한 채 당연한 것으로 받아들여 기업 내에서 사실상의 제도로 확립되어 있어 근로계약의 내용을 이루는 것으로 인정되는 경우처럼, 특별한 사정이 있는 경우에 한하여 근로자의 구체적인 동의를 얻지 아니하더라도 근로자를 다른 계열기업으로 유효하게 전적시킬 수 있다.

관련 판례8 대판 1996.10.29, 95누15926.

직위해제의 정당성

취업규칙 등에 직위해제에 관한 특별한 절차규정이 있는 경우가 아닌 한 직위해제를 함에 있어서 징계에 관한 절차 등을 거쳐야 하는 것은 아니며 나아가 직위해제의 성질 및 근로자의 비위행위에 대하여 여러 종류의 징계처분을 할 수 있도록 되어 있는 징계의 경우와는 달리 사용자로 하여금 직위해제사유가 존재하는 근로자에 대하여 직위해제처분 외의 다른 처분을 하도록 강제할 수 있는 것이 아닌 점 등에 비추어 근로자에 대한 직위해제처분의 정당성은 근로자에게 당해 직위해제사유가 존재하는지 여부나 직위해제에 관한 절차규정을 위반한 것이 당해 직위해제처분을 무효로 할 만한 것이냐에 의하여 판단할 것이고, 단지 당해 직위해제처분이 근로자에게 가혹하고 다른 근로자의 유사한 비위행위에 대한 징계처분 등에 비추어 형평에 어긋난다는 사정만으로 그 정당성이 없는 것이라고 단정할 수 없다.

제2절 징계

I 의의

징계란 근로자의 기업질서 위반행위에 대하여 사용자가 내리는 일정한 불이익 조치로서 견책, 감급(감봉), 정직(출근 정지), 징계해고 등이 이에 해당한다. 근로기준법은 취업규칙의 기재사항으로 제재에 관한 사항을 작성하도록 하고 있으며(근기법 제93조 제12항), 제95조에서 제재 규정을 제한하고 있다.

II 징계의 종류

1. 견책

견책이란 일반적으로 사용자가 근로자에게 시말서를 제출하도록 하는 것으로 징계수단

으로는 가장 가벼운 것이나 장래에 임금 인상 및 승진 등 인사고과에서 불리하게 영향을
미치도록 하는 경우도 있다.

2. 감급

감급이란 근로자가 실제로 제공한 근로의 대가로 산정된 임금액에서 일정액을 공제하
는 징계조치를 말한다. 근로기준법은 감급의 제재를 정할 경우에 그 금액은 1회의 금액이
평균임금의 1일분의 2분의 1을, 총액이 1임금지급기의 임금총액의 10분의 1을 초과하지 못
하도록 제한하고 있다(근기법 제95조). 이는 근로자에게 징계 사유가 있더라도 감급의 정도
가 지나치면 근로자의 생활을 위협하게 된다는 점을 고려한 것이다.

3. 정직

정직이란 근로자와의 근로계약은 존속시키면서 근로자의 출근 또는 근로제공을 일정
기간 금지하는 징계조치를 말한다. 일반적으로 정직기간에는 임금을 지급하지 않으나, 근
속연수에는 산입된다.

4. 징계해고

징계해고는 사용자의 일방적 의사표시에 의하여 근로자를 해고하는 가장 무거운 징계
수단이다. 징계해고는 사회통념상 고용관계를 계속할 수 없을 정도로 근로자에게 책임 있
는 사유가 있는 경우에 행하여져야 그 정당성이 인정된다.[127]

---

127) 대판 2009.1.15, 2008두16094.

Ⅲ 징계의 요건 및 절차

1. 징계의 요건

사용자는 근로자에게 정당한 이유 없이 해고, 휴직, 정직, 전직, 감봉, 그 밖의 징벌을 하지 못한다(근기법 제23조 제1항). 일반적으로 징계의 사유로는 근무태만, 무단결근, 업무지시 및 명령의 위반, 업무 방해 등이 이에 해당한다. 근로자에게 징계사유가 있어 징계처분을 하는 경우 어떠한 처분을 할 것인가는 원칙적으로 징계권자의 재량에 맡겨져 있는 것이므로, 그 징계처분이 위법하다고 하기 위해서는 징계처분이 사회통념상 현저하게 타당성을 잃어 징계권자에게 맡겨진 재량권을 남용한 것이라고 인정되는 경우에 한하고, 징계처분이 사회통념상 현저하게 타당성을 잃은 처분이라고 하려면 구체적인 사례에 따라 직무의 특성, 징계사유가 된 비위사실의 내용과 성질 및 징계에 의하여 달성하려는 목적과 그에 수반되는 제반 사정을 참작하여 객관적으로 명백히 부당하다고 인정되는 경우라야 한다.[128]

2. 징계의 절차

징계처분을 하는 경우 취업규칙 등 징계규정 등에 규정된 징계절차를 따라야 하며, 이에 위반하는 경우 징계는 무효로 되는 것이 원칙이다. 판례[129]는 취업규칙 등 징계규정에서 징계대상자에게 징계위원회에 출석하여 변명과 소명자료를 제출할 기회를 부여하도록 되어 있음에도 이러한 징계절차를 위반하여 징계해고하였다면 이러한 징계권의 행사는 징계사유가 인정되는지와 관계없이 절차의 정의에 반하여 무효라고 보아야 한다고 판시한 바 있다. 다만, 이와 같은 징계절차가 규정되어 있지 아니한 경우에는 징계절차를 거치지 아니한 경우에도 징계가 당연히 무효로 되는 것은 아니다.[130]

---

128) 대판 2012.9.27, 2010다99279.
129) 대판 2012.1.27, 2010다100919.
130) 대판 2000.6.23, 99두4235.

3. 부당한 징계의 효과

사용자의 징계처분이 부당할 경우 근로자는 노동위원회에 구제를 신청할 수 있고(근기법 제28조 제1항), 징계가 부당한 것으로 판정될 경우 그 처분은 무효가 된다. 또한, 정당한 징계 사유가 있는 경우에도 같은 사유로 이중 징계를 하는 것은 이중처벌금지의 원칙에 위배되어 무효이다. 그러나 징계해고에 관한 절차 위반을 이유로 해고무효 판결이 확정된 경우 사용자가 절차적 요건을 새로이 갖추어 다시 징계처분을 하거나,[131] 사용자가 징계 절차의 하자, 징계사유의 존부, 징계양정 등에 잘못이 있음을 스스로 인정한 때에는 노동위원회의 구제명령이나 법원의 무효확인판결을 기다릴 것 없이 스스로 징계처분을 취소할 수 있고, 나아가 새로이 적법한 징계처분을 하는 것도 가능하다.[132]

관련 판례1 대판 1992.5.22, 91누5884.

징계사유와 징계처분과의 균형

취업규칙에서 동일한 징계사유에 대하여 여러 등급의 징계가 가능한 것으로 규정하고 있는 경우 그중 어떤 징계처분을 선택할 것인지는 징계권자의 재량에 속한다고 할 것이지만 이러한 재량은 징계권자의 자의적이고 편의적인 재량에 맡겨져 있는 것이 아니며, 징계사유와 징계처분과의 사이에 사회통념상 상당하다고 보여지는 균형의 존재가 요구되는 것이다.

관련 판례2 대판 2009.1.15, 2008두16094.

징계해고처분의 정당성

근로자에 대한 해고는 사회통념상 고용 관계를 계속할 수 없을 정도로 근로자에게 책임 있는 사유가 있는 경우에 행해져야 그 정당성이 인정되는 것이고, 사회 통념상 당해 근로자와의 고용 관계를 계속할 수 없을 정도인지의 여부는 당해 사용자의 사업의 목적과 성격, 사업장의 여건, 당해 근로자

---

131) 대판 1995.12.5, 95다36138.
132) 대판 2010.6.10, 2009다97611.

의 지위 및 담당 직무의 내용, 비위 행위의 동기와 경위, 이로 인하여 기업의 위계질서가 문란하게 될 위험성 등 기업 질서에 미칠 영향, 과거의 근무 태도 등 여러 가지 사정을 종합적으로 검토하여 판단하여야 한다.

관련 판례3 대판 2012.7.5, 2009두16763.

학력 등의 허위기재와 징계해고

근로자가 입사 당시 제출한 이력서 등에 학력 등을 허위로 기재한 행위를 이유로 징계해고를 하는 경우에도 마찬가지이고, 그 경우 사회통념상 고용관계를 계속할 수 없을 정도인지는 사용자가 사전에 허위기재 사실을 알았더라면 근로계약을 체결하지 않았거나 적어도 동일 조건으로는 계약을 체결하지 않았으리라는 등 고용 당시의 사정뿐 아니라, 고용 후 해고에 이르기까지 근로자가 종사한 근로 내용과 기간, 허위기재를 한 학력 등이 종사한 근로의 정상적인 제공에 지장을 가져오는지 여부, 사용자가 학력 등 허위기재 사실을 알게 된 경위, 알고 난 후 당해 근로자의 태도 및 사용자의 조치 내용, 학력 등이 종전에 알고 있던 것과 다르다는 사정이 드러남으로써 노사간 및 근로자 상호간 신뢰관계 유지와 안정적인 기업경영과 질서유지에 미치는 영향 기타 여러 사정을 종합적으로 고려하여 판단하여야 한다.

관련 판례4 대판 2020.11.26, 2017두70793.

징계의 절차적 정당성

단체협약이나 취업규칙 또는 이에 근거를 둔 징계규정에서 징계위원회의 구성에 관하여 정하고 있는 경우 이와 다르게 징계위원회를 구성한 다음 그 결의를 거쳐 징계처분을 하였다면, 그 징계처분은 징계사유가 인정되는지 여부와 관계없이 원칙적으로 절차상 중대한 하자가 있어 무효이다.

제3절 **근로관계의 이전**

Ⅰ 영업양도

1. 개념

영업양도는 원래 상법상의 개념으로 당사자 간의 계약에 의하여 영업조직체, 즉 인적·물적 조직을 그 동일성을 유지하면서 이전하는 것을 의미한다.[133] 이 경우 양도의 대상으로 되는 영업조직체란 영업의 목적에 따라 조직된 유기적 일체로서의 기능적 재산, 즉 영업용 재산을 비롯하여 영업비밀, 고객관계, 경영조직 등의 사실관계를 포함하는 유기적 조직체를 말한다.[134]

2. 양도의 범위

영업양도의 경우 기업의 영업재산만이 이전되는 것이 아니라, 근로자의 근로관계도 포괄승계되는 것으로 보아야 한다. 따라서 근로관계의 승계에 따른 영업양도인과 근로자 사이의 개별적 근로관계의 내용이 영업양수인과 근로자 사이의 근로관계에 변동 없이 그대로 적용되는 것이 원칙이다.[135] 다만, 당사자가 합의하는 경우 근로자의 일부 또는 전부를 승계의 대상에서 제외할 수는 있으나 이러한 합의는 실질적으로는 해고나 다름이 없으므로 근로기준법 제23조 제1항 및 제24조의 규정에 의한 정당한 이유가 있어야 한다. 한편 근로자가 영업양도일 이전에 정당한 이유 없이 해고된 경우 해고된 근로자로서는 양도인과의 사이에서 원직복직도 사실상 불가능하게 되므로 양수인으로서는 양도인으로부터 정당한 이유 없이 해고된 근로자와의 근로관계를 원칙적으로 승계한다.[136]

---

133) 이상윤, 『노동법』, p.459.
134) 대판 1989.12.26, 88다카10128.
135) 이상윤, 『노동법』, p.463.
136) 대판 2020.11.5, 2018두54705.

3. 근로자의 동의권

민법 제657조 제1항에 따르면 "사용자는 노무자의 동의 없이 그 권리를 제3자에게 양도하지 못한다"고 규정한 것을 근거로 영업양도에 따른 근로관계의 이전이 유효하게 성립하기 위해서는 근로자의 동의가 필요하다는 견해가 있다. 그러나 영업양도는 기업 그 자체의 이전이므로 근로자의 동의가 없더라도 근로관계는 당연히 양수인에게로 이전한다고 보아야 한다. 다만 영업의 일부가 양도된 경우, 양도되는 사업부문에 소속된 근로자라도 근로관계의 승계를 거부하는 경우에는 양도기업에 잔류할 수 있다.

Ⅱ 합병

1. 개념

합병이란 두 개 이상의 회사가 청산절차를 거치지 않고 하나의 회사가 되는 법률사실을 말한다.[137] 상법 제235조[138]에 따라 합병회사는 소멸회사의 권리·의무를 포괄적으로 승계하며, 합병절차 외에 별도의 권리의무의 이전을 위한 특별한 행위는 필요 없다.

2. 합병 후 근로관계

영업양도의 경우 영업의 동일성을 해치지 않는 범위에서 재산 또는 근로자의 일부 승계를 배제할 수 있으나 합병의 경우 영업양도와 달리 이를 할 수 없다. 합병의 경우 피합병회사의 근로계약은 포괄적으로 합병회사에 승계되고 근로자는 임금 및 근로시간 등의 모든 근로조건에 있어서 종전과 동일한 대우를 받는 것이 원칙이다. 연차 유급휴가나 퇴직금 산정에서의 계속근무연수도 합병에 관계없이 합산하여야 하며[139], 피합병회사의 취업규칙이 합병회사의 그것보다 불리한 경우에도 특약이 없는 한 그대로 적용된다.[140]

---

137) 이병태, 『노동법』, p.619.
138) 합병 후 존속한 회사 또는 합병으로 인하여 설립된 회사는 합병으로 인하여 소멸된 회사의 권리의무를 승계한다.
139) 대판 1994.3.8, 93다1589.
140) 대판 2001.4.24, 99다9370.

Ⅲ 자회사 설립

1. 개념

기업이 사업부문을 별도로 분할하여 독립시키는 것을 자회사의 설립이라 하며, 통상적으로는 기업의 분할이라고 한다. 자회사가 모회사로부터 독립된 별개의 사업장으로 인정되기 위해서는 별개의 법인등록과 사업자등록과 같은 형식적으로 독립된 외형을 갖추어야 할 뿐만 아니라 회사의 운영에 필요한 기본적인 재정·인력 등을 갖추어 실질적으로도 모회사로부터 독립되었다고 볼 수 있어야 한다.

2. 근로관계

기업의 일부가 분리되어 독립된 회사로 이동된 근로자의 근로관계는 합병에서처럼 근로관계의 승계가 인정되는 것으로 보아야 한다. 판례는 근로자에 대한 계속근로연수를 계산함에 있어 종전회사의 근로기간까지 통산하여야 한다고 판시하여 자회사 설립을 포괄승계로 보고 있다.[141]

3. 근로자의 동의권

자회사 설립으로 인한 근로자의 지위문제는 영업양도와는 다를 수밖에 없을 것이다. 그러므로 근로관계의 승계에 따른 불이익을 방지하기 위해서는 반드시 개별적인 동의를 얻어야 할 것으로 보인다.

관련 판례1   대판 2003.5.30, 2002다23826.

영업양도의 의미와 판단기준

가. 영업의 양도라 함은 일정한 영업목적에 의하여 조직화된 업체, 즉 인적·물적 조직을 그 동일성은 유지하면서 일체로서 이전하는 것으로서, 이러한 영업양도가 이루어진 경우에는 원칙적으로 해

---

141) 대판 1987.2.24, 84다카1409.

당 근로자들의 근로관계가 양수하는 기업에 포괄적으로 승계된다.

나. 영업양도가 이루어졌는가의 여부는 단지 어떠한 영업재산이 어느 정도로 이전되어 있는가에 의하여 결정되어야 하는 것이 아니고 거기에 종래의 영업조직이 유지되어 그 조직이 전부 또는 중요한 일부로서 기능할 수 있는가에 의하여 결정되어야 하므로 영업재산의 일부를 유보한 채 영업시설을 양도했어도 그 양도한 부분만으로도 종래의 조직이 유지되어 있다고 사회관념상 인정되면 그것을 영업의 양도라 볼 것이지만, 반면에 영업재산의 전부를 양도했어도 그 조직을 해체하여 양도했다면 영업의 양도로 볼 수 없다.

관련 판례2   대판 2000.10.13, 98다11437.

사업의 일부 양도 시 근로자의 승계 거부

근로관계의 승계를 거부하는 근로자에 대하여는 그 근로관계가 양수하는 기업에 승계되지 않고 여전히 양도하는 기업과 사이에 존속되는 것이며, 이러한 경우 원래의 사용자는 영업 일부의 양도로 인한 경영상의 필요에 따라 감원이 불가피하게 되는 경우, 정리해고로서의 정당한 요건이 갖추어져 있다면 그 절차에 따라 승계를 거부한 근로자를 해고할 수 있다.

관련 판례3   대판 1991.11.12, 91다12806.

영업양도와 계속근로기간의 합산

가. 근로관계에 대한 포괄승계 합의 시에 종업원의 퇴직금 산정기간에 한하여 종전의 근속기간은 승계회사의 근속연수에 산입하지 않기로 하는 단서 조항을 삽입하였다 하여도, 이는 종전의 근로계약관계를 포괄적으로 승계하면서 근속기간에 관한 근로자의 기득권을 제한하는 예외 조항을 설정한 것으로, 근로자의 동의가 없는 한 근로자에게 구속력이 미치지 않는다.

나. 근로계약관계가 포괄 승계됨에 있어 근로자가 자의에 의하여 사직서를 제출하고 퇴직금을 지급받았다면 계속근로의 단절에 동의한 것으로 볼 여지가 있지만, 이와 달리 피승계회사가 근로자에게 퇴직금을 지급하기 위한 방편으로 내부적으로 퇴사와 재입사의 형식을 취한 것에 불과하다면, 이러한 형식을 거쳐 퇴직금을 지급받았다고 하여 근로자가 계속근로의 단절에 동의하였다고 볼 수 없다.

관련 판례4 대판 2004.5.14, 2002다23185.

단체협약의 승계

복수의 회사가 합병되더라도 피합병회사와 그 근로자 사이의 집단적인 근로관계나 근로조건 등은 합병회사와 합병 후 전체 근로자들을 대표하는 노동조합과 사이에 단체협약의 체결 등을 통하여 합병 후 근로자들의 근로관계 내용을 단일화하기로 변경·조정하는 새로운 합의가 있을 때까지는 피합병회사의 근로자들과 합병회사 사이에 그대로 승계되는 것이고, 합병회사의 노동조합이 유니온 숍의 조직형태를 취하고 있었다고 하더라도 위에서 본 바와 같은 피합병회사의 근로자들까지 아우른 노동조합과 합병회사 사이의 새로운 합의나 단체협약이 있을 때까지는 피합병회사의 근로자들이 자동적으로 합병회사의 노동조합의 조합원으로 되는 것은 아니다.

관련 판례5 대판 2013.12.12, 2011두4282.

회사분할에 따른 근로계약의 승계

회사 분할이 근로기준법상 해고의 제한을 회피하기 위한 것이라는 등의 특별한 사정이 없는 한 회사 분할에 따른 근로계약의 승계에 대하여 근로자가 이의를 제기하였는지 여부와 상관없이 근로관계는 신설회사에 승계된다.

제5장
근로관계의 종료

제1절 근로관계 종료의 사유

근로관계의 종료사유로는 사직, 합의해지(권고사직·명예퇴직), 해고, 계약기간의 만료, 정년 및 당사자의 소멸 등이 있다. 근로관계가 종료된 후 법률관계로서의 근로관계는 소멸하지만, 근로관계로부터 파생된 임금채권 및 재해보상청구권은 소멸시효(3년)가 완성될 때까지 존속한다.

Ⅰ 사직

1. 사직의 의의

사직이란 근로자의 일방적 의사표시에 의해 근로관계를 종료시키는 것을 말한다. 사직에 관해서는 근로기준법에 특별한 규정이 없으므로 민법의 규정에 의하여 해석할 수밖에 없다. 따라서 기간의 약정이 없는 근로자는 언제든지 계약해지를 통고할 수 있고(민법 제660조 제1항), 근로자가 사직의사를 표시한 후 1개월이 경과하면 비록 사용자가 사직을 수리하지 않았다고 하더라도 근로관계는 종료된다(동조 제2항). 다만, 기간으로 보수를 정한 때에는 상대방이 해지의 통고를 받은 1개월 후의 급여 지급 주기가 경과한 때에 근로관계가 종료된다(동조 제3항). 한편, 기간의 약정이 있는 근로자의 경우에도 자유로운 의사에 따라 언제든지 근로관계를 해지할 수 있으나 사용자는 근로계약 불이행에 따른 손해배상 책임을 근로자에게 청구할 수 있다고 보아야 한다.

2. 사직원의 효력발생

근로자가 퇴직일을 지정하여 사직원을 제출한 경우 사용자가 이를 승낙하였다면 지정한 날이 사직일이 된다. 또한, 근로자가 지정한 날 이전에 퇴직조치를 하고 잔여기간의 임금을 지급하였다면 적법한 퇴직조치로 볼 수 있다. 사직서를 회사가 수리하지 않은 경우에는 취업규칙이나 단체협약 등에 이에 관하여 정하는 규정이 있다면 이에 따르되, 이러한 규정이 없다면 민법에 따라 퇴직의사를 통고받은 날로부터 1개월이 지나야 퇴직의 효력이 발생한다.

근로자가 사직원을 진의 아닌 비진의[142)]로 제출하더라도 그 효력은 인정된다. 다만, 진의가 아님을 사용자가 알았거나 알 수 있었던 경우에는 무효가 되며(민법 제107조), 사기나 강박에 의한 경우에도 취소할 수 있다(동법 제110조).

⓲ 합의해지

합의해지란 근로자와 사용자가 합의에 의하여 근로관계를 종료시키는 것을 말하는 것으로 권고사직과 명예퇴직이 이에 해당된다.

1. 권고사직

권고사직이란 사용자가 근로자에게 퇴직을 권유하고 근로자가 이를 받아들여 사직서를 제출하는 형식을 통해서 근로관계를 종료시키는 것을 말한다. 권고사직은 근로자가 사직에 동의한 것이므로 사용자가 일방적으로 근로계약을 해지하는 해고와는 다르며, 근로기준법상의 특별한 제한을 받지 않는다. 또한, 합의의 과정에서 사용자와 근로자 간에 위로금을 지급하는 경우에도 권고사직으로 인정된다. 근로자의 업무능력의 결여나 질병들의 문제가 중대하지 않을 경우 통상해고가 정당성을 인정받기 어려움을 감안하여 사용자가 해고 대신 권고사직을 유도하는 경우가 일반적이다.

---

142) 진의 아닌 의사표시란 자기가 하는 표시행위의 객관적인 의미가 자신의 내심의 진의와는 다르다는 것을 알면서 한 의사표시를 말한다.

2. 명예퇴직(희망퇴직)

명예퇴직이란 정년 연령에 도달하지 않은 근로자들에게 금전상 보상이나 가산퇴직금 또는 위로금을 추가로 지급하는 등 우대조치를 하여 정년 전에 사직의 형태로 근로계약관계를 종료시키는 제도를 말하는 것으로 근로자가 명예퇴직을 신청하면 사용자가 요건을 심사한 후 이를 승인함으로써 합의에 의해 근로관계가 종료된다.

일반적으로 명예퇴직은 비정기적인 정리해고 과정에서 이뤄지는데, 이는 법적으로 정당성을 갖춘 정리해고 절차가 현실적으로 어려움을 감안하여 빠른 고용조정 효과를 얻고자 하려는 것으로 비록 정리해고가 필요한 상황에서 이뤄지지만 해고와는 다르며, 따라서 해고의 제한을 받지 않는다.

Ⅲ 계약기간의 만료

당사자 사이에 근로계약의 기간을 약정한 경우 특별한 사정이 없는 한 그 기간의 만료에 따라 근로관계는 당연히 종료된다. 그러나 계약이 수차례 반복되어 기간의 정함이 단지 형식에 불과하거나 근로자에게 근로계약 갱신의 기대권이 인정되는 경우에는 계약 기간의 만료로 인한 갱신 거절은 해고와 마찬가지로 정당한 이유가 있어야 한다. 한편 근로계약기간이 2년을 초과하는 경우에는 예외 규정에 해당하지 않는 한 그 계약은 '기간의 정함이 없는 근로계약'으로 간주되어, 근로계약 만료 통보를 할 경우 부당해고에 해당한다.

Ⅳ 정년

정년제는 근로자가 근로계속 의사와 능력을 갖고 있는지의 여부와 관계없이 일정 연령에 도달한 것을 이유로 하여 근로계약을 종료하게 하는 제도를 말한다. 근로기준법은 제93조 퇴직에 관한 사항을 취업규칙에 규정하도록 되어 있으며「고용상 연령차별 금지 및 고령자 고용촉진에 관한 법률」에 근로자의 정년을 60세 이상으로 정하도록 규정하고 있다. 따라서 근로자의 정년을 60세 미만이 되도록 정한 근로계약이나 취업규칙, 단체협약은 위 규정에 따라 무효가 된다.

Ⓥ 당사자의 소멸

1. 근로자·사용자의 사망

근로자 본인이 사망한 경우 근로관계는 종료하지만, 사용자(개인 기업의 사용자)가 사망할 경우 기업이 상속인에 따라 상속되는 이상 근로관계는 유지되는 것이 원칙이다. 다만, 사용자와의 긴밀한 인적관계를 가지는 개인비서나 간병인의 경우에는 새로운 사용자에게 이전되지 않는다고 보아야 한다.

2. 기업의 해산·소멸

법인인 경우 청산의 종료 시까지 근로관계는 유지되지만, 일반적으로 청산 종료 전(폐업이나 해산 시)에 근로관계는 종료한다고 보아야 한다.

관련 판례1 대판 2000.9.5, 99두8657.

사직의 의사표시의 철회

사직의 의사표시는 특별한 사정이 없는 한 당해 근로계약을 종료시키는 취지의 해약고지로 볼 것이고, 근로계약의 해지를 통고하는 사직의 의사표시가 사용자에게 도달한 이상 근로자로서는 사용자의 동의 없이는 사직의 의사표시를 철회할 수 없다.

관련 판례2 대판 2003.10.10, 2001다76229.

비진의 의사표시에 의한 사직

사용자가 근로자로부터 사직서를 제출받고 이를 수리하는 의원면직의 형식을 취하여 근로계약관계를 종료시킨 경우, 사직의 의사 없는 근로자로 하여금 어쩔 수 없이 사직서를 작성·제출하게 하였다면 실질적으로 사용자의 일방적인 의사에 의하여 근로계약관계를 종료시키는 것이어서 해고에 해당한다 할 것이다.

관련 판례3 대판 2000.4.25, 99다34475.

의원면직처분과 진의 아닌 의사표시

사용자가 사직서 제출에 따른 사직의 의사표시를 수락함으로써 사용자와 근로자 사이의 근로계약관계는 합의해지에 의하여 종료되는 것이므로 사용자의 의원면직처분을 해고라고 볼 수 없다. 진의 아닌 의사표시에 있어서의 진의란 특정한 내용의 의사표시를 하고자 하는 표의자의 생각을 말하는 것이지 표의자가 진정으로 마음속에서 바라는 사항을 뜻하는 것은 아니므로, 표의자가 의사표시의 내용을 진정으로 마음속에서 바라지는 아니하였다고 하더라도 당시의 상황에서는 그것을 최선이라고 판단하여 그 의사표시를 하였을 경우에는 이를 내심의 효과의사가 결여된 진의 아닌 의사표시라고 할 수 없다.

제2절 근로관계 종료에 따른 법률관계

❶ 퇴직에 따른 금품 청산

1. 금품 청산의 내용

사용자는 근로자가 사망 또는 퇴직한 경우에는 그 지급사유가 발생한 때부터 14일 이내에 임금, 보상금, 그 밖의 모든 금품을 지급하여야 한다. 다만, 특별한 사정이 있을 경우에는 당사자 사이의 합의에 의하여 기일을 연장할 수 있다(근기법 제36조). "특별한 사정"이란 사용자가 최선의 노력을 다하였음에도 체불을 막을 수 없는 불가피한 사정이 인정되는 경우를 말하는 것으로 보아야 하고, 사업부진 등으로 자금 압박을 받아 지급할 수 없었다는 것만으로는 지급 기일을 연장할 수 있는 특별한 사정이라 할 수 없다.[143] 이 규정은 근로자가 퇴직 또는 사망한 경우 당해 근로자의 권리에 속하는 금품이 신속하게 지급되지 않는다면 퇴직근로자 또는 사망근로자의 유족의 생활이 곤란하게 될 것이고, 또한 기일이 경과함으로써 금품의 반환에 따르는 불편과 시비가 야기될 우려가 있으므로 이와 같은 폐단을 배제하는 데에 그 입법취지가 있다. 여기서 말하는 퇴직은 사직(임의퇴직)에 한하지 않으며 기간만료, 해고 등 근로관계 종료사유를 포함한다.

(1) 임금
임금은 일반적으로 이미 제공한 근로의 대상인 임금을 의미하지만, 근로자가 지급을 요구할 수 있는 임금은 모두 포함한다. 예를 들면 "월의 도중에 퇴직한 경우에는 당해 근무월의 임금을 전액 지급한다."라는 특약이 있는 경우에는 그 특약에 의하여 근로하지 않은 부분에 대한 임금도 청구할 수 있다.

(2) 보상금
보상금이란 근로기준법 제8장의 규정에 의하여 사용자가 근로자에게 지급하여야

---

143) 대판 1987.5.26, 87도604.

할 재해보상금을 의미한다.

(3) 그 밖의 모든 금품

그 밖의 모든 금품이란 적립금, 보증금, 저축금, 퇴직금, 해고예고수당 등 명칭 여하를 불문하고 근로자에게 귀속할 일체의 금품을 말한다. 즉, 근로자의 소유권에 속하는 금전 또는 물품으로서 근로관계와 관련하여 사용자에게 예치 또는 보관을 부탁한 것도 포함된다.

2. 금품 청산의 시기 및 지연이자

사용자의 금품 청산의무는 근로자의 사망 또는 기타의 퇴직사유로 사용자와 근로자 사이의 근로관계가 종료되면 즉시 사용자에게 지급의무가, 근로자에게는 지급청구권이 발생한다. 사용자는 금품 청산에 따라 지급하여야 하는 임금 및 근로자퇴직급여보장법에 따른 급여(퇴직일시금만 해당)의 전부 또는 일부를 그 지급사유가 발생한 날부터 14일이 되는 날까지 지급하지 아니한 경우 그다음 날부터 지급하는 날까지의 지연 일수에 대하여 연 100분의 40 이내의 범위에서 「은행법」에 따른 은행이 적용하는 연체금리 등 경제 여건을 고려하여 대통령령으로 정하는 이율[144)에 따른 지연이자를 지급하여야 한다(근기법 제37조 제1항 제1호). 다만 제1항은 사용자가 천재·사변, 그 밖에 대통령령으로 정하는 사유에 따라 임금 지급을 지연하는 경우 그 사유가 존속하는 기간에 대하여는 적용하지 아니한다(동조 제3항).

⑪ 사용증명서

사용자는 근로자 명부와 대통령령으로 정하는 근로계약에 관한 중요한 서류를 3년간 보존하여야 하며(근기법 제42조), 근로자가 퇴직한 후라도 사용기간, 업무종류, 지위와 임

---

144) 연 100분의 20을 말한다(근기법 시행령 제17조).

금, 그 밖에 필요한 사항에 관한 증명서를 청구하면 사실대로 적은 증명서를 즉시 내주어야 한다(동법 제39조 제1항). 증명서에는 근로자가 요구한 사항만을 적어야 하고(동조 제2항), 사용증명서를 청구할 수 있는 자는 계속하여 30일 이상 근무한 근로자로 하되, 청구할 수 있는 기한은 퇴직 후 3년 이내로 한다(동법 시행령 제19조). "대통령령으로 정하는 근로계약에 관한 중요한 서류"란 ① 근로계약서, ② 임금대장, ③ 임금의 결정·지급방법과 임금계산의 기초에 관한 서류, ④ 고용·해고·퇴직에 관한 서류, ⑤ 승급·감급에 관한 서류, ⑥ 휴가에 관한 서류, ⑦ 근로자대표와의 서면 합의 서류(3개월 이내의 탄력적 근로시간제 및 선택적 근로시간제, 제58조 근로시간 계산의 특례 및 제59조 근로시간 및 휴게시간의 특례에 관한), ⑧ 연소자의 증명에 관한 서류를 말한다(동법 시행령 제22조 제1항).

Ⅲ 취업 방해의 금지

누구든지 근로자의 취업을 방해할 목적으로 비밀 기호 또는 명부를 작성·사용하거나 통신을 하여서는 아니 된다(근기법 제40조). 이 규정은 이른바 블랙리스트(blacklist) 작성의 금지를 명시한 조항으로 사용증명서에 비밀기호를 사용하거나 허위사실을 기입, 통고하는 객관적 사실의 존재만으로도 고의의 취업방해 의사를 추정할 수 있기 때문이다.

Ⅳ 임금채권의 우선변제

1. 의의

근로기준법 제38조 제1항에 의하면 "임금, 재해보상금 그 밖에 근로관계로 인한 채권은 사용자의 총재산[145])에 대하여 질권·저당권 또는 「동산·채권 등의 담보에 관한 법률」에 따른 담보권에 따라 담보된 채권 외에는 조세·공과금 및 다른 채권에 우선하여 변제되어야 한다. 다만, 질권·저당권 또는 「동산·채권 등의 담보에 관한 법률」에 따른 담보권에 우선

---

145) 사용자의 총재산은 사용자가 소유하는 동산·부동산은 물론 물권, 채권 등의 권리까지 모두 포함한다. 사용자가 법인일 경우에는 법인 자체의 재산만을 가리키며, 주주는 물론 법인 대표자의 개인재산도 제외되는 것으로 보아야 한다.

하는 조세·공과금에 대하여는 그러하지 아니하다"고 하여 임금채권의 우선원칙을 규정하였다. 또한, 동조 제2항에서는 "제1항에도 불구하고 ① 최종 3개월분의 임금과 ② 재해보상금은 사용자의 총재산에 대하여 질권 또는 저당권에 따라 담보된 채권, 조세·공과금 및 다른 채권에 우선하여 변제되어야 한다"고 규정하였다. 이는 사용자가 도산 또는 파산하거나 사용자의 재산이 다른 채권자에 의하여 압류되어 근로관계가 종료되는 경우에도 근로자의 임금채권에 대하여 변제의 최우선순위를 부여함으로써 근로자의 최저생활보장을 확보하기 위한 것이다.

2. 임금채권의 우선변제 내용

(1) 최우선변제의 대상

1) 최종 3개월분의 임금과 재해보상금

"최종 3개월분의 임금"이란 최종 3개월에 지급사유가 발생한 임금 중 사용자가 지급하지 못한 임금만을 말한다. 재해보상금은 근로기준법 제8장(재해보상)에서 규정된 모든 보상금을 말한다.

2) 최종 3년간의 퇴직급여

「근로자퇴직급여보장법」에 의하면 최종 3년간의 퇴직급여 등은 사용자의 총재산에 대하여 질권 또는 저당권에 의하여 담보된 채권, 조세공과금 및 다른 채권에 우선하여 변제되어야 한다(근퇴법 제12조 제2항)고 하여 최종 3년간의 퇴직급여에도 최우선변제 대상으로 규정하였다. 여기에서 "최종 3년간의 퇴직급여"란 계속근로기간으로 최종 3년 동안의 퇴직급여만을 말한다.

(2) 그 밖의 우선변제대상

우선변제의 규정에 있어서의 임금은 최우선변제의 대상이 되는 최종 3개월분의 임금 및 최종 3년간의 퇴직급여 등을 제외한 나머지 부분을 말하며, "그 밖에 근로관계로 인한 채권"이란 근로관계로 인하여 발생한 일체의 채권을 말하는 것으로 해고예고수당(근기법 제26조), 보증금 등을 모두 포함한다.

[임금채권의 우선변제 순위(근로기준법 제38조 및 근로자퇴직급여보장법 제12조 제2항)]

> 1. 최종 3개월분 임금과 재해보상금, 최종 3년간의 퇴직급여(최우선변제)
> 2. 질권·저당권 또는 「동산·채권 등의 담보에 관한 법률」에 따른 담보권에 우선하
>   는 조세·공과금
> 3. 질권·저당권 또는 「동산·채권 등의 담보에 관한 법률」에 따라 담보된 채권
> 4. 임금 및 기타 근로관계로 인한 채권
> 5. 조세·공과금, 기타 채권

Ⓥ 퇴직금

1. 퇴직금의 의의

근로자퇴직급여보장법 제8조 제1항에 의하면 "퇴직금제도를 설정하려는 사용자는 계속 근로기간 1년에 대하여 30일분 이상의 평균임금을 퇴직금으로서 퇴직하는 근로자에게 지급할 수 있는 제도를 설정하여야 한다"고 규정하고 있다. 여기서 퇴직금이란 계속적인 근로관계의 종료를 사유로 하여 사용자가 퇴직하는 근로자에 대하여 지급하는 일체의 금품을 말한다. 퇴직금제도에는 보통 퇴직 후 일정 기간 또는 당해 퇴직 근로자가 사망할 때까지 정기적으로 지급하는 퇴직연금과 퇴직할 때 전액을 일괄하여 한 번에 지급하는 퇴직일시금이 있다.[146] 원래 퇴직금제도는 노사의 자율적인 결정에 따라 단체협약 등을 통해서 규율되어야 함이 원칙이지만, 우리나라는 근로자가 퇴직 후에 사회복지의 혜택을 받지 못하는 경우가 대부분이므로 근로자의 생존권을 보장하기 위하여 퇴직금제도를 법제화한 것이다.[147]

사용자가 퇴직급여제도의 종류를 선택하거나 선택한 퇴직급여제도를 다른 종류의 퇴직

---

146) 예전에는 근로기준법에서 퇴직 시에 퇴직일시금을 지급하는 제도를 채택하고 있었으나, 2005년 근로자퇴직급여보장법을 새로이 제정하면서 퇴직연금제도를 도입하였다.
147) 선진국에서는 실업보험, 노령보험 등의 사회보험제도 또는 연금제도의 발달로 인하여 퇴직금제도가 그에 흡수되었거나 그를 보완하는 제도로 발전하여 오늘날에는 외국의 입법례에서 퇴직금제도를 찾아보기가 힘들다.

급여제도로 변경하고자 하는 경우에는 당해 사업에 근로자의 과반수로 조직된 노동조합이 있는 경우에는 그 노동조합, 근로자의 과반수로 조직된 노동조합이 없는 경우에는 근로자의 과반수(이하 "근로자대표"라 한다)의 동의를 받아야 한다(근퇴법 제4조 제3항).

2. 퇴직금지급의 요건

(1) 퇴직금의 발생
1) 퇴직의 사유
퇴직이란 근로자 본인의 임의퇴직인 사직과 근로계약기간의 만료로 인한 자동퇴직, 명예퇴직, 사용자에 의한 권고사직과 해고 등 어떠한 경우로든지 퇴직하는 모든 경우가 포함된다. 따라서 퇴직금의 지급은 어떠한 형태의 퇴직인가를 불문하고 사용자에게는 퇴직금 지급의무가 생긴다.

2) 징계해고와 퇴직금
근로자가 징계해고된 경우 취업규칙상 퇴직금을 지급하지 않는다거나 감액하여 지급한다는 등의 규정을 둔 경우 이것이 적법한 규정인지 의문이 생긴다. 판례[148]는 징계해고된 자에게 퇴직금을 지불하지 않는다는 회사의 내부규정은 구 근로기준법 제34조(현행 근퇴법 제8조)의 강행규정에 위반되어 무효라는 입장을 취하고 있다. 이는 퇴직금제도의 법적 성격이 공로보상이 아니라 후불임금이라는 점을 고려할 때 징계해고의 사유만으로 장기간 근로한 자의 퇴직금이 전액 몰수당한다는 것은 부당하기 때문이다.

3) 퇴직금의 발생시기
근로계약의 기간이 정하여져 있는 경우에는 그 기간이 도래함으로써 근로관계가 종료되기 때문에 퇴직금에 관한 발생시기는 그 기간의 만료 시로 볼 수 있다. 그리고 근로계약의 기간이 정하여져 있지 않은 경우의 퇴직금에 관한 발생시기는 사용자가 당해 근로자의 퇴직에 관한 의사표시인 사직서를 수리한 때부터라고 본

---

148) 대판 1967.2.7, 65다1837.

다. 그러나 사용자가 근로자의 퇴직에 관한 의사표시인 사직서를 수리하지 않은 경우에는 당사자 간에 계약해지의 효력발생시기 등에 관하여 별단의 약정한 바가 없다면, 사용자가 그 근로자의 퇴직에 관한 의사표시를 통고받은 날부터 당해 근로자의 임금이 정해진 기간의 다음 기간이 경과하면 퇴직금이 발생한다. 퇴직금 지급의무를 탈피하기 위한 수단으로 일정한 근로계약 기간마다 입사와 퇴사를 반복갱신하거나, 근로자의 비자발적 의사에 의한 퇴직처리 후 재입사시켜 근로한 경우에는 계속적인 근속연수로 해석한다.

(2) 1년 이상의 계속근로연수

1) 계속근로연수의 의미

퇴직금을 청구하기 위해서는 적어도 근로기간이 1년 이상이어야 한다. 여기서 1년 이상이라는 의미는 근로관계의 중단이 없이 계속하여 1년 이상이어야 한다는 것이다. 다만, 4주간을 평균하여 1주간의 소정근로시간이 15시간 미만인 근로자에 대하여는 그러하지 아니하다(근퇴법 제4조 제1항).

2) 기업의 동일성과 계속근로연수

기업의 합병, 영업양도, 조직변경 등의 경우에도 근로관계가 포괄적으로 승계되는 한 근속연수는 통산하여야 한다. 왜냐하면 기업의 합병 또는 영업의 양도는 유기적 조직체가 일체로 이전되는 경우가 보통이고 반대로 특약이 없는 한 노사간의 근로관계도 그대로 이전된다는 합의가 있는 것으로 보아야 하기 때문이다. 이 경우 퇴직금지급의무는 영업양수인이나 합병회사가 부담하여야 한다. 그러나 노사합의에 의하여 근로자들이 기업 양도 전 소속기업에서 퇴직하고 퇴직금을 수령 후 새로 설립되는 기업에 신규로 입사하며, 근로계약을 체결하였다면 근속연수가 단절된다.[149]

3) 휴직기간의 통산

계속근로기간은 실제로 근로를 제공한 기간으로 한정하는 것이 아니므로 사용자

---

149) 법무 811-8144, 1980.4.4.

혹은 근로자의 귀책사유로 휴업한 기간, 업무상재해를 당하여 요양 중에 있는 휴업기간도 근속연수에 산입하여야 한다.

4) 일용직·임시직근로자의 계속근로연수

일용직이나 임시직 근로자들이 사실상 계속해서 1년 이상 근로한 경우에도 그 고용형식의 여하에 불구하고 근로자퇴직급여보장법 제4조에 의한 퇴직급여제도를 설정하여야 한다. 즉 1일, 1월 또는 1년 등으로 기간을 정하여 근로계약을 체결하였다 하더라도 사실상 근로계약의 단절이 없이 동일 사업장에 계속 근무하였다면 계약의 명시적 또는 묵시적 갱신 또는 계약기간의 연장으로 보아야 할 것이고 근속연수는 최초 입사 시부터 기산하여야 한다.[150] 일용근로자로 근무하다가 정규사원으로 임용되거나, 일단 일용직을 사임하고 신규직원으로 발령되어 공백기간 없이 계속 근무한 경우에는 이전 직종의 전 기간은 계속근로에 해당한다.

3. 퇴직금 차등제도의 금지

근로자퇴직급여보장법 제4조 제2항은 "퇴직급여제도를 설정하는 경우에 하나의 사업에서 급여 및 부담금 산정방법의 적용 등에 관하여 차등을 두어서는 아니 된다"고 규정하고 있다. 그러나 계속근로기간에 따라 지급률에 차이를 두는 것,[151] 노조법 제35조의 일반적 구속력이 적용되지 않는 경우 퇴직금제도에 있어 단체협약에서 그 적용을 받는 근로자와 적용을 받지 아니하는 근로자 사이에 차이가 생기는 것,[152] 취업규칙을 불리하게 변경하여 종전 근로자와 변경후 입사자 사이에 지급률의 차이가 생기는 것,[153] 기업의 합병이나 사업의 양도 등으로 기존 근로자와 승계된 근로자 사이에 차이가 생기는 것[154] 까지를 금지하는 것은 아니다. 한편, 징계해고를 당하여 퇴직하는 근로자에 대해 그 밖의 사유로 퇴직하는 근로자와 구별하여 퇴직금의 산정기준을 불리하게 차등을 둔 경우에는 근로자퇴직급여보장법상의 법정 최저기준에 미달하지 않는 범위 내에서 가능하다.[155]

---

150) 법무 811-12625, 1980.5.27.
151) 임종률, 『노동법』, p.553.
152) 대판 1987.4.28, 86다카2507.
153) 대판 2003.12.18, 2002다2843.
154) 대판 1995.12.26, 95다41695.
155) 대판 1994.4.12, 92다20309.

4. 퇴직금의 중간정산

사용자는 주택구입 등 대통령령으로 정하는 사유로 근로자가 요구하는 경우에는 근로자가 퇴직하기 전에 해당 근로자의 계속근로기간에 대한 퇴직금을 미리 정산하여 지급할수 있다. 이 경우 미리 정산하여 지급한 후의 퇴직금 산정을 위한 계속근로기간은 정산시점부터 새로 계산한다(근퇴법 제8조 제2항). 기존에는 근로자의 요구가 있는 경우에 퇴직금중간정산을 인정하였으나, 중간정산을 쉽게 인정할 경우 근로자의 노후생활 안정을 도모하기 위한 퇴직금제도의 취지에 반하기 때문에 개정법(2012.7.26. 시행)에서는 근로자가 요구하더라도 법령(동법 시행령 제3조)에서 정한 중간정산 사유에 해당하지 아니할 때 사용자는 중간정산 요구에 응할 의무가 없도록 법령으로 규정한 것이다. 또한, 근로자의 자발적요구가 있고 중간정산 사유에 해당하더라도 중간정산은 사용자의 재량에 맡겨져 있으므로 반드시 이에 응해야 할 의무는 없으며, 근로자가 요구한 계속근로기간의 일부에 대해서만 중간정산을 할 수도 있다.[156] 중간정산 이후 퇴직금 산정을 위한 새로이 시작된 계속근로연수가 1년 미만인 경우에도 그 근로자의 실제상 통산 근로연수는 1년 이상이므로잔여 달에 대하여도 퇴직금청구권이 발생한다. 따라서 그 기간에 대해서는 중간정산에따른 퇴직금액을 제외한 차액을 1년간의 퇴직금에 비례하여 지급하여야 한다. 퇴직금 중간정산의 효과는 퇴직금을 정산하였더라도 실제상 근로관계는 단절되지 않으며, 종전과같이 기존의 근로조건은 저하시키지 않은 채 계속 유지되는 것이므로 중도퇴직으로 간주하여서는 아니 된다. 따라서 중간정산을 이유로 새로이 근로조건을 변경하는 것은 본조의 취지에 어긋나므로 위법이다.

---

156) 대판 2008.2.1, 2006다20542.

[퇴직금 중간정산 사유(근로자퇴직급여보장법 시행령 제3조)]

---

1. 무주택자인 근로자가 본인 명의로 주택을 구입하는 경우.
2. 무주택자인 근로자가 주거를 목적으로 「민법」 제303조에 따른 전세금 또는 「주택임대차보호법」 제3조의2에 따른 보증금을 부담하는 경우. 이 경우 근로자가 하나의 사업 또는 사업장에 근로하는 동안 1회로 한정한다.
3. 6개월 이상 요양을 필요로 하는 근로자 본인, 근로자의 배우자, 근로자 또는 그 배우자의 부양가족의 질병이나 부상에 대한 의료비를 해당 근로자가 본인 연간 임금총액의 1천분의 125를 초과하여 부담하는 경우.
4. 퇴직금 중간정산을 신청하는 날부터 거꾸로 계산하여 5년 이내에 근로자가 「채무자회생 및 파산에 관한 법률」에 따라 파산선고를 받은 경우.
5. 퇴직금 중간정산을 신청하는 날부터 거꾸로 계산하여 5년 이내에 근로자가 「채무자회생 및 파산에 관한 법률」에 따라 개인회생절차개시 결정을 받은 경우.
6. 사용자가 기존의 정년을 연장하거나 보장하는 조건으로 단체협약 및 취업규칙 등을 통하여 일정나이, 근속시점 또는 임금액을 기준으로 임금을 줄이는 제도를 시행하는 경우.
6의2. 사용자가 근로자와의 합의에 따라 소정근로시간을 1일 1시간 또는 1주 5시간 이상 단축함으로써 단축된 소정근로시간에 따라 근로자가 3개월 이상 계속 근로하기로 한 경우.
6의3. 근로기준법 일부개정법률의 시행에 따른 근로시간의 단축으로 근로자의 퇴직금이 감소되는 경우.
7. 재난으로 피해를 입은 경우로서 고용노동부장관이 정하여 고시하는 사유와 요건에 해당하는 경우.

Ⅵ 퇴직연금

퇴직연금제도는 근로자 재직 기간 중 사용자가 근로자의 퇴직급여를 금융기관에 적립하고, 이 적립금을 사용자 또는 근로자가 운용하다가 55세 이후에 연금 또는 일시금으로 수령할 수 있도록 하는 제도이다. 이 규정은 근로자들의 노후소득을 보장하기 위함은 물론 다른 한편으로 사용자에 의한 퇴직일시금의 재원 마련이 용이하지 않은 점도 감안하여 사용자의 일시적 부담을 경감시키고자 한 것이다. 퇴직연금제도에는 확정급여형 퇴직연금제도, 확정기여형 퇴직연금제도 및 개인형 퇴직연금제도를 말한다(근퇴법 제2조 제7호).

1. 확정급여형 퇴직연금제도

확정급여형 퇴직연금제도란 급여의 지급을 위하여 사용자가 부담하여야 할 부담금의 수준이 사전에 결정되어 있는 퇴직연금 제도를 말하는 것으로(근퇴법 제2조 제8호), 근로자가 퇴직할 때 받을 퇴직급여가 사전에 확정된 연금제도이다. 따라서 사용자는 퇴직연금 부담금을 적립하여 자기의 책임으로 운용하게 된다. 사용자가 확정급여형 퇴직연금제도를 설정하려는 경우 근로자대표의 동의를 얻거나 의견을 들어 ① 퇴직연금 사업자 선정, ② 가입자, ③ 가입기간, ④ 급여수준, ⑤ 급여 지급능력 확보, ⑥ 급여의 종류 및 수급요건, ⑦ 계약의 체결 및 해지와 해지에 따른 계약의 이전, ⑧ 운영현황의 통지, ⑨ 가입자의 퇴직 등 급여 지급사유 발생과 급여의 지급절차, ⑩ 퇴직연금제도의 폐지·중단 사유 및 절차 등에 관한 사항을 포함하는 확정급여형 퇴직연금규약을 작성하여 고용노동부장관에게 신고하여야 한다(동법 제13조).

(1) 가입기간
가입기간은 퇴직연금제도의 설정 이후 해당 사업에서 근로를 제공하는 기간으로 하며, 해당 퇴직연금제도의 설정 전에 해당 사업에서 제공한 근로기간에 대하여도 가입기간으로 할 수 있다. 이 경우 퇴직금을 미리 정산한 기간은 제외한다(근퇴법 제14조).

(2) 급여수준 및 급여 지급능력 확보
급여수준은 가입자의 퇴직일을 기준으로 산정한 일시금이 계속근로기간 1년에 대하여 30일분의 평균임금에 상당하는 금액 이상이 되도록 하여야 하며(근퇴법 제15조), 사용자는 퇴직연금사업자에게 매년 소정의 방법으로 산출한 금액(최소적립금) 이상을 적립금으로 적립하여야 한다(동법 제16조).

(3) 급여종류 및 수급요건
급여의 종류는 연금 또는 일시금으로 하되(근퇴법 제17조), 연금은 55세 이상으로서 가입기간이 10년 이상인 가입자에게 5년 이상을 지급하여야 하고, 일시금은 연금수급 요건을 갖추지 못하거나 일시금 수급을 원하는 경우에 지급하여야 한다(동조 제1호). 급여의 지급은 가입자가 55세 이후에 퇴직하여 급여를 받는 경우 등을 제외하고는 가입자가 지정한 개인형 퇴직연금제도의 계정으로 이전하는 방법으로 한다(동조 제4항).

2. 확정기여형 퇴직연금제도

확정기여형 퇴직연금제도란 급여의 지급을 위하여 사용자가 부담하여야 할 부담금의 수준이 사전에 결정되어 있는 퇴직연금 제도를 말하는 것으로(근퇴법 제2조 제9호), 사용자가 납입할 부담금이 매년 근로자 연간 임금총액의 1/12로 사전에 확정된 연금제도이다. 따라서 근로자는 직접 자신의 퇴직연금 적립금을 운용하여, 적립금과 운용수익을 퇴직급여로 지급 받게 된다. 사용자가 확정기여형 퇴직연금제도를 설정하려는 경우 근로자대표의 동의를 얻거나 의견을 들어 ① 부담금의 부담과 납입, ② 적립금의 운용, 운용방법 및 정보의 제공, 중도인출, ③ 급여의 종류·수급요건·지급 절차와 방법 등에 관한 사항을 포함하는 확정기여형 퇴직연금규약을 작성하여 고용노동부장관에게 신고하여야 한다(동법 제19조).

(1) 부담금의 부담수준 및 납입

사용자는 가입자의 연간 임금총액의 12분의 1 이상에 해당하는 부담금을 현금으로 가입자의 계정에 납입하여야 하고(근퇴법 제20조 제1항), 가입자는 이와 별도로 스스로 부담하는 추가 부담금을 가입자의 계정에 납입할 수 있다(동조 제2항).

(2) 적립금의 운용방법 및 정보제공

가입자는 퇴직연금사업자가 위험과 수익구조가 서로 다른 적립금 운용방법을 제시한 세 가지 이상 중에서 스스로 선정할 수 있고(근퇴법 제21조 제2항), 반기마다 1회 이상 적립금의 운용방법을 변경할 수 있다(동조 제1항). 퇴직연금사업자는 운용방법별 이익 및 손실의 가능성에 관한 정보 등 가입자가 적립금의 운용방법을 산정하는데 필요한 정보를 제공하여야 한다(동조 제3항).

(3) 적립금의 이전 및 중도인출

가입자는 퇴직할 때에 받을 급여를 갈음하여 그 운용 중인 자산을 가입자가 설정한 개인형 퇴직연금제도의 계정으로 이전받을 수 있고(근퇴법 제20조 제6~7항), 대통령령으로 정하는 사유가 발생하면 적립금을 중도 인출할 수 있다(동법 제22조).

3. 개인형 퇴직연금제도

개인형 퇴직연금제도란 가입자의 선택에 따라 가입자가 납입한 일시금이나 사용자 또는 가입자가 납입한 부담금을 적립·운용하기 위하여 설정한 퇴직연금제도로서 급여의 수준이나 부담금의 수준이 확정되지 아니한 퇴직연금제도를 말하는 것으로(근퇴법 제2조 제10호), 근로자가 직장을 옮기거나 퇴직하면서 지급받은 퇴직급여를 한 계좌로 모아 노후재원으로 활용할 수 있도록 하는 연금제도이다. 퇴직연금사업자는 개인형 퇴직연금제도를 운영할 수 있고(동법 제24조 제1항), 다음 각 호의 어느 하나에 해당하는 사람은 개인형 퇴직연금제도를 설정할 수 있다(동조 제2항). ① 퇴직급여제도의 일시금을 수령한 사람, ② 확정급여형 퇴직연금제도 또는 확정기여형 퇴직연금제도의 가입자로서 자기의 부담으로 개인형 퇴직연금제도를 추가로 설정하려는 사람, ③ 자영업자 등 안정적인 노후소득 확보가 필요한 사람으로서 대통령령으로 정하는 사람.

(1) 적립금의 운용

개인형 퇴직연금제도 적립금의 운용방법 및 운용에 관한 정보제공에 관하여는 근로자퇴직급여보장법 제21조를 준용하며 이 경우 "확정기여형 퇴직연금제도"는 "개인형 퇴직연금제도"로 본다(근퇴법 제24조 제4항).

(2) 상시 10명 미만 사업장에 대한 특례

상시 10명 미만의 근로자를 사용하는 사업의 사용자가 개별 근로자의 동의를 받거나 근로자의 요구에 따라 개인형 퇴직연금제도를 설정한 경우에는 해당 근로자에 대하여 퇴직급여제도를 설정한 것으로 보며(근퇴법 제25조 제1항), 가입자별로 연간 임금총액의 12분의 1 이상에 해당하는 부담금을 매년 1회 이상 정기적으로 가입자의 개인형 퇴직연금제도 계정에 현금으로 납입하여야 한다(동조 제2항).

4. 퇴직연금제도의 폐지·중단 시의 처리

퇴직연금제도가 폐지되거나 운영이 중단된 경우에는 폐지된 이후 또는 중단된 기간에 대하여는 근로자퇴직급여보장법 제8조 제1항에 따른 퇴직금제도를 운영한다(근퇴법 제38조 제1항). 사용자와 퇴직연금사업자는 퇴직연금제도가 폐지되어 가입자에게 급여를 지급하는 경우에 가입자가 지정한 개인형 퇴직연금제도의 계정으로 이전하는 방법으로 지급하여야 하고(동조 제4항), 이에 따라 급여를 받은 경우에는 중간정산되어 받은 것으로 본다(동조 제5항).

관련 판례1 대판 2011.12.8., 2011다68777.

최종 3개월분 임금채권우선변제

근로기준법 제38조 제2항은 근로자의 최저생활을 보장하고자 하는 공익적 요청에서 일반 담보물권의 효력을 일부 제한하고 최종 3개월분의 임금과 재해보상금에 해당하는 채권의 우선변제권을 규정한 것이므로, 합리적 이유나 근거 없이 그 적용대상을 축소하거나 제한하는 것은 허용되지 아니한다. 그런데 근로기준법 제38조 제2항은 최종 3개월분의 임금 채권은 같은 조 제1항에도 불구하고 사용자의 총재산에 대하여 질권 또는 저당권에 따라 담보된 채권에 우선하여 변제되어야 한다고 규정하고 있을 뿐, 사용자가 그 사용자 지위를 취득하기 전에 설정한 질권 또는 저당권에 따라 담보된 채권에서 우선하여 변제받을 수 없는 것으로 규정하고 있지 아니하므로, 최종 3개월분의 임금 채권은 사용자의 총재산에 대하여 사용자가 그 사용자 지위를 취득하기 전에 설정한 질권 또는 저당권에 따라 담보된 채권에도 우선하여 변제되어야 한다.

관련 판례2 대판 2011.10.13, 2009도9248.

퇴직금 지급청구권

퇴직금은 사용자가 근로자의 근로제공에 대한 임금 일부를 지급하지 아니하고 축적하였다가 이를 기본적 재원으로 하여 근로자가 1년 이상 근무하고 퇴직할 때 일시금으로 지급하는 것으로서, 본질적으로 후불적 임금의 성질을 지니는 것이므로, 이러한 퇴직금의 지급청구권은 퇴직금 중간정산으로 유효하게 성립하는 경우가 아닌 한 근로계약이 존속하는 동안에는 발생할 여지가 없다.

관련 판례3 대판 2011.4.14, 2009다35040.

계속근로와 계속근로연수

근로계약 기간이 만료되면서 다시 근로계약을 맺어 그 근로계약 기간을 갱신하거나 동일한 조건의 근로계약을 반복하여 체결한 경우에는 갱신 또는 반복된 근로계약 기간을 합산하여 퇴직금 지급요건으로서의 계속근로 여부와 계속근로 연수를 판단하여야 하고, 갱신되거나 반복체결된 근로계약 사이에 일부 공백 기간이 있다 하더라도 그 기간이 전체 근로계약 기간에 비하여 길지 아니하고 계절적 요인이나 방학 기간 등 당해 업무의 성격에 기인하거나 대기기간·재충전을 위한 휴식 기간 등의 사정이 있어 그 기간 중 근로를 제공하지 않거나 임금을 지급하지 않을 상당한 이유가 있다고 인정되는 경우에는 근로관계의 계속성은 그 기간 중에도 유지된다고 봄이 상당하다.

관련 판례4 대판 2012.10.11, 2010다95147.

퇴직금 분할약정

퇴직금 지급을 회피하기 위한 퇴직금 분할약정은 퇴직금 지급으로서 효력이 없고 지급된 퇴직금 상당액은 부당이득으로 볼 수 없어 반환을 구할 수 없다.

관련 판례5 대판 2011.10.27, 2011다42324.

근로자퇴직급여보장법에 따른 근속기간

사용자가 근로자퇴직급여보장법 제8조에 따라 퇴직금제도를 설정한 경우 사용자는 퇴직 근로자에게 계속근로기간 1년에 대하여 30일분 이상의 평균임금을 퇴직금으로 지급하여야 하는데, 이때의 계속근로기간은 원칙적으로 근로자의 재직기간을 말하므로 재직기간 중 일부를 퇴직금 산정의 기초가 되는 근속기간에서 제외하는 것은 그러한 내용이 단체협약이나 취업규칙으로 규정되어 있고,

그와 같이하여 산정한 퇴직금 액수가 근로자퇴직급여보장법에 따라 산정한 퇴직금 액수 이상이라는 등의 특별한 사정이 없는 한 허용될 수 없다.

관련 판례6 대판 2003.12.18, 2002다2843.

퇴직금 차등금지에서의 지급률 차이

사용자가 근로자들에게 불리하게 취업규칙을 변경함에 있어서 근로자들의 집단적 의사결정 방법에 의한 동의를 얻지 아니하였다고 하더라도, 취업규칙의 작성, 변경권이 사용자에게 있는 이상 현행의 법규적 효력을 가진 취업규칙은 변경된 취업규칙이고 다만 기득이익이 침해되는 기존 근로자에 대하여는 종전의 취업규칙이 적용될 따름이며, 취업규칙 중 퇴직금규정을 기존 근로자들에게 불리하게 변경하면서 부칙의 경과규정에 의하여 퇴직금규정이 변경되기 전의 근속기간에 대하여는 종전의 퇴직금규정에 의하도록 하는 것은 근로기준법(근로자퇴직급여보장법)이 정한 차등퇴직금제도금지의 원칙에 위배되지 아니 한다.

관련 판례7 대판 2021.1.14, 2020다207444.

확정기여형 퇴직연금제도에 가입한 근로자의 추가 퇴직금 지급 청구여부

확정기여형 퇴직연금제도가 설정된 사업 또는 사업장에서 사용자가 퇴직한 가입자에 대하여 그 가입기간 동안 매년 납입한 부담금이 연간 임금총액의 12분의 1에 미치지 못하는 경우, 근로자는 특별한 사정이 없는 한 퇴직일로부터 14일이 지난 후에는 사용자에게 직접 정당한 부담금액과 이미 납입된 부담금액의 차액 및 그에 대한 퇴직급여법에서 정한 지연이자를 지급할 것을 청구할 수 있을 뿐, 퇴직금 제도에 따라 평균임금의 재산정을 통해 계산하는 방식으로 추가 퇴직금의 지급을 청구할 수는 없다고 보아야 한다.

제3절 해고

❶ 해고의 의의

"해고"란 근로자의 의사와는 무관하게 사용자 측에서 일방적으로 근로관계를 종료시키는 법률행위를 말하는 것으로 근로자의 자유로운 의사에 따른 사직 등은 근로관계의 종료 시 별다른 문제를 야기시키지 않으나 해고는 근로자의 생존권에 상당한 위협을 가져옴에 따라 근로기준법에서는 해고에 관해 여러 가지 제한 규정을 두어 근로자를 보호하고 있다.

해고에는 그 목적에 따라 사업장에서 기업질서를 문란케 한 근로자를 징계하기 위한 징계해고와 긴급한 경영상의 필요에서 인원을 정리하기 위한 정리해고, 그리고 그 밖의 근로계약을 존속시킬 수 없는 사유에서 행하여지는 통상해고가 있다.[157]

❷ 해고의 제한

1. 해고제한의 필요성

자유 시장경제 질서에서 사용자와 근로자는 계약자유의 원칙에 따라 자유롭게 근로계약을 체결할 수 있으며, 해지 또한 자유롭게 할 수 있다. 그러나 사용자에 의한 해고의 자유는 경제적·사회적으로 약자의 지위에 있는 근로자에게는 해고로 인한 직장상실의 두려움으로 근로관계가 인격적 종속관계로 심화되어갈 위험성은 물론 근로자의 생존권마저 박탈되는 등의 불합리한 점이 있으므로 근로기준법에서는 근로자와 사용자 간의 실질적인 계약자유를 확보하고 근로자의 생존권을 보장하기 위하여 사용자의 해고의 자유에 대한 일정한 제한을 가하게 된 것이다.

---

157)   이병태, 『노동법』, p.623.

2. 해고제한의 법리

현행법은 해고에 대하여 일정한 제한법규를 두고 이를 위반한 경우 사법상 무효가 되어 부당해고가 된다. 이러한 해고제한에는 크게 실체적 제한과 절차적 제한으로 나누어 볼 수 있다.

(1) 해고의 실체적 제한

해고의 실체적 제한과 관련하여 근로기준법 제23조(해고 등의 제한) 제1항에서는 사용자의 정당한 이유 없는 해고 등을 금지하고 있고, 동법 제24조(경영상 이유에 의한 해고의 제한) 제1항은 경영상 이유에 의하여 근로자를 해고하려면 긴박한 경영상의 필요가 있어야 한다고 규정하고 있다.

1) 일신상의 사유로 인한 해고(통상해고)

일신상의 사유로 인한 해고란 근로자가 근로계약상의 근로제공 의무의 이행에 필요한 정신적·육체적인 적성의 결여로 업무수행 능력이 부진하거나 근로자의 부상·질병 등 그 밖의 건강상태로 인하여 근로제공이 어려울 경우에 해고하는 경우를 말한다. 일신상의 사유로 해고를 함에 있어서도 근로기준법 제23조 제1항의 정당한 이유, 즉 사회통념상 근로관계를 계속 유지할 수 없을 정도의 합리적인 이유가 있어야 한다. 그러나 일신상의 사유가 일정 기간 훈련이나 합리적인 기회부여, 배치전환 또는 적절한 치료행위 기타 작업환경의 개선으로 극복 가능한 경우라면 사용자는 근로계약상의 배려의무에 따라 해고의 자유가 제한된다.

2) 행태상의 사유로 인한 해고(징계해고)

행태상의 사유란 근로자가 유책하게 근로계약상의 의무위반행위를 한 경우를 말한다. 구체적으로는 근로계약상의 의무(무단결근·업무지시 위반 등)를 중대하게 위반하여 기업의 경영질서를 문란케 한 행위가 이에 해당한다. 이러한 행태상의 사유는 주로 징계해고의 대상이 된다. 다만, 행태상의 사유를 판단함에 있어서도 비위행위의 원인과 심각성, 이로 인해 기업질서에 미칠 영향 등을 종합적으로 검토하여 판단하여야 할 것이다.

3) 경영상 이유에 의한 해고

경영상 해고는 사용자가 긴박한 경영상의 필요로 인하여 근로자와의 근로관계의 존속이 불가능한 것을 이유로 하는 해고처분을 말한다.[158] 경영상 이유에 의한 해고가 정당하기 위해서는

① 긴박한 경영상의 필요가 있어야 한다. 이 경우 경영 악화를 방지하기 위한 사업의 양도·인수·합병은 긴박한 경영상의 필요가 있는 것으로 본다(근기법 제24조 제1항). 경영상 필요의 긴박성에 관하여 구 판례[159]는 구체적으로 인원 정리를 하지 아니하면 기업의 도산이 초래될 정도의 급박한 경영상의 필요성이 존재하여야 한다고 판시하고 있으나 그 후의 판례[160]는 반드시 기업의 도산을 회피하기 위한 경우에 한정되지 아니하고, 인원삭감이 객관적으로 보아 합리성이 있다고 인정되는 경우라고 하여 긴박성의 개념을 비교적 넓게 해석하고 있다. 또한 긴박한 경영상의 필요가 있는지를 판단할 때에는 법인의 어느 사업부문이 다른 사업부문과 인적·물적·장소적으로 분리·독립되어 있고 재무 및 회계가 분리되어 있으며 경영여건도 서로 달리하는 예외적인 경우가 아니라면 법인의 일부 사업부문 내지 사업소의 수지만을 기준으로 할 것이 아니라 법인 전체의 경영사정을 종합적으로 검토하여 결정하여야 한다.[161]

② 사용자는 해고를 피하기 위한 노력을 다하여야 하며, 합리적이고 공정한 해고기준을 정하고 이에 따라 그 대상자를 선정하여야 한다. 이 경우 남녀의 성을 이유로 차별하여서는 아니 된다(동조 제2항). 사용자의 해고회피 노력이란 경영상의 이유에 의한 해고를 단행하기에 앞서 해고를 회피할 수 있는 모든 다른 수단을 강구하여야 한다는 것을 의미한다. 다시 말해서 근로자에 대한 해고의 정당성은 사용자가 해당 근로자를 다른 일자리로 배치 전환하여 계속 취업시키는 것이 가능하지 않거나, 일자리의 감소를 막을 수 없는 경우에 인정될 수 있는 것이다.[162] 판례는 해고회피 노력을 사용자가 근로자의 해고범위를 최소화하기 위하여 경영방침이나 작업방식의 합리화, 신규 채용의 금지, 일시휴직

---

158) 이상윤, 『노동법』, p.482.
159) 대판 1989.5.23, 87다카2132.
160) 대판 1992.5.12, 90누9421.
161) 대판 2015.5.28, 2012두25873.
162) 김형배, 『노동법』, p.574.

및 희망퇴직의 활용, 전근 등 가능한 조치를 취하는 것이라고 하고 있다.[163]

합리적이고 공정한 해고의 기준이란 확정적, 고정적인 것은 아니고 당해 사용자가 직면한 경영위기의 강도와 정리해고를 실시한 사업부문의 내용 및 근로자의 구성, 정리해고 실시 당시의 사회경제상황 등에 따라 달라지는 것으로,[164] 사용자는 당해 기업의 업종과 규모 및 인원정리의 필요성 등을 종합하여 근로자대표와 성실한 협의를 거쳐 구체적으로 정하여야 한다. 최근의 판례에 따르면 해고대상자 선정기준은 단체협약이나 취업규칙 등에 정해져 있는 경우라면 특별한 사정이 없는 한 그에 따라야 하고, 만약 그러한 기준이 사전에 정해져 있지 않다면 근로자의 건강상태, 부양의무의 유무, 재취업 가능성 등 근로자 각자의 주관적 사정과 업무능력, 근무성적, 징계 전력, 임금 수준 등 사용자의 이익 측면을 적절히 조화시키되, 근로자에게 귀책사유가 없는 해고임을 감안하여 사회적·경제적 보호의 필요성이 높은 근로자들을 배려할 수 있는 합리적이고 공정한 기준을 설정하여야 한다고 판시하였다.[165]

③ 사용자는 해고를 피하기 위한 방법과 해고의 기준 등에 관하여 근로자대표에게 해고를 하려는 날의 50일 전까지 통보하고 성실하게 협의하여야 한다(동조 제3항). 협의는 동의와 다르므로 반드시 근로자측과 합의할 것까지는 없으나 단체협약에서 해고 등의 약관 또는 해고금지약관이 있는 경우 그 내용은 규범적 효력이 인정되므로 노동조합의 동의가 없이는 해고할 수 없다고 본다. 다만, 약관 작성 후 예상치 않았던 사항이 발생하여 심각한 경영위기에 이른 경우 사용자가 동의를 얻기 위하여 모든 조치를 다한 때에는 동의 없이 해고할 수 있다고 본다. 경영상 이유에 의한 해고가 정당하기 위해서 사용자는 위의 제1항부터 제3항까지의 규정에 따른 요건을 갖추어 근로자를 해고한 경우에 정당한 이유가 있는 해고를 한 것으로 보며 여러 사정을 전체적·종합적으로 고려하여 당해 해고가 객관적 합리성과 사회적 상당성을 지닌 것으로 인정될 수 있어야 한다. 최근의 대법원 판결은 이와 같은 요건에 덧붙여 위 각 요건의 구체적 내용은 확정적·고정적인 것이 아니라 구체적 사안에서 다른 요건의 충족

---

163) 대판 1992.12.22, 92다14779.
164) 대판 2002.7.9, 2001다29452.
165) 대판 2021.7.29, 2016두64876.

정도와 관련하여 유동적으로 정해지는 것이므로, 구체적 사건에서 경영상 이유에 의한 당해 해고가 정당한지 여부는 위 각 요건을 구성하는 개별 사정들을 종합적으로 고려하여 판단하여야 한다고 판시함으로써 경영상 이유에 의한 해고의 유효요건을 유연하게 해석하고 있다. 한편, 경영상 이유에 의해 근로자를 해고한 사용자는 근로자를 해고한 날부터 3년 이내에 해고된 근로자가 해고 당시 담당하였던 업무와 같은 업무를 할 근로자를 채용하려고 할 경우 제24조(경영상 이유에 의한 해고)에 따라 해고된 근로자를 우선적으로 고용하여야 한다(동법 제25조 제1항).

(2) 해고의 절차적 제한

현행법은 해고절차에 관하여 구체적인 규정을 두고 있지 않다. 다만 근로기준법 제23조 제2항에서 해고시기를 제한하고 제26조에서 해고예고제도를 두고 있으며 제27조에서 근로자를 해고하는 경우 서면으로 통지하여야만 그 효력이 있음을 정하였다. 이 밖에 법 제24조 제3항에서는 경영상 이유에 의한 해고를 할 경우에는 해고를 하려는 날의 50일 전까지 근로자대표에게 사전통보를 규정하고 있으며, 제93조 제4호에서는 취업규칙에 '퇴직에 관한 사항'을 필요적 기재사항으로 정하고 있으므로 취업규칙에서 해고절차에 관한 사항도 정하여야 한다.

1) 해고시기의 제한

사용자는 근로자가 업무상 부상 또는 질병의 요양을 위하여 휴업한 기간과 그 후 30일간 및 산전·산후의 여성이 이 법에 따라 휴업한 기간과 그 후 30일 동안은 근로자를 해고하지 못한다. 다만, 사용자가 법 제84조에 따라 일시보상을 하였을 경우 또는 사업을 계속할 수 없게 된 경우에는 근로자를 해고할 수 있다(근기법 제23조 제2항). 또한, 산업재해보상보험법상 요양급여를 받는 자가 요양을 시작한 후 3년이 경과한 날 이후에 상병보상연금을 받고 있는 경우에는 제23조 제2항 단서의 일시보상을 지급한 것으로 본다(산재법 제80조 제4항). 따라서 이 경우에도 해고가 가능하다.

2) 해고의 예고

사용자는 근로자를 해고(경영상 이유에 의한 해고를 포함)하려면 적어도 30일 전에 예고를 하여야 하고, 30일 전에 예고를 하지 아니하였을 때에는 30일분 이상의 통상임금을 지급하여야 한다. 다만, ① 근로자가 계속근로한 기간이 3개월 미만인 경우, ② 천재·사변, 그 밖의 부득이한 사유로 사업을 계속하는 것이 불가능한 경우, ③ 근로자가 고의로 사업에 막대한 지장을 초래하거나 재산상 손해를 끼친 경우로서 고용노동부령으로 정하는 사유에 해당하는 경우에는 그러하지 아니하다 (근기법 제26조). 해고의 예고는 특별한 형식을 요하지 아니하나 해고의 효력발생일을 명시하여 근로자가 언제 해고되는지를 알 수 있어야 한다.[166]

3) 해고사유 등의 서면통지

사용자는 근로자를 해고하려면 해고사유와 해고시기를 서면으로 통지하여야 한다(근기법 제27조 제1항). 해고의 예고를 해고사유와 해고시기를 명시하여 서면으로 한 경우에는 제1항에 따른 통지를 한 것으로 본다(동조 제3항). 해고는 근로계약을 소멸시키는 사용자의 의사표시이므로 반드시 사용자의 의사표시가 있어야 하고,[167] 그 의사표시가 상대방에게 도달하는 때에 효력이 발생한다. 한편 사용자가 해고사유 등을 서면으로 통지할 때 해고통지서 등 명칭과 상관없이 근로자의 처지에서 해고사유가 무엇인지를 구체적으로 알 수 있는 서면이면 충분하며,[168] 판례는 이메일에 의한 해고통지도 서면에 의한 해고통지의 역할과 기능을 충분히 수행하는 경우에는 예외적으로 유효하다고 인정하였으나,[169] 이메일 외의 의사전달 수단이 마땅히 없는 등의 특별한 사정이 있어야 한다고 본다.

4) 단체협약·취업규칙 등에 정한 해고절차

단체협약이나 취업규칙에서 해고절차를 정한 경우 그 절차는 유효요건이므로 반드시 이에 따라야 하며. 이를 위반한 해고는 무효이다. 따라서 징계해고 이외의 통상해고나 정리해고에 관해서도 단체협약과 취업규칙 등에서 해고사유, 해고절

---

166) 대판 2010.4.15, 2009도13833
167) 대판 1993.5.11, 92다20712.
168) 대판 2021.7.29, 2021두36103.
169) 대판 2015.9.10, 2015두41401.

차 등을 자세히 정하는 것이 바람직하다. 판례는 단체협약과 배치되지 않는 경우 취업규칙에 근거한 징계해고는 정당하다고 본다.[170] 취업규칙에서 당연퇴직사유를 정하고 그 퇴직사유가 발생한 경우에도 사용자 측에서 일방적으로 근로관계를 종료시키는 것인 이상 이는 실질상 해고의 일종으로 근로기준법에 의한 제한을 받는다.[171] 해고절차의 제한으로 단체협약에 노동조합의 해고사전합의 조항을 둔 경우에는 노동조합이 사전동의권을 남용하거나 스스로 사전동의권을 포기한 것으로 인정되는 경우 이외에는 반드시 노조와의 합의가 있어야 한다.

5) 경영상 해고에서 사전통보

근로기준법 제24조 제3항에 근로자 대표에게 해고하고자 하는 날의 50일 전까지 통보하여야 한다는 50일의 기간준수를 판례는 정리해고의 요건은 아니라고 보고 협의를 하는 데 소요되는 시간으로 부족하였다는 등 특별한 사정이 없으며 그 밖의 요건을 충족하였다면 그 정리해고는 유효하다고 본다.[172] 그러나 현행법은 종전의 판례법리와 달리 법 제24조 제5항에서 명확하게 각각의 요건을 규정하고 있기 때문에 근로자대표와의 50일전 협의 규정은 효력요건으로 보아야 할 것이다.

6) 우선 재고용

경영상 이유에 의해 근로자를 해고한 사용자는 근로자를 해고한 날부터 3년 이내에 해고된 근로자가 해고 당시 담당하였던 업무와 같은 업무를 할 근로자를 채용하려고 할 경우 해고된 근로자가 원하면 그 근로자를 우선적으로 고용하여야 한다(근기법 제25조 제1항). 사용자가 우선 재고용 의무를 이행하지 않는 경우, 해고 근로자는 사용자를 상대로 고용의 의사표시를 갈음하는 판결을 구할 사법상의 권리가 있고, 판결이 확정되면 사용자와 해고 근로자 사이에 고용관계가 성립한다. 또한 해고 근로자는 사용자가 위 규정을 위반하여 우선 재고용 의무를 이행하지 않은 데 대하여, 우선 재고용 의무가 발생한 때부터 고용관계가 성립할 때까지의 임금 상당 손해배상금을 청구할 수 있다.[173]

---

170) 대판 1993.3.15, 92누13035.
171) 대판 1993.12.21, 93다43866.
172) 대판 2003.11.13, 2003두4119.
173) 대판 2020.11.26, 2016다13437.

관련 판례1 대판 2022.9.15, 2018다251486.

정당한 해고의 판단기준

사용자가 근무성적이나 근무능력이 불량하여 직무를 수행할 수 없는 경우에 해고할 수 있다고 정한 취업규칙 등에 따라 근로자를 해고한 경우, 사용자가 근로자의 근무성적이나 근무능력이 불량하다고 판단한 근거가 되는 평가가 공정하고 객관적인 기준에 따라 이루어진 것이어야 할 뿐 아니라 근로자의 근무성적이나 근무능력이 다른 근로자에 비하여 상대적으로 낮은 정도를 넘어 상당한 기간 동안 일반적으로 기대되는 최소한에도 미치지 못하고 향후에도 개선될 가능성을 인정하기 어렵다는 등 사회통념상 고용관계를 계속할 수 없을 정도인 경우에 한하여 해고의 정당성이 인정된다. 이러한 법리는 취업규칙이나 인사규정 등에서 근로자의 근무성적이나 근무능력 부진에 따른 대기발령 후 일정 기간이 경과하도록 보직을 다시 부여받지 못하는 경우에는 해고한다는 규정을 두고 사용자가 이러한 규정에 따라 해고할 때에도 마찬가지로 적용된다. 이때 사회통념상 고용관계를 계속할 수 없을 정도인지는 근로자의 지위와 담당 업무의 내용, 그에 따라 요구되는 성과나 전문성의 정도, 근로자의 근무성적이나 근무능력이 부진한 정도와 기간, 사용자가 교육과 전환배치 등 근무성적이나 근무능력 개선을 위한 기회를 부여하였는지 여부, 개선의 기회가 부여된 이후 근로자의 근무성적이나 근무능력의 개선 여부, 근로자의 태도,사업장의 여건 등 여러 사정을 종합적으로 고려하여 합리적으로 판단하여야 한다.

관련 판례2 대판 2023.12.28, 2021두33470.

통상해고의 정당성

참가인은 간부사원인 과장으로 승진한 2007년부터 2017년까지 시행된 인사평가에서 지속적으로 5단계 등급(S, A, B, C, D) 중 C등급 또는 D등급을 받았으며, 원고는 2009년부터 간부사원 전체 약 12,000명 중 직전 3개년도 누적 인사평가결과가 하위 1% 미만(2010년부터 2011년까지는 하위 1.5% 미만, 2012년 이후부터는 하위 2% 미만)에 해당하는 간부사원을 대상으로 근무태도 향상, 역량 및 성과 개선을 위한 교육프로그램인 PIP를 도입한 이래 매년 이를 시행하여 왔는데, 참가인은 2010년부터 2017년까지 8년간 총 7회에 걸쳐 PIP 대상자로 선정되었다. 참가인이 2017년 PIP 대상자로 선정될 당시 2014년부터 2016년까지 3년간의 인사평가결과가 전체 간부사원 11,229명 중 11,222위로 최하위 그룹에 속하며 근무태도 및 근무성적 불량을 사유로 위 기간 동안 3차례나 정직의 징계를 받기도 하였다. 2017년 PIP 현업수행 기간 중에도 자신에게 부여된 업무를 매우 미흡하게 처리하였고, 다른 팀원들과 협업을 하거나 조직에 융화되는 모습을 전혀 보이지 못한다는 평가를 받는 등 PIP 대상자 평가에서조차 저조한 결과(40.516점/100점 만점)를 받아 대상자 44명 중 41위를 기록하였다. 원고는 참가인에게 PIP 교육을 7회나 실시하는 등으로 개선의 기회를 충분히 부여하였고, 비록 공식적으로 제안을 한 것은 아니지만 2012년 PIP 대상자로 선정된 당시 전환배치 대상자로 면담을 한 사실이 있는데 참가인이 기존 부서에서 계속 근무하겠다는 의사를 밝힘에 따라 그 의사를 존중하여 직무재교육 기회를 7회나 제공하였음에도 업무능력이나 업무성과가 개선되지 않자 이 사건 해고에 이른 것으로 보인다. 원고가 참가인에게 배치전환을 공식적으로 제안하거나 전보발령을 단행하지 않았다는 사정만으로 개선의 기회를 부여하지 않았다고 볼 수는 없으므로 참가인은 사회통념상 고용관계를 계속할 수 없을 정도인 경우에 해당하여 이 사건 해고의 정당성이 인정된다.

관련 판례3 대판 1999.12.21, 99다53865.

학력 또는 경력의 허위기재에 대한 징계해고의 정당성

기업이 근로자를 고용하면서 학력 또는 경력을 기재한 이력서나 그 증명서를 요구하는 이유는 단순히 근로자의 근로능력 즉 노동력을 평가하기 위해서만이 아니라, 노사간의 신뢰형성과 기업질서 유지를 위해서는 근로자의 지능과 경험, 교육 정도, 정직성 및 직장에 대한 정착성과 적응성 등 전인격적 판단을 거쳐 고용 여부를 결정할 필요가 있으므로 그 판단자료로 삼기 위한 것으로, 사용자가 사전에 학력이나 경력의 허위기재 사실을 알았더라면 고용계약을 체결하지 아니하였거나 적어도 동일 조건으로는 계약을 체결하지 아니하였을 것으로 인정되는 경우에 한하여 이를 근로자에 대한 정당한 징계해고사유로 삼을 수 있고, 이때 고용계약을 체결하지 아니하였거나 적어도 동일 조건으로는 계약을 체결하지 아니하였을 것으로 인정되는 경우란 기업의 종류나 성격, 허위기재하거나 은폐한 내용, 고용계약 체결 당시의 상황 등에 비추어 그러한 사정이 객관적으로도 인정되는 경우를 말한다. 그러나 버스회사 입사 시 제출한 이력서에 다른 버스회사에 4개월간 근무한 경력을 누락한 행위가 정당한 징계해고사유에 해당하지 않는다.

관련 판례4 대판 2011.3.24, 2010다921488.

정리해고의 요건

사용자가 경영상의 이유에 의하여 근로자를 해고하고자 하는 경우에는 긴박한 경영상의 필요가 있어야 하고, 해고를 피하기 위한 노력을 다하여야 하며, 합리적이고 공정한 기준에 따라 그 대상자를 선정하여야 하고, 해고를 피하기 위한 방법과 해고의 기준 등을 근로자의 과반수로 조직된 노동조합 또는 근로자대표에게 해고실시일 50일 전까지 통보하고 성실하게 협의하여야 한다.

관련 판례5 대판 2013.6.13, 2011다60193.

긴박한 경영상의 필요

긴박한 경영상의 필요라 함은 반드시 기업의 도산을 회피하기 위한 경우에 한정되지 아니하고, 장래에 올 수도 있는 위기에 미리 대처하기 위하여 고용인원의 감축이 객관적으로 보아 합리성이 있다고 인정되는 경우도 포함되는 것으로 보아야 한다. 그리고 정리해고의 요건 중 긴박한 경영상의 필요가 있었는지 여부는 정리해고를 할 당시의 사정을 기준으로 판단하여야 한다.

관련 판례6 대판 2011.9.8, 2009두14682.

해고회피를 위한 노력

정리해고에 정당한 이유가 있기 위하여 필요한 요건 중 해고회피를 위한 노력을 다하여야 한다는 것은 사용자가 근로자의 해고범위를 최소화하기 위하여 경영방침이나 작업방식의 합리화, 신규 채용의 금지, 일시휴직, 희망퇴직의 활용 및 전근 등의 가능한 조치를 취하는 것을 의미하고, 사용자가 정리해고를 실시하기 전에 다하여야 할 해고회피 노력의 방법과 정도는 확정적·고정적인 것이 아니라 당해 사용자의 경영위기의 정도, 정리해고를 실시하여야 하는 경영상의 이유, 사업의 내용과 규모, 직급별 인원상황 등에 따라 달라지는 것이고, 사용자가 해고를 회피하기 위한 방법에 관하여 노동조합 또는 근로자대표와 성실하게 협의하여 정리해고 실시에 관한 합의에 도달하였다면 이러한 사정도 해고회피 노력의 판단에 참작되어야 한다.

관련 판례7 대판 2012.5.24, 2011두11310.

합리적이고 공정한 해고의 기준

사용자가 경영상의 이유에 의하여 근로자를 해고하고자 하는 경우 합리적이고 공정한 해고의 기준을 정하고, 이에 따라 그 대상자를 선정하여야 하는바, 이때 합리적이고 공정한 기준이 확정적·고정적인 것은 아니고 당해 사용자가 직면한 경영위기의 강도와 정리해고를 실시하여야 하는 경영상의 이유, 정리해고를 실시한 사업부문의 내용과 근로자의 구성, 정리해고 실시 당시의 사회·경제상황 등에 따라 달라지는 것이기는 하지만, 객관적 합리성과 사회적 상당성을 가진 구체적인 기준이 마련되어야 하고, 그 기준을 실질적으로 공정하게 적용하여 정당한 해고대상자의 선정이 이루어져야 한다.

관련 판례8 대판 2012.5.24, 2010두15964.

정리해고의 절차적 요건

근로자의 과반수로 조직된 노동조합이 없는 경우에 정리해고에 관한 협의의 상대방이 형식적으로는 근로자 과반수의 대표로서의 자격을 명확히 갖추지 못하였더라도 실질적으로 근로자의 의사를 반영할 수 있는 대표자라고 볼 수 있다면 절차적 요건을 충족하였다고 보아야 한다.

관련 판례9 대판 2003.11.13, 2003두4119.

정리해고에 있어서의 사전통보 위반의 효력

근로기준법 제31조(현행 제24조) 제3항이 해고를 피하기 위한 방법과 해고의 기준을 해고실시 60일(현행 50일) 전까지 근로자대표에게 통보하게 한 취지는, 소속근로자의 소재와 숫자에 따라 그 통보를 전달하는 데 소요되는 시간, 그 통보를 받은 각 근로자들이 통보 내용에 따른 대처를 하는 데 소요되는 시간, 근로자대표가 성실한 협의를 할 수 있는 기간을 최대한으로 상정·허용하자는 데 있는 것이고, 60일 기간의 준수는 정리해고의 효력요건은 아니어서, 구체적 사안에서 통보 후 정리해고 실시까지의 기간이 그와 같은 행위를 하는 데 소요되는 시간으로 부족하였다는 등의 특별한 사정이 없으며, 정리해고의 그 밖의 요건은 충족되었다면 그 정리해고는 유효하다.

관련 판례10 대판 2010.4.15, 2009도13833.

해고의 예고

근로기준법 제26조에서 사용자가 근로자를 해고하는 경우 적어도 30일 전에 예고를 하여야 하고, 30일 전에 예고를 하지 아니하였을 때에는 30일분 이상의 통상임금을 지급하도록 규정한 취지는 근로자로 하여금 해고에 대비하여 새로운 직장을 구할 수 있는 시간적 또는 경제적 여유를 주려는 것이므로, 사용자의 해고예고는 일정시점을 특정하여 하거나 언제 해고되는지를 근로자가 알 수 있는 방법으로 하여야 한다.

관련 판례11 대판 1993.11.9, 93다7464.

해고예고의무를 위반한 해고의 효력

회사가 면직처분을 함에 있어 근로기준법 제26조에 따른 해고의 예고를 하지 아니하였다고 하더라도 회사가 해고예고수당을 지급하여야 하는 것은 별론으로 하고 그와 같은 사정만으로 면직처분이 무효라고 볼 것은 아니다.

관련 판례12 대판 2011.10.27, 2011다42324.

해고사유 등의 서면통지 규정의 취지와 기재방법

근로기준법 제27조는 사용자가 근로자를 해고하려면 해고사유와 해고시기를 서면으로 통지하여야 그 효력이 있다고 규정하고 있는데, 이는 해고사유 등의 서면통지를 통해 사용자로 하여금 근로자를 해고하는 데 신중을 기하게 함과 아울러, 해고의 존부 및 시기와 그 사유를 명확하게 하여 사후에 이를 둘러싼 분쟁이 적정하고 용이하게 해결될 수 있도록 하고, 근로자에게도 해고에 적절히 대응할 수 있게 하기 위한 취지라고 할 것이다. 따라서 사용자가 해고사유 등을 서면으로 통지할 때에는 근로자의 처지에서 해고의 사유가 무엇인지를 구체적으로 알 수 있어야 하고, 특히 징계해고의 경우에는 해고의 실질적 사유가 되는 구체적 사실 또는 비위내용을 기재하여야 하며 징계대상자가 위반한 단체협약이나 취업규칙의 조문만 나열하는 것으로는 충분하다고 볼 수 없다.

관련 판례13   대판 2021.2.25, 2017다226605.

서면에 기재할 해고의 사유

해고대상자가 이미 해고사유가 무엇인지 구체적으로 알고 있고 그에 대해 충분히 대응할 수 있는 상황이었다면 해고통지서에 해고사유를 상세하게 기재하지 않았더라도 위 조항을 위반한 것이라고 볼 수 없다. 그러나 근로기준법 제27조의 규정 내용과 취지를 고려할 때, 해고대상자가 해고사유가 무엇인지 알고 있고 그에 대해 대응할 수 있는 상황이었다고 하더라도, 사용자가 해고를 서면으로 통지하면서 해고사유를 전혀 기재하지 않았다면 이는 근로기준법 제27조를 위반한 해고통지에 해당한다고 보아야 한다.

관련 판례14   대판 2015.9.10, 2015두41401.

이메일에 의한 해고통지의 효력

"서면"이란 일정한 내용을 적은 문서를 의미하고 이메일 등 전자문서와는 구별되지만, 이메일의 형식과 작성 경위 등에 비추어 사용자의 해고 의사를 명확하게 확인할 수 있고, 이메일에 해고사유와 해고시기에 관한 내용이 구체적으로 기재되어 있으며, 해고에 적절히 대응하는 데 아무런 지장이 없는 등 서면에 의한 해고통지의 역할과 기능을 충분히 수행하고 있다면, 단지 이메일 등 전자문서에 의한 통지라는 이유만으로 서면에 의한 통지가 아니라고 볼 것은 아닌 점 등을 고려하면, 근로자가 이메일을 수신하는 등으로 내용을 알고 있는 이상, 이메일에 의한 해고통지도 해고사유 등을 서면 통지하도록 규정한 근로기준법 제27조의 입법 취지를 해치지 아니하는 범위 내에서 구체적 사안에 따라 서면에 의한 해고통지로서 유효하다고 보아야 할 경우가 있다.

제4절 **부당해고 등의 구제**

❶ 구제의 방법과 절차

부당해고 등에 대한 구제는 행정적 구제와 사법적 구제의 이원주의를 채택하고 있으므로 근로자는 사용자로부터 부당해고 등을 당한 경우 두 가지 방법을 이용하여 그 구제를 받을 수 있다. 그 하나는 노동위원회에 구제를 신청하여 구제받을 수 있는 행정적 구제이다. 다른 하나는 일반 권리분쟁에서와 같이 민사소송에 의해 해고의 무효를 법원에서 주장하여 구제받을 수 있는 사법적 구제이다. 근로자는 행정적 구제 또는 사법적 구제 중 어느 하나를 택하거나 양자를 다 같이 이용하여 노동위원회에 부당해고 구제신청을 하고 그와 동시에 법원에 해고무효확인의 소를 제기할 수 있다.[174] 그러나 법해석의 최종적 권한은 법원에 있으므로 일단 법원에서 부당해고가 아니라는 판결이 확정된 때에는 행정적 구제는 할 수 없다.[175]

1. 노동위원회를 통한 행정적 구제

(1) 의의

사용자가 근로자에게 부당해고 등을 하면 근로자는 노동위원회에 구제를 신청할 수 있다(근기법 제28조 제1항). 이는 사용자의 부당한 해고처분으로부터 근로자를 보호하기 위하여 국가가 마련한 공법상의 구제제도로서, 법원에 의한 사법적 구제는 그 절차가 복잡하고 소송기간이 길며 비용부담이 크기 때문에 그 구제에서 상당한 불편을 제거하고자 도입한 것으로 노동위원회에 의한 구제는 그 절차가 법원에 제소하는 것에 비하여 신속·간이하며 경제적이라는 이점이 있으며, 노사관계에 전문적인 노동위원회에 의해 사안을 해결할 수 있다는 것이 특징이다.

(2) 구제절차

1) 구제신청

구체신청을 할 수 있는 자는 해고 등 불이익처분을 받은 당해 근로자이고, 노동

---

174) 이병태, 『노동법』, p.650.
175) 대판 1992.7.28, 92누6099.

조합은 이를 할 수 없다.**176)** 구제신청은 부당해고가 발생한 사업장의 소재지를 관할하는 지방노동위원회에 그 구제를 신청함으로써 개시되며, 그 구제신청은 부당해고가 있었던 날로부터 3개월 이내에 하여야 한다(근기법 제28조 제2항).

2) 조사와 심문

노동위원회는 부당해고 등의 구제신청을 받으면 지체 없이 필요한 조사를 하여야 하며, 관계 당사자를 심문하여야 한다(근기법 제29조 제1항). 조사는 신청인이 주장하는 사실·내용 및 쟁점 등을 정리하고 당사자의 견해를 명확히 하여 사실인정의 자료로 하기 위하여 행하여진다. 심문을 할 때에는 관계 당사자의 신청이나 직권으로 증인을 출석하게 하여 필요한 사항을 질문할 수 있고(동조 제2항), 또한 관계 당사자에게 증거제출과 증인에 대한 반대 심문을 할 수 있는 충분한 기회를 주어야 한다(동조 제3항).

3) 의결과 화해

심판위원회가 심문을 종결하였을 경우 판정회의를 개최하여야 한다(노위칙 제59조 제1항). 심판위원회 위원장은 판정회의에 앞서 당해 심문회의에 참석한 근로자위원과 사용자위원에게 의견진술의 기회를 주어야 한다(동조 제2항).

심판위원회는 사건의 조사 과정이나 심문회의 진행 중에 당사자에게 화해를 권고하거나 주선할 수 있고(동 규칙 제69조), 당사자가 화해안을 수락하거나 화해 조건에 합의한 경우에는 화해조서를 작성하여야 한다(동 규칙 제71조 제1항). 화해는 당사자와 화해에 관여한 심판위원이 서명이나 날인함으로써 성립되며 화해가 성립된 후 당사자는 이를 번복할 수 없다(동조 제2항). 작성된 화해조서는 민사소송법에 따른 재판상 화해의 효력을 갖는다(노위법 제16조의3 제5항).

4) 구제명령과 기각결정

노동위원회는 심문을 끝내고 부당해고 등이 성립한다고 판정하면 사용자에게 구제명령을 하여야 하며, 그렇지 아니한 경우에는 그 구제신청을 기각하는 결정을

---

176) 대판 1993.5.25, 92누12452.

하여야 한다(근기법 제30조 제1항). 물론 노동위원회에서 부당해고라고 인정하더라도 구제의 이익이 없으면 구제명령을 발하지 아니한다. 이러한 판정 및 구제명령이나 기각결정은 사용자와 근로자에게 각각 서면으로 통지하여야 한다(동조 제2항). 노동위원회는 제1항에 따른 구제명령을 할 때 근로자가 원직복직을 원하지 아니하면 원직복직을 명하는 대신 근로자가 해고기간 동안 근로를 제공하였더라면 받을 수 있었던 임금 상당액 이상의 금품을 근로자에게 지급하도록 명할 수 있다(동조 제3항). 한편 노동위원회는 근로계약기간의 만료, 정년의 도래 등으로 근로자가 원직복직이 불가능한 경우에도 제1항에 따른 구제명령이나 기각결정을 하여야 하며, 이 경우 부당해고 등이 성립한다고 판정하면 근로자가 해고기간 동안 근로를 제공하였더라면 받을 수 있었던 임금 상당액에 해당하는 금품을 사업주가 근로자에게 지급하도록 명할 수 있다(동조 제4항). 확정된 구제명령을 위반한 경우에는 법 제111조 벌칙규정이 적용되고, 동 규정이 적용되기 위해서는 사전에 노동위원회의 고발이 있어야 한다.

5) 재심

지방노동위원회(이하 "지노위"라 한다)의 구제명령이나 기각결정에 불복하는 사용자나 근로자는 구제명령서 또는 기각결정서를 통지받은 날부터 10일 이내에 중앙노동위원회(이하 "중노위"라 한다)에 재심을 신청할 수 있다(근기법 제31조 제1항). 중노위는 재심 신청이 요건을 충족하지 못한 경우 재심 신청을 각하하고, 재심 신청이 이유 없다고 판단하는 경우에는 기각하며, 이유 있다고 판단하는 경우에는 지노위의 처분을 취소하고 구제명령이나 각하 또는 기각결정을 하여야 한다(노위칙 제94조 제1항). 중노위의 재심판정에 대하여 사용자나 근로자는 재심판정서를 송달받은 날부터 15일 이내에 「행정소송법」의 규정에 따라 소를 제기할 수 있다(근기법 제31조 제2항). 동 기간 내에 재심을 신청하지 않거나 행정소송을 제기하지 않으면 그 구제명령, 기각결정 또는 재심판정은 확정된다(동조 제3항). 노동위원회의 구제명령, 기각결정 또는 재심판정은 제31조에 따른 중노위에 대한 재심 신청이나 행정소송 제기에 의하여 그 효력이 정지되지 아니한다(동법 제32조).

중노위에서 내린 각하 또는 기각처분에 대하여 법원이 이를 취소한 경우 중노위는 취소판결의 취지에 따라 다시 이전의 신청에 대한 처분을 하여야 한다. 중노위에서 부당해고가 성립된다고 보아 내린 구제명령에 대하여 법원이 이를 취소한 경우에는 중노위의 구제명령의 효력은 상실된다. 또한, 중노위의 구제명령에 대하여 법원이 청구기각의 판결을 하게 되면 구제명령은 확정된다.

2. 법원을 통한 사법적 구제

(1) 의의

노동위원회에 의한 행정적 구제는 단지 공법상의 의무만을 부담시킬 뿐 사법상의 법률관계를 확정하는 것은 아니므로 법원에 의한 사법적 구제제도를 활용할 필요가 있다. 즉, 부당해고를 당한 근로자는 자신의 선택에 따라 노동위원회를 통한 구제를 거치지 않고 직접 법원에 해고무효확인의 소송을 제기하거나 노동위원회의 판정에 불복하여 행정소송을 제기할 수도 있다.

(2) 소의 내용
1) 해고무효확인 소송

이는 당사자가 해고로 인하여 입은 실제 손해를 회복하고자 할 때, 해고의 무효 즉 근로자와 사용자 간의 고용관계의 존속을 확인함으로써 고용관계의 회복을 목적으로 하는 소송으로[177] 법원에 해고무효확인 소송을 제기하여 구제를 받을 수 있다. 해고무효확인 소송에서 해고사유의 정당성과 절차의 적법성에 관한 입증책임은 이를 주장하는 사용자가 부담한다.[178] 해고처분의 당부(當否)와 관련해서는 당해 처분에서 해고사유로 삼은 사유에 의하여 판단하여야 하고 이와는 전혀 별개의 사유까지를 포함하여 위 해고처분의 당부를 판단할 것은 아니다.[179] 해고무효확인 소송을 본안으로 하여 종업원지위보전의 가처분 신청이나 임금지급의 가처분신청을 할 수 있는데 이 경우 가처분신청이 권리분쟁을 신속히 해결할 수 있는 수단이 된다.

---

177) 대판 1991.2.22, 90다카27389.
178) 대판 1999.4.27, 99두202.
179) 대판 1992.6.9, 91다11537.

2) 행정소송

근로자는 중앙노동위원회(이하 "중노위"라 한다)의 판정에 불복하여 행정소송을 제기할 수 있다. 노동위원회의 명령·결정은 행정처분이므로 구제명령·기각결정 또는 재심판정의 효력은 행정소송의 제기에 의해 정지되지 않으며 행정소송의 판결에 의하여 취소·변경되게 된다. 그러므로 이러한 행정소송은 취소소송의 형태를 띠게 된다. 행정소송의 피고가 중노위 위원장이므로 행정소송은 중노위의 소재지를 관할하는 서울행정법원에 전속관할권이 있고, 중노위의 재심에 대하여 관계 당사자가 재심판정서의 송달을 받은 날로부터 15일 이내에 행정소송법이 정하는 바에 의하여 소를 제기할 수 있게 된다. 따라서 지방노동위원회의 명령에 불복하는 관계 당사자는 행정소송을 제기할 수 없다고 할 것이다. 이때 소송을 제기하지 아니하면 구제명령·기각결정·재심판정은 확정되고 당사자는 노동위원회의 확정명령에 따라야 한다. 소송은 행정소송법에 의한 절차에 따라 전개되며, 노동위원회의 위법한 처분에 대한 것이므로 노동위원회의 처분이 위법하여야 하고, 소의 이익이 존재하여야 한다. 법원이 중노위의 구제명령을 취소하면 이 효력은 상실되며, 청구기각의 판결을 하면 구제명령은 확정된다. 중노위의 부당해고가 성립하지 않는다는 각하 또는 기각처분을 법원이 취소한 경우 중노위는 취소판결의 취지에 따라 처분을 하게 된다.[180]

(3) 소의 제기기간

부당해고 후 상당한 기간이 경과하도록 권리를 행사하지 아니한 경우 소의 제기기간에 관하여 법에 규정한 바가 없으나, 장기간의 권리불행사가 신의칙에 반하는 경우 실효의 원칙에 따라 구제를 받을 수 없다.[181] 판례는 징계면직처분에 불복하던 근로자가 아무런 이의나 조건 없이 퇴직금을 수령하고 다른 생업에 종사하다 징계면직일로부터 상당 기간 경과한 후에 제기한 해고무효확인 청구는 신의칙 및 실효의 원칙에 위배되어 허용될 수 없다고 판단하였다.[182]

180) 「행정소송법」 제30조 제2항.
181) 대판 1991.4.12, 90다8084.
182) 대판 1992.10.13, 92다22462.

Ⅱ 구제의 효과

1. 원상회복

구제신청에 의해서 부당해고 등이 성립한다고 판단하면 노동위원회는 사용자에게 구제명령을 판정하고 사용자는 이에 따라 근로자에 대해 복직 등 원상회복조치를 취하여야 한다. 다만 부당해고 사건에 한해 사용자는 원상회복조치와 동시에 그 해고가 없었더라면 지급받을 수 있었던 임금 상당액을 지급하여야 한다. 임금 상당액은 부당해고 기간 동안의 임금전액을 말하나 해고기간 중에 근로자가 다른 사업장에 취업함으로써 얻은 수입이 있을 경우 해고기간 동안의 임금액 중 근로기준법 소정의 휴업수당의 범위 내의 금액에서는 중간수입을 공제할 수 없고 휴업수당을 초과하는 금액에서만 이를 공제할 수 있다.[183]

2. 금전보상명령

(1) 의의

부당해고에 대한 구제명령을 할 때에 근로자가 원직복직을 원하지 아니하면 원직복직을 명하는 대신 금전보상을 지급하도록 명할 수 있다. 이는 정당한 이유 없는 해고의 구제방식을 다양화함으로써 권리구제의 실효성을 제고하고 근로관계 단절상태의 장기화를 방지하여 근로관계를 조속히 안정시키는 효과가 있다.

종래의 부당해고 구제절차에서의 '원상회복'만으로는 해고된 근로자가 원직복직을 원하지 않더라도 경제적 보상장치가 없어 당사자 간 합의로 금전보상을 받거나 해고무효에 따른 별도의 보상을 청구하는 민사소송을 제기하여야 하는 등 효과적인 구제방법이 되지 못하므로 원직복직을 대신하여 금전보상금을 지급하고 근로관계를 종료할 필요성이 있다는 점이 지적되어 왔다. 이에 따라 이른바 '노사관계 선진화 입법'의 결과로서 2007년 7월 1일부터 시행되는 근로기준법 개정으로 금전보상제도가 도입되었다.[184]

---

183) 대판 2005.1.13, 2004다37744.
184)   김홍영, 『부당해고 구제절차에서의 금전보상제도 및 이행강제금제도』, p.9.

(2) 법적 성격

금전보상제는 근로기준법에 규정된 부당해고 구제절차에서 노동위원회가 사용자에게 내리는 구제명령의 하나로서 공법관계 하에서 사용자에게 이행의무가 부과되는 공법상의 구제조치에 해당한다. 따라서 금전보상 명령이 내려졌다 하더라도 근로자와 사용자 간의 사법상의 권리의무관계에 직접적인 영향을 미치는 것은 아니다. 하지만 사용자가 근로자의 신청에 의하여 내려진 금전보상 명령을 이행하지 아니하면 행정벌로서 이행강제금이 부과되거나 확정된 구제명령의 위반으로 인하여 근로기준법상의 벌칙이 적용된다.

(3) 신청

1) 신청인

금전보상명령 신청은 부당해고 구제신청을 한 근로자만 할 수 있다. 선진국에서는 사용자의 신청 또는 사회통념상 근로관계의 유지가 객관적으로 어려운 경우 폭넓게 금전보상 제도를 운영하고 있으나, 우리나라의 노사관계 여건상 사용자에 의한 해고의 남용이 우려된다는 지적이 있어 '근로자가 원직복직을 희망하지 않는 경우'로 제한하여 운영하고 있다. 사용자에게 금전보상 제도의 신청권을 부여할 경우 복직을 회피하기 위한 수단으로 금전보상 제도를 악용할 가능성이 있다는 우려가 있어 근로자에게만 신청권을 부여한 것이다.

2) 신청대상

금전보상명령의 신청대상은 부당해고 구제신청사건에 대해서만 허용되는 것으로 징계해고, 경영상 이유에 의한 해고, 갱신거절 등 명칭에 관계없이 근로자에 대한 사용자의 일방적인 근로관계 종결조치를 당한 경우를 말하며 휴직, 정직, 전직, 감봉 등 그 밖의 징벌에 대해서는 금전보상명령 신청이 허용되지 않는다.

3) 신청절차

원직복직 대신에 금전보상명령을 신청하고자 하는 근로자는 심문회의 개최일을 통보받기 전까지 노동위원회에 금전보상명령신청서를 제출하여야 하며(노위칙 제64조 제2항), 이때 근로자는 신청서에 근로자가 원하는 보상금액과 그 산출근거를 기재하여야 한다. 노동위원회는 근로자가 금전보상명령을 신청한 경우에는 당사자에게 근로계약서, 임금대장 등 금액 산정에 필요한 자료를 제출하도록 명할 수 있다(동 규칙 제65조).

(4) 보상명령

1) 보상액 산정

근로기준법은 금전보상액을 해고기간 동안 근로를 제공하였더라면 받을 수 있었던 임금 상당액 이상의 금품이라고 규정하고 있는데, 이에 대한 고용노동부의 입법 설명자료에 의하면 '임금 상당액 이상의 금품'은 해고기간 동안의 임금 상당액과 위로금을 포함하여 원직복직을 대신한 것으로 노동위원회가 근로자의 귀책사유, 해고의 부당성 정도 등을 고려하여 결정된다고 한다. 다만 현실에서는 부당하게 해고 판정을 받은 근로자에게 임금 상당액 이상의 보상이 이뤄진 경우가 거의 없음을 볼 때 임금 상당액을 상회하는 실질적 보상이 지급될 수 있도록 이에 대한 입법적 개선이 필요할 것으로 본다.

2) 보상명령

노동위원회가 금전보상명령을 하는 때에는 그 보상금액과 구제명령을 한 날로부터 30일 이내에서 정한 이행기한을 명시하여야 한다(노위칙 제66조). 금전보상명령은 부당해고 구제명령에 대신하여 하는 것이므로 이행기일 내에 이행하지 아니하면 이행강제금 부과대상이 된다. 또한, 금전보상명령도 구제명령의 일종이므로 금전보상명령이 확정된 경우 노동위원회에서 이행강제금을 부과하는 것 외에 노동위원회의 고발에 의하여 1년 이하의 징역 또는 1천만원 이하의 벌금에 처하는 형사처벌 대상이 된다(근기법 제111조).

3) 민사상 청구와의 관계

금전보상제도의 근거인 근로기준법 제30조 제3항에 따라 근로자와 사용자간의 사법상의 권리의무관계가 정해지는 것은 아니다. 민사소송에서는 근로기준법의 규정과 달리 기존의 민사법적인 판례 법리나 법령규정에 따라 손해배상청구, 임금 지급청구 등의 형식으로 해결될 것이다. 그런데 만약 노동위원회로부터 금전보상명령이 내려져 사용자가 이를 이행한 경우 근로자가 별도로 '해고무효 확인의 소' 등 민사상 청구를 할 수 있는지가 의문이나 근로자가 원직복직을 포기하였다는 사실이 존재하므로 이는 신의칙 또는 금반언의 원칙에 위반되어 허용되지 않는다고 보아야 한다.

4) 근로관계 해소의 시점

근로자의 신청으로 금전보상이 이루어지면 근로관계의 종료시점이 언제인가 하는 의문이 생기나, 금전보상금액의 산정기간을 해고일로부터 당해 사건의 판정일까지로 볼 때 금전보상 금액의 판정일을 해고시점으로 보는 것이 타당할 것이다.

(5) 구제이익

근로자가 금전보상을 신청한 사건에서 사용자가 스스로 해고를 철회하고 근로자에게 원직복직을 명한 경우 구제신청 이익이 소멸하는지 문제가 될 수 있으나, 이는 사용자가 금전보상을 회피할 목적으로 해고 철회를 하고 원직복직이 어려운 근로자에게 퇴직을 사실상 강요할 수 있어 불합리한 결과가 발생할 수 있기 때문에 사용자가 일방적으로 철회할 수는 없다고 해석하여야 할 것이다. 한편, 근로자가 부당해고 구제신청을 하여 해고의 효력을 다투던 중 정년에 이르거나 근로계약기간이 만료하는 등의 사유로 원직에 복직하는 것이 불가능하게 된 경우에도 해고기간 중의 임금 상당액을 지급받을 필요가 있다면 임금 상당액 지급의 구제명령을 받을 이익이 유지되므로 소의 이익이 있다고 보아야 한다.[185]

Ⅲ 이행강제금제도

1. 의의

이행강제금이란 일정한 기한까지 의무를 이행하지 않는 사용자에게 일정 액수의 금전

---

185) 대판 2020.2.20, 2019두52386.

이 부과될 것임을 미리 계고함으로써 의무자에게 심리적 압박을 주어 장래에 그 의무를 이행하게 하려는 행정상 간접적인 강제집행수단을 말한다. 이는 종래 노동위원회의 부당해고 구제명령에 관하여 적절한 이행확보수단이 마련되지 않아 구제의 실효성이 적었다는 비판을 입법적으로 수용한 것이라 할 수 있다. 즉 정당한 이유 없는 해고 등에 관하여 노동위원회가 구제명령을 명하였음에도 사용자가 이를 이행하지 아니한 경우에 사용자에게 이행강제금을 부과함으로써 구제명령의 신속한 이행을 확보함으로써 구제명령의 실효성을 제고하기 위한 수단으로 도입되었다.

2. 법적 성격

이행강제금은 장래에 있어서 의무 이행을 확보한다는 점에서 과거의 의무위반에 대한 제재로서의 행정벌과 구별되는 집행벌의 성격을 갖는다. 그 결과 과거의 의무위반 상태가 해소되어도 부과가 가능한 행정벌과는 달리 이행강제금은 현재 존재하고 있는 의무위반을 대상으로 하기 때문에 의무의 이행이 있거나 의무의 이행을 강제할 필요가 없게 되었을 경우에는 이행강제금의 부과는 허용되지 않는다.

3. 부과대상 및 금액

노동위원회는 구제명령을 받은 후 이행기한까지 구제명령을 이행하지 아니한 사용자에게 3천만원 이하의 이행강제금을 부과한다(근기법 제33조 제1항). 구제명령이 계속하여 이행되지 않는 경우 이행강제금은 반복하여 부과될 수 있는데, 즉 최초의 구제명령을 한 날을 기준으로 매년 2회의 범위에서 2년까지 반복하여 부과·징수할 수 있다(동조 제5항). 1회 최대 2천만원이며 1년에 2회로 2년간 반복 부과되는 경우 총 8천만원에 이른다. 이행강제금의 대상이 되는 구제명령은 초심 구제명령과 재심 구제명령 모두 포함된다. 따라서 초심 구제명령이 내려진 시점부터 구제명령의 즉시 이행확보체계가 가능하며 구제명령의 확정 여부는 묻지 않는다.

4. 부과절차

노동위원회는 사용자에게 구제명령을 하는 때에는 이행기한을 정하여야 한다. 이 경우 이행기한은 구제명령을 한 날부터 30일 이내로 한다(근기법 시행령 제11조). 이 기간 동안 이 행하지 않는 경우 이행강제금 부과 절차가 개시된다.

노동위원회는 이행강제금을 부과하는 날의 30일 전까지 이행강제금을 부과·징수한다는 뜻을 사용자에게 미리 문서로써 알려주어야 하고(근기법 제33조 제2항), 10일 이상의 기간을 정하여 구술 또는 서면으로 의견을 진술할 수 있는 기회를 주어야 한다(동법 시행령 제12조 제3항). 이행강제금을 부과하는 때에는 이행강제금의 부과통지를 받은 날부터 15일 이내의 납부기한을 정하고(제1항), 이행강제금의 액수, 부과사유, 납부기한, 수납기관, 이의 제기방법 및 이의제기기관 등을 명시한 문서로써 해야 한다(동법 제33조 제3항).

노동위원회는 구제명령을 받은 자가 이를 이행하면 새로운 이행강제금을 부과하지 아니하되, 구제명령을 이행하기 전에 이미 부과된 이행강제금은 징수하여야 하며(동조 제6항), 이행강제금 납부의무자가 납부기한까지 이행강제금을 내지 아니하면 기간을 정해 독촉을 하고 지정된 기간에도 이행강제금을 내지 아니하면 국세 체납처분의 예에 따라 징수할 수 있다(동조 제7항).

근로자는 구제명령을 받은 사용자가 이행기한까지 구제명령을 이행하지 않으면 이행기한이 지난 때부터 15일 이내에 그 사실을 노동위원회에 알려줄 수 있다(동조 제8항).

5. 부과유예

노동위원회는 구제명령을 이행하기 위하여 사용자가 객관적으로 노력하였으나 근로자의 소재불명 등으로 구제명령을 이행하기 어려운 것이 명백한 경우나 천재·사변, 그 밖의 부득이한 사유로 구제명령을 이행하기 어려운 경우에는 직권 또는 사용자의 신청에 따라 그 사유가 없어진 뒤에 이행강제금을 부과할 수 있다(근기법 시행령 제14조).

6. 반환

노동위원회는 중앙노동위원회의 재심판정이나 법원의 확정판결에 의하여 노동위원회의 결정이 취소된 경우, 사용자의 신청 또는 노동위원회의 직권에 의해 이행강제금의 부과를 즉시 중지하고 이미 징수한 이행강제금을 반환하여야 한다(근기법 시행령 제15조 제1항). 이행강제금을 반환하는 때에는 이행강제금을 납부한 날부터 반환하는 날까지의 기간에 대하여 노동부령으로 정하는 이율을 곱한 금액을 가산하여 반환하여야 한다(동조 제2항).

관련 판례1   대판 1999.5.11, 98두9233.

구제신청의 불특정과 노동위원회의 구제명령

사용자로부터 부당노동행위로 인하여 권리를 침해당한 근로자 또는 노동조합, 그리고 사용자로부터 정당한 이유 없이 해고. 해고, 휴직, 정직, 전직, 감봉 기타 징벌을 당한 근로자가 지방노동위원회에 그 구제를 신청하기 위하여 제출하는 구제신청서에는 부당노동행위 또는 정당한 이유가 없는 해고 등을 구성하는 구체적인 사실과 청구할 구제의 내용 등을 기재하도록 되어 있으나, "청구할 구제의 내용"은 민사소송의 청구취지처럼 엄격하게 해석할 것은 아니고 신청의 전 취지로 보아 어떠한 구제를 구하고 있는지를 알 수 있을 정도면 되는 것으로서, 노동위원회는 재량에 의하여 신청하고 있는 구체적 사실에 대응하여 적절. 타당하다고 인정하는 구제를 명할 수 있는 것이므로, 구제신청서에 구제의 내용이 구체적으로 특정되어 있지 않다고 하더라도 해당법규에 정하여진 부당노동행위 또는 정당한 이유가 없는 해고·휴직·정직·전직·감봉 기타 징벌 등을 구성하는 구체적인 사실을 주장하고 있다면 그에 대한 구제도 신청하고 있는 것으로 보아야 한다.

관련 판례2   대판 1997.5.16, 96다47074.

종전과 다른 일에 복직

사용자가 지방노동위원회의 권고에 따라 해고되었던 근로자를 복직시키면서 해고 이후 복직 시까지 해고가 유효함을 전제로 이미 이루어진 인사질서, 사용자의 경영상의 필요, 작업환경의 변화 등을 고려하여 복직 근로자에게 그에 합당한 일을 시킨 경우, 그 일이 비록 종전의 일과 다소 다르더라도 이는 사용자의 고유권한인 경영권의 범위에 속하는 것이므로 정당하게 복직시킨 것으로 보아야 한다.

관련 판례3   대판 2014.1.16, 2013다69385.

사용자의 복직의무 불이행

해고무효확인 및 임금청구 확정판결 후 사용자가 복직의무를 불이행하였다면 미지급 임금뿐만 아
니라 정신적 손해배상청구도 가능하다.

관련 판례4   대판 2011.3.24, 2010다21962.

구제의 이익

노동위원회의 구제명령은 사용자에게 구제명령에 복종하여야 할 공법상 의무를 부담시킬 뿐 직접
근로자와 사용자 간의 사법상 법률관계를 발생 또는 변경시키는 것은 아니므로, 설령 근로자가 부
당해고 구제신청을 기각한 재심판정의 취소를 구하는 행정소송을 제기하였다가 패소판결을 선고받
아 그 판결이 확정되었다 하더라도 이는 재심판정이 적법하여 사용자가 구제명령에 따른 공법상 의
무를 부담하지 않는다는 점을 확정하는 것일 뿐 해고가 유효하다거나 근로자와 사용자 간의 사법
상 법률관계에 변동을 가져오는 것은 아니어서, 근로자는 그와 별도로 민사소송을 제기하여 해고
의 무효확인을 구할 이익이 있다.

관련 판례5   대판 1992.7.28, 92누6099.

해고무효확인청구의 소와 노동위원회의 구제신청과의 상관관계

사용자의 근로자에 대한 해고가 정당한 이유가 없음을 이유로 노동위원회에 구제신청을 하여 구제
절차가 진행 중에, 근로자가 별도로 사용자를 상대로 같은 사유로 해고무효확인청구의 소를 제기
하였다가 청구가 이유 없다고 하여 기각판결을 선고받아 확정되었다면, 부당해고가 아니라는 점은
이미 확정되어 더 이상 구제절차를 유지할 필요가 없게 되었으므로, 구제이익이 소멸한 것으로 보
아야 한다.

[과태료(500만원 이하)의 부과 대상(근로기준법 제116조)]

1. 보고, 출석의 의무 위반(제13조)

   제13조에 따른 고용노동부장관, 노동위원회 또는 근로감독관의 요구가 있는 경우에 보고 또는 출석을 하지 아니하거나 거짓된 보고를 한 자

2. 법령 요지 등의 게시 위반(제14조)

3. 사용증명서 위반(제39조)

4. 근로자 명부 작성 위반(41조)

5. 근로자 명부와 근로계약에 관한 서류의 보존 위반(제42조)

6. 임금대장 작성 위반(제48조)

7. 3개월을 초과하는 탄력적 근로시간제 실시 시 임금보전방안 신고 위반(제51조의 2 제5항)

8. 연소자 증명서 비치 위반(제66조)

9. 임산부의 근로시간 단축 및 업무시간 변경 허용 위반(제74조 제7항, 제9항)

10. 직장 내 괴롭힘 발생 시 조치 위반(제76조의 3 제2항, 제4항, 제5항, 제7항)

    단, 사용자(사용자의 「민법」 제767조에 따른 친족 중 대통령령으로 정하는 사람이 해당 사업 또는 사업장의 근로자인 경우를 포함)가 제76조의2를 위반하여 직장 내 괴롭힘을 한 경우에는 1천만원 이하의 과태료를 부과한다.

11. 재해보상 서류의 보존 위반(제91조)

12. 취업규칙의 작성·신고 위반(제93조)

13. 기숙사 생활의 자치 보장을 위한 임원선거 간섭 위반(제98조 제2항)

14. 기숙사 규칙 작성 위반(제99조)

15. 근로감독관의 권한 위반(제102조)

    제102조에 따른 근로감독관 또는 그 위촉을 받은 의사의 현장조사나 검진을 거절, 방해 또는 기피하고 그 심문에 대하여 진술을 하지 아니하거나 거짓된 진술을 하며 장부·서류를 제출하지 아니하거나 거짓 장부·서류를 제출한 자

제3편
노동조합 및
노동관계조정법

제1장
노동조합

제1절 서설

❶ 노동조합의 의의

노동조합은 헌법 제33조 제1항의 단결권 보장의 취지에 따라 사용자와의 개별적 근로관계에서 오는 불평등을 극복하고 노사간의 실질적인 대등성을 확보하여 근로조건의 향상을 목적으로 생성된 조직이다. 노조법 제2조 제4호에서는 "노동조합"이란 "근로자가 주체가 되어 자주적으로 단결하여 근로조건의 유지·개선 기타 근로자의 경제적·사회적 지위의 향상을 도모함을 목적으로 조직하는 단체 또는 그 연합단체를 말한다"고 하여 노동조합의 실질적 요건을 규정하고 있다. 따라서 이러한 요건이 갖추어진 근로자의 단결체는 그 명칭여하에 불문하고 헌법상 노동3권이 정당한 행사주체가 된다. 다만, 노조법(제10조)에서는 실질적인 요건 이외에 형식적 요건으로서 설립신고제도를 규정하고 있다.

❷ 노동조합의 조직형태

노동조합은 근로자 스스로가 생존권을 지키기 위하여 자주적으로 결성하는 단체이며, 그 조직형태를 어떻게 할 것인가는 원칙적으로 이를 결성하는 근로자의 선택에 달려있다. 노조법 제5조에서는 "근로자는 자유로이 노동조합을 조직하거나 이에 가입할 수 있다"라고 하여 노동조합의 형태에 관한 자유설립주의를 취하고 있다.

노동조합의 조직형태를 구분해 보면 크게 조직대상의 범위를 기준으로 직종별 노동조합, 산업별 노동조합, 기업별 노동조합, 일반 또는 지역별 노동조합으로 나누어지며, 노동조합의 구성원을 기준으로 단위노동조합과 연합단체 노동조합으로 나누어진다. 그러나 이러한 구분은 어디까지나 이론적 형태를 제시한 것으로 실제로는 양자 간의 구성방식에 따라 다양하게 나타난다.

1. 단위조직에 의한 유형

(1) 직종별 노동조합

직종별 노동조합은 기업과 산업을 초월하여 동일한 직종에 속하는 근로자들끼리 결합한 형태를 말한다. 주로 특수한 기술을 가진 숙련공들이 자신의 노동력을 독점적으로 관리하여 시장에서의 가치를 높이려는 목적으로 결성된 것으로 산업화 초기에 가장 먼저 태동된 노동조합의 형태이다. 이러한 직종별 노동조합은 내부적인 결속력을 바탕으로 교섭상의 번거로움을 덜 수 있으며, 직장 단위의 조직이 아니므로 실업자들도 가입할 수 있다. 그러나 그 성질상 숙련근로자들만을 노동조합의 가입 대상으로 하는 배타성을 가지므로, 전체 노동시장에서 근로자 일반에 대한 사회적·경제적 지위향상에 기여하는 바는 극히 적다.

(2) 산업별 노동조합

산업별 노동조합은 의료산업, 자동차 산업, 금속산업 등 동종 산업의 근로자들이 자신들이 속한 직종 및 기업에 상관없이 각 산업 중심으로 결성된 형태의 노동조합을 말한다. 따라서 거대한 조직력과 동원력을 기반으로 노동정책에 대한 강력한 영향력을 행사할 수 있으며, 중소 영세사업장 노동자에 대한 조직화가 용이하다. 다만, 각 산업에 있어 최저근로조건에 대한 협약을 사용자단체와 체결함으로써 각각의 직종 및 개별 기업의 사정에 따른 구체적인 근로조건을 반영시키지 못하므로 사업장별 교섭을 다시 해야 한다는 번거로움이 발생할 수 있다.

(3) 기업별 노동조합

기업별 노동조합은 동일한 기업에 속하는 근로자들이 자신이 속한 산업 및 직종에 상관없이 소속된 기업을 단위로 하여 조직한 형태를 말하며 주로 동종 산업 및 직종의 근로자들 간에 공동의식이 성숙지 못한 단계에서 나타난다. 기업별 노동조합은 노사간의 긴밀한 관계를 바탕으로 협동력이 좋고, 기업 내의 근로자들에 대한 개별적인 근로조건을 효율적으로 교섭할 수 있다. 그러나 조합원이 근로자라는 이중적 지위에 기초하므로 일반적으로 교섭력이 약하고 사용자에 의한 어용화의 위험이 크며, 각 직종 또는 산업의 근로자에 대한 전반적인 경제적·사회적 지위의 개선에 적합지 않다.

(4) 일반 노동조합

일반 노동조합은 직종별·산업별·기업별 구분 없이 원하는 근로자들은 누구나 가입할 수 있는 형태의 조합을 말한다. 따라서 특정한 직장·산업이나 기업에 전속되어 있지 않으면서도 자신들의 특수한 권익을 보호받을 필요가 있는 경우, 예컨대 계약직이나 파견직 등 비정규 근로자 등에 있어 적합한 형태로 대두되고 있다.

(5) 지역별 노동조합

지역별 노동조합이란 직종이나 업종에 상관없이 일정한 지역에 속하는 근로자들이 노동조합을 조직하고 가입할 수 있는 형태를 말한다. 따라서 특정 지역에 공통된 노사문제를 다룰 수 있고 지역 내의 근로조건을 통일적으로 처리하여 기업 간의 격차를 완화할 수 있으나, 개별기업의 특성을 반영시키지 못하고, 이질적인 산업이나 직종의 종사자가 혼재된 결과 근로조건을 통일적으로 조정하기 어렵다.[1]

2. 결합방식에 의한 유형

(1) 단위노동조합

단위노동조합은 그 구성원을 개별 근로자로 하고 있는 형태의 노동조합을 말하는 것으로 설립요건을 갖추고 정당한 노동3권을 행사할 수 있는 최소단위의 독자적 단결체로서 각 지부나 분회를 설립할 수 있다. 이때 각 지부나 분회는 독자적인 의사결정권이 있는 독립된 단위에 해당되지 않는다. 그러나 그 명칭여하에 불문하고 노동조합으로서의 기능을 할 수 있다.

---

1) 이상덕·이학춘·이상국·고준기, 『노동법(II)』, p.128.

(2) 연합단체 노동조합

연합단체 노동조합은 개별 조합원이 아닌 단위노동조합을 구성원으로 하고 있는 형태의 노동조합을 말한다. 연합체조직은 단위 노조에 대한 상부단체의 개념이지만 노동조합으로서의 실질적 요건을 갖추고 있다면 하나의 독립적인 노동조합으로서 독자적 사항에 대한 권한을 갖는다.

제2절 노동조합의 요건

Ⅰ 실질적 요건

노동조합으로서의 지위가 인정되기 위해서는 실질적 요건을 갖추어야 한다. 노동조합이 실질적 요건을 갖추지 못한 경우에는 형식상 설립신고가 수리되었더라도 노동조합으로 인정되지 않는다.[2] 노조법 제2조 제4호의 본문에서 노동조합이 될 수 있는 적극적 요건을 정의하고 있으며, 동조 단서는 노동조합의 대외적 자주성 확보에 있어서는 아니 되는 결격요건, 즉 소극적 요건을 열거하고 있다.

1. 적극적 요건

(1) 자주성

노동조합은 근로자가 주체가 되어 자주적으로 조직되어야 한다. 노조법상의 근로자란 직업의 종류를 불문하고 임금·급료 기타 이에 준하는 수입에 의하여 생활하는 자(노조법 제2조 제1호)를 말하는 것으로 이때 "근로자가 주체"가 된다는 것은 근로자가 양적인 면에서 노동조합의 구성원이 될 뿐 아니라 질적인 면에서도 노동조합의 운영 및 활동에서 주도적인 지위에 서야 한다는 의미이다. 또한, "자주적으로

---

2) 대판 2021.2.25, 2017다51610.

조직"한다는 것은 근로자들이 자발적으로 노동조합을 설립·운영 또는 탈퇴·해산한다는 것으로 조합의 존립 및 활동에 관한 모든 결정을 외부의 간섭 없이 근로자의 집단적 의사에 의한다는 것이다. 따라서 대외적으로 국가 및 사용자, 여타의 정당, 종교, 사회단체 등 외부의 의사에 의하여 지배·간섭을 받지 않아야 한다. 또한, 노동조합이 근로자 단체로서 진정한 의미의 자주성을 확보하기 위해서는 모든 노동조합의 활동을 전제 조합원의 민주적 의사에 따라 결정해야 한다.

(2) 목적성

노동조합은 근로조건의 유지·개선, 기타 경제적·사회적 지위의 향상을 도모함을 목적으로 한다. 근로조건은 임금·근로시간·휴가 등 근로조건의 유지·개선뿐만 아니라 근로자의 생활향상에 필요한 복리후생사항에 대한 개선활동도 포함된다.

(3) 단체성

노동조합은 단체 또는 연합단체이어야 한다. 단체란 2인 이상의 인적결합체로 구성된 단위노조를 말하고, 연합단체란 단위노동조합을 그 구성원으로 하는 상급단체를 의미한다. 노조법 제10조 제2항에 따르면 "연합단체인 노동조합은 동종 산업의 단위노동조합을 구성원으로 하는 산업별 연합단체와 산업별 연합단체 또는 전국규모의 산업별 단위노동조합을 구성원으로 하는 총연합단체를 말한다"고 규정하고 있다.

2. 소극적 요건

(1) 사용자 또는 그 이익 대표자의 참가를 허용하는 경우

노동조합은 사용자 또는 항상 그의 이익을 대표하여 행동하는 자의 참가를 허용하여서는 아니 된다(노조법 제2조 제4호 가목). 이를 허용할 경우 노동조합이 단결체로서의 자주성을 확보할 수 없게 되어 어용화될 가능성이 있기 때문이다. 노동조합이 근로자들만의 단체를 구성하는 것은 사용자에 대한 대립적 이해관계를 전제로 한다는 의미이며, 노사 양 당사자의 공통적 이해관계를 바탕으로 조직하는 노사협의회와 구별해야 한다.

"사용자"란 사업주·사업의 경영담당자 또는 그 사업의 근로자에 관한 사항에 대하여 사업주를 위하여 행동하는 자를 말한다(노조법 제2조 제2호). 먼저 "사업주"는 경영의 주체로서 개인사업의 경우 사업주 자신, 법인체인 경우에는 법인 그 자체를 의미한다. 또한, "사업의 경영담당자"란 그 사업의 경영에 관한 사항의 전부 또는 일부를 사업주로부터 포괄적으로 위임받아 대내외적으로 경영활동에 대한 책임을 지며, 대외적으로 사업을 대표하는 자로서 주식회사의 대표이사가 이에 해당한다. 다만, 회사의 임원이라도 경영에 관한 사항에 대하여 그 권한의 위임을 받지 못한 경우에는 사업의 경영담당자로 보지 아니한다.[3]

"그 사업의 근로자에 관한 사항에 대하여 사업주를 위하여 행동하는 자"란 근로조건의 결정 또는 업무상의 명령이나 지휘 감독을 하는 등의 사항에 대하여 사업주로부터 일정한 권한과 책임을 부여받은 자를 말한다.[4] 여기에는 사업주와 이해관계를 같이 하거나 경영기밀에 관한 사무를 처리함에 있어 사업주와 밀접한 관계를 유지하는 자로서 ① 회사의 인사·노무·예산을 담당하는 자, ② 회사의 경리·회계를 담당하는 자, ③ 비서·전용기사·경비 직원 등을 포함한다. 그러나 사용자의 이익 대표자에 대한 기준은 법령에 의하여 획일적으로 규정하기란 사실상 불가능하므로 추상적 직급의 명칭이나 지위보다는 회사규정의 운영실태와 구체적인 직무실태를 확인하여 노사 당사자가 법령의 범위 내에서 단체협약으로 사전에 자율적으로 설정하여야 한다.

(2) 경비의 주된 부분을 사용자로부터 원조받는 경우

노동조합은 그 경비의 주된 부분을 사용자로부터 원조를 받아서는 아니 된다(노조법 제2조 제4호 나목). 왜냐하면 노동조합이 사용자의 재정에 의존하는 경우 경제적으로 종속되어 자주성을 유지할 수 없기 때문이다. 여기에서 경비의 원조란 노동조합의 활동에 필요한 모든 경비로서 조합사무소의 설비·비품의 구입 및 유지비용뿐만 아니라, 조합간부에 대한 급여 및 활동자금 등 현금을 포함한 현물 기타 금전 외적 모든 이익의 공여를 포함한다. 다만 ① 자주성의 침해에 대한 우려가 없는 최소한 규모의 조합사무실 제공, ② 근로자의 근로시간 중 임금의 삭감 없이 사용자와 교섭 또는 협의하는 것을 허락하는 행위, ③ 근로자의 후생자금 또는 경제상의 불

3)　대판 1988.1.1, 88도1162.
4)　대판 1989.11.14, 88누6924.

행 기타 재해의 방지와 구제 등을 위한 기금의 기부 등은 허용되는 것으로 본다.

(3) 공제·수양 기타 복리사업만을 목적으로 하는 경우

노동조합은 공제·수양·기타 복리사업만을 목적으로 하여서는 아니 된다(노조법 제2조 제4호 다목). 그러나 노동조합이 근로조건의 유지·개선이라는 주된 목적을 추구하면서 합리적인 범위 내에서의 공제·수양·기타 복리사업을 행하는 것은 무방하다. 이때 공제란 조합원 및 그 가족의 개인적인 질병·사고 등에 대한 경제적 지원을 의미하며, 수양이란 음악, 스포츠 기타 취미 활동 등 정서적·문화적 욕구를 충족시키기 위한 활동을 말한다.

(4) 근로자가 아닌 자의 가입을 허용하는 경우

노동조합은 근로자가 아닌 자의 가입을 허용하여서는 아니 된다(노조법 제2조 제4호 라목). 종전에는 "해고된 자가 노동위원회에 부당노동행위의 구제신청을 한 경우에 중앙노동위원회의 재심판정이 있을 때까지는 근로자가 아닌 자로 해석하여서는 아니 된다"는 단서조항을 근거로 해고자의 기업별 노동조합 가입이 제한되었으나 2021년 노조법이 개정되면서 위 단서조항이 삭제되어 기업별 노조에 해고자 등의 가입도 가능해졌다. 다만 기업별 노사관계의 특성을 감안하여 사업 또는 사업장에 종사하는 근로자가 아닌 노동조합의 조합원은 사용자의 효율적인 사업 운영에 지장을 주지 아니하는 범위에서 사업 또는 사업장 내에서 노동조합 활동을 할 수 있다(노조법 제5조 제2항). 이는 사업장 내에서 노조활동을 할 때에는 사용자의 효율적 사업 운영에 지장을 주지 않도록 원칙을 명시한 것으로 노조의 공적인 의사결정 과정 등에 종사근로자인 조합원의 의사를 명백히 반영하기 위하여 비종사 조합원의 권리를 제한[5]한 것으로 볼 수 있다. 또한 노조법 제5조 제3항을 신설하여 사용자의 부당한 인사권 행사 시 노동조합의 활동이 방해받지 않도록 종사근로자인 조합원이 해고되어 노동위원회에 부당노동행위의 구제신청을 한 경우에는 중앙노동위원회의 재심판정이 있을 때까지는 취업중인 근로자와 동일한 지위(종사근로자)로 본다고 규정하였다.

---

5) 기업별 노조의 임원 및 대의원은 그 사업 또는 사업장에 종사하는 조합원 중에서 선출하도록 하여야 한다(노조법 제17조 제3항 및 동법 제23조 제1항).

(5) 주로 정치운동을 목적으로 하는 경우

노동조합이 주로 정치운동[6]을 목적으로 하는 경우에는 노동조합으로 볼 수 없다 (노조법 제2조 제4호 마목). 그러나 근로자의 경제적·사회적 지위의 향상은 사용자와의 집단적 노동관계만으로 충분치 않다는 현실을 감안한다면 노동조합의 정치운동을 전면적으로 금지하는 것은 타당하지 않다. 따라서 이 규정은 정치운동이 경제적 활동을 효과적으로 수행하기 위한 부차적인 기능에 그치는 한 노동조합의 정치활동을 허용한다는 취지로 해석하여야 한다.

ⓘ 절차적 요건

노동조합을 설립하고자 할 때에는 설립신고를 하여야 한다. 이때 노조법 제11조에 따른 규약을 첨부하여 제출하여야 한다고 하여 행정관청에 대한 설립신고를 절차적 요건으로 정하고 있다.

1. 설립신고

(1) 신고의 절차

노동조합을 설립하고자 하는 자는 ① 명칭, ② 주된 사무소의 소재지, ③ 조합원 수, ④ 임원의 성명과 주소, ⑤ 소속된 연합단체가 있으면 그 명칭, ⑥ 연합단체인 경우에는 구성단체의 명칭·조합원 수·주된 사무소의 소재지의 사항을 기재한 신고서에 연합단체인 노동조합과 2 이상의 특별시·광역시·특별자치시·도·특별자치도에 걸치는 단위노동조합은 고용노동부장관에게, 2 이상의 시·군·구에 걸치는 단위노동조합은 특별시장·광역시장·특별자치시장·도지사·특별자치도지사에게, 그 외의 노동조합은 특별자치도지사·시장·군수·구청장에게 제출하여야 한다(노조법 제10조 제1항).

---

6) 정치운동이란 정당이나 이에 준하는 정치단체의 조직·가입·지원 등 이들 단체의 목적을 달성하기 위한 조직적 활동을 말한다.

(2) 규약

설립신고서에 첨부할 규약에는 조직의 자주적·민주적 운영을 보장하기 위하여 ① 명칭, ② 목적과 사업, ③ 주된 사무소의 소재지, ④ 조합원에 관한 사항, ⑤ 소속된 연합단체가 있는 경우에는 그 명칭, ⑥ 대의원회를 두는 경우에는 대의원회에 관한 사항, ⑦ 회의에 관한 사항, ⑧ 대표자와 임원에 관한 사항, ⑨ 조합비 기타 회계에 관한 사항, ⑩ 규약변경에 관한 사항, ⑪ 해산에 관한 사항, ⑫ 쟁의행위와 관련된 찬반투표 결과의 공개, 투표자 명부 및 투표용지 등의 보존·열람에 관한 사항, ⑬ 대표자와 임원의 규약·위반에 대한 탄핵에 관한 사항, ⑭ 임원 및 대의원의 선거절차에 관한 사항, ⑮ 규율과 통제에 관한 사항을 기재하여야 한다(노조법 제11조).

2. 심사

(1) 보완요구

행정관청은 설립신고서 또는 규약이 기재사항의 누락 등으로 보완이 필요한 경우에는 대통령령이 정하는 바에 따라 20일 이내의 기간을 정하여 보완을 요구하여야 한다(노조법 제12조 제2항).

(2) 반려사유

행정관청은 설립하고자 하는 노동조합이 소극적 요건에 해당하거나 보완을 요구하였음에도 불구하고 그 기간 내에 보완을 하지 아니하는 경우에는 설립신고서를 반려하여야 한다(노조법 제12조 제3항).

3. 설립

(1) 설립시기

행정관청에게 설립신고서를 접수한 때에는 보완요구나, 반려사유가 있는 경우를 제외하고는 3일 이내에 신고증을 교부하여야 한다(노조법 제12조 제1항). 노동조합이 신고증을 교부받은 경우에는 설립신고서가 접수된 때에 설립된 것으로 본다(동조 제4항).

(2) 변경사항의 신고

노동조합은 설립신고된 사항 중 ① 명칭, ② 주된 사무소의 소재지, ③ 대표자의 성명, ④ 소속된 연합단체의 명칭에 변경이 있는 때에는 그 날부터 30일 이내에 행정관청에게 변경신고를 하여야 한다(노조법 제13조 제1항).

(3) 서류 비치

노동조합은 조합설립일로부터 30일 이내에 ① 조합원 명부, ② 규약, ③ 임원의 성명·주소록, ④ 회의록, ⑤ 재정에 관한 장부와 서류를 작성하여 그 주된 사무소에 비치하여야 하며(노조법 제14조 제1항), 3년간 보존하여야 한다(동조 제2항).

Ⅲ 법적지위

1. 법내조합

근로자의 단체가 노동조합 설립의 실질적 요건 즉 자주성·목적성·단체성을 갖추고 노조법 제10조에 의한 설립신고를 마친 경우에는 노조법이 인정하는 노동조합으로 본다. 이러한 법내조합은 헌법상의 단결체로서 단체교섭권·단체행동권 행사의 주체가 되어 사용자 또는 사용자단체를 상대로 단체교섭을 요구하고 단체협약을 체결하거나, 파업·태업 등 쟁의행위를 할 수 있는 데, 노동조합의 정당한 단체교섭 및 쟁의행위는 민·형사상의 면책이 인정된다(노조법 제3조 및 제4조). 이 밖에 ① 노동위원회를 통하여 노동쟁의 조정신청과 부당노동행위 구제신청을 할 수 있고(노조법 제53조 및 제82조), ② 단체협약의 해석 및 이행에 관한 견해의 제시를 요청할 수 있으며(노조법 제34조), ③ 단체협약의 지역적 효력확장을 행정관청에 신청할 수 있다(노조법 제36조). 또한, ④ 노동위원회에 근로자위원을 추천할 수 있는 자격(노위법 제6조 제3항)을 가지며, ⑤ 법인격의 취득(노조법 제6조), ⑥ 조세의 면제(노조법 제8조) 등을 받을 수 있다.

2. 법외조합

　　노조법 제2조 제4호에 의한 노동조합으로서의 실질적 요건을 갖추었으나, 절차적 요건
즉, 노조법 제10조 및 제12조에 의한 설립신고를 필하지 못한 것을 법외조합이라고 한다.
법외조합은 노동조합이라는 명칭을 사용할 수 없으며(노조법 제7조 제3항), 노동위원회에 노
동쟁의의 조정 및 부당노동행위의 구제를 신청할 수 없다(동조 제1항). 다만, 법외조합도 ①
헌법 제33조 제1항에 근거한 단결권이 직접 보장된다는 점, ② 노조법 제5조에서 노동조
합의 설립에 관한 자유주의를 취하고 있다는 점, ③ 설립신고제도는 단결권의 보장이라는
국가의 노동정책상의 목적을 달성하기 위하여 마련된 것에 불과하며 행정관청이 단결체의
법적 지위를 적극적으로 결정하는 것으로 인정할 수 없다는 점 등을 미루어 볼 때 절차
적 설립요건을 갖추지 못한 법외조합이라 하여 실정법상 근로자단결체로서의 보호를 일
률적으로 부정할 수는 없을 것이다. 따라서 단체교섭(단체협약체결 포함)권 및 단체행동권
의 정당한 보유 및 행사주체가 될 수 있음은 물론 정당한 쟁의행위에 대한 민·형사 면책
을 누릴 수 있다고 보아야 한다.

관련 판례1　대판 2004.2.27, 2001두8568.

노조법상의 근로자

　　노조법에서 말하는 근로자는 특정한 사용자에게 고용되어 현실적으로 취업하고 있는 자 뿐만 아니
라, 일시적으로 실업상태에 있는 자나 구직 중인 자도 노동3권을 보장할 필요성이 있는 한 그 범위
에 포함되고, 따라서 지역별 노동조합의 성격을 가진 원고가 그 구성원으로 구직 중인 여성 노동자
를 포함시키고 있다 하더라도 구직 중인 여성노동자 역시 노조법상의 근로자에 해당한다.

관련 판례2　대판 2021.2.25, 2017다51610.

실질적 요건을 갖추지 못한 노동조합의 지위

　　노동조합의 조직이나 운영을 지배하거나 개입하려는 사용자의 부당노동행위에 의해 노동조합이 설
립된 것에 불과하거나, 노동조합이 설립될 당시부터 사용자가 위와 같은 부당노동행위를 저지르려

는 것에 관하여 노동조합 측과 적극적인 통모·합의가 이루어진 경우 등과 같이 해당 노동조합이 노조법 제2조 제4호가 규정한 실질적 요건을 갖추지 못하였다면, 설령 설립신고가 행정관청에 의하여 형식상 수리되었더라도 실질적 요건이 흠결된 하자가 해소되거나 치유되는 등의 특별한 사정이 없는 한 이러한 노동조합은 노조법상 설립이 무효로서 근로3권을 향유할 수 있는 주체인 노동조합으로서의 지위를 가지지 않는다고 보아야 한다.

관련 판례3　헌재 2008.7.31, 2004헌바9.

노동조합 설립신고의 취지

노동조합의 설립신고제도가 노동조합의 자유로운 설립을 일정 부분 제한하고 있기는 하나, 노조법이 노동조합의 설립에 관하여 신고주의를 택하고 있는 것은 소관 행정당국으로 하여금 노동조합의 조직체계에 대한 효율적인 정비·관리를 통하여 노동조합이 자주성과 민주성을 갖춘 조직으로 존속할 수 있도록 보호·육성하고 그 지도·감독에 철저를 기하기 위한 노동정책적인 고려에 그 취지가 있고, 노동조합 설립신고에 대한 심사도 단순히 행정관청에 신고하는 것만으로 성립을 허용할 경우 민주성 및 자주성이라는 실질적인 요건조차 갖추지 못한 노동조합이 난립하는 것을 허용함으로써 노동조합이 어용조합이 되거나 조합 내부의 민주성을 침해할 우려가 있으므로 이를 방지하고 근로자들이 자주적이고 민주적인 단결권 등을 행사하도록 하는 데 취지가 있다. 행정관청이 근로자 단결체의 노동조합 설립신고서를 수리하지 않거나 반려하는 경우, 그 단결체가 노동조합으로서의 실질을 가지고 있는지 여부나 행정관청의 반려처분이 위법한지 여부와는 관계없이 당해 단결체는 노동조합이라는 명칭을 사용할 수 없고, 이에 위반할 경우 형사처벌을 받게 된다.

관련 판례4　대판 1990.10.23, 89누3243.

노동조합 설립신고증 교부의 효력

행정관청이 노동조합의 설립신고서를 접수한 때에는 3일 이내에 설립신고증을 교부하도록 되어 있다 하여 그 기간 내에 설립신고서의 반려 또는 보완지시가 없는 경우에는 설립신고증의 교부가 없어도 노동조합이 성립된 것으로 본다는 취지는 아니므로 행정관청은 그 기간 경과 후에도 설립신고서에 대하여 보완지시 또는 반려처분을 할 수 있다.

제3절 **노동조합의 운영과 활동**

❶ 조합원의 지위

1. 조합원의 지위취득

(1) 의의

근로자는 조합원으로서의 자격을 취득하기 위하여 스스로 새로운 노동조합을 결성하거나 기존 노동조합에 가입하여야 한다. 노동조합의 결성·가입행위도 사적자치의 원칙에 따라 양 당사자 간의 의사에 의하여 자유로이 할 수 있다.

(2) 가입절차와 자격

조합가입의 절차 및 자격 등에 관해서는 조합자치의 원칙에 따라 규약에 의해 당해 노동조합이 자유로이 정할 수 있다. 노조법 제11조에서는 조합원에 관한 사항을 필수적 기재사항으로 하고 조합원의 가입범위 및 절차에 대하여 일정한 사항을 미리 정하고 있다. 그러나 이는 어디까지나 노동조합의 목적활동인 생존권보장의 취지를 더욱 효율적으로 달성하기 위하여 조합 스스로가 결정할 수 있다는 의미에 불과하다. 따라서 합리성이 없는 조합원의 가입절차 및 자격범위의 설정은 단결보장의 취지에 비추어 용인될 수 없다.

(3) 가입의 강제

노조법 제81조 제2호 단서에서는 노동조합이 당해사업장에 종사하는 근로자의 3분의 2 이상을 대표하고 있을 때에는 근로자가 그 노동조합의 조합원이 될 것을 고용조건으로 하는 단체협약의 체결이 가능하다고 규정하고 있으므로 현행법상 유니온 숍에 의한 단결강제가 인정되는 것으로 본다. 단결강제란 노동조합이 대사용자 관계에서 실질적인 교섭력을 행사할 수 있도록 일정한 조직력을 유지하기 위한 것이며, 근로자에 대한 노동조합에의 가입의무화를 그 내용으로 하는 숍(shop) 제도가 일반적인 형태이다. 이와 같은 숍제도가 단체협약에 의해 설정되어 있는 경우 당해 사업장의 근로자는 협약 당사자인 노동조합에 가입할 의무가 있다.

2. 조합원의 지위상실

(1) 의의

조합원의 지위상실이란 노동조합과 조합원의 내부적 법률관계가 종료되는 것을 의미한다. 조합원의 지위상실은 일반적으로 근로자의 사망, 노동조합의 해산, 조합원의 탈퇴·제명 및 조합원 자격상실 등에 의하여 발생한다.

(2) 조합원 자격의 상실

조합원이 조합규약에서 정한 자격을 상실한 경우에는 원칙적으로 조합원으로서의 지위를 상실한다. 근로자가 승진·승급이나 전직함으로써 사용자의 이익을 대표하는 자가 된 경우가 일반적이다. 또한, 기업별 노동조합의 경우 특정 기업에 속하는 근로자 신분을 필요로 하므로, 조합원이 퇴직 또는 해고되어 근로관계가 종료하면 조합원으로서의 지위를 상실한다.

(3) 조합원의 탈퇴

조합원의 탈퇴란 조합에 가입한 근로자가 스스로의 의사에 의하여 자신의 조합원 지위를 종료시키는 법률행위를 말한다. 개별근로자에 대해 조합규약에서 탈퇴에 관한 어떠한 규정을 두지 않더라도 조합원은 조합에 대한 일방적 의사표시에 의하여 조합으로부터 탈퇴할 수 있다. 다만 노동조합과 사용자가 단체협약에 의하여 유니온 숍 협정이 체결되어 있을 때에는 신분상의 불이익한 처분이 가해질 수 있으나, 이 경우에도 새로 노동조합을 조직하거나 다른 노동조합에 가입한 것을 이유로 근로자에게 신분상 불이익한 행위를 할 수 없다(노조법 제81조 제2항 단서).

⓫ 노동조합의 기구

노동조합은 헌법상 단결체로서 권리의무의 주체가 되며, 상시적인 단체로서 법률행위를 할 기관을 필요로 한다. 따라서 노동조합의 의결기관으로서 총회, 업무의 집행기관으로서 임원 및 감사기관으로서 회계감사원 등을 필요로 한다.

1. 의결기관

(1) 총회

1) 의의

조합원 총회는 조합원 전원으로 구성되는 최고 의사결정기관을 말하며, 노동조합의 전체에 관한 사항이나 중요한 기본사항을 결정한다. 총회는 조합원 개개인의 의사를 노동조합의 활동 및 운영에 반영하도록 직접 민주주의 원칙에 의하여 모든 조합원의 참여를 보장한다. 그러나 오늘날 기업이 대규모화되고 산업별·직종별 등 초기업 단위의 지역노조나 전국적 규모의 단위노조가 설립되는 경우에는 사업장의 여건에 따라 전 조합원이 참여하는 총회의 개최를 기대한다는 것이 불가능할 수 있다. 따라서 노조법은 총회에 갈음하여 대의원회를 설치할 수 있도록 허용하고 있다(노조법 제17조).

2) 정기총회와 임시총회

조합 총회는 소집의 시기에 따라 매년 1회 이상 정기적인 기간을 정하여 개최하는 정기총회와 필요에 따라 특별한 사항의 의결을 위하여 소집되는 임시총회로 구분된다. 노동조합은 매년 1회 이상 정기총회를 개최하여야 한다. 노동조합의 대표자는 총회의 의장이 된다(노조법 제15조). 임시총회는 정기총회 이외의 사항을 처리하기 위한 임의적 필요에 의하여 소집되는 것으로서 ① 노동조합의 대표자는 필요하다고 인정할 때에는 임시총회 또는 임시대의원회를 소집할 수 있고(동법 제18조 제1항), ② 조합원 또는 대의원의 3분의 1 이상이 회의에 부의할 사항을 제시하고, 회의의 소집을 요구한 때에는 지체 없이 임시총회 또는 임시대의원회를 소집하여야 한다(동조 제2항). ③ 행정관청은 노동조합의 대표자가 제2항의 규정에 의한 회의의 소집을 고의로 기피하거나 이를 해태하여 조합원 또는 대의원의 3분의 1 이상이 소집권자의 지명을 요구한 때에는 15일 이내에 노동위원회의 의결을 요청하고 노동위원회의 의결이 있는 때에는 지체 없이 회의의 소집권자를 지명하여야 한다(동조 제3항). ④ 행정관청은 노동조합에 총회 또는 대의원회의 소집권자가 없는 경우에 조합원 또는 대의원의 3분의 1 이상이 회의에 부의할 사항을 제시하고 소집권자의 지명을 요구한 때에는 15일 이내에 회의의 소집권자를 지명하여 야 한다(동조 제4항).

3) 소집공고 및 개최시기

회의의 소집권이 있는 자는 총회 또는 임시총회의 개최 예정일 7일 전까지 그 회 의에 부의할 사항을 공고하고 규약에서 정한 방법에 의하여 소집하여야 한다. 다 만, 노동조합이 동일한 사업장 내의 근로자로 구성된 경우에는 그 규약으로 공고 기간을 단축할 수 있다(노조법 제19조).

총회는 원칙적으로 근로시간 중에 개최할 수 없으나 단체협약이나 취업규칙, 노 사관행에 의하여 사용자가 이를 허용하는 경우에는 근로시간 중에라도 총회의 개 최가 가능하다.

4) 의결사항

총회는 조합원 전체의 의사를 조합의 운영 및 활동 전반에 반영하기 위한 것으로 노 동조합이 스스로 중요하다고 생각되는 사항은 자유의사에 의하여 총회의 의결사항 으로 정할 수 있다. 그러나 노조법 제16조 제1항에서는 조합운영의 민주성을 확보하 기 위하여 총회에서 의결하여야 할 필수적 의결사항을 정하고 있다. 총회의 필수적 의결사항은 ① 규약의 제정과 변경에 관한 사항, ② 임원의 선거와 해임에 관한 사 항, ③ 단체협약에 관한 사항, ④ 예산과 결산에 관한 사항, ⑤ 기금의 설치·관리 및 처분에 관한 사항, ⑥ 연합단체의 설립·가입 및 탈퇴에 관한 사항, ⑦ 합병·분할 또 는 해산에 관한 사항, ⑧ 조직형태의 변경에 관한 사항, ⑨ 기타 중요한 사항을 말한 다. 따라서 동 사항에 대하여는 반드시 총회에서 조합원 전체의사에 따라 의결하여 야 하며, 여타의 운영기관에 그 사항의 결정을 위임할 수 없다. 다만 대의원회를 갖 추고 있는 경우에는 총회를 갈음하여 동 사항을 결정할 수 있다.

5) 의결절차 및 방법

총회에서는 원칙적으로 사전에 공고된 사항에 대해서만 심의하고 의결할 수 있으 며, 그 밖의 안건에 대하여는 규약에서 정한 별도의 절차가 없는 한 이를 의결할 수 없다. 총회에서의 부의사항에 대한 의결은 재적조합원 과반수의 출석과 출석조합원 과반수의 찬성으로 한다. 다만, 규약의 재정변경과 임원의 해임, 합병·분할·해산 및 조직형태의 변경에 관한 사항은 재적조합원 과반수의 출석과 출석조합원 3분의 2 이상의 찬성이 있어야 한다(노조법 제16조 제2항). 임원의 선거에 있어서 출석조합원 과반수의 찬성을 얻은 자가 없는 경우에는 위 제2항의 규정에도 불구하고 규약이 정하는 바에 따라 결선투표를 실시하여 다수의 찬성을 얻은 자를 임원으로 선출할 수 있다(동조 제3항). 표결방법에 대하여 노조법은 어떠한 제한을 두지 않으므로 조합규약 등에 의하여 기명투표, 거수투표 등 다양한 방법을 임의로 정할 수 있으나, 규약의 제정·변경과 임원의 선거·해임에 관한 사항은 조합원의 직접·비밀·무기명 투표에 의하여야 한다(동조 제4항). 노동조합이 특정 조합원에 관한 사항을 의결할 경우에는 그 조합원은 표결권이 없다(동법 제20조).

(2) 대의원회

대의원회란 조합의 조직 및 가입범위가 대규모화되는 추세에 따라 대의민주주의의 원칙을 조합에 적용함으로써 그 운영의 편리를 도모하기 위한 것으로 노동조합은 규약으로 총회에 갈음할 대의원회를 둘 수 있다(노조법 제17조 제1항). 따라서 대의원회를 둔 때에는 총회에 관한 규정은 대의원회에 이를 준용한다(동조 제5항). 대의원은 조합원의 직접·비밀·무기명투표에 의하여 선출되어야 하며(동조 제2항),[7] 하나의 사업 또는 사업장을 대상으로 조직된 노동조합의 대의원은 그 사업 또는 사업장에 종사하는 조합원 중에서 선출하여야 한다(동조 제3항). 임기는 규약으로 정하되 3년을 초과할 수 없다(동조 제4항).

2. 업무집행기관

노동조합의 업무집행기관은 조합의 대표자인 위원장, 부위원장, 사무총장 등 노동조합의 임원으로서 조합의 규약과 총회의 결의에 따라 정한 대내외적 제운영 및 활동을 수행하는 기관을 말한다. 노조법에서는 조합운영상의 민주성을 보장하기 위하여 임원의 자격 및 임기에 대하여 일정한 제한을 하고 있다. 즉 노동조합의 임원 자격은 규약으로 정하되,

---

7) 이 규정은 대의원회의 민주성을 확보하기 위한 강행규정이므로 간접선거 또는 거수에 의한 대의원의 선출은 무효가 된다.

그 사업 또는 사업장에 종사하는 조합원 중에서 선출하여야 하고(노조법 제23조 제1항), 임기 또한 규약으로 정하되 3년을 초과할 수 없다(동조 제2항).

3. 감사기관

노조법은 노동조합에 회계감사원을 둘 것을 의무화하여 노동조합의 대표자가 회계감사원으로 하여금 6월에 1회 이상 당해 노동조합의 모든 재원 및 용도, 주요한 기부자의 성명, 현재의 경리상황 등에 대한 회계감사를 실시하게 하고 그 내용과 감사결과를 전체 조합원에게 공개하도록 규정하고 있다(노조법 제25조 제1항).

Ⅲ 노동조합의 활동

1. 조합 활동의 개념

노동조합은 근로조건의 유지 개선을 위하여 사용자와 교섭하고, 단체협약을 체결하며, 이를 촉진하기 위하여 단체행동을 한다. 그러나 이러한 본래적 목적을 달성하기 위한 활동을 제외한 조직력의 강화, 단체로서의 일상적 제반활동 등의 단결활동을 수행하는 데 이를 협의의 조합 활동이라 한다. 이러한 협의의 조합 활동에는 ① 조직운영에 필요한 일상적 활동(각종회의, 선거 등), ② 미조직 근로자에 대한 조합가입의 권유 등 조직 확대활동, ③ 조합원에 대한 교육·연수 등의 복리활동, ④ 각종 현수막·유인물의 배포 등 홍보활동 등을 들 수 있다. 특히 쟁의행위와 관련된 홍보물의 부착 및 리본 착용 등을 협의의 조합 활동으로 볼 수 있는가의 의문이 있으나 이러한 활동들은 반드시 업무의 정상적인 운영을 저해할 의사 없이 일종의 사용자에 대한 의사표현 방법으로 선택될 수 있는 조합 활동으로 보아야 한다.

2. 조합 활동의 법적 보호

조합 활동은 헌법 제33조 제1항이 보장하는 단결권행사의 일환으로 형사면책이 인정되며(노조법 제4조), 민사면책에 대하여도 명문의 규정이 없으나, 단체교섭권·단체행동권에 비하여 단결권행사만을 민사면책의 대상으로 보지 아니할 이유가 없다는 점에서 당연히 민사면책의 사유로 보아야 한다. 또한, 조합 활동을 이유로 사용자는 조합원에 대하여 해고 기타 불이익한 처분 등을 할 수 없으며, 이를 침해한 경우 부당노동행위가 성립되어 이에 대한 구제를 받을 수 있다. 다만, 민·형사상의 면책대상인 조합 활동은 정당한 활동에 한정된다.

3. 조합 활동의 정당성

조합 활동이 정당성을 가지려면 행위의 성질상 노동조합의 활동으로 볼 수 있거나 노동조합의 묵시적인 수권 혹은 승인을 받았다고 볼 수 있는 것으로서 근로조건의 유지, 개선과 근로자의 단결강화에 도움이 되는 행위이어야 한다. 또한, 취업규칙이나 단체협약에 별도의 허용규정이 있거나 관행, 사용자의 승낙이 있는 경우 외에는 근무시간 외에 행해져야 하고, 사업장 내의 조합 활동에 있어서는 사용자의 시설관리권에 바탕을 둔 합리적인 규율이나 제약에 따라야 하며 폭력과 파괴행위 등의 방법에 의하지 않는 것이어야 한다.**8)**

(1) 근무시간 중의 조합 활동

근로자는 근로계약에 의해 정해진 근로시간에 반드시 근로를 제공하여야 하며, 조합의 임원이라도 사용자의 허락 없이 자신의 직무를 포기하고 조합 활동에 임할 수 없다. 따라서 노동조합의 활동은 근로시간 외에 행하여야 하는 것이 원칙이다. 다만, 사용자가 노동조합과 단체협약이나 취업규칙, 노사협의회에서의 합의 또는 묵시적인 관행으로 근로시간 중에 임금저하 없는 교섭 또는 합의를 허용하거나, 기타 노동조합 활동을 허용한 때에는 그 범위 내에서 정당한 조합 활동을 할 수 있다. 또한, 점심시간 등 근로의무가 없는 휴게시간에 이뤄진 조합 활동은 노무지휘권과의 충돌이 없으므로 정당성 판단의 문제도 발생하지 않는다. 그러나 근로시간 중 조합의 활동은 단체협약, 취업규칙이나 노사관행 등에 의하여 사용자의 명시적·묵시적인 동의가 없는 경우라도 반드시 그 활동의 정당성을 일률적으로 부인할 수 있는

것만은 아니며, 당해 조합 활동의 필요성 및 긴급성 등과 노무지휘권의 침해 정도 등을 구체적·종합적으로 판단하여야 한다.[9] 예컨대 ① 조합원이 노조대의원의 출마를 위해 부득이 결근한 경우,[10] ② 근로3권의 행사를 위하여 근무시간 중에 조합 활동을 하는 것 이외에 다른 방법이 없는 경우[11] 등에는 조합 활동의 정당성을 인정할 수 있다.

(2) 개별조합원의 활동

개별조합원의 활동이라도 조합의 구체적 결의 또는 지시에 따라 행한 것이라면 조합의 활동으로 보아야 한다. 또한, 노동조합의 지시가 없었더라도 조합에 의한 묵시적 수권 또는 승인을 받았다고 볼 수 있는 경우에는 조합 활동으로 인정할 수 있다고 본다. 그러나 조합원의 개별적 활동이 조합의 명시적인 결의나 지시에 위반하는 경우에는 조합 활동으로 볼 수 없으나, 단결권 보장의 취지에 비추어 객관적으로 용인될 수 있는 행위인 경우에는 조합의 활동으로 인정해야 한다. 회사의 출근지시에도 불구하고 이를 무시한 채 교섭 당사자가 아닌 자에 대하여 단체교섭 및 면담요구를 관철할 목적으로 조합원들과 함께 농성을 하는 행위는 정당성이 없으며, 노동조합의 규약 등에 조합장에 대한 불신임절차가 규정되어 있다 하더라도 허위사실에 근거하여 조합장 불신임운동을 전개하는 것은 정당한 조합 활동이라고 할 수 없다. 또한, 조합원전체가 아닌 일부 조합원만의 의사로 이루어진 작업거부행위는 노동조합의 구체적인 결의나 구체적인 지시에 따른 것이라고 볼 수 있거나 노동조합의 묵시적인 수권 혹은 승인을 받았다고 볼 수 없고, 단지 조합원으로서 자발적인 행동에 불과하여 정당한 조합 활동으로 볼 수 없다.

(3) 조합 활동과 시설관리권

사용자의 시설관리권이란 사용자가 자신의 소유권 및 경영권에 기반하여 사업 내의 물적 시설 및 설비 등을 관리하고 사용할 수 있는 권한을 말한다. 따라서 사용자의 시설범위에 속하는 기업시설 내의 조합 활동이 단체협약이나 취업규칙 등에 의하여

---

9) 김유성, 『노동법(II)』, p.102.
10) 대판 1992.10.25, 92다20842.
11) 대판 1994.2.22, 93도613.

인정되거나 사용자가 묵시적 또는 명시적으로 승인하였다면 정당성의 판단이 특별히 문제 될 것은 없다. 다만, 사용자의 승인 없이 사업 내 시설을 이용하여 사용자의 시설관리권을 침해한 경우에는 당해 행위의 긴급성과 필요성, 이로 인해 침해되는 사용자의 법익의 크기 및 사용자의 책임 정도 등을 구체적·종합적으로 고려하여 조합 활동의 정당성을 판단하여야 한다.

Ⅳ 노동조합의 전임자

1. 전임자[12]의 지위

노조법 제24조 제1항에서는 "근로자는 단체협약으로 정하거나 사용자의 동의가 있는 경우에는 사용자 또는 노동조합으로부터 급여를 지급받으면서 근로계약 소정의 근로를 제공하지 아니하고 노동조합의 업무에만 종사할 수 있다"라고 하여 노동조합에 전임자를 두는 것을 허용하고 있다. 다만 전임자라 할지라도 근로자의 지위는 그대로 유지되므로 취업규칙 등이 적용되고, 단체협약에 의한 특단의 사정이 없는 한 소정의 절차를 취하지 아니한 채 출근하지 않는 것은 무단결근에 해당한다. 한편 2021년 노조법 개정에 따라 전임자의 정의규정과 급여에 관한 규정이 삭제되어 사용자의 급여 지급은 근로시간면제한도 내에서만 가능하다.

2. 근로시간면제제도

사용자로부터 급여를 지급받는 근로시간면제자는 사업 또는 사업장별로 종사근로자인 조합원 수 등을 고려하여 근로시간심의면제위원회(노조법 제24조의2)에 따라 결정된 근로시간면제한도를 초과하지 아니하는 범위에서 임금의 손실 없이 사용자와의 협의·교섭, 고충처리, 산업안전 활동 등 이 법 또는 다른 법률에서 정하는 업무와 건전한 노사관계 발전을 위한 노동조합의 유지·관리업무를 할 수 있다(동법 제24조 제2항). 따라서 건전한 노사관

---

12) 사용자로부터 급여를 지급받는 근로시간면제자와 사용자에게서는 받지 않고 노동조합에서 받는 무급전임자로 분류할 수 있다.

계 발전을 위한 업무라고 보기 힘든 쟁의행위나 해당 사업장의 업무와는 무관한 연합단
체 혹은 상급단체의 업무에 대해서는 원칙적으로 근로시간면제제도의 대상 업무에 포함
되지 않는다고 보아야 한다.

근로시간면제한도는 근로시간면제 심의위원회가 심의·의결한 바에 따라 고용노동부 장
관이 고시하되, 3년마다 그 적정성 여부를 재심의하여 의결할 수 있다(동법 제24조의 2 제2
항), 위원회는 근로자를 대표하는 위원(전국적 규모의 노동단체 추천)과 사용자를 대표하는
위원(전국적 규모의 경영자 단체 추천), 공익을 대표하는 위원(경제사회노동위원회 위원장이 추천
한 15명 중에서 노동단체와 경영자단체가 순차적으로 배제하고 남은 사람) 각 5명씩 성별을 고려하
여 구성한다(제5항). 위원장은 공익을 대표하는 위원 중에서 위원회가 선출하며(제6항), 의
결은 재적위원 과반수의 출석과 출석위원 과반수의 찬성으로 한다(제7항). 근로시간면제
심의위원회는 근로시간면제한도를 정할 때 사업 또는 사업장에 종사하는 근로자인 조합
원 수와 해당 업무의 범위 등을 고려하여 시간과 이를 사용할 수 있는 인원으로 정할 수
있다(동법 시행령 제11조의2).

Ⓥ 노동조합의 재정

1. 재정운영의 자주성

노동조합의 재정은 조합운영 및 필요한 재원을 확보하고 관리·처분하는 모든 활동을
말한다. 현행 노조법은 노조재정의 자주적 운영을 위하여 경비의 주된 부분을 사용자로
부터 원조를 받는 경우 노조의 설립을 부정하는 동시에(노조법 제2조 제4호 나목), 노동조합
전임자에게 급여를 지원하거나 노동조합의 운영비를 원조하는 행위를 사용자의 부당노동
행위로 규정하여 제한하고 있다(동법 제81조 제4호).

2. 사용자의 편의제공

(1) 조합사무실

조합사무실은 조합 활동과 운영을 위한 주된 장소로서 조합원의 관리 또는 행정관

청의 신고사항에 관한 관련자료 등이 비치되는 곳이다. 이러한 조합사무실의 위치는 원칙적으로 기업시설과 별개의 사항이므로 노동조합이 독자적으로 사무실을 구입하여 운영하여야 한다. 그러나 기업별 노동조합의 경우에는 각종의 활동이 주로 기업 내에서 이루어지는 등 효율적 업무수행을 위하여 불가피한 점 등을 들어 노조법에서는 사용자가 '최소한 규모의 노동조합 사무소'를 제공하는 것을 용인하고 있다(노조법 제81조 제4호 단서).

(2) 조합비의 일괄공제(check-off)

조합비의 일괄공제란 사용자가 노동조합과의 단체협약에 따라 조합원에게 지급할 임금에서 조합비를 일괄적으로 공제하여 노동조합에 교부하는 것을 말한다. 이 조항이 체결된 경우에는 사용자가 조합원의 조합비를 임금에서 공제하더라도 임금전액지급의 원칙(근기법 제43조 제1항)에 위반되지 않는다.

3. 조합재산의 소유형태

노동조합은 규약으로 정하는 바에 따라 법인으로 할 수 있으며, 법인인 노동조합에 대하여는 그 재산의 소유형태를 단독소유로 본다. 그러나 법인격을 취득하지 아니하여 '권리능력 없는 사단'인 노동조합의 경우 재산은 실질적으로 사단을 구성하는 총 사원의 총유에 속하는 것으로 보아야 한다. 다만, 법인격 유무와 관계없이 노동조합의 재산에 대하여 조합원은 지분권 또는 분할청구권을 갖지 못하므로 법적 효과에 있어 큰 차이는 없다.

4. 조세의 면제

노동조합에 대하여는 그 사업체를 제외하고는 세법이 정하는 바에 따라 조세를 부과하지 아니한다(노조법 제8조). 노동조합은 수익을 목적으로 하는 영리단체가 아니므로 본래의 단체활동과 관련된 지출행위에 대해서도 조세를 부과하지 아니한다. 다만 노동조합이 사업체의 운영 또는 수익사업에 의하여 일정한 수익이 생긴 때에는 이에 대하여 법 소정의 세금이 부과된다.

Ⅵ 노동조합의 통제권

1. 의의

노동조합의 통제권은 조합원의 통일적 의사형성을 저해하거나 단결활동을 방해하는 자에 대하여 조직규범을 확립하기 위한 제재조치로서, 단결권행사의 일환으로 인정되고 있다. 현행 노조법은 노동조합의 통제권에 대하여 명시적 규정을 두지는 않으나 제11조에서 조합규약이 필수적 기재사항으로 대표자와 임원의 규약위반에 대한 탄핵에 관한 사항 및 규율과 통제에 관한 사항을 두도록 하고 있으며 제81조에 '제명'을 명시함으로써 조합에 의한 통제권의 행사가 가능함을 간접적으로 규정하고 있다.

2. 통제권 행사의 범위

통제권 행사의 범위는 조합자치의 원칙에 따라 규약으로 자유로이 정할 수 있다. 일반적으로 통제권 행사의 범위는 ① 조합비의 미납 ② 조합결의·지시의 위반 ③ 교섭저해행위 ④ 조합에 대한 언론 또는 비판활동 ⑤ 조합원의 정치활동 등을 들 수 있다. 이 중 조합비의 납부는 조합원의 본질적 의무라는 점에서 그 미납이 제재사유가 됨은 물론 노조법 제22조 단서에서도 이를 규정하고 있으나 그 외의 사유는 개별조합원의 생존권 또는 조합민주주의와 관련하여 논란의 여지가 있다. 따라서 규약에서 정한 절차에 따르되 그 절차가 민주적 합리성을 결하거나 제재 간에 비례의 적정성이 없는 때에는 권리남용에 의하여 그 효력이 부인된다고 보아야 한다.

3. 통제권 행사의 절차

노동조합의 제재처분은 조합원에 대하여 행하는 불이익 처분으로서 경고, 견책, 제재금의 부과, 권리정지, 제명 등이 있다. 이러한 제재에 대한 결정은 조합원 총회 또는 대의원회에서의 의결에 따라 전체조합원의 의사를 반영하는 것이 원칙이다. 다만 노동조합의 규약에서 조합원의 제재에 관한 결정기관을 총회 또는 대의원회가 아닌 징계위원회 등 일반 집행위원회에 일임하고 있는 경우 제명 이외의 경고, 견책, 제재금의 부과 등과 같은 경징계는 규약이 정하는 바에 따라 일반 집행위원회에서도 결정할 수 있는 것으로 보아야 한다. 노동조합이 조합원에 대한 제재를 하고자 할 경우에는 사전에 피처분자에 대하여 반드시 그 사유를 고지하고 소명의 기회를 주어야 한다. 이와 같은 소명권의 보장은 심리의 공정성 확보를 위한 최소한의 민주적 절차로서 제재처분에 대한 정당성 요건이 되므로, 규약에서의 정함을 떠나 그 기회를 부여하지 않고 행해진 제재의 결정은 무효로 된다. 다만, 노동조합이 사전에 피처분자에 대하여 소명의 기회를 부여했음에도 불구하고 임의로 출석치 않아 그 권리의 행사 없이 진행된 제재결정은 절차상 위법이나 하자가 없다고 보아야 한다. 한편, 노동조합이 조합원에 대하여 정당한 사유와 절차를 거쳐 제재를 결정하는 경우에도 해당 사유와 제재조치 간에는 상당한 적정성이 있어야 한다. 특히 단결권에 대한 침해의 정도가 미비한 행위의 경우에는 견책, 경고, 제재금 부과 등의 경징계에 그쳐야 하며, 가장 무거운 징계인 제명을 결의할 수 없다.

4. 통제처분의 구제

행정관청은 노동조합의 규약이 노동관계법령에 위반하거나(노조법 제21조 제1항) 노동조합의 결의 또는 처분이 노동관계법령 또는 규약에 위반된다고 인정할 경우에는 노동위원회의 의결을 얻어 그 시정을 명할 수 있다(동조 제2항). 다만, 규약의 시정명령은 이해관계인의 신청이 있는 경우에 한한다(제2항 단서). 따라서 노동조합으로부터 받은 제명처분이 부당하다고 판단되면 규약이 정하는 절차와 방법에 의해 재심을 청구하거나 제명처분의 시정명령을 행정관청에 요청하여 그 구제를 받을 수 있다. 제1항 또는 제2항의 규정에 의하여 시정명령을 받은 노동조합은 30일 이내에 이를 이행하여야 한다(동조 제3항).

⑦ 노동조합의 변동

노조법 제16조에 따르면 합병·분할 또는 해산 및 조직형태의 변경에 관한 사항은 총회의 의결사항으로 정하되 재적조합원 과반수의 출석과 출석조합원 3분의 2 이상의 찬성이 있어야 한다고 규정하고 있다.

1. 조직변경

노동조합의 조직변경이란 노동조합의 실체적 동일성은 그대로 유지하면서 그 조직의 형태만을 변경하는 것을 의미한다. 기업별 단위노조가 산업별 단위노조 혹은 연합단체에 가입하거나 그 반대방향으로 변경하는 경우에 흔히 발생한다. 또한, 산업별 연합단체가 산업별 단위노조로 전환하거나 그 반대 방향으로 변경하고자 하는 경우에도 노조법상 조직형태의 변경에 해당되어 총회의 의결을 거쳐야 한다. 다만, 노동조합이 조합원 가입범위를 변경하는 것은 노조의 조직형태에 대한 근본적인 변화를 초래하는 것이 아니므로 기존의 조합규약의 변경만으로 가능하다. 노동조합의 조직변경으로 명칭, 소속된 연합단체의 명칭 등 설립신고에 관한 사항이 변경된 경우에는 변경이 있은 날로부터 30일 이내에 이를 행정관청에 신고하여야 한다. 노동조합의 조직변경 후에는 조합구성원의 변경이 수반될 수 있다. 예컨대 연합단체에서 단위노조가 탈퇴한 형태의 조직변경이 있을 때에 조합의 구성원은 단위노조에서 조합원 개인으로 전환될 것이며, 반대의 경우에도 가능하다. 그러나 조합구성원의 변동 외에 조합자체의 동일성은 그대로 유지되므로 종래의 조합재산이나 단체협약 등에 관한 권리관계는 아무런 변동이 없다.

2. 합병

노동조합의 합병이란 여러 개의 노동조합이 하나의 단일 조직으로 통합되는 것을 말한다. 이는 조직의 세력 강화나 운영의 효율성을 살리기 위하여 이루어지는 경우가 많은데, 기업의 합병이나 영업의 양도가 있은 후 기업 내에 병존하는 기업별 노조 간의 합병이 일반적인 원인이라고 할 수 있다. 합병이 있은 후에 신설노조 또는 흡수노조 이외의 노동조합은 모두 해산·소멸된다. 그러나 이러한 해산은 형식적인 것에 불과하므로 해산노조의 모든 권리와 의무는 합병노조에 포괄적으로 이전되며, 별도의 청산절차를 거칠 필요는 없다. 따라서 조합의 재산관계, 조합원의 지위 등은 합병 노조에서 그대로 유지된다.

3. 분할

노동조합의 분할이란 기존의 단일노동조합이 두 개 이상의 노동조합으로 나누어지는 것을 의미한다. 분할은 노조 내부에 서로 대립하는 이질적인 집단이 형성되어 사실상 하나의 조직체로서 활동하는 것이 불가능한 경우를 원인으로 하여 이루어지는 경우가 많으며, 그룹 내 계열사의 분리 등이 있을 경우에도 분할이 나타날 수 있다. 노동조합을 분할하려면 총회 또는 대의원회에서 분할을 의결하여야 하며, 기존 노조의 권리의무는 신설되는 노조에게 포괄적으로 이전된다. 다만, 기존의 노조가 사용자와 체결한 단체협약은 분할 이후 신설되는 노조와 소멸하는 노조간에 동일성을 인정할 수 없으므로 그 효력도 종료된다.

4. 해산

노동조합의 해산이란 조합이 본래의 활동을 정지하고 소멸의 단계로 접어드는 사유로서 일종의 법률적 사실을 의미한다. 따라서 노동조합이 해산된다 하더라도 그 즉시 조합의 실체가 없어지는 것은 아니며, 기존의 법률관계에 대한 청산절차가 모두 종료된 이후에야 비로소 소멸된다. 노조법 제28조는 노동조합의 해산사유로서 ① 규약에서 정한 해산사유가 발생한 경우 ② 합병 또는 분할로 소멸한 경우 ③ 총회 또는 대의원회의 해산결의가 있는 경우 ④ 노동조합의 임원이 없고 노동조합으로서의 활동을 1년 이상 하지 아니한 것으로 인정되는 경우로서 행정관청이 노동위원회의 의결을 얻은 경우로 규정하고 있다. 이 중 제①호와 제③호의 사유로 노동조합이 해산한 때에는 그 대표자는 해산한 날부터 15일 이내에 행정관청에게 이를 신고하여야 한다(노조법 제28조 제2항). 잔여재산의 처분절차는 규약에 미리 정해두는 것이 바람직하다. 그러나 미리 정해두지 않은 경우에는 해산시의 총회결과에 의하여 조합원에게 균등분배하기로 하였다면, 그 결의도 유효하다. 법인이 아닌 노동조합의 잔여재산은 조합원의 총유로 귀속되며, 이 경우 해산결의와 마찬가지로 조합원 3분의 2 이상의 결의가 있으면 총유의 폐지(재산의 분배)가 가능하다.[13] 청산 중인 노동조합은 청산의 목적범위 내에서 권리와 의무를 가진다. 따라서 해산 전에 체결된 단체협약은 청산과정 중에도 여전히 유효하며, 청산절차의 종료인 소멸에 의하여 비로소 그 효력이 종료된다.

---

13)　박홍규, 『노동단체법』, p.217.

관련 판례1 대판 1995.2.28, 94다15363.

노조가입의 자유와 탈퇴의사표시의 철회

노동조합이 노조를 탈퇴한 근로자 11명이 노조탈퇴의사를 철회하고 노조에 다시 가입하기 위한 노력을 하였음에도 불구하고 그중 일부에 대하여는 노조탈퇴의사 철회를 받아들여 노조원의 자격을 유지하게 하고도 나머지 3명에 대하여서만 이를 받아들이지 않고 회사에 대하여 해고를 요구하여 결국 회사가 이들을 해고한 것으로서, 이와 같이 노조탈퇴의사를 철회하고 노조에 다시 가입하려는 근로자에 대하여 이를 거부하고 해고되게 한 것은 노조 자체가 단결권의 정신을 저버리고 실질상 제명과 같은 효과를 발생시킨 것으로서, 노조법 제39조(현행 제81조) 제2호 단서에 위반될 뿐만 아니라 유니온 숍 협정에 기한 해고의 목적 범위를 일탈한 것이고, 또한 11명의 탈퇴자 중 3명에 대하여서만 탈퇴의사 철회를 거부하고 해고되게 한 것은 다른 탈퇴근로자들과 형평에도 반하여 무효이다.

관련 판례2 대판 1999.6.25, 99다10363.

총회소집기한의 의의와 기한위반의 효력

총회개최에 일정의 유예기간을 두고 소집통지를 하도록 규정한 취지는 그 구성원의 토의권과 의결권의 행사를 보장하기 위한 것이므로 회원에 대한 소집통지가 단순히 법정기한을 1일이나 2일 지연하였을 뿐이고 회원들이 사전에 회의의 목적사항을 알고 있는 등의 사정이 있었다면 회원의 토의권 및 결의권의 적정한 행사는 방해되지 아니한 것이므로 이러한 경우에는 그 총회결의는 유효하다.

관련 판례3 대판 2018.7.26, 2016다205908.

조합원 내부 절차를 거치지 않은 단체협약의 체결

노조법 제16조 제1항 제3호는 단체협약에 관한 사항을 총회의 의결사항으로 정하여 노동조합 대표자가 단체교섭 개시 전에 총회를 통하여 교섭안을 마련하거나 단체교섭 과정에서 조합원의 총의를 계속 수렴할 수 있도록 규정하고 있기도 하다. 그리하여 노동조합이 조합원들의 의사를 반영하고 대표자의 단체교섭 및 단체협약 체결 업무 수행에 대한 적절한 통제를 위하여 규약 등에서 내부 절차를 거치도록 하는 등 대표자의 단체협약체결권한의 행사를 절차적으로 제한하는 것은, 그것이 단체협약체결권한을 전면적·포괄적으로 제한하는 것이 아닌 이상 허용된다. 이러한 헌법과 법률의 규정, 취지와 내용 및 법리에 비추어 보면, 노동조합의 대표자가 위와 같이 조합원들의 의사를 결집·반영하기 위하여 마련한 내부 절차를 전혀 거치지 아니한 채 조합원의 중요한 근로조건에 영향을 미치는 사항 등에 관하여 만연히 사용자와 단체협약을 체결하였고, 그 단체협약의 효력이 조합원들에게 미치게 되면, 이러한 행위는 특별한 사정이 없는 한 헌법과 법률에 의하여 보호되는 조합원의 단결권 또는 노동조합의 의사 형성 과정에 참여할 수 있는 권리를 침해하는 불법행위에 해당한다고 보아야 한다.

관련 판례4 대판 2014.8.26, 2012두6063.

노동조합 규약의 개정

노동조합이 규약에서 총회와는 별도로 총회에 갈음할 대의원회를 두고 총회의 의결사항과 대의원회의 의결사항을 명확히 구분하여 정하고 있는 경우, 특별한 사정이 없는 이상 총회가 대의원회의 의결사항으로 정해진 사항을 곧바로 의결하는 것은 규약에 반한다. 다만 규약의 제정은 총회의 의결사항으로서 규약의 제·개정권한은 조합원 전원으로 구성되는 총회의 근원적·본질적 권한이라는 점, 대의원회는 규약에 의하여 비로소 설립되는 것으로서 대의원회의 존재와 권한은 총회의 규약에 관한 결의로부터 유래된다는 점 등에 비추어 볼 때, 총회가 규약의 제·개정결의를 통하여 총회에 갈음할 대의원회를 두고 규약의 개정에 관한 사항을 대의원회의 의결사항으로 정한 경우라도 이로써 총회의 규약개정권한이 소멸된다고 볼 수 없고, 총회는 여전히 노조법 제16조 제2항 단서에 정해진 재적조합원 과반수의 출석과 출석조합의 3분의 2 이상의 찬성으로 규약의 개정에 관한 사항을 의결할 수 있다.

관련 판례5 대판 1995.8.29, 95다645.

결선투표의 성격과 과반수득표의 의미

노동조합이 최고의결기관인 총회의 필수적 의결사항을 규정하고 있는 노조법 제19조(현행 제16조) 제1항 소정의 "임원의 선거에 관한 사항"에 임원의 선거 자체가 포함됨은 명백하고, 한편 총회의 의결방법에 관하여 규정하고 있는 같은 조 제2항은 노동조합의 구성원인 조합원이 그 조직과 운영에 관한 의사결정에 다수결의 원칙에 따라 관여할 수 있도록 함으로써 이른바 조합민주주의를 실현하기 위한 규정이라 할 것이므로 총회의 의결방법에 관한 위 규정은 강행규정이라고 할 것이고, 위 규정의 문언에 의하더라도 총회의 특별결의를 요하는 사항이 아닌 총회의결사항은 재적조합원 과반수의 출석과 출석조합원 과반수의 찬성으로 의결하도록 규정되어 있는 바이므로 총회에서 노동조합의 대표자인 임원으로 선출되기 위하여는 재적 조합원 과반수가 출석하여 투표를 시행하고, 아울러 총 투표자 과반수의 득표를 하여야 할 것이다.

관련 판례6 대판 2000.1.14, 97다41349.

직접·비밀·무기명투표와 대의원의 간접적 선출방법

노조법 제20조(현행 제17조) 제2항이 노동조합의 최고의결기관인 총회에 갈음할 대의원회의 대의원을 조합원의 직접·비밀·무기명투표에 의하여 선출하도록 규정하고 있는 취지는, 노동조합의 구성원인 조합원이 그 조합의 조직과 운영에 관한 의사결정에 관여할 수 있도록 함으로써 조합 내 민주주의, 즉 조합의 민주성을 실현하기 위함에 있고 이는 강행규정이라고 할 것이므로, 다른 특별한 사정이 없는 한 위 법 조항에 위반하여 조합원이 대의원의 선출에 직접 관여하지 못하도록 간접적인 선출방법을 정한 규약이나 선거관리규정 등은 무효이다.

관련 판례7　대판 1996.2.23, 95다13708.

노조업무를 위한 정당한 행위의 의의

'노동조합의 업무를 위한 정당한 행위'란 일반적으로 노동조합의 정당한 활동을 가리킨다고 할 것이나 조합원이 조합의 결의나 구체적인 지시에 따라서 한 노동조합의 활동 그 자체가 아닐지라도 그 행위의 성질상 노동조합의 활동으로 볼 수 있거나 노동조합의 묵시적인 수권 혹은 승인을 받았다고 볼 수 있을 때에는 그 조합원의 행위를 노동조합의 업무를 위한 행위로 보아야 할 것이다.

관련 판례8　대판 1995.2.14, 94누5847.

조합장에 대한 불신임 운동과 조합 활동의 정당성

노동조합의 조직도 기업질서의 한 부분을 이루는 것이라 할 것이므로 근로자인 조합원이 허위사실 등을 유포하여 이에 근거하여 조합장 불신임운동 등을 전개하는 것은 기업의 공동체 질서를 위태롭게 하는 것으로 보아야 하고, 노동조합의 규약 등에 조합장에 대한 불신임절차가 규정되어 있다 하여 허위사실 등에 근거하여 조합장 불신임운동을 전개하는 것이 정당한 조합 활동이라고 할 수 없다.

관련 판례9　대판 1996.3.14, 94누9177.

근무시간 중의 노조활동의 법적 성질

노동조합 조합원의 근무시간 중의 노조활동은 원칙적으로 근로자의 근로제공의무와 배치되는 것이므로 허용되는 것이 아니고, 사용자와 근로자 사이의 근로계약관계에 있어서 근로자의 대우에 관하여 정한 근로조건에 해당하는 것이라고 할 수 없고, 종전의 단체협약이나 단체교섭을 진행하던 노동관계 당사자 쌍방 단체 협약안에 그 사항에 관한 규정이 있다 하더라도 그것이 당연히 근로조건으로 되는 것이라고 할 수도 없다.

관련 판례10 대판 1992.9.2, 92다18542

조합원 일부가 독단적으로 노조의 결정이나 방침에 반대하는 행위

조합원의 일부가 노동조합 집행부와 조합원 자체의 의사에 따르지 않고 노동조합의 결정이나 방침에 반대하거나 이를 비판하는 행위는 행위의 성질상 노동조합의 활동으로 볼 수 있다거나 노동조합의 묵시적인 수권 혹은 승인을 받았다고 인정할 만한 사정이 없는 한 조합원으로서의 자의적인 활동에 불과하여 노동조합의 활동이라고 할 수 있다. 위의 행위가 조합 활동으로서 취업시간 외에 행하여졌다고 하더라도 장소가 사업장 시설 내인 경우에는 시설에 대한 소유권 또는 관리권에 바탕을 둔 합리적인 규율이나 제약에 따라야 한다.

관련 판례11 대판 1995.3.14, 94누5496.

업무의 특수성으로 인한 취업시간 중 총회의 개최와 정당성

노동조합원들이 레미콘차량 운전기사로서 대부분의 시간을 회사 밖의 공사현장에서 보내고 있어 공사현장의 작업 상황에 따라 회사의 규정근무시간 이후라도 임의로 작업을 종료할 수 없을 뿐 아니라 작업종료시간을 일률적으로 맞출 수 없는 업무의 특수성 등으로 인하여 취업시간 중의 조합 활동이 불가피하고, 회사의 단체협약도 취업시간 중의 조합 활동을 허용하고 있는 것이라면 노동조합총회 등이 취업시간 중에 개최되었다는 사유만으로 위 총회 등의 개최가 정당한 노동조합의 활동범위를 벗어났다고 할 수 없다.

관련 판례12 대판1997.12.23, 96누11778.

일부가 허위이거나 왜곡된 경우의 유인물배포와 정당성

유인물로 배포된 문서에 기재되어 있는 문언에 의하여 타인의 인격, 신용, 명예 등이 훼손 또는 실추되거나 그렇게 될 염려가 있고, 또 그 문서에 기재되어 있는 사실관계의 일부가 허위이거나 그 표현에 다소 과장되거나 왜곡된 점이 있다고 하더라도 그 문서를 배포한 목적이 타인의 권리나 이익을 침해하려는 것이 아니라 근로조건의 유지·개선과 근로자의 복지 증진 기타 경제적·사회적 지위의 향상을 도모하기 위한 것으로서 그 문서의 내용이 전체적으로 보아 진실한 것이라면 이는 근로자들의 정당한 활동범위에 속한다.

관련 판례13   대판 2006.5.26, 2004다62597.

조합 활동상 목적의 정당성

전국교직원노동조합 소속 교원들이 '족벌재단 퇴진' 등과 같은 내용의 리본, 배지, 조끼를 패용·착용한 행위는 단순히 노동조합의 내부적 단결을 위한 행위가 아니라 학교운영자들에게 유형적 위력을 보이는 외부적인 집단행동에 해당한다고 볼 수 있고, 설령 위와 같은 리본 등의 패용·착용 행위가 '단결권'에 관한 것이라 하더라도 근로조건의 향상과 별다른 관계가 없는 내용이므로 이를 금지하는 것은 근로자나 노동조합의 적법한 단결권행사에 어떠한 제한을 부과하는 것이 아니다.

관련 판례14   대판 2016.4.28, 2014두11137.

근로시간면제자에 대한 급여 지급

근로시간면제자에 대한 급여 지급이 과다하여 부당노동행위에 해당하는지는 근로시간면제자가 받은 급여 수준이나 지급 기준이 그가 근로시간면제자로 지정되지 아니하고 일반 근로자로 근로하였다면 해당 사업장에서 동종 혹은 유사 업무에 종사하는 동일 또는 유사 직급·호봉의 일반 근로자의 통상 근로시간과 근로조건 등을 기준으로 받을 수 있는 급여 수준이나 지급 기준을 사회통념상 수긍할 만한 합리적인 범위를 초과할 정도로 과다한지 등의 사정을 살펴서 판단하여야 한다.

관련 판례15   대판 2019.2.14, 2015다66052.

노조전임자의 연차휴가일수 산정

노동조합의 전임자는 사용자와의 사이에 기본적 노사관계는 유지되고 근로자로서의 신분도 그대로 가지는 것이지만 근로제공의무가 면제되고 사용자의 임금지급의무도 면제된다는 점에서 휴직상태에 있는 근로자와 유사하다. 결국 근로제공의무가 면제되는 노조전임기간은 연차휴가일수 산정을 위한 연간 소정근로일수에서 제외함이 타당하다. 다만, 노조전임기간이 연차휴가 취득 기준이되는 연간 총근로일 전부를 차지하고 있는 경우라면, 단체협약 등에서 달리 정하지 않는 한 이러한 노조전임기간에 대하여는 연차휴가에 관한 권리가 발생하지 않는다고 할 것이다. 그리고 위와 같이 연간 소정근로일수에서 노조전임기간 등이 차지하는 일수를 제외한 후 나머지 일수만을 기준으로 근로자의 출근율을 산정하여 연차휴가 취득 요건의 충족 여부를 판단하게 되는 경우, 연차휴가 제도의 취지, 연차휴가가 가지는 1년간의 근로에 대한 대가로서의 성질, 연간 소정근로일수에서 제외하지 않고 결근으로 처리할 때 인정되는 연차휴가일수와의 불균형 등을 고려하면, 해당 근로자의 출근일수가 연간 소정근로일수의 8할을 밑도는 경우에 한하여, 본래 평상적인 근로관계에서 8할의 출근율을 충족할 경우 산출되었을 연차휴가일수에 대하여 실질 소정근로일수를 연간 소정근로일수로 나눈 비율을 곱하여 산출된 연차휴가일수를 근로자에게 부여함이 합리적이다.

관련 판례16   대판 2018.4.26, 2012다8239.

근로시간면제자에 대한 급여의 임금성

근로시간면제자에 대한 급여는 근로시간면제자로 지정되지 아니하고 일반 근로자로 근로하였다면 해당 사업장에서 동종 혹은 유사 업무에 종사하는 동일 또는 유사 직급·호봉의 일반 근로자의 통상 근로시간과 근로조건 등을 기준으로 받을 수 있는 급여 수준이나 지급 기준과 비교하여 사회통념상 수긍할만한 합리적인 범위를 초과할 정도로 과다하지 않은 한 근로시간면제에 따라 사용자에 대한 관계에서 제공한 것으로 간주되는 근로의 대가로서, 그 성질상 임금에 해당하는 것으로 봄이 타당하다. 따라서 근로시간면제자의 퇴직금과 관련한 평균임금을 산정할 때에는 특별한 사정이 없는 한 근로시간면제자가 단체협약 등에 따라 지급받는 급여를 기준으로 하되, 다만 과다하게 책정되어 임금으로서 성격을 가지고 있지 않은 초과 급여 부분은 제외하여야 할 것이다.

관련 판례17 대판 1996.10.25, 925합도108953.

조합원의 언론의 자유와 통제의 대상

언론의 자유에 대한 보장은 조합 활동의 공정성, 타당성과 바람직한 의사형성 과정을 담보하는 것으로서 조합의 존립과 발전의 기초가 되는 것이므로 조합원의 언론, 비판활동을 이유로 한 통제권의 행사는 그 범위와 한계에 있어 내재적인 제약이 따르지 않을 수 없는 것인바, 조합간부의 직무수행에 대한 비판활동은 그것이 사실을 부당하게 왜곡시킨 경우에 한하여 통제의 대상이 될 수 있다.

관련 판례18 대판 2002.7.26, 2001두5361.

노동조합의 조직변경의 의의와 효과

가. 어느 사업장의 근로자로 구성된 노동조합이 다른 사업장의 노동조합을 결성하거나 그 조직형태 등을 결정할 수는 없으며, 여기서 말하는 노동조합에는 근로조건의 결정권이 있는 독립적 사업 또는 사업장에 조직된, 산업별·지역별·직종별 단위노동조합의 지부 또는 분회도 포함된다.

나. 전국보건의료노조 중앙혈액원지부가 조직대상을 중앙적십자혈액원 외에 동부적십자혈액원, 남부적십자혈액원, 서부적십자혈액원 소속 보건의료산업 노동자로 확대·변경하는 것은 그 조합지부의 인적 구성에서 실질적 동일성이 유지되지 아니하므로 허용될 수 없고, 노동조합의 자주성 및 민주성에도 반하게 되므로 허용될 수 없다.

제1절 서설

❶ 단체교섭의 의의

노조법 제29조 제1항에 의하면 ① 노동조합의 대표자는 그 노동조합 또는 조합원을 위하여 사용자나 사용단체와 교섭하고 단체협약을 체결할 권한을 가지며, ② 교섭창구 단일화 절차에 따라 결정된 교섭대표노동조합의 대표자는 교섭을 요구한 모든 노동조합 또는 조합원을 위하여 사용자와 교섭하고 단체협약을 체결할 권한을 가진다. 또한 ③ 노동조합과 사용자 또는 사용자단체로부터 교섭 또는 단체협약의 체결에 관한 권한을 위임받은 자는 그 노동조합과 사용자 또는 사용자단체를 위하여 위임받은 범위 내에서 그 권한을 행사할 수 있음을 명시하고 있다. 이 규정은 노동조합의 대표자에게 단체교섭의 대표권뿐만 아니라 단체협약의 체결권도 있음을 명백히 하고, 일정한 범위 내에서 교섭권한의 위임을 인정하여 단체교섭의 효율성을 도모하는 데 그 취지가 있다.

❷ 단체교섭의 개념

단체교섭이란 근로자가 주체가 되어 설립된 노동조합이 사용자 또는 사용자단체와 근로조건의 유지개선과 근로자의 경제적·사회적 지위의 향상을 도모하기 위하여 교섭하는 집단적 의사표시로서의 교섭행위라고 할 수 있다. 이러한 단체교섭은 노동조합의 단결력을 배경으로 사용자 또는 사용자단체와 평화적인 방법에 의하여 근로조건 등을 유지·개선하기 위하여 행하는 사실행위이다. 단체교섭은 대화를 그 내용으로 하는 행위이며, 그 자체가 목적이 아니라 단체협약이라는 규칙을 만들고 이를 적용시키기 위한 절차과정이다. 다만, 단체교섭이 원만히 진행되지 않는 경우에 쟁의행위 등의 실력행사를 하여 단체교섭을 강행하도록 하거나, 이를 기피 또는 해태하는 경우에는 부당노동행위로서 권리구제의 신청을 할 수 있다.

Ⅲ 단체교섭의 방식

1. 기업별 교섭

기업별 교섭은 근로조건의 결정권이 있는 사업 또는 사업장 단위로 조직된 노동조합이 상대방인 사용자와 단체교섭을 하는 방식을 말한다. 기업별 교섭은 해당기업의 경영실적과 근로조건의 특수성을 잘 반영시킬 수 있다. 그러나 동종 또는 유사산업 내의 기업 간의 임금 및 근로조건에 상당한 격차를 발생시킬 수 있다. 기업별 교섭은 기업실정에 대응한 교섭 사항의 합리성을 이해하기 쉬우나, 교섭력이 약한 경우 상대방에게 주장을 관철하기 어렵다.

2. 대각선 교섭

대각선 교섭은 산업별 노동조합 또는 교섭권을 위임받은 상급단체가 개별기업의 사용자와 교섭하는 방식을 말한다. 교섭력이 상대적으로 취약한 중소규모의 기업별 노조가 상급단체에 교섭권과 협약체결권을 위임하여 개별사용자와 교섭하는 경우 노사간의 대등성을 견지하고 요구조건을 산업별 또는 지역별로 통일할 수 있다는 점에서 노동조합 측으로는 유리한 교섭방식이다.

3. 통일교섭

통일교섭은 산업별 또는 직종별 노동조합과 그에 대응하는 사용자단체와 통일적으로 단체교섭을 하는 방식을 말한다. 통일교섭은 동일 산업 또는 직장의 근로조건을 동일한 수준으로 개선할 수 있으나 기업별 특수성을 반영하기 어렵다는 등의 문제가 있어 보충적

으로 기업별 교섭을 병행하기도 한다.[14]

4. 공동교섭

공동교섭이란 기업별 단위노조와 그 소속 단위노조가 속해있는 산업별 연합단체가 공동으로 해당기업의 사용자와 대응하여 교섭하는 방식을 말한다. 이 경우 단위노조로서는 자신의 취약한 교섭력을 연합단체에 의해 보완하고, 동시에 단위노조도 교섭에 참여하므로 단위기업의 특수한 사정을 반영할 수 있다.

5. 집단교섭

집단교섭이란 밀접한 이해관계를 가진 여러 개의 단위노조가 연명으로 이에 대응하는 사용자 또는 사용자단체와 교섭하는 방식을 말한다. 이 경우에 많은 노조대표와 사용자가 다 참여할 수 없으므로 보통은 교섭대표를 선정하여 교섭하는 방식을 취한다. 일반적으로 업종·기업 규모·지역 등이 공통되는 여러 개의 단위노조가 개개의 노동조합을 결합하여 사용자 또는 사용자 집단과 복수로 교섭을 하게 되므로 교섭방식상 개별적 독립성이 없어진다.

제2절 단체교섭의 주체

❶ 단체교섭의 당사자

단체교섭의 당사자는 단체교섭을 스스로의 이름으로 수행하고, 이에 따른 권리·의무를

---

14)　임종률, 『노동법』, p.111.

부담하는 자를 말한다. 근로자측의 교섭 당사자는 사용자측에게 교섭을 적극적으로 요구할 수 있는 노동조합이 되고, 사용자측의 교섭 당사자는 근로자측의 교섭요구에 대응 의무를 지는 사용자 또는 사용자단체이다.

1. 근로자측 교섭 당사자

(1) 단위노조

단위노조란 독자적인 규약과 기관을 가지고 의사결정과 활동을 하는 근로자들의 자주적 집단으로 근로조건의 결정권이 있는 사업 또는 사업장 단위로 구성하는 형태를 말한다. 단위노조의 조합원 수는 문제가 되지 아니하며 소수의 근로자를 대표하고 있다 하더라도 단체교섭의 주체가 된다.

(2) 상급단체

상급단체란 단위노조가 그 조직력을 강화하기 위해 산업별·업종별·지역별로 다른 단위노조 내지 근로자단체와 결합관계를 가지는 경우 그 단위노조의 위에 존재하는 근로자들의 단체를 말한다. 노조법 제2조 제4호에 의하면 단위노조의 연합단체도 노동조합으로 인정된다. 다만, 연합단체인 상급노조라 하더라도 그 구성원인 단위노조에 대한 통제력이 없다면 그 단체교섭권은 무의미하기 때문에 단위노조로부터 위임을 받은 경우에만 교섭에 관여할 수 있다고 보아야 한다.

(3) 지부 또는 분회

지부나 분회는 사업소·출장소·공장 등에 설치된 단위노동조합의 하부조직으로 결성된 근로자들의 단체이다. 지부나 분회는 단위노조의 하부기관에 불과하므로 독립적인 의사결정이나 기능을 할 수 없는 것으로 보는 것이 원칙이다. 그러나 지부 또는 분회가 독자적인 규약을 가지고 근로조건의 결정권이 있는 경우에는 독립한 단체로서의 실질이 인정되므로 단체교섭의 주체가 될 수 있다. 다만 단위노조가 우선적으로 단체교섭권을 행사할 수 있음은 물론 하부조직은 단위조식의 단결력을 저해하는 단체교섭을 할 수 없다고 보아야 한다.

2. 사용자측 교섭 당사자

(1) 사용자

사용자에게는 헌법상 단체교섭권이 규정되어 있지 않으므로 근로자측에 대해 단체 교섭권을 요구할 수 없다. 그러나 사용자는 근로자측의 교섭요구에 응해야 하는 의무를 진 수동적인 주체로서의 지위를 가진다. 이때 사용자의 범위는 법인사업의 경우에는 법인 그 자체, 개인사업의 경우에는 사업주 개인이 교섭 당사자가 된다.

(2) 사용자단체

사용자단체란 단체교섭을 목적으로 사용자에 의해 구성된 자주적 단체를 말한다. 노조법 제29조에서 규정하는 사용자단체로서 단체교섭의 당사자가 될 수 있으려면 각 구성원에 대해 단체교섭 및 단체협약의 이행에 관하여 조정·통제할 수 있는 사실상의 통제력을 가져야 한다. 따라서 노동조합과의 사이에 단체교섭 및 단체협약을 체결할 권한을 구성원들로부터 위임받아야 한다. 사용자단체는 통일교섭·공동교섭·대각선교섭 등의 교섭방법에 따라 그 구성원인 사용자를 위해 단위조합 또는 연합단체인 상급노조와 단체교섭을 행할 수 있다.

Ⅱ 단체교섭의 담당자

단체교섭의 담당자는 단체교섭이라는 사실행위를 담당하는 자를 말한다. 따라서 단체협약상의 권리·의무를 부담하는 당사자와는 구별된다.

1. 근로자측 교섭담당자

근로자측의 대표적인 교섭담당자는 노동조합의 대표자이며, 단위노조로부터 위임을 받은 자 또한 단체교섭의 담당자가 될 수 있다. 노조법 제29조 제1항에 따르면 노동조합의 대표자는 그 노동조합 또는 조합원을 위하여 사용자나 사용자단체와 교섭하고 단체협약을 체결할 권한을 가진다고 명시하고 있다. 따라서 전체조합원의 인준투표를 거쳐 단체협약을 체결하도록 조합규약이나 총회의 의결로 노조대표의 체결권한을 제한(인준투표제)하는 것은 대외적으로는 효력이 없다고 보아야 한다.

2. 사용자측 교섭담당자

사용자측의 교섭담당자는 자연인으로서의 사용자뿐만 아니라, 사용자단체의 대표자도 해당이 된다. 사용자의 범위는 법인 사업인 경우 그 대표자가 해당이 되며, 그 사업의 근로자에 관한 사항에 대해 사업주를 위해 행위하는 자도 포함된다.

Ⅲ 단체교섭창구의 단일화

하나의 사업 또는 사업장에 2개 이상의 노동조합이 설립되어 있을 때에는 교섭창구를 단일화하여 통일된 근로조건의 기준이 적용되는 것이 바람직하다. 노조법 제29조 제2항은 교섭창구 단일화 절차에 따라 결정된 교섭대표노동조합의 대표자는 교섭을 요구한 모든 노동조합 또는 조합원을 위하여 사용자와 교섭하고 단체협약을 체결할 권한을 가진다고 규정함으로써 복수노조 하에서의 단체교섭과 단체협약의 통일화 및 조화를 일반원칙으로 규정하고 있다.

1. 교섭창구 단일화의 절차(노조법 제29조의2)

교섭창구를 단일화하여 교섭대표노동조합을 정하는 방법은 크게 네 단계로 나누어진다.
1단계는 14일의 기한 내에 자율적으로 교섭대표노동조합을 정하는 방법이다. 이 기간 내에 사용자가 교섭창구 단일화 절차를 거치지 아니하기로 동의한 경우에는 복수노조와 개별교섭이 이루어지게 된다. 이때 사용자는 교섭을 요구한 모든 노동조합과 성실히 교섭하여야 하고, 차별적으로 대우해서는 아니 된다. 다만 이 경우에는 단체교섭과 단체협약의 통일화는 실현되기 어렵다.
2단계는 기한(14일) 내에 자율적 결정을 하지 못하고 사용자가 개별교섭에 동의하지 않은 경우 교섭창구 단일화 절차에 참여한 노동조합의 전체 조합원 과반수로 조직된 노동조합이 교섭대표노동조합이 된다. 과반수 노조에는 2개 이상의 노동조합이 위임 또는 연합 등의 방법으로 교섭창구 단일화 절차에 참여한 노동조합 전체 조합원의 과반수가 되는 경우를 포함한다.

3단계는 위의 두 방법에 의하여 교섭대표노동조합이 정해지지 못한 경우에는 공동교섭 대표단을 구성하는 방법이다. 공동교섭대표단에는 조합원 수가 교섭창구 단일화 절차에 참여한 노동조합 전체 조합원의 100분의 10 이상인 노동조합만이 교섭대표단을 구성할 수 있다.

4단계는 공동교섭대표단의 구성에 합의하지 못할 경우에 노동위원회가 해당 노동조합의 신청에 따라 조합원 비율을 고려하여 공동교섭대표단을 결정할 수 있다. 이 경우 노동위원 회는 10명 이내로 공동교섭대표단을 구성하여야 한다(노조법 시행령 제14조의9 제2항). 한편 교섭창구 단일화 절차에서의 조합원 수 산정은 종사근로자인 조합원을 기준으로 한다.

2. 교섭단위(노조법 제29조의3)

교섭대표노동조합을 결정하여야 할 단위는 하나의 사업 또는 사업장으로 한다. 다만, 하나의 사업 또는 사업장에서 현격한 근로조건의 차이, 고용형태, 교섭관행 등을 고려하 여 교섭단위를 분리할 필요가 있다고 인정되는 경우에 노동위원회는 노동관계당사자의 양쪽 또는 어느 한쪽의 신청을 받아 교섭단위를 분리하는 결정을 할 수 있다. 노동위원회 의 교섭단위 분리 여부에 관한 결정이 있을 때까지 교섭창구 단일화절차의 진행은 정지된 다(노조법 시행령 제14조의11 제5항).

3. 교섭대표노동조합(교섭대표노조)

교섭대표노조는 사용자와 단체교섭을 하고, 이에 따라 체결된 단체협약은 교섭대표노 조에 의하여 대표되는 모든 조합원에게 적용된다. 교섭대표노조는 해당 사업 또는 사업 장에 배타적 교섭력을 가지므로 다른 노조와의 교섭을 거부할 수 있다.

교섭대표노조의 지위는 사용자와 체결한 첫 번째 단체협약의 유효기간이 2년이 되는 날까지 유지하되, 새로운 교섭대표노조가 결정된 경우에는 그 결정된 때까지 교섭대표노 조의 지위를 유지한다(노조법 시행령 제14조의10 제1항). 교섭대표노조는 지위 유지기간이 만료되었음에도 불구하고 새로운 교섭대표노조가 결정되지 못할 경우 기존 교섭대표노조는 새로운 교섭대표노조가 결정될 때까지 기존 단체협약의 이행과 관련해서는 교섭대표노조의 지위를 유지한다(제2항). 교섭대표노조가 그 결정된 날부터 1년 동안 단체협약을 체결하지 못한 경우에는 어느 노동조합이든지 사용자에게 교섭을 요구할 수 있고, 이 경우 교섭창구 단일화 절차에 따라 교섭대표노조를 다시 결정한다(제3항).

4. 공정대표의무

(1) 의의

노조가 2개 이상 존재하는 경우 교섭대표노조는 그 사업 또는 사업장의 모든 조합원들을 대표하기 때문에 그 노동조합의 조합원에게 보다 유리한 또는 다른 노동조합의 조합원에게 불리한 단체교섭을 하거나 단체협약을 체결해서는 안 된다. 이러한 의무는 교섭대표노조에게는 물론 교섭상대방인 사용자도 부담해야 하는데, 이를 공정대표의무라고 한다. 노조법 제29조의4 제1항은 "교섭대표노조와 사용자는 교섭창구 단일화 절차에 참여한 노동조합 또는 그 조합원간에 합리적 이유 없이 차별을 하여서는 아니 된다"고 규정하고 있다. 교섭창구 단일화의 기본목적이 하나의 단위 사업 또는 사업장 내에 서로 다른 내용의 단체협약이 적용되는 불합리한 사태를 방지하려는 데 있으므로 교섭대표노조와 사용자가 공정대표의무를 부담하는 것은 당연한 것이다.[15] 또한 교섭대표의무는 단체협약의 내용뿐만 아니라 단체교섭의 과정에서도 준수되어야 하므로 교섭대표노조는 소수노조를 합리적인 이유 없이 절차적으로 차별하지 않을 의무를 부담한다. 즉 단체교섭 과정에서 소수노조에게 단체교섭 및 단체협약 체결과 관련하여 필요한 정보를 적절히 제공하고 그 의견을 수렴해야 하는 의무도 포함한다. 다만 교섭대표노조가 단체교섭 과정의 모든 단계에서 소수노조에 대하여 일체의 정보제공 및 의견수렴 절차를 거치지 아니하였다고 하여 절차적 공정대표의무를 위반하였다고 단정할 수는 없고 단체교섭의 전 과정을 전체적·종합적으로 살필 때 기본적이고 중요한 사항에 대한 정보제공 및 의견수렴 절차를 충분히 거치지 아니한 경우 등과 같이 교섭대표노조가 가지는 재량권의 범

---

15) 공정대표의무는 미국의 「철도노동법(Railway Labor Act)」의 적용하에서 미국 연방대법원의 판례에 의하여 확립되었다.

위를 일탈·남용함으로써 소수노조를 합리적 이유 없이 차별하였다고 평가할 수 있는 정도에 이르러야 절차적 공정대표의무를 위반한 것으로 볼 수 있다.[16]

(2) 위반의 시정

교섭대표노조와 사용자가 소수노조나 조합원을 차별한 경우에 노동조합은 그 행위가 있은 날부터 3개월 이내에 노동위원회에 그 시정을 요청할 수 있으며(노조법 제29조의4 제2항), 노동위원회는 그 신청에 대하여 합리적 이유 없이 차별하였다고 인정한 때에는 그 시정에 필요한 명령을 하여야 한다(제3항). 노동위원회의 명령 또는 결정에 대한 불복절차 등에 관해서는 노조법 제85조(구제명령의 확정) 및 제86조(구제명령 등의 효력)를 준용한다(제4항). 구제명령을 위반한 자에 대해서는 벌칙이 적용된다(동법 제89조 제2항).

Ⅳ 단체교섭권의 위임

교섭 당사자는 단체교섭이나 단체협약 체결의 권한을 타인에게 위임할 수 있다. 이 경우 교섭 당사자로부터 위임을 받은 자는 위임받은 범위 안에서 그 권한을 행사할 수 있다(노조법 제29조 제3항). 교섭 당사자는 위 제3항의 규정에 의하여 교섭 또는 단체협약의 체결에 관한 권한을 위임한 때에는 그 사실을 상대방에게 통보하여야 한다(동조 제4항). 한편, 노사 간의 단체협약으로 조합원 이외의 제3자에게 단체교섭을 위임하지 않겠다는 규정(제3자 위임금지조항)을 두는 경우가 있는데, 사용자가 이 규정을 근거로 제3자와의 단체교섭을 거부할 수 있는가에 대한 의문이 제기된다. 노사 당사자의 자율적인 합의에 의하여 결정된 제3자 위임금지조항은 유효한 것으로 보이지만, 이를 이유로 제3자와의 단체교섭을 거부할 수 있다고 하면 노조법이 제3자에 대한 교섭권 위임을 허용하고 있는 취지에 반한 결과를 가져오게 되므로 연합단체인 상부단체에 대한 단체교섭은 거부할 수 없다고 보아야 한다.

---

16) 대판 2020.10.29, 2017다263192.

관련 판례1 대판 2013.9.27, 2011두15404.

단체협약체결권

노조법 제29조 제1항은 "노동조합의 대표자는 그 노동조합 또는 조합원을 위하여 사용자나 사용자 단체와 교섭하고 단체협약을 체결할 권한을 가진다"고 규정하고 있는바, 노동조합의 대표자에게는 단체교섭의 권한뿐만 아니라 교섭한 결과에 따라 단체협약을 체결할 권한이 있다. 따라서 노동조합 규약에서 노동조합의 대표자가 단체교섭의 결과에 따라 사용자와 단체협약의 내용을 합의한 후 다시 그 협약안의 가부에 관하여 조합원 총회의 의결을 거치도록 규정하고 있다면, 그 노동조합 규약은 노동조합 대표자의 단체협약체결권한을 전면적, 포괄적으로 제한함으로써 사실상 단체협약체결권한을 형해화하여 명목에 불과한 것으로 만드는 것이어서 노동조합 대표자의 단체협약 체결권한을 규정한 노조법 제29조 제1항의 취지에 반한다.

관련 판례2 대판 2001.2.23, 2000도4299.

노조분회나 지부의 단체교섭과 협약체결권

노동조합의 하부단체인 분회나 지부가 독자적인 규약 및 집행기관을 가지고 독립된 조직체로서 활동을 하는 경우 당해 조직이나 그 조합원에 고유한 사항에 대하여는 독자적으로 단체교섭하고 단체협약을 체결할 수 있고, 이는 그 분회나 지부가 노조법 시행령 제7조의 규정에 따라 그 설립신고를 하였는지 여부에 영향을 받지 아니한다.

관련 판례3   대판 1995.12.22, 95누3565.

단체교섭상의 상대방인 사용자 판단기준

노조법 제33조(현행 제29조) 제1항 본문은 노동조합의 대표자 또는 노동조합으로부터 위임을 받은 자는 그 노동조합 또는 조합원을 위하여 사용자나 사용자단체와 단체협약의 체결 기타의 사항에 관하여 교섭할 권한이 있다고 규정하고 있고, 같은 법 제39조(현행 제81조) 제3호는 사용자나 노동조합의 대표자 또는 노동조합으로부터 위임을 받은 자와의 단체협약체결 기타의 단체교섭을 정당한 이유 없이 거부하거나 해태하는 행위를 부당노동행위의 하나로 규정함으로써 사용자를 노동조합에 대응하는 교섭 당사자로 규정하고 있는바, 위 법 규정 소정의 사용자라 함은 근로자와의 사이에 사용종속관계가 있는 자, 즉 근로자와의 사이에 그를 지휘·감독하면서 그로부터 근로를 제공받고 그 대가로서 임금을 지급하는 것을 목적으로 하는 명시적이거나 묵시적인 근로계약관계를 맺고 있는 자를 말한다 할 것이다.

관련 판례4   대판 2020.10.29, 2017다263192.

공정대표의무 위반여부

교섭대표노동조합이 소수 노동조합의 조합원에 대한 설문조사를 실시하였고, 소수 노동조합의 협약요구안에 대하여 여러 차례 설명을 청취하였으며, 교섭대표노동조합과 사용자가 마련한 잠정합의안의 내용을 통보하는 등의 절차를 거쳤다면 비록 잠정합의안에 대한 조합원 찬반투표와 관련하여 소수 노동조합의 조합원들에게 동등하게 해당 절차에 참여할 기회를 부여하지 않았다거나 그들의 찬반의사까지 동등하게 고려하여 잠정합의안에 대한 가결 여부를 결정하지 않았더라도, 절차적 공정대표의무를 위반하는 정도에 이르렀다고 볼 수 없다.

관련 판례5   대판 2002.8.27, 2001다79457.

사용자의 위임에 의한 단체협약에의 서명날인과 효력

단체협약의 사용자측 당사자는 '사용자 또는 그 단체'이고 그 중 '사용자'라 함은 개인기업인 경우에는 그 기업주 개인, 법인 내지 회사기업인 경우에는 그 법인 내지 회사를 의미한다고 할 것이나 구체적인 단체교섭의 당사자는 경영담당자 또는 사용자의 이익대표가 되는 경우가 많으며, 이들이 사용자의 위임에 의하여 단체교섭을 진행한 후 사용자가 단체협약서에 서명날인을 함으로써 단체협약이 체결된 경우에도 그 단체협약은 유효하게 성립한다.

관련 판례6 대판 1998.11.13, 98다20790.

단위노조의 상급단체에 대한 교섭권한의 위임과 효력

단체교섭권한의 위임이라 함은 노동조합이 조직상의 대표자 이외의 자에게 조합 또는 조합원을 위하여 조합의 입장에서 사용자측과 사이에 단체교섭을 하는 사무 처리를 맡기는 것을 뜻하고, 그 위임 후 이를 해지하는 등의 별개의 의사표시가 없더라도 노동조합의 단체교섭권한은 여전히 수임자의 단체교섭권한과 중복하여 경합적으로 남아 있다고 할 것이며, 단위노동조합이 가입한 상부단체인 연합단체에 그러한 권한을 위임한 경우에 있어서도 달리 볼 것은 아니다.

제3절 단체교섭의 대상과 방법

❶ 단체교섭의 대상

단체교섭의 대상이란 노동조합과 사용자가 교섭의 대상으로 삼을 수 있는 사항을 말한다. 현행 노조법은 단체교섭의 대상에 대하여 명문의 규정을 두고 있지는 않으나 노조법 제2조 제5호에서 임금·근로시간·복지·해고 기타 대우 등 근로조건의 결정을 단체교섭의 대상으로 전제하고 있다.

1. 의무적 교섭 사항

의무적 교섭 사항은 단체교섭의 요구가 있는 경우에 상대방은 반드시 이에 응하여야 하는 사항을 말한다. 따라서 사용자가 그 교섭을 정당한 이유 없이 거부하면 부당노동행위가 성립되며, 단체교섭이 결렬되는 경우 노동쟁의조정의 신청 및 쟁의행위를 실시할 수 있다.

구체적으로 의무적 교섭 사항의 대상으로는 조합원에 대한 임금·근로시간·휴식·복리후생 등 근로조건에 관한 사항은 물론 조합 활동에 관한 사항, 숍(shop) 조항, 단체교섭절차 등 집단적 노사관계에 해당하는 사항도 의무교섭대상에 포함된다고 할 것이다.

2. 임의적 교섭 사항

임의적 교섭 사항은 교섭상대방에게 교섭에 응하도록 강제하지는 않지만 일단 교섭하면 적법하게 그 합의내용을 단체협약으로 체결할 수 있는 사항을 말한다. 이에 대한 사용자 측의 교섭거부는 부당노동행위가 성립되지 아니하며 단체교섭이 결렬되는 경우에도 쟁의 행위로써 자신의 주장을 관철할 수 없다. 인사에 관한 사항이나 경영권은 원칙적으로 단체교섭의 대상이 아니나 근로자 전체에 미치는 인사기준이나 근로조건과 밀접한 관련을 갖고 있는 경영에 관한 사항은 단체교섭의 대상이 될 수 있는 임의적 교섭 사항이다. 비조합원에 관한 사항이나 개인에 관한 사항도 당해 노동조합 또는 조합원의 근로조건에 영향을 미치는 경우에는 단체교섭의 대상이 될 수 있다.

3. 권리분쟁

권리분쟁이란 기존의 단체협약 및 취업규칙상의 권리·의무에 대해 당사자 사이의 해석 및 이행 등에 관해 발생한 분쟁을 말한다. 권리분쟁이 단체교섭의 대상이 되는지의 여부는 여러 견해가 나뉘지만, 권리분쟁이 이미 확정된 권리·의무에 관한 사항이므로 의무적 단체교섭의 대상이 될 수 없다고 보아야 한다. 따라서 법원 또는 노동위원회를 통하여 해결되는 것이 바람직하며 다만, 노사자율의 원칙에 따라 임의적 교섭대상에는 포함될 수 있다고 본다.

Ⅱ 단체교섭의 방법

1. 성실교섭의무

노조법은 노동조합과 사용자 또는 사용자단체에게 신의에 따라 성실히 교섭하고 단체협약을 체결하여야 하며 그 권한을 남용하여서는 아니 된다(노조법 제30조 제1항)고 규정하고 정당한 이유 없이 교섭 또는 단체협약의 체결을 거부하거나 해태하여서는 아니 된다(동조 제2항)고 하여 노사 당사자 모두에게 성실교섭의무를 부과하고 있다. 성실교섭의무는 상대방의 요구를 수락하거나 그것에 대하여 양보를 할 의무까지 포함하는 것은 아니므로 쌍방이 주장·제안·설명을 충분히 했는 데도 교섭이 진전될 전망이 없어 교섭을 중단하거나 교섭의 결렬을 선언하더라도 성실교섭의무를 위반한 것으로 볼 수 없다.[17] 그러나 단체교섭이나 협약체결을 위해 성실히 노력하지 아니하고 정당한 이유 없이 거부하거나 태만히 한 경우에는 노사 당사자 모두에게 정당성이 없으므로 위법이 된다. 특히 사용자의 교섭의무 위반은 부당노동행위가 인정된다(동법 제81조 제3호).

2. 폭력행위 등의 금지

단체교섭은 어떠한 경우에도 폭력이나 파괴행위는 허용될 수 없다(노조법 제4조). 따라서 단체교섭의 자리에서 폭력을 휘두르고 폭언을 하여 교섭을 혼란스럽게 함으로써 정상적인 교섭을 기대할 수 없을 때에는 단체교섭을 중단하여도 정당하다. 그러나 단체교섭은 다수 조합원의 단결력을 배경으로 하기 때문에 위력적인 분위기가 우발적으로 발생하였더라도 단체교섭의 정당성이 곧바로 상실되는 것은 아니다.

3. 교섭의 절차

현행 노조법은 단체교섭의 절차에 관해서는 아무런 규정을 두고 있지 않으나 원활한 단체교섭의 진행을 위하여 노사관계 당사자는 사전에 교섭일시 및 시간·장소를 미리 정하여야 한다. 단체교섭의 중요성이나 긴급성에 따라 차이가 있으나 돌발적으로 단체교섭을 요구하는 것은 성실교섭의무 위반이 될 수 있다. 왜냐하면 교섭안을 근거로 사전에 교섭사항을 검토할 만한 충분한 시간이 고려되어야 하기 때문이다. 단체교섭에 참가하는 교섭인원 수는 단체협약의 성격이나 교섭 사항, 교섭관행 등을 고려하여 일정 수로 정하되, 합리적인 인원을 자주적으로 결정하여야 하고 어느 한 쪽이 일방적으로 제한하여서는 아니된다.

---

17) 임종률, 『노동법』, p.140.

관련 판례1 대판 1994.8.12, 94다32619.

사업부서의 폐지와 단체교섭 사항

회사가 그 산하 시설관리부를 폐지하기로 결정한 것은 적자가 누적되고 시설관리계약이 감소할 뿐 아니라 계열사인 대한항공, 한국항공과의 재계약조차 인건비의 상승으로 인한 경쟁력약화로 불가능해짐에 따라 불가피하게 취해진 조치로서 이는 경영주체의 경영의사결정에 의한 경영조직의 변경에 해당되며 그 폐지결정 자체는 단체교섭 사항이 될 수 없다.

관련 판례2 대판 1994.8.26, 93누8993.

경영권과 단체교섭의 대상사항

단체협약 중 조합원의 차량별 고정승무발령, 배차시간, 대기기사 배차순서 및 일당기사 배차순서에 관하여 노조와 사전합의를 하도록 한 조항은 그 내용이 한편으로는 사용자의 경영권에 속하는 사항이지만 다른 한편으로는 근로자들의 근로조건과도 밀접한 관련이 있는 부분으로서 사용자의 경영권을 근본적으로 제약하는 것은 아니라고 보이므로 단체협약의 대상이 될 수 있고 그 내용 역시 헌법이나 기타 노동관계법규에 어긋나지 아니하므로 정당하다.

관련 판례3 대판 1996.2.23, 94누9177.

노조전임자의 대우에 관한 성격과 임의교섭

일반적으로 사용자에 대하여 근로계약에 따른 근로제공의무를 면제받고 오직 노동조합의 업무만을 담당하는 노조전임제는 노동조합에 대한 편의제공의 한 형태로서 사용자가 단체협약 등을 통하여 승인하는 경우에 인정되는 것일 뿐 사용자와 근로자 사이의 근로계약관계에 있어서 근로자의 대우에 관하여 정한 근로조건이라고 할 수 없는 것이고, 단순히 임의적 교섭 사항에 불과하다.

제3장
단체협약

제1절 서설

❶ 단체협약의 의의

단체협약은 노동조합과 사용자 또는 사용자단체 사이에 단체교섭을 통하여 근로조건 및 기타 노사관계에 관한 제반사항을 합의하여 서면으로 작성한 문서를 말한다. 단체협약은 단체교섭권행사의 산물이고, 단결권과 단체행동권은 단체교섭권행사의 실효성을 제고하는 수단으로서의 기능을 가진다. 단체협약은 노사가 자치적으로 정한 각종 규범 중 최상위의 규범성을 지니고 노사관계를 규율한다.

❷ 단체협약의 법적 성질

단체협약은 노사 당사자 간의 자주적 합의에 의하여 성립되는 계약적 성질을 갖지만, 국가가 법률의 규정(노조법 제33조)에 의하여 단체협약의 규범적 효력을 부여한 것으로 보아야 한다.

관련 판례 대판 2002.4.23, 2000다50701.

단체협약의 소급효가 적용되는 근로자의 범위

단체협약이란 노동조합이 사용자 또는 사용자단체와 근로조건 기타 노사관계에서 발생하는 사항에 관하여 체결하는 협정으로서, 노동조합이 사용자측과 기존의 임금·근로시간·퇴직금 등 근로조건을 결정하는 기준에 관하여 소급적으로 동의하거나 이를 승인하는 내용의 단체협약을 체결한 경우에 그 동의나 승인의 효력은 단체협약이 시행된 이후에 그 사업체에 종사하면서 그 협약의 적용을 받게 될 노동조합원이나 근로자들에 대해서만 생기고 단체협약 체결 이전에 이미 퇴직한 근로자에게는 위와 같은 효력이 생길 여지가 없으며, 근로조건이 근로자에게 유리하게 변경된 경우라 하더라도 다를 바 없다.

제2절 단체협약의 성립

Ⅰ 단체협약의 당사자

단체협약의 당사자가 될 수 있는 자격을 협약능력이라고 한다. 그러나 일반적인 계약체결과 같이 자연인 또는 법인이 모두 단체협약의 체결 당사자가 되는 것은 아니며 노동조합과 사용자 또는 사용자단체만이 단체협약의 당사자가 될 수 있다.

Ⅱ 단체협약의 방식

1. 서면작성

단체협약은 서면으로 작성하여 쌍방이 서명 또는 날인하여야 한다(노조법 제31조 제1항). 서면으로 작성되지 않은 구두협약의 효력은 인정되지 않으며, 서면으로 작성함에 있어서 서면의 명칭이나 형식은 이를 불문한다. 따라서 임금협정, 노사합의서 등 서면으로 작성한 것이면 단체협약으로서 유효하게 성립한다.

2. 서명 또는 날인

서명 또는 날인으로 표기되어야 하는 자는 단체협약의 당사자 및 그 대표자의 명칭이며, 서명과 날인을 모두 갖추지 않고 서명 또는 날인만으로도 단체협약의 효력은 인정된다. 한편, 단체교섭에 노동조합대표를 포함한 수명의 교섭위원이 참여하여 서명 또는 날인을 하였다면 교섭위원의 일부의 서명 또는 날인이 없더라도 단체협약은 유효하다고 보아야 한다. 이는 사용자측의 교섭위원에 대하여도 동일하다.

3. 신고

단체협약의 당사자는 단체협약체결일로부터 15일 이내에 이를 행정관청에 신고하여야 한다(노조법 제31조 제2항). 이 경우 단체협약의 신고는 당사자 쌍방이 연명으로 하여야 한다(동법 시행령 제15조). 그러나 행정관청에의 신고가 효력요건은 아니며 단체협약을 행정관청에 신고하지 않더라도 그 효력에는 영향이 없다. 다만, 단체협약 내용 중 위법한 내용이 있는 경우에는 행정관청이 노동위원회의 의결을 얻어 그 시정을 명할 수 있다(동법 제31조 제3항).

관련 판례1 대판 2001.5.29, 2001다15422.

단체협약의 서명날인과 진정성의 확보

노조법 제31조 제1항이 단체협약은 서면으로 작성하여 당사자 쌍방이 서명날인(현행 서명 또는 날인)하여야 한다고 규정하고 있는 취지는 단체협약의 내용을 명확히 함으로써 장래 그 내용을 둘러 분쟁을 방지하고 아울러 체결당사자 및 그의 최종적 의사를 확인함으로써 단체협약의 진정성을 확보하기 위한 것이므로, 그 방식을 갖추지 아니하는 경우 단체협약은 효력을 가질 수 없다고 할 것이다.

관련 판례2 대판 2002.8.27, 2001다79457.

서명이 아닌 기명날인한 단체협약 강행법규의 위반 여부

단체협약을 문서화하고 당사자 쌍방의 서명날인을 하도록 규정한 취지는 단체협약이 규율대상으로 하고 있는 노사관계가 집단적·계속적이라는 점을 고려하여 체결당사자를 명백히 함과 동시에 당사자의 최종적인 의사를 확인함으로써 단체협약의 진정성과 명확성을 담보하려는 데 있다고 할 것이므로 단체협약의 진정성과 명확성이 담보된다면 단체협약의 당사자 쌍방이 서명날인을 하지 아니하고 기명날인을 하였다고 하더라도 그 단체협약이 강행법규에 위반하여 무효라고 할 수 없다.

제3절 **단체협약의 효력**

단체협약은 협약 당사자인 노동조합과 사용자가 체결하는 계약형태를 띠고 있으나, 그 내용에는 크게 규범적 사항[18]과 채무적 사항[19]으로 나누어지며 각 사항은 각기 규범적 효력과 채무적 효력을 갖는다.

❶ 규범적 효력

규범적 효력은 단체협약이 가지는 강제법규와 같은 효력으로 개별적 근로관계에 대하여 강제적 직접적으로 적용된다. 다시 말하면 규범적 효력은 단체협약의 적용을 받는 근로자에게 단체협약과 취업규칙 및 근로계약의 기준이 서로 다른 경우에 단체협약이 우선적으로 적용되는 효력이라 할 수 있다.[20]

---

18) 단체협약 가운데 근로조건 기타 근로자의 대우에 관한 기준을 정한 사항으로 구체적으로 임금, 근로시간, 휴식, 안전·보건, 인사에 관한 규정들이 규범적 사항에 포함된다.
19) 단체협약에서 협약 당사자 간의 권리·의무에 관한 사항을 규정한 것으로 구체적으로 평화의무, 평화조항, 숍 조항, 조합활동에 관한 조항, 쟁의 조항 등이 이에 속한다.
20) 임종률, 『노동법』, p.150.

1. 강행적 효력

강행적 효력이란 노조법 제33조 제1항에서 규정하는 단체협약에 정한 근로조건 기타 근로자의 대우에 관한 기준에 위반하는 취업규칙 또는 근로계약의 부분을 무효로 하는 효력을 말한다. 즉, 강행적 효력은 근로자들의 대우에 관한 기준을 정한 것이므로 그 기준에 위반하는 근로계약의 해당부분은 무효가 된다. 그러나 협약상의 기준보다 근로계약이 유리한 근로조건을 규정하고 있을 때에는 규범적 효력이 미치는가가 문제되는데 노조법 제33조의 기준효력은 근로자들의 생존확보를 위하여 협약상의 기준을 최저기준으로 파악하고 이 기준을 하회하는 개개의 근로계약을 배제하려는 데 그 목적이 있으므로 협약기준을 상회하는 근로계약의 부분은 동조 제1항의 기준에 위반하는 것은 아니므로 유효하다고 보아야 할 것이다.

2. 직접적 효력(보충적 효력)

직접적 효력이란 노조법 제33조 제2항에서 규정하는 근로계약에 규정되지 아니한 사항 또는 강행적 효력에 따라 무효가 된 부분은 단체협약에 정하는 기준에 따르는데 이를 단체협약의 직접적 혹은 보충적 효력이라 한다. 즉 개별적 근로계약에 아무 약정이 없거나 단체협약의 강행적 효력에 의하여 개별적 근로계약의 일부가 무효로 된 경우에 이를 직접적으로 보충하는 효력을 가리킨다.

⑪ 채무적 효력

채무적 효력은 협약 당사자인 노동조합과 사용자 간의 협정에 의하여 상호 이를 준수할 의무를 가지는 데 이를 채무적 효력이라 한다.

1. 평화의무

평화의무란 단체협약의 유효기간 중에는 단체협약으로 정한 사항의 변경 또는 폐지를 요구하는 쟁의행위를 하지 않을 의무를 말한다. 그러나 평화의무를 위반하여 쟁의행위를 한 경우에는 채무불이행에 따른 손해배상책임이 발생한다.

2. 평화조항

평화조항이란 쟁의행위를 하기 전에 노동쟁의조정절차를 거칠 것을 의무화하는 명문의 규정을 두는 단체협약의 조항을 말한다. 예컨대, "단체교섭이 원만하게 타결되지 못한 경우에 노사합의에 의한 조정을 거친 후가 아니면 쟁의행위를 할 수 없다"고 구체적으로 정할 수 있다. 다만, 노동조합이 평화조항을 위반하여 쟁의행위를 하는 경우에도 형사책임은 면제되며 단체협약상의 채무불이행으로 인한 손해배상책임만을 부담할 뿐이다. 한편, 쟁의행위개시 이후의 쟁의행위의 절차 및 방법 등에 관하여 단체협약에 명문으로 규정하는 경우도 있는데 이를 평화조항과 구분하여 쟁의조항으로 부르기도 한다.

3. 숍(shop) 조항

숍(shop) 조항이란 단결강화의 수단으로 노동조합에의 가입을 강제하는 방식으로 사용자가 근로자를 채용할 경우에 조합원일 것을 요구하거나 조합원 이외의 자를 채용하였을 경우에 일정 기간 내에 노동조합 가입을 강제하도록 사용자와 협정할 수 있는데 이러한 단체협약상의 규정을 말한다.

4. 조합 활동조항

조합 활동조항이란 단체협약에서 근로시간중의 노동조합 활동, 노동조합 전임자의 대우, 조합비의 공제, 게시판 또는 회의장 등 회사시설의 사용과 같은 노동조합의 활동범위에 관한 사항을 말한다. 노동조합의 활동은 원칙적으로 노동조합의 자주적인 의사결정에 따라 자유로이 행하여지는 것이지만, 조합원은 동시에 근로자로서 근로계약에 따른 근로제공의무가 있으므로 무제한 조합 활동의 자유를 인정할 수는 없다. 따라서 사용자의 지휘감독권 및 시설관리권과 노동조합의 단결권의 충돌을 조정하기 위하여 단체협약에 규정을 두는 경우가 있다.

5. 해고협의조항

단체협약에 "회사는 조합원을 해고하는 경우에는 노동조합과 협의 또는 동의를 얻어야 한다."라는 규정이 있는데 이를 해고협의조항 또는 해고동의조항이라고 한다. 그러나 사용자가 노동조합과 협의 혹은 동의 절차를 거쳤더라도 근로기준법 제23조에 의한 정당한 사유가 없다면 그 해고는 무효이다. 한편, 해고의 정당한 사유가 있는 경우 ① 노동조합과의 협의를 거치도록 규정하고 있는 경우에는 이를 위반하여도 해고의 효력에는 영향이 없으나,[21] ② 노동조합의 동의를 얻어야 하는 경우에는 이를 위반한 해고 처분은 무효이다.[22] 다만, 당해 해고가 객관적으로 정당함에도 불구하고 노동조합이 합리적 이유 없이 동의를 거부한 경우에는 동의권 남용으로 인정되어 노동조합의 동의나 합의 없이 행한 해고라도 유효하다고 한다.[23]

6. 쟁의면책조항

쟁의면책조항이란 쟁의행위를 거쳐 단체협약이 체결되는 경우에 사용자는 쟁의행위로 인하여 발생된 민·형사상의 책임을 근로자에게 일체 묻지 않기로 하는 내용의 약정을 단체협약으로 체결하는 것을 말한다. 민사책임의 면책은 사용자의 손해배상청구권의 포기를 의미한다. 판례는 민사면책의 범위 내에는 쟁의행위 자체뿐만 아니라 그 쟁의행위와 일체성을 가지는 준비행위·관련행위에 대해서도 민사상의 책임은 물론 징계책임도 면제된다고 한다.[24] 그러나 형사책임의 면책은 국가의 형벌권과 관련되므로 사용자가 형사상 고소를 하지 않는다고 약정하여도 형사책임이 면제될 수는 없다.

---

21) 대판 1993.4.23, 92다34940.
22) 대판 2007.9.6, 2005두8788.
23) 대판 2003.6.10, 2001두3136.
24) 대판 1991.1.11, 90다카21176.

관련 판례1   대판 2000.9.29, 99다67536.

불리하게 변경하는 내용의 단체협약과 합의의 효력

협약자치의 원칙상 노동조합은 사용자와 사이에 근로조건을 유리하게 변경하는 내용의 단체협약 뿐만 아니라 근로조건을 불리하게 변경하는 내용의 단체협약을 체결할 수 있으므로, 근로조건을 불리하게 변경하는 내용의 단체협약이 현저히 합리성을 결하여 노동조합의 목적을 벗어난 것으로 볼 수 있는 경우와 같은 특별한 사정이 없는 한 그러한 노사간의 합의를 무효라고 볼 수는 없고, 노동조합으로서는 그러한 합의를 위하여 사전에 근로자들로부터 개별적인 동의나 수권을 받을 필요가 없으며, 단체협약이 현저히 합리성을 결하였는지 여부는 단체협약의 내용과 그 체결경위, 당시 사용자측의 경영상태 등 여러 사정에 비추어 판단해야 한다.

관련 판례2   대판 1992.9.1, 92누7733.

평화의무에 위반되는 쟁의행위

노동조합의 위원장이 조합원들의 의사를 제대로 반영하지 아니하여 단체협약이 만족스럽지 못하게 체결됨에 따라 조합원들이 단체협약의 무효화를 위한 투쟁의 일환으로 비상대책위원회를 구성하여 그 비상대책위원회가 파업농성을 주도하게 된 것이라고 하더라도, 단체협약의 당사자인 노동조합은 단체협약의 유효기간 중에 단체협약에서 정한 근로조건 등에 관한 내용의 변경이나 폐지를 요구하는 쟁의행위를 행하지 아니하여야 함은 물론, 조합원들에 대하여도 통제력을 행사하여 그와 같은 쟁의행위를 행하지 못하게 방지하여야 할 이른바 평화의무를 지고 있다고 할 것인바, 이와 같은 평화의무가 노사관계의 안정과 단체협약의 질서 형성적 기능을 담보하는 것인 점에 비추어 보면, 단체협약이 새로 체결된 직후부터 뚜렷한 무효사유를 내세우지도 아니한 채 단체협약의 전면 무효화를 주장하면서 평화의무에 위반되는 쟁의행위를 행하는 것은 이미 노동조합 활동으로서의 정당성을 결여한 것이라고 하지 아니할 수 없다.

관련 판례3 대판 1995.1.12, 94다156533.

노조간부의 징계해고처분과 사전협의조항의 의미

단체협약에 노동조합 간부의 인사에 대하여는 노동조합과 사전협의를 거치도록 한 취지는 단체협약 전체의 체계와 내용 및 노사의 관행에 비추어 노동조합의 간부에 대한 사용자의 자의적인 인사권 행사로 인하여 노동조합의 정상적인 활동이 저해되는 것을 방지하려는 뜻에서 사용자로 하여금 노동조합의 간부 등에 대한 인사의 내용을 미리 노동조합에 통지하는 등 노동조합을 납득시키려는 노력을 하게 하고, 노동조합에 의견을 제시할 기회를 주게 하며, 아울러 노동조합으로부터 제시된 의견을 참고자료로 고려하게 하려는 것에 지나지 않는 것이라고 봄이 상당하므로, 노동조합의 간부에 대한 징계해고처분이 위와 같은 사전협의를 거치지 아니한 채 행하여졌다고 하여 반드시 무효라고 볼 수는 없고, 사용자가 노동조합의 사전협의 요청을 거절하였다고 하여 달리 볼 것은 아니다.

관련 판례4 대판 1993.8.24, 92다34926.

노조간부의 징계해고와 거부권의 남용

단체협약에 노동조합간부에 대한 징계해고를 함에 있어서 노동조합과 사전합의를 하도록 규정되었다 하여 사용자의 피용자에 대한 징계권행사 그 자체를 부정할 수 없는 것이므로, 노동조합의 사전합의권 행사는 신의성실의 원칙에 따라 합리적으로 행사되어야 하는 것이고, 만일 피징계자에게 객관적으로 명백하고 중대한 징계사유가 있음에도 불구하고 노동조합측이 피징계자가 노동조합간부라는 이유만으로 징계를 거부하거나 사전합의를 거부한다면 이는 합의권의 포기나 합의거부권의 남용에 해당되어, 이러한 경우에는 사전합의를 받지 아니하였다 하여 그 징계를 무효라고 볼 수 없다.

관련 판례5 대판 2014.3.27, 2011두20406.

사용자의 경영권에 속하는 사항에 대한 단체협약의 효력

정리해고나 사업조직의 통폐합 등 기업의 구조조정의 실시 여부는 경영주체에 의한 고도의 경영상 결단에 속하는 사항으로서 원칙적으로 단체교섭의 대상이 될 수 없으나, 사용자의 경영권에 속하는 사항이라 하더라도 노사는 임의로 단체교섭을 진행하여 단체협약을 체결할 수 있고, 그 내용이 강행법규나 사회질서에 위배되지 않는 이상 단체협약으로서의 효력이 인정된다. 따라서 사용자가 노동조합과의 협상에 따라 정리해고를 제한하기로 하는 내용의 단체협약을 체결하였다면 특별한 사정이 없는 한 단체협약이 강행법규나 사회질서에 위배된다고 볼 수 없고, 나아가 이는 근로조건 기타 근로자에 대한 대우에 관하여 정한 것으로서 그에 반하여 이루어지는 정리해고는 원칙적으로 정당한 해고라고 볼 수 없다. 다만 정리해고의 실시를 제한하는 단체협약을 두고 있더라도, 단체협약을 체결할 당시의 사정이 현저하게 변경되어 사용자에게 단체협약의 이행을 강요한다면 객관적으로 명백하게 부당한 결과에 이르는 경우에는 사용자가 단체협약에 의한 제한에서 벗어나 정리해고를 할 수 있다.

관련 판례6 대판 1991.8.13, 91다1233.

일제의 책임을 묻지 않기로 하는 면책협약

농성기간 중의 사건에 대하여 노동조합원들에 대한 일체의 책임을 묻지 않기로 노사간에 단체협약을 한 경우, 그 취지는 농성행위와 일체성을 가지는 행위 및 농성행위 등으로 인하여 사후에 부득이 일어나는 행위에 대해서도 면책시키기로 한 것이라고 봄이 타당하므로, 면책협약 이전의 농성행위 등으로 인하여 면책협약 이후에 처벌(유죄판결)을 받고, 또 그로 인하여(구속기간 동안)결근한 사실이 인사규정 등의 징계해고사유에 해당된다고 하더라도, 이를 이유로 징계해고를 할 수 없다.

제4절 단체협약의 해석

❶ 의의

단체협약의 해석·적용과 관련한 권리 분쟁을 사법적 심사에 의해서만 해결한다는 것은 당사자들에게 소송비용의 부담을 주는 등 현실적인 어려움이 있다. 따라서 노조법 제34 조에서는 분쟁의 신속한 해결을 도모하기 위하여 노동위원회를 통한 단체협약의 해석에 관한 절차 및 효력을 규정하고 있다.

❷ 내용

노사가 체결한 단체협약은 그 유효기간 동안 이를 성실히 이행하여야 한다. 단체협약의 해석 또는 이행방법에 관하여 관계 당사자 간에 의견의 불일치가 있는 경우에는 당사자 쌍방 또는 단체협약에 정하는 바에 의하여 어느 일방이 노동위원회에 그 해석 또는 이행 방법에 관한 견해의 제시를 요청할 수 있다(노조법 제34조 제1항). 노동위원회는 견해의 제 시를 요청받은 때에는 그 날부터 30일 이내에 명확한 견해를 제시하여야 한다(동조 제2항). 노동위원회가 제시한 해석 또는 이행방법에 관한 견해는 중재재정과 동일한 효력을 가진 다(동조 제3항). 노조법 제34조 제1항의 규정에 의한 단체협약의 해석 또는 이행방법에 관 한 견해제시의 요청은 당해 단체협약의 내용과 당사자의 의견 등을 기재한 서면으로 하여 야 한다(동법 시행령 제16조).

제5절 단체협약의 효력확장

❶ 의의

원래 단체협약은 근로자와 사용자 간의 협정이므로 그 구속력은 당연히 노동조합의 구성원인 조합원에게만 미치게 된다. 그러나 동일한 직장이나 지역에 속하는 근로자의 일부가 단체협약의 구속력을 적용받지 않는다면 그만큼 단체협약의 효력은 반감될 수밖에 없다. 또한, 비노조원에 대하여 차별적인 근로조건이 적용된다면 분쟁이 발생할 소지가 있다. 이러한 이유로 단체협약의 효력을 일정한 요건하에서 조합원이 아닌 동종의 근로자에게도 확장 적용케 한 것이 단체협약의 효력확장에 관한 구속력이다.

Ⅱ 사업장 단위의 일반적 구속력

1. 취지

노조법 제35조는 "하나의 사업 또는 사업장에 상시 사용되는 동종의 근로자 반수 이상이 하나의 단체협약의 적용을 받게 된 때에는 당해 사업 또는 사업장에 사용되는 다른 동종의 근로자에 대하여도 당해 단체협약이 적용된다"고 규정하고 있다. 이 규정은 협약의 확장적용을 통한 동종근로자의 근로조건을 향상하기 위한 것이다.

2. 요건

(1) 하나의 사업 또는 사업장

"하나의 사업 또는 사업장"이란 단체협약의 적용을 받는 반수 이상의 근로자를 산출하는 단위를 의미하며, 하나의 사업에 조직된 노조가 여러 개의 사업장을 포괄하고 있는 경우에는 사업장 전체 근로자의 반수 이상이 하나의 단체협약을 적용받는지 여부에 따라 단체협약의 효력확장범위가 정해진다.

(2) 상시 사용

"상시 사용되는 근로자"란 근로자의 지위나 종류, 고용기간의 정함의 유무 또는 근로계약상의 명칭에 구애됨이 없이 사업장에서 사실상 계속적으로 사용되고 있는 동종의 근로자 전체를 의미한다.**[25]** 따라서 당해 사업장에 계속 근무하는 근로자뿐 아니라 그때그때 필요에 의하여 사용되는 일용근로자라 하더라도 사실상 계속적으로 사용되고 있는 한 상시 사용되는 근로자에 포함된다고 보아야 할 것이다.

⑶ 동종의 근로자

"동종의 근로자"란 동일한 직종 또는 직무에 종사하는 근로자를 말한다. 다만 우리 나라 노동조합의 조합원들이 모두 동일한 직종에 종사하는 것이 아니라 다양한 형 태의 직종에 종사하고 있으므로 동종의 근로자를 동일한 직종에 종사하는 근로자 로 한정하는 것은 동종 근로자의 범위를 지나치게 축소함으로써 동 제도의 취지를 약화시킬 우려가 있다.**[26]** 따라서 사업장 단위로 체결되는 단체협약이 당해 사업장 내의 모든 직종에 걸쳐 공통적으로 적용되는 경우에는 사업장 내의 모든 근로자를 직종의 구분 없이 동종의 근로자에 해당되는 것으로 넓게 해석하여야 한다.

⑷ 반수 이상의 근로자

반수 이상이라는 비율은 하나의 경영주체에 대한 단체협약의 확장적용여부를 판단 하기 위한 기준으로 상시근로자 수에 의한다. 직장단위의 구속력은 반드시 반수 이 상의 근로자가 단체협약의 적용을 받는 것을 요건으로 하므로 비조합원의 채용증 가나 조합원의 탈퇴 등으로 반수 이상의 요건을 갖추지 못하게 될 때에는 일반적 구 속력은 당연히 종료된다.

⑸ 하나의 단체협약 적용

"하나의 단체협약"이란 기업별 단체협약뿐만 아니라 산업별·직종별 노동조합이 체결 한 단체협약이라도 해당 사업 또는 사업장의 근로자에게 적용되는 것이면 족하다.

3. 효과

단체협약의 효력이 조합원 이외의 자에게 적용되는 경우에 확장적용을 받는 내용은 규

---

25) 대판 1992.12.22, 92누13189.
26) 이상윤, 『노동법』, p.763.

범적 부분에 한정된다. 채무적 부분은 노동조합과 사용자 사이의 권리·의무에 관한 사항을 규정한 것으로 그 성질상 비조합원에게 임의로 확장되어 적용할 수 없다.

Ⅲ 지역 단위의 일반적 구속력

1. 취지

노조법 제36조 제1항은 "하나의 지역에서 종업하는 동종의 근로자의 3분의 2 이상이 하나의 단체협약의 적용을 받게 된 때에는 행정관청은 당해 단체협약 당사자의 쌍방 또는 일방의 신청에 의하거나 그 직권으로 노동위원회의 의결을 얻어 당해 지역에서 종업하는 다른 동종의 근로자와 그 사용자에 대하여도 당해 단체협약을 적용한다는 결정을 할 수 있다"고 규정하고 있다. 이 규정은 동일지역 내에 있는 동일직종 혹은 동일산업의 기업 간 부정경쟁을 방지함과 동시에 특정 지역사회의 입장에서 근로자의 생활안정을 도모하는 데 입법취지가 있다.

2. 요건

(1) 실질적 요건
하나의 지역을 단위로 하여 동종 근로자의 3분의 2 이상이 하나의 협약의 적용을 받게 되었을 경우에 단체협약의 적용을 확장 적용한다. 이때 하나의 지역은 협약 당사자와 관련이 있는 동일한 경제적 지역으로서 하나의 노동시장을 형성하고 있는 특정 지역을 가리킨다.

(2) 절차적 요건
지역을 단위로 하는 구속력선언은 행정관청이 단체협약 당사자의 쌍방 또는 일방의 신청이나 그 직권에 의하여 노동의원회의 의결을 얻어 해당 단체협약의 확장을 결정하여야 한다. 행정관청이 지역적 구속력을 갖는 단체협약의 적용을 결정한 때에는 지체 없이 이를 공고하여야 한다(노조법 제36조 제2항).

3. 효과

지역 단위 구속력의 입법취지는 다수 노동조합의 보호에만 그치는 것이 아니라 사용자 간의 부당경쟁 방지에도 있으므로 그 효력은 근로자뿐만 아니라 사용자에게도 미친다. 또한, 확장적용의 부분도 사업장 단위와 마찬가지로 규범적 내용의 협약 전체에 해당되며, 경합이 될 때에는 소수 노동조합의 근로조건이 유리한 경우를 제외하고 확장적용이 된다.

관련 판례1 대판 2003.5.14, 2002다23185.

단체협약의 적용을 받게 되는 동종 근로자의 의미

단체협약의 적용을 받게 되는 동종의 근로자란 당해 단체협약의 규정에 의하여 그 협약의 적용이 예상되는 자를 가리키는 것인바, 서로 다른 종류의 사업을 운영하던 회사들이 합병한 이후 근로자들의 근로관계내용을 단일화하기로 변경 조정하는 새로운 합의가 있기 전에 그 중 한 사업부문의 근로자들로 구성된 노동조합이 회사와 체결한 단체협약은 그 사업부문의 근로자들에 대하여만 적용될 것이 예상되는 것이라 할 것이어서 다른 사업부문의 근로자들에게는 적용될 수 없다고 할 것이다.

관련 판례2 대판 1993.12.21, 92도2247.

지역적 구속력과 다른 노동조합에의 확장적용

헌법 제33조 제1항은 근로자는 근로조건의 향상을 위하여 자주적인 단결권 단체교섭권 및 단체행동권을 가진다고 규정하여 근로자의 자주적인 단결권뿐만 아니라 단체교섭권과 단체행동권을 보장하고 있으므로, 지역적 구속력 제도의 목적을 어떠한 것으로 파악하건 적어도 교섭권한을 위임하거나 협약체결에 관여하지 아니한 협약 외의 노동조합이 독자적으로 단체교섭권을 행사하여 이미 별도의 단체협약을 체결한 경우에는 그 협약이 유효하게 존재하고 있는 한 지역적 구속력 결정의 효력은 그 노동조합이나 그 구성원인 근로자에게 미치지 않는다고 해석하여야 할 것이고, 또 협약 외의 노동조합이 위와 같이 별도로 체결하여 적용받고 있는 단체협약의 갱신체결이나 보다 나은 근로조건을 얻기 위한 단체교섭이나 단체행동을 하는 것 자체를 금지하거나 제한할 수 없다고 보아야 할 것이다.

행정해석1   노조 021254-610, 2000.7.19.

인수합병 이후 다른 단체협약의 일반적 구속력

단체협약은 체결 당시 당사자인 사용자와 노동조합 또는 그 조합원에게 적용되는 것이 원칙이나, 노조법 제35조 규정의 요건을 갖춘 사업(장)의 경우에는 비조합원인 근로자에게도 당해 단체협약이 확장적용 된다. 이 경우 동법 제35조의 규정에 의해 단체협약이 확장적용이 되는 자는 단체협약 체결 당시 재직 중인 근로자 등 당해 단체협약의 적용이 예상되는 자에 한정된다고 보아야 할 것이므로 인수합병 이후 종전의 사업(장)에서 다른 단체협약의 적용을 받고 있던 근로자들이 노동조합을 해산하였다고 하더라도 당해 근로자들에게 단체협약이 당연히 확장 적용된다고 보기 어렵다.

행정해석2   노조 01254-616, 2000.7.20.

지역적 구속력의 효력이 미치는 범위

행정관청은 직권으로도 지역적 구속력 결정을 할 수 있는 것이므로 이미 체결된 단체협약 당사자의 신청이 없더라도 노동조합의 의결을 거쳐 결정할 수 있다. 단체협약의 지역적 구속력 결정의 효력은 일정한 지역에 종사하는 근로자와 사용자에게 미치는 것이므로 노동조합의 조직범위와 관계없이 당해 노동조합의 조합원 중 지역적 구속력 결정의 단위가 된 지역에 종사하는 근로자에게는 지역적 구속력 결정의 효력이 미친다.

행정해석3   노조 68107-655, 2001.6.5.

지역적 구속력 결정의 관할 행정관청과 신청 주체

행정관청에 지역적 구속력의 결정을 신청할 수 있는 자는 확장 적용될 단체협약을 체결한 노사 당사자 쌍방 또는 일방이 되는 것이므로 지역적 구속력을 적용받고자 하는 사업(장)의 노사 당사자는 신청권이 없다. 다만, 행정관청은 지역적 구속력 결정을 위해 직권으로 노동위원회에 의결을 요청할 수 있다.

제6절 **단체협약의 종료**

Ⅰ 종료 사유

1. 기간의 만료

단체협약은 유효기간의 만료에 의하여 소멸된다. 다만 단체협약에는 3년을 초과하는 유효기간을 정할 수 없으며(노조법 제32조 제1항), 단체협약에 유효기간을 정하지 않거나 3년을 초과하는 유효기간을 정한 경우 그 유효기간은 3년으로 한다(제2항). 단체협약의 유효기간이 만료되는 때를 전후하여 당사자 쌍방이 새로운 단체협약을 체결하기 위하여 단체교섭을 계속하였음에도 불구하고 단체협약이 체결되지 아니한 경우에는 별도의 약정이 있는 경우를 제외하고는 종전의 단체협약은 효력만료일부터 3월까지 계속해서 효력을 갖는다(제3항). 이와 같이 노조법에 단체협약의 유효기간을 제한하는 규정을 둔 것은 변화하는 사회적, 경제적 여건을 반영함으로서 당사자의 부당한 구속을 방지하고 적절한 근로조건을 유지하고자 함에 있다.

2. 자동연장협정과 자동갱신협정

(1) 자동연장협정

자동연장협정이란 단체협약의 기간이 만료되어도 새로운 단체협약의 체결을 위한 노사간의 단체교섭이 타결되지 않았을 경우 새로운 단체협약이 성립될 때까지 종전 단체협약의 유효기간을 연장시킨다는 규정을 말한다. 노조법 제32조 제3항 단서에서는 "단체협약에 그 유효기간이 경과한 후에도 새로운 단체협약이 체결되지 아니한 때에는 새로운 단체협약이 체결될 때까지 종전 단체협약의 효력을 종속시킨다는 취지의 별도의 약정이 있는 경우에는 그에 따르되, 당사자 일방은 해지하고자 하는 날의 6월 전까지 상대방에게 통고함으로써 종전의 단체협약을 해지할 수 있다"고 하여 자동연장협정을 명문으로 규정하고 있다. 당사자 일방이 협약해지통보를 할 수 있는 시점은 종전 단체협약의 유효기간 종료 이후 자동 연장되는 기간 중이라고 보아야 한다.

(2) 자동갱신협정

자동갱신협정이란 단체협약에 협약기간의 만료 전 일정 기일까지 양 당사자의 어느 쪽으로부터도 협약의 개정 또는 파기의 통고가 없는 한 당해 협약을 동일 기간 또는 일정 기간 유효한 것으로 갱신시킨다는 규정을 두는 것을 말한다. 이와 같이 노사가 단체협약에 대한 개폐의 의사표시 등을 할 수 있음에도 불구하고 이를 하지 않는 것은 종전 단체협약의 계속적인 효력을 묵시적으로 인정하여, 동일한 내용의 새로운 협약을 체결하는 절차를 생략한 것이다.

3. 취소 및 해지

(1) 단체협약의 취소

단체협약은 노사의 의사표시에 의하여 성립하는 것이므로 협약내용의 중요 부분에 착오가 있거나 사기·강박에 의한 것일 때에는 당사자 일방에 의하여 취소될 수 있다. 그러나 단체협약은 계속적인 채권관계인 근로관계에 적용되는 것이기 때문에 그 취소는 장래에 대해서만 효력이 미친다.[27]

(2) 단체협약의 해지

단체협약의 해지는 유효기간 중이라 하더라도 당사자의 합의에 의해 해지하는 것이 유효하나, 어느 한 조항을 위반 또는 불이행하였다 하여 일방적으로 단체협약의 전체를 해지하는 것은 해지권남용이 될 수 있다. 따라서 단체협약의 상대방이 평화의무를 위반한다든가 또는 정립된 근로조건의 기준을 계속 무시하는 등 상대방이 협약의 존속을 기대할 수 없을 정도의 중대한 위반이 있을 경우에만 허용되어야 한다. 한편, 단체협약은 일정한 경제적 사회적 상태를 전제로 하여 객관적인 중대한 변화가 생긴 경우 즉, 생활을 위태롭게 할 만큼 급격한 인플레가 발생하는 등 사회통념상 당사자에게 협약의 이행을 기대할 수 없을 경우에도 해지권을 행사할 수 있다. 그러나 단순히 경영이 곤란하거나 경제사정이 악화되었다는 이유만으로 단체협약을 해지할 수 없다.

---

27) 김형배, 『노동법』, p.801.

4. 협약 당사자의 변경

(1) 사용자측의 변경

회사가 해산한 때에는 청산종결의 시점 또는 청산절차 중에 전체 근로자를 해고함으로써 단체협약의 효력이 상실된다. 그러나 양도의 경우 실제의 사용자가 바뀌더라도 기업의 동일성이 변경되지 않는 한 그 효력에는 영향이 없다. 합병의 경우에도 피합병회사 자체는 소멸하나, 그 회사의 권리 의무관계는 포괄적으로 승계되기 때문에 단체협약은 합병회사에 승계되어 효력이 존속된다. 개인 기업의 경우에는 사망하더라도 상속인이 사업주의 권리 의무를 포괄적으로 승계하여 그 사업을 유지하는 한 단체협약의 효력이 존속된다.

(2) 노동조합의 조직변경

노동조합이 해산되면 청산종료시점에 협약 당사자의 실체가 없어지며, 단체협약의 효력은 상실된다. 노동조합의 연합체가 단일조합으로 또는 단일조합이 연합체로 변경되는 경우에도 조직상의 동일성이 인정되는 한 단체협약은 존속한다. 또한, 노동조합에서 상당수의 조합원들이 탈퇴하더라도 기존 노동조합의 실체가 존속하는 한 단체협약의 효력은 계속된다. 그러나 기존의 노동조합이 분열하여 새로운 두 개의 노동조합으로 결성된 때에는 종래의 노동조합이 소멸되어 새로운 노동조합과의 사이에 동일성이 인정되기 어렵기 때문에 단체협약도 당연히 소멸한다.

Ⅱ 단체협약 종료 후의 근로관계

단체협약은 유효기간의 만료에 의하여 그 효력이 상실되지만,[28] 일반적으로 기존 단체협약의 효력이 상실되기 전에 새로운 협약이 체결된다. 그러나 새로운 단체협약이 체결되지 아니한 경우에는 종전의 단체협약은 그 효력만료일부터 3월까지 계속 효력을 갖는데,

---

28) 사용자와 노동조합 간의 권리 의무는 원칙적으로 협약의 실효와 함께 종료되며, 평화의무나 조합 활동 조항 등도 협약의 종료와 함께 효력을 상실하게 된다. 그러나 채무적 부분 전체가 일률적으로 실효한다고 볼 것은 아니고, 단체교섭 절차조항과 같이 당해 조항의 성질 및 내용에 따라 개별적 구체적으로 판단하여 협약실효 후에도 그대로 효력을 가지는 부분도 있다(김유성, 『노동법(Ⅱ)』, p.206).

3월의 기간이 만료되었음에도 불구하고 새로운 단체협약이 체결되지 아니한 때에는 무협약상태가 발생된다. 이때 단체협약에 의하여 규율되었던 근로조건 기타 근로자의 대우에 관한 근로관계의 내용은 어떻게 처리할 것인가 하는 것이 단체협약의 여후효의 문제이다.

판례는 단체협약이 실효되었다고 하더라도 임금, 퇴직금이나 노동시간, 그 밖에 개별적인 노동조건에 관한 부분은 그 단체협약의 적용을 받고 있던 근로자의 근로계약의 내용이 되어 그것을 변경하는 새로운 단체협약, 취업규칙의 체결·작성되거나 또는 개별적인 근로자의 동의를 얻지 아니하는 한 개별적인 근로자의 근로계약의 내용으로서 여전히 남아 있어 사용자와 근로자를 규율하게 되고, 단체협약 중 해고사유 및 해고의 절차에 관한 부분에 대하여도 이와 같은 법리가 그대로 적용된다고 하여 단체협약의 여후효를 제한적으로 인정하고 있다.[29] 그러나 노사가 일정한 조건이 성취되거나 기한이 도래할 때까지 특정 단체협약 조항에 따른 합의의 효력이 유지되도록 명시하여 단체협약을 체결한 경우에는, 그 단체협약 조항에 따른 합의는 노사의 합치된 의사에 따라 해제조건의 성취로 효력을 잃는다.[30]

행정해석1 노조 68107-863, 2001.7.3.

유효기간을 정하지 않은 단체협약의 효력

단체협약이란 '합의서', '협정서' 등 명칭 여하를 불문하고 노조법 제31조 제1항의 규정에 의거 권한 있는 노사 당사자가 교섭을 하고 합의된 교섭결과를 서면으로 작성하여 당사자 쌍방이 서명날인(현행 서명 또는 날인)한 것을 의미하며, 동법 제32조 제2항의 규정에 의거 단체협약(임금협약)의 유효기간은 2년의 범위내에서 노사가 협의하여 정할 사안으로 유효기간을 정하지 않은 경우에는 달리 볼 사정이 없는 한 그 유효기간은 2년이라고 보아야 한다. 또한, 단체협약의 유효기간동안 노사 당사자는 정당한 이유 없이 이외 변경 폐지를 요구할 수 없는 것이 원칙이다.

---

29) 대판 2009.2.12, 2008다70336.
30) 대판 2018.11.29, 2018두41532.

행정해석2　노조 68107-1149, 2000.12.15.

경영주체의 변경과 단체협약의 효력유지

특정 기업이 사업의 동질성을 유지하면서 경영주체가 변경된 경우 노동조합도 그대로 존속되고 기 체결된 단체협약도 그 유효기간동안 효력이 유지되는 것이다. 다만, 단체협약의 유효기간 중이라 하더라도 중대한 사정변경으로 협약을 갱신하여야 할 필요성이 있어 노사 당사자가 합의한 경우에 는 새로운 단체협약을 체결할 수 있다.

관련 판례　대판 1992.4.14, 91누8364.

유효기간의 만료와 자동연장협정

단체협약은 그 유효기간의 만료로 종료됨이 원칙이고 다만 유효기간의 만료 시를 전후하여 노사간 에 새로운 단체협약을 체결하기 위한 단체교섭을 계속하였음에도 불구하고 새로운 단체협약이 체 결되지 아니한 경우에는 그 만료일부터 3월까지는 종전의 단체협약이 유효함은 명백하지만, 사용 자와 노동조합이 이와 같은 경우에 단체협약의 공백상태가 발생하는 것을 방지하기 위하여 종전 단체협약의 효력이 일정한 기간 자동적으로 연장되도록 약정하는 것도 가능하다고 할 것이고, 이러 한 약정이 노조법 제32조 제3항의 취지에 위반된다고 할 것은 아니며, 위와 같은 단체협약의 자동 연장에 관한 약정이 있으면 종전 단체협약은 당초의 유효기간의 만료 후 위 법조항에 규정된 3월 까지에 한하여 유효하다고 볼 것은 아니다.

제4장
쟁의행위

제1절 서설

❶ 쟁의행위의 개념

1. 노동쟁의

노동쟁의란 노동조합과 사용자 또는 사용자단체 사이에 임금·근로시간·복지·해고 기타 대우 등 근로조건의 결정에 관한 주장의 불일치로 인하여 발생한 분쟁상태를 말한다. 이 경우 주장의 불일치라 함은 당사자 간에 합의를 위한 노력을 계속하여도 더 이상 자주적 교섭에 의한 합의의 여지가 없는 경우를 말한다(노조법 제2조 제5호).

2. 쟁의행위

쟁의행위란 파업·태업·직장폐쇄 기타 노동관계 당사자가 그 주장을 관철할 목적으로 행하는 행위와 이에 대항하는 행위로서 업무의 정상적인 운영을 저해하는 행위를 말한다(노조법 제2조 제6호). 일반적으로 업무저해행위는 단결체의 구성원인 근로자가 집단적으로 노무제공을 거부하거나, 불완전하게 이행하는 형태를 취한다. 그러나 사업장 밖에서의 집회, 시위 등 업무를 저해하지 않는 단순한 집단적 행위는 쟁의행위가 아니다.

3. 단체행동

단체행동이란 집단적 행위로서 실정법상 쟁의행위와 노동쟁의 이외에 전단살포나 깃발의 게시, 노동조합의 가두시위, 노동정책에 대한 집단적 의사표시를 위한 집회 등의 행동을 포함한다.

Ⅱ 구별실익

노동쟁의가 교섭결렬로 인한 분쟁상태를 의미한다면, 쟁의행위는 업무의 정상적인 운영을 저해하는 실력행사의 단계를 말한다. 쟁의행위와의 유사개념을 구별하는 이유는 노동쟁의와 쟁의행위의 발생시기를 구별하여 노동법상의 제반규정을 적용하는 데 있다. 즉, 노동쟁의는 평화적인 단체교섭이 실패하면 사실상 발생되는 것이지만, 법적으로는 어느 일방이 이를 상대방에게 서면으로 통보한 때부터 존재하게 되며, 노동조합이 쟁의행위를 하고자 할 때에는 조정을 신청한 날부터 조정기간이 경과된 후에야 적법한 쟁의행위를 할 수 있다.

제2절 쟁의행위의 정당성과 유형

Ⅰ 쟁의행위의 정당성

쟁의행위의 정당성에 대한 논의는 헌법에서 단체행동권을 기본권으로 보장한 취지에 부합하는 법적 효과를 부여하려는 것[31]으로 쟁의행위가 정당한 경우에는 민형사상 면책 및 사용자의 부당노동행위(불이익취급)에 대한 보호를 받는다. 정당한 쟁의행위에 대한 노조법의 명확한 기준은 제시되지 않았지만, 판례에 따르면 근로자의 쟁의행위가 형법상 정당행위가 되기 위해서는 첫째 그 주체가 단체교섭의 주체로 될 수 있는 자이어야 하고, 둘째 그 목적이 근로조건의 향상을 위한 노사간의 자치적 교섭을 조성하는 데에 있어야 하며, 셋째 사용자가 근로자의 근로조건 개선에 관한 구체적인 요구에 대하여 단체교섭

---

31) 이철수, 『노동법』, p.580.

을 거부하였을 때 개시하되 특별한 사정이 없는 한 조합원의 찬성결정 등 법령이 규정한 절차를 거쳐야 하고, 넷째 그 수단과 방법이 사용자의 재산권과 조화를 이루어야 함은 물론 폭력의 행사에 해당되지 아니하여야 한다는 여러 조건을 모두 구비하여야 한다고 판시하였다.[32]

Ⅱ 근로자측의 쟁의행위

1. 파업

(1) (일반적인) 파업

(일반적인) 파업은 다수의 근로자가 근로조건의 유지 또는 개선이라는 목적을 달성하기 위하여 노무제공을 집단적으로 거부하는 행위를 말한다. 파업은 일반적으로 사업장에서 퇴거하는 형태를 취하고 있지만 파업의 효율성을 높이기 위하여 직장점거를 동반하기도 한다. 파업은 근로자들이 적극적으로 사용자의 생산설비의 지배·관리를 방해하는 등의 재산을 점유하는 것이 아닌 이상 원칙적으로 정당하다.

(2) 정치파업

정치파업이란 노동조합이 근로자의 생존권을 향상시키기 위해 특정한 정치적 요구를 하거나, 요구사항에 대한 의견을 표명 내지 시위할 목적으로 행하는 파업을 말한다. 정치파업은 사용자를 상대방으로 하는 것이 아니라 국가기관 내지 국가권력을 직접적인 상대방으로 하여 어떤 영향력을 미치거나 항의의 의사를 표명하는 것을 목적으로 행하여지는 점에서 일반적인 파업과 구별된다. 이러한 정치파업은 사용자의 정상적 업무를 저해하는 형태를 취하는 경우에만 원칙적으로 정당성이 인정된다.

---

32) 대판 2003.12.26, 2003두8906.

(3) 동정파업

동정파업이란 다른 노동조합의 근로자들이 쟁의상태에 있는 경우에 그 쟁의를 지원할 목적으로 동소하여 행하는 파업을 말한다. 동정파업은 자기의 사용자에게 손해를 줌으로써 그를 통하여 간접적으로 1차 파업의 사용자에게 압력을 가하려는 것이므로 제1차 파업의 참가자와 동정파업의 참가자 쌍방의 근로조건 내지 경제적 이해에 실질적 관련이 있는 경우에만 정당성이 인정된다. 따라서 노동조합의 조직형태가 서로 통일적 조직체를 이루지 아니하고 동정파업의 대상노조도 서로 직접적인 연관성이 없는 경우에는 동정파업에 의한 지원대상이 될 수 없다고 보아야 한다.

(4) 동맹파업

동맹파업이란 근로조건의 유지·개선 또는 어떤 정치적 목적을 달성하고자 다수의 노동조합이 연계하여 집단적으로 근로제공을 거부하는 행위를 말하는 것으로 동맹파업의 규모가 일정한 지역적 내지 산업적인 범위에 걸쳐 확장되었을 때 이를 보통 총파업이라 부르기도 한다. 동맹파업은 흔히 직장에서 이탈하는 형태를 취하지만 업무저해의 효과를 높이기 위하여 직장에 체류하거나 점거파업의 형태를 취하기도 한다. 동맹파업은 항상 전면파업이어야 할 필요는 없으며, 일부조합원만이 행하는 부분파업이더라도 조합의 통일적 의사표시에 의하여 조직적 단결활동으로서 이루어진 이상 그 자체는 쟁의권 보장의 법제도하에서는 달리 위법의 요소가 없는 이상 정당성을 상실하지 않는다.

2. 태업

태업은 다수의 근로자가 단결체를 형성하여 작업능률을 저하시키기 위하여 의식적으로 근로를 불완전하게 제공하는 행위를 말한다. 이러한 태업은 단순히 작업능률을 저하시키는 데 불과하고 근로자가 아직 사용자의 지휘하에 있으므로 정당성이 인정된다. 그러나 단순한 태업에 그치지 않고 생산 또는 업무를 방해하는 행위로서 기계제품의 파손과 불량제품의 생산 등 적극적인 수단을 강구하는 사보타주(적극적 태업)의 경우는 정당성을 상실한다. 이러한 사보타주에 대해서 사용자는 직장폐쇄를 하는 것이 일반적이다.

3. 준법투쟁

준법투쟁이란 노동조합의 통제하에 다수의 근로자들이 법령·취업규칙·단체협약 등을 엄격히 준수함으로써 업무의 운영능률을 저하시켜 파업 또는 태업과 같은 효과를 거두려고 하는 행위이다. 그런데 준법투쟁은 사용자에게 압력을 가하는 점에서는 파업·태업과 비슷하지만, 근로자의 권리·의무를 실현하는 점에서 준법투쟁이 쟁의행위에 해당하는지에 대한 여부는 여러 가지 형태로 행하여지는 준법투쟁의 각 유형에 따라 판단하여야 한다. 물론 준법투쟁이 쟁의행위에 포함되든 그렇지 않든(일상적 조합활동) 양자 모두 정당성이 인정되는 경우에는 헌법이 보장하는 형사 및 민사면책은 물론 부당노동행위에 대한 구제를 받을 수 있다는 점에서는 동일하다.**33)**

(1) 안전투쟁

안전투쟁은 노동조합이 그 주장을 관철할 것을 목적으로 안전·보건에 대한 위험을 방지하기 위한 법령이나 업무규정을 조합원에게 엄격히 준수시키는 행위이다. 차량운행사항이나 안전보건관리규정, 위험시설의 관리 등 안전·보건에 관한 모든 법규는 근로자 및 공중의 안전보건이나 위험방지를 위하여 준수하도록 하고 있음을 전제로 평상시와 달리 엄격히 준수하여 업무에 지장을 주는 것을 말한다. 안전보건에 대한 위법상태는 아무리 관행적으로 행하여지고 있다 하더라도 이들 법규에 우선하는 것은 아니고 근로자는 이들 규정을 준수하는 것이 당연한 의무이므로 근로제공의 거부가 집단적으로 행해지더라도 원칙적으로 쟁의행위라고 할 수 없다. 그러나 노동조합이 주체가 되어 집단적으로 안전투쟁을 하기 위하여 객관적으로 그 법규가 요구하는 한도를 지나치게 준수한 경우에는 쟁의행위에 해당된다. 즉, 그 법규의 취지에서 보아 경미한 위반사항을 들어 전면적으로 근로제공을 거부하거나 자의적인 해석에 의해 과도하게 법규를 준수하고 업무능률을 저하시킨 경우에는 쟁의행위에 해당된다.

---

33) 이철수, 『노동법』, p.560.

(2) 연장·휴일근로의 집단적 거부

연장·휴일근로의 집단적 거부란 노동조합이 조합원으로 하여금 연장 및 휴일근로의 업무명령을 집단적으로 거부해 회사업무의 정상적인 운영을 저해하는 행위이다. 판례에 따르면 단체협약이나 취업규칙에 따른 관행으로 연장근로 등을 허용하고 있는 경우 노동조합의 지시에 의하여 집단적으로 연장근로를 거부하는 경우에는 쟁의행위에 해당된다고 보았으나,[34] 연장 및 휴일근로를 통상적 혹은 관행적으로 해왔다고 단정하기 어려운 경우에는 노동조합의 지침에 따라 연장·휴일근로를 집단적으로 거부하였더라도 쟁의행위를 하였다고 볼 수 없다.[35]

(3) 휴가의 집단적 사용

연차 유급휴가 등을 일제히 행사하여 휴가투쟁을 취하는 것은 정당한 권리의 행사로 보아 쟁의행위에 해당되지 않는다는 견해도 있으나, 집단적인 근로제공의 거부로서 이를 쟁의행위로 보아야 할 것이다.

4. 보이콧

보이콧은 쟁의 당사자인 노동조합이 사용자 제품의 불매를 호소하거나 그 제품의 취급을 거부케 함으로써 거래를 저해하는 행위를 말한다. 보이콧은 보통 그 상대방이 누구냐에 따라 1차 보이콧과 2차 보이콧으로 나누어진다. 1차 보이콧은 사용자의 제품을 사지 않도록 조합원 및 제3자에게 호소하는 것을 말하고, 2차 보이콧은 사용자에게 경제적 압력을 가할 목적으로 그 사용자와 거래관계에 있는 제3자에 대하여 거래를 단절할 것을 요구하고 이에 불응하면 그 거래상대방의 상품에 대하여 불매운동을 행하는 것을 말한다. 일반적으로 보이콧은 파업을 지원하기 위한 보조수단으로 사용된다는 점에서 폭행·협박·허위선전 등의 위법한 요소가 가하여지지 않는 한 정당한 쟁의행위로 본다. 그러나 2차 보이콧은 사용자가 아니라 제3자인 2차 사용자에 대하여 상품거래의 자유를 제약한다는 점에서 원칙적으로 정당성이 인정되지 않는다고 보아야 할 것이다.[36]

---

34) 대판 1991.10.22, 91도600.
35) 대판 2022.6.9, 2016도11744.
36) 임종률, 『노동법』, p.240.

5. 피케팅

피케팅은 파업이나 태업의 효과를 높이기 위해 파업참가자의 파업이탈을 감시하고 파업에 참가하지 아니한 근로자들이 사업장에 출입하는 것을 저지하거나 파업에 동참할 것을 호소하는 행위를 말한다. 피케팅은 파업의 보조적인 수단으로서 파업참가자에 대하여 평화적 설득, 구두·문서에 의한 언어적 설득의 범위 안에서만 정당성이 인정된다.[37]

6. 직장점거

직장점거는 조합원이 직장 밖으로 나가지 않고 사용자의 의사에 반하여 직장시설 안에 체류하거나 연좌농성을 하는 행위를 말한다. 이러한 직장점거는 독자적으로 행하여지기보다는 파업과 동시에 또는 파업에 부수되어 행하여진다. 직장점거가 쟁의행위의 목적을 달성하기 위하여 필요한 합리적인 범위 안에서 기업시설 또는 사업장의 점거를 하는 경우에는 정당성이 인정되지만 사업장을 전면적으로 점거하여 사업자의 조업을 방해하는 경우에는 그 정당성을 상실하게 된다. 판례에 따르면 평소 도급인 사업장에서 작업을 하던 수급인 소속 근로자들이 사용자인 수급인에 대한 정당성을 갖춘 쟁의행위로서 도급인의 사업장 일부를 점거하는 행태의 쟁의행위를 한 경우, 도급인은 그 사업장에서 발생하는 쟁의행위로 인해 형법상 보호되는 법익이 침해되더라도 그것이 항상 위법하다고 볼 것은 아니고 법질서 전체의 정신이나 그 배후에 놓여 있는 사회윤리 내지 사회통념에 비추어 용인될 수 있는 행위에 해당하는 경우에는 위법성이 조각되어 퇴거 불응죄가 성립되지 않는다고 한다.[38]

7. 생산관리

생산관리는 원래 인플레이션이 심한 시기에 자잿값 인상으로 사용자측이 생산을 기피할 때 노동조합이 파업으로 맞서기보다 스스로 조업을 계속하여 기업을 부흥시키지 않고서는 임금인상조차 달성할 수 없는 사정이 있는 경우에 행하여졌다. 그러나 노동법에서

---

37) 대판 1990.10.12, 90도1431.
38) 대판 2020.9.3, 2015도1927.

주로 논의가 되는 생산관리는 노동조합이 그들의 요구를 관철하기 위하여 일시적으로 기업의 시설·자재·자금 등을 점유하고 사용자의 지휘 명령권을 배제하면서 자기들의 의사에 따라 기업을 경영하는 쟁의수단을 말한다. 생산관리는 원칙적으로 부당한 쟁의행위이나 생산수단의 지배가 사실상 통제에 불과한 정도의 소극적 생산관리에 한해서는 정당성이 인정된다고 보아야 한다.

Ⅲ 사용자측의 쟁의행위

1. 직장폐쇄의 의의

직장폐쇄란 사용자가 노동조합의 쟁의행위에 대항하여 사업장을 폐쇄함으로써 근로자들의 근로제공을 조직적으로 거부하는 사용자의 쟁의행위를 말한다. 사용자는 노동조합이 쟁의행위를 개시한 이후에만 직장폐쇄를 할 수 있고(노조법 제46조 제1항), 직장폐쇄를 할 경우에는 미리 행정관청 및 노동위원회에 각각 신고하여야 한다(동조 제2항).

2. 직장폐쇄의 정당성

직장폐쇄는 근로자의 쟁의행위에 대하여 필요하고 부득이한 경우에 방어적·수동적 차원에서 행해져야 한다. 사용자의 직장폐쇄가 정당한 쟁의행위로 평가받기 위해서는 노사 간의 교섭태도, 경과, 근로자측 쟁의행위의 태양, 그로 인하여 사용자측이 받는 타격의 정도 등에 관한 구체적 사정에 비추어 형평상 근로자측의 쟁의행위에 대한 대항·방어 수단으로서 상당성이 인정되는 경우에 한하고, 그 직장폐쇄가 정당한 쟁의행위로 평가받을 때 비로소 사용자는 직장폐쇄기간 동안의 대상 근로자에 대한 임금지불의무를 면한다.[39]

---

39) 대판 2000.5.26, 98다34331.

관련 판례1 대판 1991.10.22, 91도600.

연장근로의 집단적 거부와 쟁의행위

연장근로가 당사자 합의에 의하여 이루어지는 것이라고 하더라도 근로자들을 선동하여 근로자들
이 통상적으로 해오던 연장근로를 집단적으로 거부하도록 함으로써 회사업무의 정상 운영을 저해
하였다면 이는 쟁의행위로 보아야 한다.

관련 판례2 대판 1994.2.22, 92누11176.

휴일근로의 집단적 거부와 쟁의행위

근로자들이 주장을 관철시킬 목적으로 종래 통상적으로 실시해 오던 휴일근무를 집단적으로 거부
하였다면, 이는 회사업무의 정상적인 운영을 저해하는 것으로서 쟁의행위에 해당한다.

관련 판례3 대판 2022.6.9, 2016도11744.

연장근로의 집단적 거부에 대한 쟁의행위의 해당여부

회사가 노동조합의 사전 동의를 얻고 필요시 근로자의 신청을 받아 연장근로·휴일근로를 실시해 왔
을 뿐 일정한 날에 연장근로·휴일근로를 통상적 혹은 관행적으로 해 왔다고 단정하기 어려우므로,
단체협상 기간에 노동조합의 지침에 따라 연장근로·휴일근로가 이루어지지 않았더라도 조합원들
이 통상적인 연장근로·휴일근로를 집단적으로 거부함으로써 쟁의행위를 하였다고 볼 수 없다.

관련 판례4 대판 1991.12.24, 91도2323.

집단적 휴가사용과 쟁의행위

노동조합의 간부들이 시간외수당의 감소와 태업기간 내의 식대 환수조치를 철회시킬 의도로 소속
노조원 총 307명 중 181명으로 하여금 하루 전에 사용자측에 집단적으로 월차휴가를 신청하게 하

여 업무수행의 지장을 이유로 한 신청 반려에도 불구하고 하루 동안 일제히 월차휴가를 실시하게 하였다면, 위 집단적 월차휴가는 형식적으로는 월차휴가권을 행사하려는 것이었다고 하여도 사용자측 업무의 정상한 운영을 저해하는 행위를 하여 그들의 주장을 관철할 목적으로 하는 것으로서 실질적으로 쟁의행위에 해당한다고 보아야 한다.

관련 판례5 대판 1992.7.14, 91다43800.

파업감시제한과 정당성

쟁의행위 중 파업은 그 노무정지의 효율성을 확보, 강화하기 위하여 그 보조수단으로서 소위 '피케팅'을 동반하거나, 직장에 체류하여 연좌, 농성하는 직장점거를 동반하기도 하는 것으로서 그 자체는 위법하다고 할 수 없으나, 이 경우 '피케팅'은 파업에 가담하지 않고 조업을 계속하려는 자에 대하여 평화적 설득, 구두와 문서에 의한 언어적 설득의 범위 내에서 정당성이 인정되는 것이 원칙이고, 폭행, 협박 또는 위력에 의한 실력적 저지나 물리적 강제는 정당화될 수 없는 것이며, 직장점거는 사용자측의 점유를 완전히 배제하지 아니하고 그 조업도 방해하지 않는 부분적, 병존적 점거일 경우에 한하여 정당성이 인정되는 것이고, 이를 넘어 사용자의 기업시설을 장기간에 걸쳐 전면적, 배타적으로 점유하는 것은 사용자의 시설관리권능에 대한 침해로서 정당화될 수 없는 것이다.

관련 판례6 대판 1992.4.10, 91도3044.

전보된 노조원의 원직복귀와 철야 점거 농성

전보된 노조원의 원직복귀를 요구하였으나 거절당하고 그 과정에서 노조원이 폭행당하였음을 구실로 노조간부 및 노조원 80여 명과 농성에 돌입한 후 병원복도를 점거하여 철야농성하면서 노래와 구호를 부르고 병원직원들의 업무 수행을 방해하고, 출입을 통제하거나 병원장을 방에서 나오지 못하게 한 행위는 다중의 위력을 앞세워 근무 중인 병원직원들의 업무를 적극적으로 방해한 것으로서 노동조합 활동의 정당성의 범위를 벗어난 것이다.

관련 판례7 대판 1990.5.15, 90도357.

사업장 시설의 점거와 사용자의 관리지배의 배제

직장 또는 사업장 시설의 점거는 적극적인 쟁의행위의 한 가지 형태로서 그 점거의 범위가 직장 또는 사업장 시설의 일부분이고 사용자측의 출입이나 관리지배를 배제하지 않는 일부 점거에 지나지 않을 때에는 정당한 쟁의행위로 볼 수 있으나 이와 달리 직장 또는 사업장 시설을 전면적·배타적으로 점거하여 조합원 이외의 자의 출입을 제지하거나 사용자측의 관리지배를 배제하여 업무의 중단 또는 혼란을 야기케 하는 것과 같은 행위는 이미 정당성의 한계를 벗어난 것이라고 볼 수 있다.

관련 판례8 대판 2016.5.24, 2012다85335.

직장폐쇄의 의의와 정당성

노조법 제46조에서 규정하는 사용자의 직장폐쇄는 사용자와 근로자의 교섭태도와 교섭과정, 근로자의 쟁의행위의 목적과 방법 및 그로 인하여 사용자가 받는 타격의 정도 등 구체적인 사정에 비추어 근로자의 쟁의행위에 대한 방어수단으로서 상당성이 있어야만 사용자의 정당한 쟁의행위로 인정될 수 있는데, 노동조합의 쟁의행위에 대한 방어적인 목적을 벗어나 적극적으로 노동조합의 조직력을 약화시키기 위한 목적 등을 갖는 선제적, 공격적 직장폐쇄에 해당하는 경우에는 그 정당성이 인정될 수 없다 할 것이고, 그 직장폐쇄가 정당한 쟁의행위로 평가받지 못하는 경우에는 사용자는 직장폐쇄 기간 동안의 대상 근로자에 대한 임금지불의무를 면할 수 없다. 한편, 근로자의 쟁의행위 등 구체적인 사정에 비추어 직장폐쇄의 개시 자체는 정당하다고 볼 수 있지만, 어느 시점 이후에 근로자가 쟁의행위를 중단하고 진정으로 업무에 복귀할 의사를 표시하였음에도 사용자가 직장폐쇄를 계속 유지하면서 근로자의 쟁의행위에 대한 방어적인 목적에서 벗어나 적극적으로 노동조합의 조직력을 약화시키기 위한 목적 등을 갖는 공격적 직장폐쇄의 성격으로 변질되었다고 볼 수 있는 경우에는 그 이후의 직장폐쇄는 정당성을 상실한 것으로 보아야 하고, 이에 따라 사용자는 그 기간 동안의 임금지불의무를 면할 수 없다고 할 것이다.

관련 판례9 대판 2019.2.14, 2015다66052.

직장폐쇄가 이루어진 경우의 소정근로일수 판단

사용자의 적법한 직장폐쇄로 인하여 근로자가 출근하지 못한 기간은 원칙적으로 연차휴가일수 산정을 위한 연간 소정근로일수에서 제외되어야 한다. 다만 노동조합의 쟁의행위에 대한 방어수단으로서 사용자의 적법한 직장폐쇄가 이루어진 경우, 이러한 적법한 직장폐쇄 중 근로자가 위법한 쟁의행위에 참가한 기간은 근로자의 귀책으로 근로를 제공하지 않은 기간에 해당하므로, 연간 소정근로일수에 포함시키되 결근한 것으로 처리하여야 할 것이다. 이와 달리 사용자의 위법한 직장폐쇄로 인하여 근로자가 출근하지 못한 기간을 근로자에 대하여 불리하게 고려할 수는 없으므로 원칙적으로 그 기간은 연간 소정근로일수 및 출근일수에 모두 산입되는 것으로 보는 것이 타당하다. 다만 위법한 직장폐쇄 중 근로자가 쟁의행위에 참가하였거나 쟁의행위 중 위법한 직장폐쇄가 이루어진 경우에 만일 위법한 직장폐쇄가 없었어도 해당 근로자가 쟁의행위에 참가하여 근로를 제공하지 않았을 것이 명백하다면, 이러한 쟁의행위가 적법한지 여부를 살펴 적법한 경우에는 그 기간을 연간 소정근로일수에서 제외하고, 위법한 경우에는 연간 소정근로일수에 포함시키되 결근한 것으로 처리하여야 한다. 이처럼 위법한 직장폐쇄가 없었다고 하더라도 쟁의행위에 참가하여 근로를 제공하지 않았을 것임이 명백한지는 쟁의행위에 이른 경위 및 원인, 직장폐쇄 사유와의 관계, 해당 근로자의 쟁의행위에서의 지위 및 역할, 실제 이루어진 쟁의행위에 참가한 근로자의 수 등 제반 사정을 참작하여 신중하게 판단하여야 하고, 그 증명책임은 사용자에게 있다.

제3절 쟁의행위의 제한과 금지

쟁의행위는 그 목적·방법 및 절차에 있어서 법령 기타 사회질서에 위반되어서는 아니 되며, 조합원은 노동조합에 의하여 주도되지 아니한 쟁의행위를 하여서는 아니 된다(노조법 제37조).

❶ 주체에 따른 제한과 금지

1. 비노조·비공인 쟁의행위의 금지

쟁의행위는 근로자가 주체가 되는 집단적 행위로서 근로자가 개별적으로 사용자와 다투는 행위와 구별되므로 노동조합의 의사와 무관하거나 이에 반하여 행하는 쟁의행위를 하여서는 아니 된다. 다만 부분파업처럼 일부 근로자에 의한 행위라도 그것이 노동조합의 의사결정에 의하여 집단적으로 행하여지는 한 쟁의행위에 해당된다.

2. 노동조합의 지도와 책임

노동조합은 쟁의행위가 적법하게 수행될 수 있도록 지도·관리·통제할 책임이 있다(노조법 제38조 제3항). 따라서 쟁의행위와 관계없는 자 또는 근로를 제공하는 자의 출입·조업 기타 정상적인 업무를 방해하는 방법으로 행하여져서는 아니 되며 쟁의행위의 참가를 호소하거나 설득하는 행위로서 폭행·협박을 사용하여서는 아니 된다(동조 제1항). 이 규정은 노동조합이 집단적 노사관계의 당사자로서 노동조합의 탈법행위를 지도·통제하도록 강제하는 강행규정이다. 다만, 일부 조합원이 개별적으로 일탈행위를 한 경우에는 쟁의행위 전체가 위법으로 되지 않는다.

3. 방위산업체 종사자의 쟁의행위 금지

노조법 제41조 제2항에서는 「방위사업법」에 의하여 지정된 주요 방위산업체에 종사하는 근로자 중 전력, 용수 및 주로 방산물자를 생산하는 업무에 종사하는 자는 쟁의행위를 할 수 없다고 규정하고 있다. 이는 우리나라 국방의 특수성을 고려하여 헌법 제33조 제3항의 주요 방위산업체에 종사하는 근로자에 대해서는 쟁의행위를 제한 또는 금지할 수 있다는 규정과 헌법 제37조 제2항에서 정한 국가안전보장을 위한 불가피한 기본권의 제한이라는 규정을 반영한 것이다. 여기서 "주로 방산물자를 생산하는 업무에 종사하는 자"란 방산물자의 완성에 필요한 제조·가공·조립·정비·재생·개량·성능검사·열처리·도장·가스취급 등의 업무에 종사하는 자를 말한다(노조법 시행령 제20조).

4. 사용자의 채용제한

사용자는 쟁의행위기간 중 그 쟁의행위로 중단된 업무의 수행을 위하여 당해 사업과 관계없는 자를 채용 또는 대체할 수 없고(노조법 제43조 제1항), 그 쟁의행위로 중단된 업무를 도급 또는 하도급으로 줄 수 없다(동조 제2항). 이 규정은 쟁의행위의 실효성을 확보함으로써 근로자의 쟁의권 행사를 실질적으로 보장하려는 데 그 취지가 있다. 물론 사용자는 노동조합이 의도하는 업무의 정상적인 운영을 저해하는 행위에 대하여 전면적으로 위험부담을 감수할 의무는 없고, 조업을 중단할 필요도 없다. 다만 쟁의기간 중 사용자가 쟁의와 관계없는 자를 이용하여 업무의 정상적인 운영을 도모할 경우 이를 허용한다면, 노사가 쌍무적으로 부담하는 위험을 회피하게 되어 쟁의행위의 의의를 상실할 수 있다.

5. 직장폐쇄의 제한

사용자는 노동조합이 쟁의행위를 개시한 이후에만 직장폐쇄를 할 수 있고(노조법 제46조 제1항), 제1항의 규정에 의한 직장폐쇄를 할 경우에는 미리 행정관청 및 노동위원회에 각각 신고하여야 한다(동조 제2항).

Ⅱ 목적에 따른 제한과 금지

쟁의행위는 단체교섭의 유리한 전개를 통해 그 주장(근로조건의 유지 및 개선)을 관철할 목적으로 한다. 그러나 근로자측의 사회적·정치적 요구를 실현하기 위하여 행해지기도 한다. 쟁의행위의 목적이 여러 가지이고 그중 일부가 정당하지 못한 경우 쟁의행위가 당연히 정당성을 상실하는 것은 아니며 주된 목적 내지 진정한 목적을 기준으로 정당성을 판단하여야 한다. 이때 주된 목적 또는 진정한 목적이란 그 목적을 제외하였더라면 쟁의행위를 하지 않았을 것으로 인정되는 것을 말한다.

Ⅲ 방법에 따른 제한과 금지

쟁의행위의 방법은 근로계약을 전면적 또는 부분적으로 정지함으로써 업무의 정상적인 운영을 저해하는 것이어야 한다. 다만 노동조합은 사용자의 점유를 배제하여 조업을 방해하는 형태로 쟁의행위를 해서는 아니 된다(노조법 제37조 제3항). 이는 단체행동권과 비파업 근로자의 근로권, 사용자의 조업권은 모두 존중받아야 할 기본권이라는 취지를 반영한 것이다.

1. 폭력·파괴행위의 금지

쟁의행위는 폭력이나 파괴행위로 할 수 없고(노조법 제42조 제1항), 어떠한 경우에도 폭력이나 파괴행위는 정당한 행위로 해석되어서는 아니 된다(동법 제4조 단서). 이 규정은 노사간의 대립상태에서 발생하기 쉬운 폭력이나 파괴행위를 근절하고 평화로운 분위기에서 쟁의행위가 이루어질 것을 천명한 것이다. 노조법 제89조 제1호에 의하여 폭력이나 파괴행위를 한 자는 3년 이하의 징역 또는 3천만원 이하의 벌금에 처한다. 이때 폭력이나 파괴행위는 당시의 정황을 고려하여 구체적으로 판단하여야 한다. 한편, 쟁의행위 중의 폭력행위가 노동조합의 통일적 의사에 반하여 개별조합원에 의해 산발적으로 행하여진 경우에 쟁의행위 전체의 정당성 여부에는 아무런 영향을 미치지 않는다.[40]

2. 사업장시설의 점거금지

쟁의행위는 생산 기타 주요업무에 관련되는 시설과 이에 준하는 시설로서 대통령령이 정하는 시설을 점거하는 형태로 이를 행할 수 없다(노조법 제42조 제1항). 이에 준하는 시설은 ① 전기·전산 또는 통신시설, ② 철도(도시철도 포함)의 차량 또는 선로, ③ 건조·수리 또는 정박 중인 선박(다만, 선원법에 의한 선원이 당해 선박에 승선하는 경우 제외), ④ 항공기의 항공보안시설 또는 항공기의 이·착륙이나 여객·화물의 운송을 위한 시설, ⑤ 화학·폭약 등 폭발 위험이 있는 물질 또는 유해화학물질관리법에 의한 유독물을 보관·저장하는 장

---

40) 김형배, 『노동법』, p.842.

소, ⑥ 점거될 경우 생산 기타 주요업무의 정지 또는 폐지를 가져오거나 공익상 중대한 위해를 초래할 우려가 있는 시설로서 행정관청이 관계중앙행정기관의 장과 협의하여 정하는 시설을 말한다(동법 시행령 제21조). 이 규정은 사용자의 시설관리권이 현저히 침해되는 것을 방지하고, 간접적으로는 파업 중에도 생산이나 그 밖의 주요 업무를 계속할 수 있는 가능성을 확보하려는 것이다.[41]

3. 안전보호시설의 저해행위 금지

사업장의 안전보호시설에 대하여 정상적인 유지·운영을 정지·폐지 또는 방해하는 행위는 쟁의행위로서 이를 행할 수 없다(노조법 제42조 제2항). 이 규정은 쟁의행위가 일시적으로 사용자에게 생산중단 등에 의하여 경제적 손실을 주는 데 그쳐야 하는 것이므로 안전보호시설은 정상적으로 가동하여 사람의 생명·신체의 안전을 보호하고자 하는 것이다. 안전보호시설에는 가스폭발방지시설·통신시설·낙반방지시설·환기시설 등 인명에 대한 위해예방시설에 한정되며, 물적설비의 보호를 위한 시설은 포함되지 않는다고 보아야 한다. 한편, 사용자는 쟁의행위가 노조법 제42조 제2항에 위반하여 행하여진 경우에는 즉시 그 상황을 행정관청이나 관할노동위원회에 신고하여야 하며(동법 시행령 제18조 제1항), 신고는 서면·구두 또는 전화 기타의 적당한 방법으로 하여야 한다(제2항). 행정관청은 쟁의행위가 노조법 제42조 제2항에 해당된다고 인정되는 경우에는 노동위원회의 의결을 얻어 그 행위의 중지를 명하여야 한다. 다만, 사태가 급박하여 노동위원회의 의결을 얻을 시간적 여유가 없을 때에는 그 의결을 얻지 아니하고 즉시 그 행위를 중지할 것을 통보할 수 있다(노조법 제42조 제3항). 이러한 노동위원회의 의결을 얻지 않은 경우에 행정관청은 지체 없이 노동위원회의 사후승인을 얻어야 하며, 그 승인을 얻지 못한 때에는 그 명령은 그때부터 효력을 상실한다(동조 제4항). 행정관청이 안전보호시설의 정상적인 유지 운영을 해치는 쟁의행위의 중지명령을 하는 경우에는 이를 서면으로 하여야 하나, 사태가 급박하다고 인정하는 경우에는 구두로 할 수 있다(동법 시행령 제22조).

---

41) 임종률, 『노동법』, p.216.

4. 필수유지업무에 대한 쟁의행위의 제한

필수유지업무의 정당한 유지·운영을 정지·폐지 또는 방해하는 행위는 쟁의행위로서 이를 행할 수 없다(노조법 제42조의2 제2항). 이 법에서 "필수유지업무"란 필수공익사업의 업무 중 그 업무가 정지되거나 폐지되는 경우 공중의 생명·건강 또는 신체의 안전이나 공중의 일상생활을 현저히 위태롭게 하는 업무로서 대통령령이 정하는 업무를 말한다(제1항).

노동관계당사자는 쟁의행위기간 동안 필수유지업무의 정당한 유지·운영을 위하여 필수유지업무의 필요 최소한의 유지·운영수준, 대상직무 및 필요인원 등을 정한 협정을 서면으로 체결하여야 하고, 이 경우 필수유지업무협정에는 노동관계 당사자 쌍방이 서명 또는 날인하여야 한다(동법 제42조의3). 노동관계 당사자 쌍방 또는 일방은 필수유지업무협정이 체결되지 아니하는 때에는 노동위원회에 필수유지업무의 필요최소한의 유지·운영수준, 대상직무 및 필요인원 등의 결정을 신청하여야 하며(동법 제42조의4 제1항), 관할노동위원회는 지체 없이 그 신청에 대한 결정을 위한 특별조정위원회를 구성하고(동법 시행령 제22조의3 제1항), 필수유지업무 수준 등 결정을 하면 지체 없이 이를 서면으로 노동관계 당사자에게 통보하여야 한다(제2항). 노동조합은 필수유지업무협정이 체결되거나 노동위원회의 필수유지업무 결정이 있는 경우 사용자에게 필수유지업무에 근무하는 조합원 중 쟁의행위기간 동안 근무하여야 할 조합원을 통보하여야 하며, 사용자는 이에 따라 근로자를 지명하고, 이를 노동조합과 그 근로자에게 통보하여야 한다(동법 제42조의6 제1항).

5. 작업시설의 손상이나 원료·제품의 변질 등을 막기 위한 쟁의행위의 제한

작업시설의 손상이나 원료·제품의 변질 또는 부패를 방지하기 위한 작업은 쟁의행위 기간 중에도 정상적으로 수행되어야 한다(노조법 제38조 제2항). 이 규정은 쟁의행위로 인한 생산중단으로 인해 작업시설의 손상이나 원료제품의 손실을 방지함으로써 사회·경제적 손실을 최소하고 쟁의행위가 종료되면 즉시 업무에 복귀할 수 있는 여건을 유지하여 쟁의권과 사용자의 재산권이 조화를 이루도록 하려는 데 그 입법취지가 있다. 여기서 작업시설의 손상을 방지하기 위한 작업은 기계의 부식이나 마멸을 방지하는 행위를 말한다.

Ⅳ 절차에 따른 제한과 금지

1. 쟁의행위 찬반투표

　노동조합의 쟁의행위는 그 조합원[42])의 직접·비밀·무기명투표에 의한 과반수의 찬성으로 결정하지 아니하면 이를 행할 수 없다(노조법 제41조 제1항). 이 규정은 노동조합의 자주적이고 민주적인 운영을 도모함과 아울러 쟁의행위에 참가한 근로자들이 사후에 그 쟁의행위의 정당성 유무와 관련하여 어떠한 불이익을 당하지 않도록 그 개시에 관한 조합의사의 결정에 보다 신중을 기하기 위하여 마련된 규정이다. 따라서 조합원의 찬반투표를 거치지 아니한 쟁의행위는 그 절차를 따를 수 없는 객관적인 사정이 인정되지 아니하는 한 정당성이 상실된다.[43]) 한편 쟁의행위에 대한 찬반투표 시기는 노조법 제45조가 정한 노동위원회의 조정절차까지 거친 후 쟁의행위에 돌입하기 전에 실시하는 것이 원칙이나 조정절차를 거치지 않고 실시되었다는 사정만으로는 그 쟁의행위의 정당성이 상실된다고 보기 어렵다.[44])

2. 쟁의행위 개시시기

　쟁의행위의 개시시기와 관련하여 노조법은 제45조 제2항에서 조정절차를 거치지 아니하면 이를 행할 수 없다고 규정하고 있다. 이외에도 조정안 해석기간 중의 쟁의금지(노조법 제60조 제5항), 중재 시의 쟁의행위 금지(동법 제63조), 긴급조정 시의 쟁의행위 중지(동법 제77조) 등의 제한을 가하고 있다. 이러한 조정전치에 관한 규정의 취지는 분쟁을 사전 조정하여 평화적인 방법으로 노동쟁의를 해결할 수 있는 기회를 갖도록 함으로써 쟁의행위로 초래될 수 있는 경제적 손실을 최소화하고, 노동관계의 불안정을 예방하려는 쟁의조정제도의 실효성을 확보하려는 것이지, 결코 쟁의행위 자체를 금지하고자 하는 취지는 아니지만,[45]) 헌법에서 보장하고 있는 단체행동의 자유를 과도하게 제한하는 것이라는 비판도 적지 않다. 물론 조정기간 내에 조정이 종료되지 아니하거나 중재재정이 이루어지지 아니한

---

42)　조합원 수 산정은 종사근로자인 조합원을 기준으로 한다.
43)　대판 2001.10.25, 99도4837.
44)　대판 2020.10.15, 2019두40345.
45)　대판 1992.9.22, 92더1855.

경우에는 쟁의행위를 할 수 있지만(동법 제45조 제2항 단서), 쟁의행위가 조정전치의 규정에 따른 절차를 거치지 아니하였다고 하여 무조건 정당성이 결여된 쟁의행위라고 볼 것이 아니고, 그 위반행위로 말미암아 사회·경제적 안정이나 사용자의 사업운영에 예기치 않은 혼란이나 손해를 끼치는 등 부당한 결과를 초래할 우려가 있는지의 여부 등 구체적 사정을 살펴서 그 정당성 유무를 판단하여야 한다.[46]

3. 쟁의행위의 신고

노동조합이 쟁의행위를 하려면 고용노동부령으로 정하는 바에 따라 행정관청과 관할노동위원회에 쟁의행위의 일시·장소·참가인원 및 그 방법을 미리 서면으로 신고하여야 한다(노조법 시행령 제17조). 이는 행정관청이 공공에 미치는 쟁의행위의 영향을 파악하여 대처하기 위한 정책적 고려에서 설정한 규정으로 사용자의 직장폐쇄 신고 의무와 균형을 이루려는 측면이 있다.

관련 판례1 대판 1999.9.17, 99두5740.

쟁의행위의 주체와 정당성

노조법에 의하면 조합원은 노동조합에 의하여 주도되지 아니한 쟁의행위는 하여서는 아니 되는 것이므로, 조합원 전체가 아닌 소속 부서 조합원만의 의사로 이루어진 작업거부 결의에 따라 다른 근로자의 작업거부를 선동하여 회사의 업무를 방해한 행위는 노동조합의 결의나 구체적인 지시에 따른 노동조합의 조직적인 활동 그 자체가 될 수 없음은 물론 그 행위의 성질상 노동조합의 활동으로 볼 수 있다거나 노동조합의 묵시적인 수권 혹은 승인을 받았다고 볼 수도 없고, 단지 조합원으로서의 자발적인 행동에 불과할 뿐이어서 정당한 노동조합 활동이라고 볼 수 없다.

---

46) 대판 2000.10.13, 99도4812.

관련 판례2 대판 2008.11.13, 2008도.7.14.

사용자의 채용제한

노조법 제43조 제1항에 의하면, 사용자는 쟁의행위 기간 중 그 쟁의행위로 중단된 업무의 수행을 위하여 당해 사업과 관계없는 자를 채용 또는 대체할 수 없고, 여기서 당해 사업과 관계없는 자란 당해 사업의 근로자 또는 사용자를 제외한 모든 자를 가리키는바, 이 규정은 노동조합의 쟁의행위권을 보장하기 위한 것으로서 쟁의행위권의 침해를 목적으로 하지 않는 사용자의 정당한 인사권 행사까지 제한하는 것은 아니어서 자연감소에 따른 인원 충원 등 쟁의행위와 무관하게 이루어지는 신규 채용은 쟁의행위 기간 중이라고 하더라도 가능하다고 할 것이나, 결원충원을 위한 신규 채용 등이 위 조항 위반인지 여부는 표면상의 이유만을 가지고 판단할 것이 아니라 종래의 인력충원 과정·절차 및 시기, 인력부족 규모, 결원 발생시기 및 그 이후 조치내용, 쟁의행위기간 중 채용의 필요성, 신규 채용 인력의 투입시기 등을 종합적으로 고려하여 판단하여야 한다. 이러한 법리에 의할 때, 사용자가 쟁의기간 중 쟁의행위로 중단된 업무의 수행을 위해 당해 사업과 관계있는 자인 비노조원이나 쟁의행위에 참가하지 아니한 노조원 등 당해 사업의 근로자로 대체하였는데 그 대체한 근로자마저 사직함에 따라 사용자가 신규 채용하게 되었다면, 이는 사용자의 정당한 인사권 행사에 속하는 자연감소에 따른 인원 충원에 불과하다고 보아야 하므로 특별한 사정이 없는 한 위 조항 위반죄를 구성하지 않는다.

관련 판례3 대판 2002.2.26, 99도5380.

구조조정에 반대하는 쟁의행위와 정당성

정리해고나 사업조직의 통폐합 등 기업의 구조조정 실시 여부는 경영주체에 의한 고도의 경영상 결단에 속하는 사항으로서 이는 원칙적으로 단체교섭의 대상이 될 수 없고, 그것이 긴박한 경영상의 필요나 합리적인 이유 없이 불순한 의도로 추진되는 등의 특별한 사정이 없는 한, 노동조합이 실질적으로 그 실시 자체를 반대하기 위하여 쟁의행위에 나아간다면, 비록 그 실시로 인하여 근로자들의 지위나 근로조건의 변경이 필연적으로 수반된다 하더라도 그 쟁의행위는 목적의 정당성을 인정할 수 없다 할 것이다.

관련 판례4 대판 1992.5.12, 91다34523.

연구소장의 퇴진과 파면처분을 이유로 한 쟁의행위

비록 원고들이 쟁의행위를 함에 있어 피고 연구소장의 퇴진을 요구하였다 하더라도 이는 부차적인 것이고 주된 목적은 원심이 인정한 바와 같이 위 소외인들에 대한 파면처분이 노동조합의 핵심적 관심사항인 연구자율수호운동을 주동한 것에 대한 보복조치라고 하여 이의 철회를 구하는 것이다. 그 뜻은 조합원의 근로조건의 개선요구에 있다고도 볼 수 있어 이는 단체교섭 사항이 될 수 있는 것이라 할 것이므로 이 사건의 쟁의행위는 그 목적에 있어 정당하다고 보아야 할 것임에도 불구하고 원심이 이 사건 쟁의행위의 목적이 정당하지 못하다고 한 판단은 쟁의행위 목적의 정당성에 관한 법리를 오해한 위법이 있다 할 것이다.

관련 판례5 대판 2001.6.26, 2000도2871.

정당한 쟁의행위의 목적

쟁의행위가 정당하기 위해서는 그 주체, 목적, 절차 및 방법 등이 정당하여야 하며, 단체교섭의 대상이 될 수 없는 요구사항의 관철을 주된 목적으로 하는 쟁의행위는 정당하다고 할 수 없는바, 쟁의행위에서 추구하는 목적이 여러 가지이고 그중 일부가 정당하지 못한 경우에는 주된 목적 내지 진정한 목적이 정당한지 여부에 의하여 그 쟁의행위의 정당성 여부를 판단하여야 하며, 부당한 요구사항을 뺏더라면 쟁의행위를 하지 않았을 것이라고 인정되는 경우에는 그 쟁의행위 전체가 정당성을 갖지 못한다.

관련 판례6 대판 2005.9.30, 2002두7425.

안전보호시설의 범위

가. 노조법 제42조 제2항은 "사업장의 안전보호시설에 대하여 정상적인 유지·운영을 정지·폐지 또는 방해하는 행위는 쟁의행위로서 이를 행할 수 없다"고 규정하고 있는바, 여기서 "안전보호시설"이라 함은 사람의 생명이나 신체의 안전을 보호하는 시설을 말하는 것으로, 이에 해당하는지 여부는 당해 사업장의 성질, 당해 시설의 기능 등의 제반 사정을 구체적·종합적으로 고려하여 판단하여야 한다.

나. 가연성·폭발성·유독성이 강한 석유화학제품을 생산 및 유지하기 위하여 전기, 증기 등의 동력을 생산하여 공급하는 동력부문이 정상적으로 가동되지 못하였을 경우에는 위 화학물질에서 발생

하는 가연성 가스 등이 누출되거나 전량 소각되지 못하여 대규모 폭발사고를 야기할 수 있고, 소방수의 공급 및 재해 진압 설비의 작동이 곤란하여 대형화재를 초래할 수 있어, 사람의 생명과 신체의 안전이 구체적으로 위협받는다고 할 것이므로, 위 동력부문은 노조법 제42조 제2항에서 정한 '안전보호시설'에 해당한다.

관련 판례7　대판 2000.5.26, 99도4836.

쟁의행위의 의의와 재산권의 침해

근로자가 사용자에 대한 단체행동권의 행사로서 하는 근로자의 쟁의행위는 소극적으로 노무제공을 거부하거나 정지하는 행위만이 아니라 적극적으로 관철하기 위하여 업무의 정상적인 운영을 저해하는 행위까지 포함한 것이므로 근로자의 쟁의행위가 정당성의 한계를 벗어나지 않는 경우에는 비록 이로 인하여 사용자의 재산권 등이 침해되더라도 사용자는 이를 묵인할 의무가 있고 형법상 정당행위로서 위법성이 부정되어 처벌되지 아니하는 것이다.

관련 판례8　대판 2003.12.26, 2003두8906.

쟁의행위의 정당성 판단기준

노동조합의 쟁의행위가 정당하기 위해서는 그 수단과 방법이 사용자의 재산권과 조화를 이루어야 할 뿐 아니라, 다른 기본적 인권을 침해하지 아니하는 등 그 밖의 헌법상의 요청과 조화되어야 하고, 다만 이 경우에도 당해 쟁의행위 자체의 정당성과 이를 구성하거나 부수되는 개개의 행위의 정당성은 구별되어야 하므로 일부 소수의 근로자가 폭력행위 등의 위법행위를 하였다고 하더라도 전체로서의 쟁의행위가 위법하게 되는 것은 아니다.

관련 판례9　대판 2001.10.25, 99도4837.

쟁의행위 절차의 정당성 1

쟁의행위는 조합원의 직접·비밀·무기명투표에 의한 찬성결정이라는 절차를 거쳐야 한다. 이와 달리 쟁의행위의 개시에 앞서 노조법 제41조 제1항에 의한 투표절차를 거치지 아니한 경우에도 조합원의 민주적 의사결정이 실질적으로 확보된 때에는 단지 노동조합 내부의 의사형성 과정에 결함이 있는 정도에 불과하다고 하여 쟁의행위의 정당성이 상실되지 않는 것으로 해석한다면 위임에 의한 대리투표, 공개결의나 사후결의, 사실상의 찬성간주 등의 방법이 용인되는 결과, 그와 같은 견해는 위의 관계 규정과 대법원의 판례취지에 반하는 것이 된다.

관련 판례10　대판 1992.12.8, 92누1049.

쟁의행위 절차의 정당성 2

쟁의행위에 대한 조합원의 찬성결정, 신고절차, 냉각기간 등을 규정한 노조법을 일부 준수하지 않았다고 하더라도 일률적으로 정당성을 결여한 것으로 볼 것이 아니라 소정의 절차를 따를 수 없었던 납득할 만한 객관적인 사정이 인정되는가를 구체적으로 살펴야 한다.

관련 판례11　대판 2004.9.24, 2004도4641.

지부·분회의 쟁의행위 찬반투표

지역별·산업별·업종별 노동조합의 경우에는 총파업이 아닌 이상 쟁의행위를 예정하고 있는 당해 지부나 분회소속 조합원의 과반수의 찬성이 있으면 쟁의행위는 절차적으로 적법하다고 보아야 할 것이고, 쟁의행위와 무관한 지부나 분회의 조합원을 포함한 전체 조합원의 과반수 이상의 찬성을 요하는 것은 아니다.

관련 판례12 대판 1995.4.28, 94누11583.

조정전치에 위반한 쟁의행위의 정당성

당초 쟁의의 원인이 된 원직복귀명령, 징계통보가 위법한 것이라고 하더라도 노동조합이 노조법에 따른 쟁의행위발생신고를 하지 아니하고 냉각기간도 거치지 아니하였는데도, 농성을 주도하여 레미콘 차량으로 정문 등을 막고 사업장을 점거하면서 10여 일간 회사의 조업을 전면적으로 중단시킬 정도의 파업을 한 행위는 정당한 노동조합 활동으로 볼 수 없으니 그 불법파업 주동자를 해고한 것은 부당노동행위에 해당하지 않는다.

관련 판례13 대판 2001.6.26, 2000도2871.

쟁의조정절차의 경위와 쟁의행위의 정당성

노조가 노동위원회에 노동쟁의 조정신청을 하고 조정절차를 마치거나 조정이 종료되지 않은 채 조정기간이 끝나면 노동조합은 쟁의행위를 할 수 있다. 또한, 이 사건에서 그 쟁의행위의 목적은 임금협약안의 체결, 고용안정협약안의 체결, 공동단체협약안의 체결 등에 있고, 그중 정리해고에 관한 사항은 여러 목적 가운데 주된 목적이 아니므로, 이 사건 쟁의행위는 그 목적에 있어 정당성이 인정된다는 원심의 판단은 정당하고, 노동위원회의 조정절차를 거친 뒤에 이루어진 것으로서 그 절차에 있어 정당성이 인정된다는 원심의 판단 역시 정당하다.

제4절 **쟁의행위의 법적효과**

Ⅰ 쟁의행위의 책임면제와 구속제한

1. 쟁의행위의 책임면제

근로자의 쟁의행위가 정당성이 있는 경우에는 민사책임과 형사책임이 면제된다. 노조법 제3조에서 "사용자는 이 법에 의한 단체교섭 또는 쟁의행위로 인하여 손해를 입은 경우에 노동조합 또는 근로자에 대하여 그 배상을 청구할 수 없다"고 규정하고 동법 제4조에서 "형법 제20조(정당행위)의 규정은 노동조합이 단체교섭·쟁의행위 기타의 행위로서 제1조의 목적을 달성하기 위하여 한 정당한 행위에 대하여 적용된다"고 하여 이를 뒷받침하고 있다. 다만, 어떠한 경우에도 폭력이나 파괴행위는 정당한 행위로 해석되어서는 아니 된다 (동법 제4조 단서).

2. 쟁의행위 기간 중 근로자의 구속제한

근로자는 쟁의행위기간 중에는 현행범 외에는 노조법 위반을 이유로 구속되지 않는다 (노조법 제39조). 이 규정은 근로자의 구속에 따라 쟁의행위가 약화되거나 단체행동권의 행사에 영향을 주게 되는 것을 예방하기 위한 것이다. 이 경우 현행범은 형사소송법 제211조 제1항에서 정한 범죄의 실행중이거나 실행 직후에 있는 자를 말한다.

Ⅱ 위법한 쟁의행위에 대한 책임

1. 손해배상책임

쟁의행위가 정당성을 상실한 경우 그 행위로 인해 사용자에게 손해를 준 경우 노동조합 또는 그 조합원은 사용자에 대하여 손해배상책임을 저야 한다.

(1) 노동조합의 손해배상책임

노동조합이 사용자에 대해 져야 할 손해배상책임에는 채무불이행책임과 불법행위책임이 있다. 채무불이행책임은 노동조합이 단체협약상의 평화의무를 위반하거나 평화조항을 위반하여 져야 하는 손해배상책임을 말하고, 불법행위책임은 노동조합의 통제 아래 불법 쟁의행위를 함으로써 사용자에게 져야 하는 손해배상책임을 말한다.[47] 손해배상의 범위는 쟁의행위로 발생한 손해액의 전부를 배상하는 것이 아니라 손해배상과 직접적으로 관련된 손해로 한정하여야 한다. 또한, 사용자가 손해발생의 원인을 제공한 경우에는 사용자의 과실이 인정되므로 그에 상응하는 만큼 과실상계를 하여야 한다.

(2) 조합원 개인의 손해배상책임

불법 쟁의행위에 대해 조합원 개인에게도 채무불이행에 따른 손해배상책임과 공동불법행위에 따른 손해배상책임을 진다. 다만 일반조합원이 불법 쟁의행위 시 노동조합의 지시에 따라 단순히 노무를 정지한 것만으로는 노동조합 또는 조합 간부들과 함께 공동불법행위 책임을 지지는 않는다.[48] 손해배상의 범위는 채무불이행에 따른 경우 근로자 각자가 근로계약상 노무를 제공하지 않는 데서 발생한 손해에 대해서만 책임을 지며 쟁의행위에서 생긴 손해 전체에 대해 참가자 모두가 채무불이행에 따른 연대책임을 지지 않는다. 그러나 불법행위에 대해서는 그 행위로 인하여 발생된 손해 전체에 대해서 참가 근로자 전체와 노동조합이 연대하여 배상의무를 부담한다(민법 760조).

2. 형사책임

근로자의 쟁의행위가 정당하지 않은 경우 그 쟁의행위가 형법이나 그 밖의 법령에서 정한 범죄의 구성요건에 해당하게 되면 그에 따른 처벌을 받는다. 원칙적으로 노동조합은 민사책임의 경우와 달리 형사책임의 주체가 되지 않으며, 위법한 쟁의행위에 참가한 일반조합원이 개별적으로 형사책임을 질 수 있다.

---

47) 이병태, 『노동법』, p.354.
48) 대판 2006.9.22, 2005다30610.

정당성을 갖추지 못한 쟁의행위에 대하여 부과되는 형사책임 중에서 가장 대표적인 것이 파업에 적용되는 업무방해죄이다.[49] 다만 쟁의행위로서 파업이 언제나 업무방해죄에 해당하는 것으로 볼 것은 아니고, 전후 사정과 경위 등에 비추어 사용자가 예측할 수 없는 시기에 전격적으로 이루어져 사업운영에 막대한 혼란·손해가 발생하는 등 사업 계속에 관한 자유의사가 제압·혼란될 수 있다고 평가할 수 있는 경우에만 위력에 해당하여 업무방해죄가 성립한다고 보아야 한다.[50]

3. 징계처분

징계처분은 집단적 질서나 규율을 위반한 자에 대하여 불이익을 가하는 제재조치를 의미한다. 정당성이 없는 쟁의행위로 인하여 기업의 공동질서가 침해된 경우에는 그 책임이 있는 자에게 징계절차에 따라 징계책임을 물을 수 있다. 다만 징계책임은 그 징계사유와 징계처분 사이에 적정성이 있어야 하며, 이에 대한 판단은 쟁의행위에 이르게 된 경위와 사용자의 귀책사유도 충분히 고려되어야 한다. 판례는 쟁의행위를 주도적으로 이끈 조합간부 등의 책임은 일반조합원에 비해 상대적으로 무겁다고 할 수 있으므로 위법한 쟁의행위를 주도한 노조간부에 대해 보다 중한 정직처분을 한 것은 정당하다고 보았으며,[51] 근로자들이 농성에 이르게 된 귀책사유가 사용자측에게 더 크다면 그 농성행위를 이유로 한 징계해고처분은 징계권의 남용이 된다고 판단하였다.[52]

Ⅲ 쟁의행위와 제3자에 대한 책임

쟁의행위가 발생하면 실제에 있어서는 쟁의행위 당사자 이외의 제3자에게도 경제적 손실이 발생할 수 있다. 이 경우 쟁의행위의 당사자인 노동조합이나 사용자가 제3자에 대하여 손해배상책임을 부담하는지가 문제가 된다.

---

49) 이상윤, 노동법, p.844.
50) 대판 2011.3.17, 2007도482.
51) 대판 1992.10.9, 91다14406.
52) 대판 1991.7.12, 90다9353.

1. 노동조합·조합원의 책임

근로자측의 쟁의행위가 정당한 경우, 이로 인한 손해를 입은 제3자는 그 손해를 감수하여야 하며, 근로자나 노동조합은 아무런 책임을 지지 않는다. 왜냐하면 노동조합의 쟁의행위는 근로자의 생존권을 확보하기 위해 헌법에서 보장된 권리의 행사이며, 이 권리의 행사에는 제3자에게 어느 정도 손해나 불이익을 가져올 것을 예정하고 있기 때문이다. 노동조합의 쟁의행위가 위법인 경우라도 제3자에 대한 손해가 간접적일 때에는 손해를 배상할 책임이 없다. 그러나 쟁의행위가 직접 제3자의 이익을 침해하는 경우에는 발생한 손해액을 근거로 노동조합이나 조합원에게 손해배상청구를 할 수 있다.

2. 사용자의 책임

쟁의행위가 정당한 경우에는 사용자가 손해배상책임을 부담하여야 한다. 정당한 쟁의행위에 대하여 부여되는 민사면책은 헌법상 근로3권의 보장에 의하여 근로자 또는 노동조합에게만 부여되는 권리이므로 사용자가 비록 단체협약의 당사자일지라도 이를 당연히 향유하는 것은 아니기 때문이다. 따라서 사용자는 거래관계에 있는 제3자에 대하여 발생한 손해에 대하여 손해배상책임을 지는 것은 당연하다.[53] 다만, 쟁의행위가 정당하지 아니한 경우에는 손해배상책임을 부담하지 않는다고 보아야 한다. 한편, 사용자는 쟁의행위로 인하여 거래계약관계가 없는 제3자에게 발생한 손해에 대하여도 아무런 책임을 지지 않는다. 이는 사용자가 상대방과 거래계약을 체결하지 않았으므로 계약불이행에 따른 손해배상책임이 없다고 보아야 하며, 상대방인 제3자는 민법상 불법행위책임(제750조)의 요건을 갖추지 못하였으므로 사용자에게 불법행위책임도 물을 수 없다. 그 이유는 ① 상대방인 제3자가 입은 손해는 단순한 기대이익의 상실에 불과하고 기대이익은 법적 보호의 대상이 되지 못하며, ② 사용자는 영업의 자유에서 일시적으로 영업의 감축·휴지를 할 수 있으므로 쟁의행위의 경우에도 이러한 자유권의 행사가 가능하고 ③ 단체교섭에서 어떻게 대응할 것인가는 사용자의 자유이므로 쟁의행위에 대한 정당한 대응관계가 곧 불법행위가 된다고는 볼 수 없기 때문이다.

---

53) 이상윤, 『노동법』, p.881.

관련 판례1   대판 1994.3.25, 93다32828.

불법 쟁의행위에 대한 노조간부의 손해배상책임과 범위

노동조합의 간부들이 불법 쟁의행위를 기획, 지시, 지도하는 등으로 주도한 경우에 이와 같은 간부들의 행위는 조합의 집행기관으로서의 행위라 할 것이므로 이러한 경우 민법 제35조 제1항의 유추적용에 의하여 노동조합은 그 불법 쟁의행위로 인하여 사용자가 입은 손해를 배상할 책임이 있고, 한편 조합간부들의 행위는 일면에 있어서는 노동조합 단체로서의 행위라고 할 수 있는 외에 개인의 행위라는 측면도 아울러 지니고 있고, 일반적으로 쟁의행위가 개개 근로자의 노무정지를 조직하고 집단화하여 이루어지는 집단적 투쟁행위라는 그 본질적 특징을 고려하여 볼 때 노동조합의 책임 외에 불법 쟁의행위를 기획, 지시, 지도하는 등으로 주도한 조합의 간부들 개인에 대하여도 책임을 지우는 것이 상당하다. 불법 쟁의행위로 인하여 노동조합이나 근로자가 그 배상책임을 지는 배상액의 범위는 불법 쟁의행위와 상당인과관계에 있는 모든 손해이다.

관련 판례2   대판 2014.11.13, 2011도393.

업무방해죄의 해당여부

쟁의행위로서 파업은 근로자가 사용자에게 압력을 가하여 그 주장을 관철하고자 집단적으로 노무제공을 중단하는 실력행사여서 업무방해죄에서의 위력으로 볼 만한 요소를 포함하고 있지만, 근로자에게는 원칙적으로 헌법상 보장된 기본권으로서 근로조건 향상을 위한 자주적인 단결권·단체교섭권 및 단체행동권이 있으므로, 이러한 파업이 언제나 업무방해죄의 구성요건을 충족한다고 할 것은 아니며, 전후 사정과 경위 등에 비추어 사용자가 예측할 수 없는 시기에 전격적으로 이루어져 사용자의 사업운영에 심대한 혼란 내지 막대한 손해를 초래하는 등으로 사용자의 사업계속에 관한 자유의사가 제압·혼란될 수 있다고 평가할 수 있는 경우에 비로소 그 집단적 노무제공의 거부가 위력에 해당하여 업무방해죄가 성립한다고 보는 것이 타당하다.

관련 판례3 대판 1990.9.28, 90도602.

위법한 쟁의행위와 공범자의 형사책임

근로자의 단체행동권의 하나인 쟁의권행사는 그것이 정당한 때에 한하여 형법상의 위법성이 부정되어 처벌되지 않는 것이나 지하철공사노동조합원의 공사사무실 점거에 의한 업무방해행위, 무임승차운행에 의한 배임행위, 재물손괴에 의한 폭력행위 등 처벌에 관한 법률위반행위 등은 어느 것이나 폭력이나 파괴행위로서 쟁의행위의 정당성의 한계를 벗어난 것이므로 위법한 행위이다. 공동정범의 주관적 요건인 공모는 공범자 상호 간에 범죄의 공동실행에 관한 의사의 결합만 있으면 족한 것이고, 공범자 전원이 동일한 일시·장소에서 모의하지 아니하고 순차적으로 그리고 암묵적으로 상통하여 그 의사의 결합이 이루어져도 공범관계는 성립하는 것이며, 이와 같은 공모가 이루어진 이상 실행행위에 관여하지 않았더라도 공범자의 행위에 대하여 행사책임을 지는 것이다.

제5절 쟁의행위와 근로관계

❶ 파업과 근로계약관계

우리나라는 헌법상 근로자의 단체행동권이 보장되고 노조법상 쟁의행위에 대하여 일정한 제한들이 가하여지나, 정당성에 불문하고 근로계약이 파기되지는 않는다. 다만, 근로계약은 개별적 근로자의 고유한 권리에 해당하는 사항임에도 쟁의행위에 의하여 근로제공을 거부한 결과 집단적으로 근로계약이 정지되는 성질을 지닌다. 따라서 정지된 권리·의무는 파업의 종료와 더불어 다시 원상회복된다고 본다.

Ⅱ 쟁의행위와 임금관계

1. 파업참가자의 임금청구권

임금청구권은 근로제공에 대한 대가로서 근로자의 의사에 따라 행하여지지 아니한 경우에는 발생하지 않는다. 이것이 이른바 무노동·무임금(no work, no pay)의 원칙[54]이며, 헌법상 단체행동권의 보장도 이 원칙까지 수정하는 것은 아니다.[55] 노조법 제44조 제1항에 따르면 근로자의 노무급부의무는 정당한 파업에 참여하는 기간 중에는 정지하게 되며, 사용자는 쟁의행위에 참가하여 근로를 제공하지 아니한 근로자에 대하여는 그 기간 중의 임금을 지급할 의무가 없다. 또한 동조 제2항에서 노동조합은 쟁의행위기간에 대한 임금의 지급을 요구하여 이를 관철할 목적으로 쟁의행위를 하여서는 아니 된다고 하여 파업기간 중의 임금지급을 목적으로 하는 노동조합의 쟁의행위를 위법으로 판단하였다.

2. 파업불참자의 임금청구권

파업에 참가하지 않은 근로자들의 주된 권리와 의무는 정지되는 것이 아니므로 근로희망자의 근로제공에 대해서 사용자는 이를 수령할 의무가 있고, 당연히 임금지급 의무가 인정된다. 따라서 파업 불참자에 대한 임금지급의무를 적법하게 거부하려면 사용자는 전면적 직장폐쇄를 취하여야 한다.

---

54) 이 원칙은 1948년 일본에서 연합군사령부에 의하여 취업시간 중의 조합 활동, 조합전임자에 대한 급여의 부담을 배척하기 위한 정책적 개념으로 처음 사용되었다.
55) 管野和夫, 『勞動法』, p.513.

관련 판례1   대판 1995.12.21, 94다26721.

쟁의기간 중 임금지급의 관행과 임금지급의사

쟁의행위 시의 임금지급에 관하여 단체협약이나 취업규칙 등에서 이를 규정하거나 그 지급에 관한 당사자 사이의 약정이나 관행이 있다고 인정되지 아니하는 한, 근로자의 근로제공의무 등의 주된 권리·의무가 정지되어 근로자가 근로제공을 하지 아니한 쟁의행위기간 동안에는 근로제공의무와 대가관계에 있는 근로자의 주된 권리로서의 임금청구권은 발생하지 않는다고 하여야 하고, 그 지급 청구권이 발생하지 아니하는 임금의 범위가 임금 중 이른바 교환적 부분에 국한된다고 할 수 없으며, 사용자가 근로자의 노무제공에 대한 노무지휘권을 행사할 수 있는 평상적인 근로관계를 전제로 하여 단체협약이나 취업규칙 등에서 결근자 등에 관하여 어떤 임금을 지급하도록 규정하고 있거나 임금삭감 등을 규정하지 않고 있거나 혹은 어떤 임금을 지급하여 온 관행이 있다고 하여, 근로자의 근로제공의무가 정지됨으로써 사용자가 근로자의 노무제공과 관련하여 아무런 노무지휘권을 행사 할 수 없는 쟁의행위의 경우에 이를 유추하여 당사자 사이에 쟁의행위기간 중 쟁의행위에 참가하여 근로를 제공하지 아니한 근로자에게 그 임금을 지급할 의사가 있다거나 임금을 지급하기로 하는 내용의 근로계약을 체결한 것이라고는 할 수 없다.

관련 판례2   대판 2011.2.10, 2010도10721.

파업기간 중 노조전임자의 급여

파업기간 중에 사용자가 노동조합 전임자에 대하여 급여를 지급할 의무가 있는지 여부는 구체적 사건마다 당해 사업장의 단체협약 기타 노사합의의 내용 및 당해 사업장에 노사관행 등을 참작하여 개별적으로 판단하여야 한다. 이 사건 단체협약의 규정은 노동조합 전임자를 근로계약상 본래의 근로제공 업무에 종사하는 일반조합원보다 불리한 처우를 받지 않도록 하는 범위 안에서 노동조합 전임자에게 일정한 급여를 지급하기로 한 것이라고 판단한 후, 위와 같은 단체협약의 규정을 둔 목적이나 취지 등에 비추어 볼 때, 이는 일반조합원들이 무노동 무임금의 원칙에 따라 사용자로부터 파업기간 중의 임금을 지급받지 못하는 경우에는 노동조합 전임자도 일반조합원과 마찬가지로 사용자에게 급여를 청구할 수 없다.

제5장
노동쟁의의 조정

제1절 서설

Ⅰ 쟁의조정의 의의

노동쟁의의 조정이란 노동쟁의 내지 쟁의행위에서 당사자 이외의 제3자가 개입하여 그 분쟁의 해결을 위해 조력하는 것을 말한다. 노동쟁의는 근로자의 생존권과 직결되는 집단적 분쟁으로 파업을 비롯한 쟁의행위로 확대되는 경우 노사 당사자에게 큰 손실을 줄 뿐만 아니라 일반 공중의 일상생활과 국민경제에 중대한 영향을 미친다. 따라서 중립적이고 전문적인 제3자가 노동쟁의에 개입하여 그 분쟁을 원만히 해결하도록 조력하는 것이 노동쟁의의 조정이다. 이러한 조정은 당사자 간의 의사가 최대한도로 반영되어야 노사 스스로가 그 해결안을 납득하고 산업평화를 유지하는 계기가 될 것이다.

Ⅱ 쟁의조정의 유형

1. 공적 조정과 사적 조정

조정주체에 따라 국가기관과 같은 공적기관이 조정업무를 담당하는 공적 조정과 개인이나 사적 단체가 담당하는 사적 조정이 있다. 공적 조정제도는 국가가 행정적 서비스로서 노사 당사자 간에 개입하여 분쟁사항을 조사하고 그 해결방안을 제시하여 조속히 해결되도록 지원을 하며, 사적 조정제도는 단체교섭이 교착상태에 이른 경우에 제3자에게 분쟁조정을 맡기는 절차를 말하는 것으로 노사 당사자가 분쟁해결에 있어서 국가의 개입을 원하지 않는 경우에 보다 효율적인 조정방식이다.

양자의 관계에 있어서 사적 조정에 관한 당사자의 합의가 있는 경우에는 사적 조정절차가 먼저 적용되나, 사적 조정절차가 마련되어 있지 않거나 사적 조정에 의하여 노동쟁의가 해결되지 아니하는 경우에는 당사자의 신청에 의하여 공적 조정절차가 적용된다.

2. 조정과 중재

조정방법에 따라 조정기관이 노사 당사자의 주장을 확인하고 해결안(조정안)을 작성하여 당사자에게 수락을 권고하는 조정과 조정기관이 사실조사와 심의 및 당사자의 의견을 듣고 해결안(중재재정)을 작성하여 당사자에게 통지한 때에 무조건 당사자는 그 해결안에 따라야 하는 중재가 있다.[56]

3. 임의조정과 강제조정

조정절차가 당사자의 의사에 관계없이 강제적으로 개시되는 강제조정과 당사자의 의사에 의해 개시되는 임의조정이 있다. 즉 절차의 개시, 절차진행방법, 해결의 효력방식 등의 면에서 그 성격이 자율적인가 강행적인가에 의해 임의조정과 강제조정으로 구분된다.

Ⅲ 쟁의조정의 기본원칙

1. 자주적 해결의 원칙

노조법은 쟁의조정에 관하여 자주적 해결의 원칙을 강조하고 있다. 즉 노동관계 당사자는 직접 노사협의 또는 단체교섭에 의하여 근로조건 기타 노동관계에 관한 사항을 정하거나 노동관계에 관한 주장의 불일치를 조정하고 이에 필요한 노력을 하는 것을 방해하지 아니하고(노조법 제47조), 노동쟁의가 발생한 때에는 이를 자주적으로 해결하도록 노력하여야 하며(동법 제48조). 국가 및 지방자치단체는 노동관계 당사자 간에 노동관계에 관한 주

---

56) 이병태, 『노동법』, p.373.

장이 일치하지 아니할 경우에 이를 자주적으로 조정할 수 있도록 조력하여야 한다(동법 제49조 전단). 또한, 조정의 절차에서는 조정의 주체로 공적 조정 이외에 사적 조정을 인정하고(동법 제52조), 조정의 개시에서는 임의조정을 원칙으로 하고 예외적으로 강제조정(직권중재)을 인정하였으며 조정안의 수락여부는 원칙적으로 당사자 간 임의적 의사에 의하여 예외적으로 중재에서만 강행적 효력을 인정하였다.

2. 공익배려의 원칙

노조법은 쟁의행위의 주체와 방법 및 조정에서 공익성확보를 위해 여러 가지 제한을 두고 있다. 특히 쟁의조정에서는 ① 조정전치주의를 도입하여 쟁의행위가 금지되는 조정기간과 중재기간을 두고 공익사업에 있어서는 그 기간을 일반사업보다 길게 하였으며(노조법 제45조), ② 국가·지방자치단체·국공영기업체·방위산업체 및 공익사업에서의 노동쟁의의 조정은 우선적으로 취급하고 신속히 처리할 것을 정하였고(동법 제51조), ③ 조정기관의 구성에서 노사대표 이외에 공익을 대표하는 공익위원을 참가케 하였고(동법 제55조 제3항), ④ 공익사업의 쟁의조정을 위해 노동위원회에 특별조정위원회를 두며(동법 제72조), ⑤ 공익사업을 비롯한 국민경제에 중대한 영향을 미치는 사업에서는 긴급조정 중재제도를 두었다(동법 제76조).

3. 공정한 해결의 원칙

노조법 제1조에서는 "노동관계를 공정하게 조정하여 노동쟁의를 예방 해결함으로써 산업평화의 유지와 국민경제의 발전에 이바지함을 목적으로 한다"고 규정하여 공정조정의 원칙을 천명하고 있다. 또한, 동법 제49조 하단에서는 "국가 및 지방자치단체는 노동쟁의의 신속·공정한 해결에 노력하여야 한다"고 정하여 국가 등의 책무로서 공정한 조정을 천명하고 있다. 이 경우 '공정'이란 쌍방에게 공평하고 올바르게 해야 한다는 것을 의미한다.

4. 신속처리의 원칙

노조법에 의하여 노동관계를 조정할 경우에는 노동관계 당사자와 노동위원회 기타 관계

기관은 사건을 신속히 처리하도록 노력하여야 한다(노조법 제50조). 노동쟁의가 장기화되면 산업 또는 기업에 미치는 경제적 손실이 막대하기 때문에 이를 최소화할 수 있도록 관계당사자와 정부의 책무를 정한 것이다. 노동쟁의의 신속한 처리를 위한 제도적 장치로서 노동관계 당사자는 ① 노동쟁의가 발생한 때에는 어느 일방이 이를 상대방에게 서면으로 통보하여야 하고(동법 제45조 제1항), ② 노동위원회 조정(동법 제53조) 또는 중재(동법 제62조)를 신청할 수 있다. 또한 노동위원회는 ① 조정 또는 중재의 신청이 있을 때 그 내용이 법 제5장 제2절 또는 제3절의 규정에 의한 조정 또는 중재의 대상이 아니라고 인정할 경우에는 그 사유와 다른 해결방법을 알려주어야 하고(동법 시행령 제24조 제2항), ② 지체 없이 조정을 개시하여 일반사업의 경우 10일, 공익사업의 경우 15일 이내에 종료하여야 한다(동법 제54조), ③ 관계 당사자로 하여금 중재재정서의 송달을 받은 날로부터 10일 이내에 재심을 신청하도록 하여(동법 제69조 제1항) 중재재정의 효력을 확정케 하는 등의 절차를 규정하고 있다.

제2절 **공적 조정**

❶ 조정

1. 의의

공적 조정은 법적 조정이라고도 하며, 노동위원회라는 국가의 공적 조정기관을 이용하여 조정을 하는 것으로 당사자의 신청에 의해 노동위원회에 설치된 조정위원회나 단독조정인이 당사자의 의견을 들어 조정안을 작성하여 노사 쌍방에게 그 수락을 권고하는 방법을 말한다. 당사자의 신청에 의하여 개시되고 당사자가 그 조정안을 거부할 수 있다는 점에서 자주적 해결의 원칙에 충실한 조정방법이라 할 수 있다.[57]

---

57)　이병태, 『노동법』, p.376.

2. 조정기관

(1) 조정위원회

노동쟁의의 조정을 위하여 노동위원회에 조정위원회를 둔다(노조법 제55조 제1항). 조정위원회는 조정위원 3인으로 구성되며(동조 제2항), 당해 노동위원회의 위원 중에서 사용자를 대표하는 자, 근로자를 대표하는 자 및 공익을 대표하는 자의 각 1인을 그 노동위원회의 위원장이 지명하되, 근로자를 대표하는 조정위원은 사용자가, 사용자를 대표하는 조정위원은 노동조합이 각각 추천하는 노동위원회의 위원 중에서 지명하여야 한다. 다만, 조정위원회의 회의 3일 전까지 관계 당사자가 추천하는 위원의 명단제출이 없을 때에는 당해 위원을 위원장이 따로 지명할 수 있다(동조 제3항). 조정위원회는 공익을 대표하는 조정위원을 위원장으로 둔다(동법 제56조).

(2) 단독조정인

노동위원회는 관계 당사자 쌍방의 신청이 있거나 동의를 얻은 경우에는 조정위원회에 갈음하여 단독조정인에게 조정을 행하게 할 수 있다(노조법 제57조 제1항). 단독조정인은 당해 노동위원회의 위원 중에서 관계 당사자 쌍방의 합의로 선정된 자를 그 노동위원회의 위원장이 지명한다(동조 제2항). 이것은 단독조정인에 의하여 조정사건을 간이·신속하게 처리하려는 취지로서, 단독조정인에 의한 조정회의는 조정인력의 선임이 용이하여 조정을 조속히 정할 수 있는 장점이 있다.

(3) 특별조정위원회

공익사업의 노동쟁의의 조정을 위하여 노동위원회에 특별조정위원회를 둔다(노조법 제72조 제1항). 특별조정위원회는 3인의 특별조정위원으로 구성하며(동조 제2항), 특별조정위원은 그 노동위원회의 공익을 대표하는 위원 중에서 노동조합과 사용자가 순차적으로 배제하고 남은 4인 또는 6인 중에서 노동위원회의 위원장이 지명한다. 다만, 관계 당사자가 합의로 당해 노동위원회의 위원이 아닌 자를 추천하는 경우에는 그 추천된 자를 지명한다(동조 제3항). 특별노동위원회의 위원장은 공익을 대표하는 노동위원회의 위원인 특별조정위원 중에서 호선하고, 당해 노동위원회의 위원이 아닌 자만으로 구성된 경우에는 그중에서 호선한다. 다만, 공익을 대표하는 위원인 특별조정위원이 1인인 경우에는 당해 위원이 위원장이 된다(동법 제73조 제2항).

3. 조정개시와 조정기간

⑴ 조정의 개시

노동위원회는 관계 당사자와 일방이 노동쟁의의 조정을 신청한 때에는 지체 없이 조정을 개시하여야 하며 관계 당사자 쌍방은 이에 성실히 임하여야 한다(노조법 제53조 제1항). 노동위원회는 제1항의 규정에 따른 조정신청전이라도 원활한 조정을 위하여 교섭을 주선하는 등 관계 당사자의 자주적인 분쟁 해결을 지원할 수 있다(동조 제2항). 조정을 신청하고자 하는 관계 당사자는 노동쟁의조정신청서에 ① 사업장 개요, ② 단체교섭경위, ③ 당사자 간 의견의 불일치사항 및 이에 대한 당사자의 주장내용, ④ 기타 참고사항의 내용을 기재한 서류를 첨부하여 관할노동위원회에 제출하여야 한다(동법 시행규칙 제14조 제1항). 이러한 신청을 받은 노동위원회는 그 신청내용이 노조법의 규정에 의한 조정 또는 중재의 대상이 아니라고 인정한 경우에는 그 사유와 다른 해결방법을 알려 주어야 한다(동법 시행령 제24조 제2항).

⑵ 조정기간

조정은 조정의 신청이 있는 날부터 ① 일반사업에 있어서는 10일, ② 공익사업에 있어서는 15일 이내에 종료하여야 한다(노조법 제54조 제1항). 이 조정기간은 관계 당사자 간의 합의로 일반사업에 있어서는 10일, 공익사업에서는 15일 이내에서 연장할 수 있다(동조 제2항). 따라서 노동조합은 노조법 제45조 제2항에 의한 조정전치주의에 따라 조정기간 또는 중재기간을 종료하지 않으면 쟁의행위를 할 수 없다. 그러나 노동조합이 노동위원회에 노동쟁의 조정신청을 하여 조정절차를 마치거나 조정이 종료되지 아니한 채 조정기간이 끝나면, 노동조합은 쟁의행위를 할 수 있으므로 노동위원회가 반드시 조정결정을 한 뒤에 쟁의행위를 해야 그 절차가 정당한 것은 아니다.[58]

---

58) 대판 2001.6.26, 2000도2871.

4. 조정의 절차

(1) 주장의 확인

조정위원회 또는 단독조정인은 기일을 정하여 관계 당사자 쌍방을 출석하게 하여 주장의 요점을 확인하여야 한다(노조법 제58조). 조정위원회는 필요하다고 인정할 경우 조정담당 공익위원이나 담당 조사관으로 하여금 구체적인 사실관계와 사건의 조정에 필요한 사항을 조사하게 할 수 있고(노위칙 제155조 제1항), 사건의 신속·공정한 해결을 위하여 필요하다고 인정하는 경우, 노동쟁의가 발생한 현지에서 조정절차의 전부나 일부를 진행할 수 있다(제2항). 조정위원회의 위원장 또는 단독조정인은 참고인 외의 자의 출석을 금할 수 있다(노조법 제59조).

(2) 조정안의 작성과 수락권고

조정위원회 또는 단독조정인은 조정안을 작성하여 이를 관계 당사자에게 제시하고 그 수락을 권고하게 된다(노조법 제60조 제1항 전단). 조정위원회나 단독조정인은 조정안 수락의 권고와 동시에 그 조정안에 이유를 붙여 공표할 수 있으며, 필요한 때에는 신문 또는 방송에 보도 등 협조를 요청할 수 있다(제1항 후단). 이것은 조정안에 대한 여론을 환기시켜 쟁의해결에 도움이 되고자 하는 목적이나 당사자로서는 여론을 통해 압력을 가하는 조치로 느낄 수 있기에 노동관계의 공정한 조정이라는 취지에는 부합하지 않아 보인다.

5. 조정의 종료와 조정서의 효력

(1) 조정의 종료

조정위원회 또는 단독조정인은 관계 당사자가 수락을 거부하여 더 이상 조정이 이루어질 여지가 없다고 판단되는 경우에는 조정의 종료를 결정하고 이를 관계 당사자 쌍방에 통보하여야 한다(노조법 제60조 제2항). 조정안의 수락을 당사자가 거부한 경우 조정절차는 종결되지만 노동쟁의는 해결되지 않았으므로, 결국 단체교섭이나 쟁의행위 또는 중재회부 등의 방법으로 그 해결을 시도하게 된다. 다만, 조정의 종료가 결정된 후에도 노동쟁의의 해결을 위하여 조정을 할 수 있다(동법 제61조의2 제1항).

(2) 조정서의 효력

노조법 제60조 제1항의 규정에 의한 조정안이 관계 당사자에 의하여 수락된 때에는 조정위원 전원 또는 단독조정인은 조정서를 작성하고 관계 당사자와 함께 서명 또는 날인하여야 한다(노조법 제61조 제1항). 조정서의 내용은 단체협약과 동일한 효력을 가진다(동조 제2항). 따라서 조정서에 기재된 사항만 효력이 인정되고, 조정 시 노사 당사자 간의 합의가 있었던 사항일지라도 별도로 정함이 없는 한 조정서의 내용에 포함되지 않은 경우 그 사항에 관해서는 조정의 효력이 생기지 않는다.

6. 조정서의 해석과 무효확인 청구소송

조정위원회 또는 단독조정인이 작성한 조정안이 관계 당사자 쌍방에 의하여 수락된 후 그 해석 또는 이행방법에 관하여 의견의 불일치가 있는 때에는 관계 당사자는 당해 조정위원회 또는 단독조정인에게 그 해석 또는 이행방법에 관한 명확한 견해의 제시를 요청하여야 한다(노조법 제60조 제3항). 조정위원회 또는 단독조정인은 그 요청을 받은 날부터 7일 이내에 명확한 견해를 제시하여야 하며(동조 제4항), 관계 당사자는 조정안의 해석 또는 이행방법에 관한 견해가 제시될 때까지는 당해 조정안의 해석 또는 이행에 관하여 쟁의행위를 할 수 없다(동조 제5항). 이 규정은 조정안의 수락에 의하여 확보된 평화상태를 가능한 유지하려는 데 그 취지가 있으며 이 경우 조정기관이 제시한 해석 또는 이행방법에 관한 견해는 중재재정과 동일한 효력을 가진다.

Ⅱ 중재

1. 의의

중재란 노동위원회에 설치된 중재위원회가 노동쟁의의 해결조건을 정한 해결안(중재재정)을 작성하고, 당사자는 무조건 그 해결안에 구속되는 쟁의의 조정방법을 말한다.[59] 중

---

59) 이병태, 『노동법』, p.381.

재재정은 당사자의 수락과 관계없이 법적으로 당사자를 구속하는 강행적 효력을 가지게 되며, 국민의 생활을 위태롭게 하는 분쟁을 강제적으로 종결시키는 중요한 기능을 한다.

2. 중재의 기관

노동위원회는 노동쟁의의 중재 또는 재심을 위하여 노동위원회에 중재위원회를 둔다(노조법 제64조 제1항). 중재위원회는 노동위원회의 위원장이 지명한 3인의 중재위원으로 구성된다(동조 제2항). 노동위원회 위원장은 당해 노동위원회의 공익을 대표하는 위원 중에서 관계 당사자의 합의로 선정된 자에 대하여 중재위원으로 선임한다. 다만, 관계 당사자 간에 합의가 성립되지 아니한 경우에는 노동위원회의 공익을 대표하는 위원 중에서 지명한다(동조 제3항). 중재위원회에는 위원장을 두며(동법 제65조 제1항), 위원장은 중재위원 중에서 호선한다(동조 제2항).

3. 중재의 개시

노동위원회는 관계 당사자 쌍방이 함께 중재를 신청하거나, 관계 당사자 일방이 단체협약에 의하여 중재를 신청한 때에는 중재를 행한다(노조법 제62조). 중재기간은 특별히 명문으로 규정을 두고 있지 않으나, 노동쟁의가 중재에 회부된 때에는 그 날부터 15일간은 쟁의행위를 할 수 없다(동법 제63조).

4. 중재의 대상

중재의 대상은 노동쟁의의 대상이 되는 이익분쟁[60]에 관한 사항이다. 구체적으로 이익분쟁에 속하는 사항은 ① 임금지급율의 인상. ② 상여금이나 성과급의 지급에 관한 사항, ③ 근로시간·해고뿐만 아니라 안전보건, 재해보상 등 근로조건에 관한 사항은 중재대상이 된다. 노조법 제2조 제5호에서는 "노동쟁의"를 노동조합과 사용자 또는 사용자단체 간에 임금·근로시간·복지·해고 기타 대우 등 근로조건에 관한 노동관계 당사자 사이의 주

---

60) 이익분쟁이란 단체협약을 체결하기 이전에 당사자의 권리·의무관계를 어떠한 내용으로 형성할 것인지에 대하여 각자의 이익을 주장함으로써 발생하는 분쟁을 말하는 것으로 단체교섭의 결렬은 대표적인 이익분쟁의 예이다.

장의 불일치로 인한 분쟁상태라고 규정하고 있으므로 근로조건의 결정에 관한 분쟁이 아닌 경우에는 현행법상의 노동쟁의라고 할 수 없고, 특별한 사정이 없는 한 중재재정의 대상으로 할 수 없다. 따라서 근로조건 이외의 사항인 근무시간 중 조합 활동, 조합전임자, 시설 편의제공 등 집단적 노사관계의 운영에 관한 사항 등은 중재재정의 대상으로 할 수 없다.**61)** 그러나 중재절차는 노동쟁의의 자주적 해결과 신속한 처리를 위한 광의의 노동쟁의조정절차의 일부분이므로 노사관계 당사자 쌍방이 합의하여 단체협약의 대상이 될 수 있는 사항에 대하여 중재를 해 줄 것을 신청한 경우 이거나 이와 동일시할 수 있는 사정이 있는 경우에는 근로조건 이외의 사항에 대하여도 중재재정을 할 수 있다.**62)**

5. 중재의 절차

(1) 주장의 확인 등

중재위원회는 사실조사와 심의 및 당사자의 의견을 듣고 중재재정을 한다. 중재위원회는 기일을 정하여 관계 당사자 쌍방 또는 일방을 중재위원회에 출석하게 하여 주장의 요점을 확인하여야 한다(노조법 제66조 제1항). 관계 당사자가 지명한 중재위원회의 사용자를 대표하는 위원 또는 근로자를 대표하는 위원은 중재위원회의 동의를 얻어 그 회의에 출석하여 의견을 진술 할 수 있다(동조 제2항). 중재위원회 위원장은 관계 당사자와 참고인 외의 자의 회의 출석을 금할 수 있다(동법 제67조).

(2) 중재서의 작성과 해석

중재재정은 서면으로 작성하여 이를 행하며 그 서면에는 효력발생 기일을 명시하여야 한다(노조법 제68조 제1항). 중재재정의 해석 또는 이행방법에 관하여 관계 당사자 간에 의견의 불일치가 있는 때에는 당해 중재위원회의 해석에 따르며, 그 해석은 중재재정과 동일한 효력을 가진다(동조 제2항).

---

61) 대판 1996.2.23, 94누9177.
62) 대판 1992.5.12, 91누10503.

6. 중재재정의 재심과 불복

(1) 중재재정의 재심청구

관계 당사자는 지방노동위원회 또는 특별노동위원회의 중재재정이 위법이거나 월권에 의한 것이라고 인정하는 경우에는 그 중재재정서의 송달을 받은 날부터 10일 이내에 중앙노동위원회에 그 재심을 신청할 수 있다(노조법 제69조 제1항). 위법이거나 월권에 의한 경우에만 재심을 신청할 수 있으므로, 노사 어느 일방에게 불리하여 부당하거나 불합리한 경우라도 불복은 허용되지 않는다.[63] 이 경우 위법이란 재정의 절차나 내용이 법령에 위반하거나 해당 법령의 적용을 잘못한 경우를 뜻하고, 월권이란 중재재량권을 일탈 내지 남용한 경우를 말한다.[64] 따라서 쌍방 당사자의 주장의 하한선과 상한선 사이의 범위를 넘는 수준으로 중재재정이 되는 경우에는 월권의 범위에 속한다.

(2) 중재재정의 불복

관계 당사자는 중앙노동위원회의 중재재정이나 재심결정이 위법이거나 월권이라고 인정하는 경우에는 행정소송법 제20조의 규정에 불구하고 그 중재재정서 또는 재심결정서의 송달을 받은 날로부터 15일 이내에 행정소송을 제기할 수 있다(노조법 제69조 제2항). 따라서 중재재정의 절차가 위법이거나 그 내용이 근로기준법 위반 등으로 위법한 경우 또는 당사자 사이에 분쟁의 대상이 되어 있지 않은 사항이나 정당한 이유 없이 당사자의 분쟁범위를 벗어나는 부분에 대하여 불복할 수 있다. 또한, 중재재정으로 위법이거나 월권에 의한 것임을 이유로 하는 때에 한하여 불복할 수 있고, 단순히 노사 어느 일방에게 불리한 내용이라는 사유만으로 불복이 허용되지 않는다.[65]

7. 중재재정의 확정과 효력

노조법 제69조에서 정한 기간 내에 재심을 신청하지 아니하거나 행정소송을 제기하지 아

---

63) 대판 1997.12.26, 96누10669.
64) 이병태, 『노동법』, p.383.
65) 대판 2009.8.20, 2008두8024.

니한 때에는 그 중재재정 또는 재심결정은 확정된다(노조법 제69조 제3항). 확정된 중재재정 또는 재심결정의 내용은 단체협약과 동일한 효력을 가진다(동법 제70조 제1항). 노동위원회의 중재재정 또는 재심결정은 중앙노동위원회에 재심 신청 또는 행정소송의 제기에 의하여 그 효력이 정지되지 아니한다(동조 제2항). 따라서 비록 중재에 앞서 열린 조정위원회에서 노사 당사자 간 합의된 사항일지라도 그 부분이 중재재정에 포함되지 않는 이상 그 합의된 사항은 노조법 제68조의 취지로 보아 단체협약과 동일한 효력을 가질 수 없다.**66)** 그러나 조정위원회에서 노사간 합의된 사항을 문서로 작성하고 쌍방이 서명 또는 날인한 경우에는 별도의 단체협약으로서 중재재정의 내용에 명백하게 저촉되지 않는 한 효력이 있다고 본다.

관련 판례1 대판 2003.12.26, 2001도1863.

노동위원회 조정결정과 쟁의행위

노동쟁의는 특별한 사정이 없는 한 그 절차에 있어 조정절차를 거쳐야 하는 것이지만, 이는 반드시 노동위원회가 조정결정을 한 뒤에 쟁의행위를 하여야만 그 절차가 정당한 것은 아니라고 할 것이고, 노동조합이 노동위원회에 노동쟁의 조정신청을 하여 조정절차가 마쳐지거나 조정이 종료되지 아니한 채 조정기간이 끝나면 조정절차를 거친 것으로서 쟁의행위를 할 수 있다.

관련 판례2 대판 2003.7.25, 2001두4818.

노동쟁의의 의의

중재절차는 원칙적으로 노동쟁의가 발생한 경우에 노동쟁의의 대상이 된 사항에 대하여 행하여지는 것이고, 노조법 제2조 제5호에서는 "노동쟁의"를 노동조합과 사용자 또는 사용자 단체 간에 임금·근로시간·복지·해고 기타 대우 등 근로조건의 결정에 관한 주장의 불일치로 인하여 발생한 분쟁상태라고 규정하고 있으므로 근로조건 이외의 사항에 관한 노동관계 당사자 사이의 주장이 불일치로 인한 분쟁상태는 근로조건의 결정에 관한 분쟁이 아니어서 현행법상의 노동쟁의라고 할 수 없고, 특별한 사정이 없는 한 이러한 사항은 중재재정의 대상으로 할 수 없다.

---

66) 대판 1995.11.14, 95다14244.

관련 판례3 대판 2007.4.26, 2005두12992.

중재재정의 불복사유 요건

노조법 제69조 제1항, 제2항은 지방노동위원회의 중재재정이 위법하거나 월권에 의한 것이라고 인정하는 경우 관계 당사자가 중앙노동위원회에 그 재심을 신청할 수 있고, 중앙노동위원회의 재심결정이 위법하거나 월권에 의한 것이라고 인정하는 경우 행정소송을 제기할 수 있도록 정하고 있는 바, 여기에서 "위법" 또는 "월권"이란 중재재정의 절차가 위법하거나 그 내용이 근로기준법 위반 등으로 위법한 경우 또는 당사자 사이에 분쟁의 대상이 되어 있지 않은 사항이나 정당한 이유 없이 당사자 간의 분쟁범위를 벗어나는 부분에 대하여 월권으로 중재재정을 한 경우를 말하고, 중재재정이 단순히 어느 일방에 불리하거나 불합리한 내용이라는 사유만으로는 불복이 허용되지 않는다.

관련 판례4 대판 2005.9.9, 2003두896.

노동위원회가 제시한 견해의 효력을 다루는 절차

노조법 제34조 제3항은 단체협약의 해석 또는 이행방법에 관하여 단체협약 당사자의 견해 제시의 요청에 응하여 노동위원회가 제시한 견해는 중재재정과 동일한 효력을 가진다고 정하고 있으므로, 단체협약의 해석 또는 이행방법에 관한 노동위원회의 제시 견해의 효력을 다투고자 할 때에는 노동위원회가 행한 중재재정의 효력을 다투는 절차를 정한 위 법 제69조에 의하여야 할 것이고, 노동위원회가 단체협약의 의미를 오해하여 그 해석 또는 이행방법에 관하여 잘못된 견해를 제시하였다면 이는 법률행위인 단체협약의 해석에 관한 법리를 오해한 위법을 범한 것으로 위 법 제69조에서 정한 불복사유인 위법 사유가 있는 경우에 해당된다.

제3절 **사적 조정**

❶ 의의

　사적 조정은 노동위원회나 그 밖의 공적 기관 이외에 제3자가 하는 노동쟁의의 조정을 말하는 것으로 노조법은 사적 조정의 가능성을 마련하여 노사 당사자는 스스로 합의하여 희망하는 경우에 법적 절차와는 별개의 방법에 의해 노동쟁의를 스스로 해결할 수 있다. 흔히 개인 또는 민간기관이 조정하므로 임의조정이라고도 하며, 최종적으로 중재가 이루어지는 경우에는 사적중재 또는 임의중재라고도 말한다.[67]

❷ 사적 조정인의 자격

　사적 조정 등을 수행하는 자는 「노동위원회법」 제8조 제2항 제2호에 따른 지방노동위원회의 조정담당 공익위원의 자격을 가진 자로 하며, 관계 당사자로부터 수수료, 수당 및 여비 등을 받을 수 있다(노조법 제52조 제5항). 이는 사적 조정인의 자격을 제한하여 유능한 조정인이 참가하고 다른 한편 그들에 충분한 보수를 제공함으로써 성의 있는 활동을 기대하려는 데 있다.[68]

❸ 절차

1. 당사자 간의 합의와 선택

　노동관계 당사자가 쌍방의 합의 또는 단체협약이 정하는 바에 따라 각각 다른 조정 또는 중재방법에 의하여 노동쟁의를 해결하는 것을 방해하지 아니한다(노조법 제52조 제1항).

---

67)　1987년 구 노동쟁의조정법(제5조의2)에서 이 제도를 도입하여 노사 당사자가 원하는 제3자가 조정을 함으로써 분쟁해결에서 한층 당사자 자치의 기초를 확립하였다.
68)　이병태, 『노동법』, p.391.

즉, 당사자는 노조법에 규정된 공적 조정절차와는 다른 조정·중재절차를 채택할 수 있으며 이 경우 단체교섭에서 합의를 하거나 또는 미리 단체협약에 노동쟁의가 발생할 경우 당사자 쌍방 또는 일방의 신청에 의하여 사적 조정을 할 수 있음을 정하여야 한다. 당사자는 조정 및 중재 모두의 절차를 규정할 수도 있고 이 중 하나의 절차만을 둘 수도 있다. 구체적으로 조정절차에 관한 방법 및 담당기관 등을 당사자 쌍방의 합의로 미리 정한 때에는 이에 따라야 하며 사적 조정을 대리인에게 의뢰할 경우 대리인이 정한 조정절차를 당사자의 합의에 의해 정할 수도 있다.

2. 노동위원회의 신고

노동관계 당사자가 사적 조정의 절차에 의하여 노동쟁의를 해결하기로 한 때에는 이를 노동위원회에 신고하여야 한다(노조법 제52조 제2항). 이 경우 노조법 시행령 제23조의 규정에 의하여 「사적 조정·중재결정신고서」에 사적 조정인 또는 사적 중재인의 인적사항을 첨부하여 관할노동위원회에 신고하여야 한다(동법 시행규칙 제13조 제1항). 노동위원회는 이러한 신고를 받은 경우에는 그 내용을 고용노동부장관 또는 관할 지방노동관서의 장에게 지체 없이 통보하여야 한다(동 규칙 제13조 제2항).

3. 쟁의행위의 제한

사적 조정절차를 채택하는 경우에도 ① 노조법 제45조 제2항에 따른 조정의 전치 및 동법 제54조에 의한 조정기간의 적용을 받으며(노조법 제52조 제3항 제1호), ② 중재에 의하여 해결하기로 한 때 역시 노조법 제63조의 규정에 의해 15일간 쟁의행위를 할 수 없다(제2호). 이 경우 쟁의행위의 금지기간은 조정 또는 중재를 개시한 날부터 기산한다.

4. 공적 조정과의 관계

사적 조정에 의하여도 노동쟁의가 해결되지 않을 경우 노사 쌍방의 합의로 노조법상의 조정 및 중재에 따른 조정을 노동위원회에 신청할 수 있다(노조법 시행령 제23조 제3항). 또 공익사업의 경우 사적 조정절차가 개시되었더라도 고용노동부장관은 긴급조정의 요건에 해당될 경우 긴급조정을 결정할 수 있다(노조법 제76조 제1항). 그러나 노동관계 당사자는 쌍방의 합의 또는 단체협약에서 정하는 바에 따라 노동위원회의 조정 또는 중재가 진행 중인 경우에도 사적 조정 또는 사적 중재를 택할 수 있고, 이 경우에도 관할노동위원회에 신고하여야 한다(동법 시행령 제23조 제2항).

Ⅳ 사적 조정의 효력

사적 조정·중재에 의하여 조정 또는 중재가 이루어진 경우에 그 내용은 단체협약과 동일한 효력을 가진다(노조법 제52호 제4항). 또한, 조정방법에 따라 해결된 내용은 서면(조정의 경우에는 조정서, 중재의 경우에는 중재재정서)으로 작성하여야 한다. 아울러 조정서나 중재재정서에서 그 내용에 관한 해석의 분쟁도 사적 조정인에게 일임한다고 정할 경우에는 그에 따라 당사자 간의 분쟁을 합리적으로 예방할 수 있다.

행정해석 노사 32281-2667, 1988.2.20.

임의조정인과 사적 조정의 방법

노동쟁의의 관계 당사자는 노동쟁의 발생신고를 하는 경우 노조법 제52조에 의하여 쌍방의 합의 또는 단체협약이 정하는 바에 따라 노동위원회에 의한 공적 조정을 거치지 않고 임의조정방법을 채택할 수 있으며 노동위원회에 이와 같은 임의조정 결정신고를 하면 관계 당사자가 합의한 방법대로 합의조정을 할 수 있다. 노조법 제52조의 제1항의 '각각 다른 조정 또는 중재방법'은 노조법 제3장·제4장·제5장에 의거 노동위원회가 행하는 조정, 중재 이외의 방법을 말하며 노동쟁의의 당사자는 쌍방의 합의 또는 단체협약의 정하는 바에 따라 임의조정인을 선임하여 조정 또는 중재를 개시하게 되고 이러한 임의조정이 성립한 경우에 그 내용은 단체협약과 동일한 효력을 갖게 된다.

제4절 공익사업에서의 조정에 관한 특칙

❶ 조정절차의 특칙

공익사업은 쟁의행위가 발생한 경우 단체행동권의 무제한적 행사로 국민경제 및 일상생활에 부정적 영향을 미칠 수 있으므로 이를 억제하고 다른 제3자의 기본적인 권리와 조화되도록 하기 위하여 조정절차에 일정한 특칙을 정하여 이를 제한하고 있다. 노조법 제71조 제1항 및 제2항에 따른 공익사업은 노동쟁의의 조정에 있어서 우선적으로 취급하고 신속히 처리되어야 하며(노조법 제51조), 15일간의 조정기간이 경과하지 아니하면 쟁의행위를 할 수 없고(동법 제54조 제1항), 노동쟁의의 조정을 위하여 노동위원회에 특별조정위원회를 두며(동법 제72조), 긴급조정의 결정을 할 수 있다(동법 제76조). 또한, 필수공익사업(동법 제71조 제2항)의 업무 중 노조법 제42조의2 제1항에 따른 필수유지업무에 해당하는 경우에는 필수유지업무의 정당한 유지·운영을 정지·폐지 또는 방해하는 행위를 할 수 없다(동법 제42조의2 제2항)

❷ 분류

공익사업에는 일반적인 공익사업(노조법 제71조 제1항)과 필수공익사업(동조 제2항)으로 분류된다.

1. 공익사업

노조법 제71조 제1항에서는 공중의 일상생활과 밀접한 관련이 있거나 국민경제에 미치는 영향이 큰 사업을 공익사업으로 규정하여 일반사업과 달리 업종별로 특별히 지정하고 있다. 노조법 제71조 제1항에서 명시한 공익사업에는 ① 정기노선여객운수사업 및 항공운수사업, ② 수도·전기·가스·석유·정제 및 석유공급사업, ③ 공중위생사업, 의료사업 및 혈액공급사업, ④ 은행 및 조폐사업, ⑤ 방송 및 통신사업이다. 다만 제1항에서 정한 5개 업종의 사업일지라도 공중의 일상생활과 밀접한 관련이 없거나 국민경제에 미치는 영향이 크지 않은 경우 조정절차상의 특칙은 적용되지 않는다고 보아야 할 것이다.

2. 필수공익사업

(1) 의의

노조법 제71조 제2항에서는 공익사업으로서 그 업무의 정지 또는 폐지가 공중의 일상생활을 현저히 저해하고 그 업무의 대체가 용이하지 아니한 사업을 필수공익사업으로 정하고 있다. 여기에서 '공중의 일상생활을 현저히 저해'하는 경우란 그 사업이 불특정다수인의 공중생활과 직결되어 그 사업이 없이는 정상적인 공중생활의 확보가 어려운 경우를 말한다. 구 노조법에서는 필수공익사업에 한하여 노동쟁의의 조정이 실패할 경우 직권으로 중재에 회부할 수 있는 강제중재제도를 규정하였으나 중재재정은 당사자 의사와는 무관하게 강제적으로 개시되어 실질적으로 단체행동권을 부정하는 위헌적인 소지가 있기에 이를 폐지하고, 대체근로를 허용(노조법 제43조 제3항)하는 것으로 법이 개정되었다.

(2) 유형

노조법 제71조 제2항에서 명시한 필수공익사업의 유형은 ① 철도사업, 도시철도사업 및 항공운수사업, ② 수도사업, 전기사업, 가스사업, 석유정제사업 및 석유공급사업, ③ 병원사업 및 혈액공급사업, ④ 한국은행사업, ⑤ 통신사업이다. 노조법 제71조 제2항의 사업에 해당되면 단체행동권의 행사에 일정한 제한을 받게 됨에 따라 필수공익사업의 범위는 엄격히 해석되어야 하며, 필수공익사업의 업무라도 외부에 위탁하는 통신 위탁업무는 필수공익사업에 해당되지 않는다.[69]

---

69) 협력 68140-322, 1997.8.12.

제5절 **긴급조정**

❶ 의의

긴급조정이란 노동쟁의가 국민경제나 국민생활에 중대한 위험이 우려되는 경우 공익을 위해 고용노동부장관이 쟁의행위를 일정 기간 중지시키고 긴급하게 조정할 것을 결정하는 강제적 조정을 말한다. 긴급조정을 결정하면 노사 당사자는 일체의 쟁의행위를 할 수 없으므로 노동조합의 단체행동권을 박탈한다는 비판도 적지 않다. 그러나 대규모 기업에서 쟁의행위가 장기화되고 해결의 실마리를 찾지 못하는 경우 국민경제에 막대한 영향을 미치므로 불가피한 해결방법으로 인정할 수밖에 없다. 다만, 그 적용에서 요건을 엄격히 해석하여 부당한 쟁의권의 박탈이 없도록 하여야 한다.

❷ 긴급조정의 요건

1. 실질적 요건

고용노동부장관은 쟁의행위가 공익사업에 관한 것이거나 그 규모가 크거나 그 성질이 특별한 것으로서 현저히 국민경제를 해하거나 국민의 일상생활을 위태롭게 할 위험이 현존하는 때에는 긴급조정의 결정을 할 수 있다(노조법 제76조 제1항). 여기서 "그 성질이 특별한 것"이란 그 사업의 업무정지나 폐지가 국민의 일상생활에 악영향을 주는 것으로 흔히 기간산업이 이에 해당된다. "위험이 현존하는 때"는 위험이 존재하는 것만이 아니고 그로 인해 어느 정도의 손해가 발생하여야 한다.

2. 형식적 요건

고용노동부장관은 긴급조정의 결정을 하고자 할 때에는 미리 중앙노동위원회 위원장의 의견을 들어야 한다(노조법 제76조 제2항). 고용노동부장관은 중앙노동위원회 위원장의 의견을 듣기만 하면 되고 그 의견에 구속될 것은 아니지만 입법취지에서 보아 그 의견을 존중하여야 한다. 고용노동부장관이 긴급조정을 결정한 때에는 지체 없이 그 이유를 붙여 이를 공표함과 동시에 중앙노동위원회와 노동관계 당사자에게 각각 통고하여야 하고(동조 제3항), 그 공표는 신문, 라디오 또는 기타 공중이 신속하게 알 수 있는 방법으로 하여야 한다(동법 시행령 제32조).

Ⅲ 긴급조정의 절차

관계 당사자는 긴급조정의 결정이 공표된 때에는 즉시 쟁의행위를 중지하여야 하며, 공표일로부터 30일이 경과하지 아니하면 쟁의행위를 재개할 수 없다(노조법 제77조). 중앙노동위원회는 긴급조정의 통고를 받은 때에는 지체 없이 조정을 개시하여야 한다(동법 제78조). 중앙노동위원회 위원장은 조정이 성립될 가망이 없다고 인정되는 경우에는 공익위원의 의견을 들어 긴급조정결정통고를 받은 날부터 15일 이내에 중재에 회부할 것인가의 여부를 결정하여야 한다(동법 제79조). 중앙노동위원회는 당해 관계당사자의 쌍방 또는 일방으로부터 중재신청이 있거나 중앙노동위원회가 중재에 회부할 것을 결정한 때에는 지체 없이 중재를 행하여야 한다(동법 제80조).

제1절 서설

❶ 의의

부당노동행위란 사용자에 의한 근로자의 노동3권을 침해하는 행위를 말하며, 헌법이 규정한 노동3권에 대한 사용자의 부당한 간섭·압박으로부터 근로자를 보호하고 노사간의 공정한 관계를 유지하기 위하여 국가가 정책적으로 설정한 일종의 공법상 권리구제제도를 부당노동행위구제제도라고 말한다. 우리나라의 부당노동행위 제도는 헌법 제33조에서 명시하고 있는 노동3권을 구체화한 것으로 사용자만이 부당노동행위의 주체가 된다.

❷ 우리나라 부당노동행위의 입법경위

우리나라에서는 1948년 헌법 제18조 제1항에 의하여 처음으로 단결권을 비롯한 노동3권이 보장됨으로써 노동조합운동이 헌법상의 보장을 받게 되었다. 이후 1953년 「노동조합법」 제정 시 미국의 「Taft-Hartley법」(1947년)을 모방하여 사용자의 부당노동행위 외에 노동조합 측의 부당노동행위까지 처벌대상으로 규정하였으나, 당시 노동조합의 부당노동행위를 규정한 것은 근로자의 생존권 보장을 강조한 헌법의 정신에 반한다는 비판을 받았다. 왜냐하면 사용자의 부당노동행위와 함께 노동조합의 부당노동행위도 금지함은 노동조합의 힘이 강대했던 미국이 노사간 세력균형을 유지한다는 정책적 배려에서 도입한 것이므로, 노동조합의 존재가 극히 미미했던 당시의 우리나라 현실에서는 합리성이 결여된 입법이었기 때문이다.⁷⁰⁾ 그 후 1963년 노동조합법의 개정에 의해 노동조합 측의 부당 노동행위가 삭제되고 처벌주의도 원상회복주의로 전환하였다. 이는 미국의 『Taft-Hartley 법』 이전의 『Wagner법』⁷¹⁾을 모방한 것이라고 할 수 있다. 이후 1986년 노동조합법의 개 정 시에 부당노동행위에 대해 처벌규정을 도입하여 현행법은 원상회복주의와 처벌주의를 병존시키고 있다.

제2절 **부당노동행위의 유형**

노조법 제81조는 사용자의 부당노동행위로서 ① 노동조합의 가입, 조직, 정당한 활동을 이유로 근로자를 해고하거나 불이익을 주는 행위, ② 근로자가 노동조합에 가입하지 않거나 또는 노동조합으로부터 탈퇴 또는 특정한 노동조합의 조합원이 될 것을 고용조건으로 하는 행위, ③ 노동조합과의 단체협약 또는 단체교섭을 정당한 이유 없이 거부하거나 해태하는 행위, ④ 노동조합의 조직 또는 운영에 지배·개입하는 행위와 근로시간면제한도를 초과하여 급여를 지급하거나 노동조합의 운영비를 원조하는 행위, ⑤ 근로자가 정당한 단체행위에 참 가한 것을 이유로 하거나 노동위원회에 사용자의 부당노동행위를 신고한 것 등을 이유로 근 로자를 해고하거나 불이익을 주는 행위의 5가지 유형을 규정하고 이를 금지하고 있다.

❶ 불이익 취급

불이익 취급이란 ① 근로자가 노동조합에 가입 또는 가입하려고 하였거나 노동조합을 조직하려고 하였거나 기타 노동조합의 업무를 위한 정당한 행위를 한 것(노조법 제81조 제1 호), 또는 ② 근로자가 정당한 단체행위에 참가한 것을 이유로 하거나 노동위원회에 대하 여 사용자가 이 조의 규정에 위반한 것을 신고하거나 그에 관한 증언을 하거나 기타 행정

---

70) 이상덕, 『노동법의 기본이론』, p.557.
71) 와그너법(1935년)은 사용자의 부당노동행위만을 금지하였다.

관청에 증거를 제출한 것(동조 제5호)을 이유로 해고하거나 그 근로자에게 불이익을 주는 행위를 말한다. 불이익 취급은 불이익한 차별적 처우를 통해 경제적 불이익 취급뿐만 아니라 무형의 정신적 불이익취급도 포함한다.

1. 불이익 취급의 원인이 되는 행위

⑴ 노동조합에 가입 또는 가입하려고 한 것

"노동조합에 가입 또는 가입하려고 한 것"이란 근로자가 어느 노동조합의 조합원이 되거나 될 것을 의미한다. 불이익 취급에는 조합원을 비조합원과 차별하는 경우만이 아니라 다른 조합의 조합원보다 불이익한 처우를 하는 경우도 이에 해당된다. 가입하고자 하는 노동조합은 기존의 노동조합인지, 새롭게 조직 중인 노동조합인지를 불문한다.[72]

⑵ 노동조합을 조직하려고 한 것

"근로자가 노동조합을 조직하려고 한 것"은 새로 노동조합을 결성하려고 하는 것을 말하며 여기에는 근로자가 노동조합 결성을 위한 준비행위를 포함한다고 보아야 한다.

⑶ 노동조합의 업무를 위한 정당한 행위를 한 것

노동조합의 업무를 위한 정당한 행위의 범위에는 단체교섭, 쟁의행위 등 조합본래의 목적행위 뿐 아니라 조합간부의 선거나 조합원의 조합운영상의 행위, 조합회의에 출석하여 발언하고 결의에 참가하는 것, 조합업무로 인해 출장 가는 것 등 대체로 노동조합의 구성원으로서 행하는 일체의 행위가 포함된다. 또한, 조합원 개인이 노동조합의 지시에 의하지 않더라도 조합의 조직강화를 위해 기대되는 행위를 자발적으로 행한 경우에 조합 활동으로 정당성이 인정된다고 보아야 한다. 그러나 순수한 정치활동이나 작업시간 중에 조합업무 전담자 이외의 조합원이 조합업무를 위해서 무단히 직장을 이탈하는 것은 단체협약에서 그에 대한 것을 인정하는 특수조항이 없

---

72) 이상윤, 『노동법』, p.944.

는 한 정당한 조합 활동이라 보기 어려우며 따라서 부당노동행위제도의 구제대상이 되지 않는다.

(4) 노동위원회에 사용자의 부당노동행위를 신고한 것

노조법은 근로자가 정당한 단체행위에 참가한 것을 이유로 하거나 노동위원회에 사용자의 부당노동행위를 신고한 것을 이유로 근로자를 해고하거나 불이익을 주는 행위를 부당노동행위로 규정하고 있다. 이 규정은 보복적 차별대우를 방지하고 행정 관청의 원활한 기능수행으로 법의 실효성을 확보하기 위한 것이다. 그러나 노동조합 의 결의 또는 승인 없이 행한 단체행동은 정당한 조합 활동이 아니므로 이에 대한 징계처분은 부당노동행위에 해당되지 않는다.[73]

2. 불이익 취급의 형태

(1) 해고

불이익취급에 속하는 가장 전형적인 유형이 해고이다. 해고는 비록 징계해고거나 인원정리, 기업의 위장해산 기타 근로자의 질병 등을 이유로 하여 행하는 해고일지 라도 부당노동행위의 일환이면 위법이 된다. 또한, 해고가 합의해지의 형식을 취하 더라도 근로자의 노동운동에 연관되어 사용자로부터 가하여진 압박에 기인된 것이 면 부당노동행위가 성립된다.

(2) 인사상 불이익 취급

인사상 불이익 취급이란 근로자에 대한 휴직, 배치전환, 전근, 출근정지, 계약갱신 거부 등의 불이익처분을 말한다. 예컨대 전근이나 전출명령이 해당 근로자의 조합 활동을 방해할 목적으로 행하여진 경우에는 부당노동행위가 성립하며, 비록 전근 이나 전출명령으로 지위가 향상되고, 임금이 상승하는 소위 영전이라도 조합 활동 상의 이익을 깨는 이상 부당노동행위가 성립된다. 그러나 정당한 인사발령에 대하 여 단순히 노동조합원의 신분을 상실하게 된다는 이유만으로 불이익이라 할 수 없

---

73) 대판 1994.1.11, 93다49192.

다. 따라서 근로자의 승진이 사용자의 부당노동행위의 의사로 행해진 것이 아니고, 업무의 필요성과 능력의 적격성 심사를 통해 합리적으로 이루어졌다면, 비록 근로자의 거부의사에 반하여 승진을 시켰더라도 부당노동행위가 성립되지 않는다.

(3) 경제적/정신적 불이익 취급

불이익의 취급은 경제적 불이익뿐만 아니라, 무형의 정신적 불이익 등을 널리 포함한다. 예컨대 다른 근로자에 비해 임금에 대한 불이익한 처우를 하거나 감급·승급정지 등이 차별적으로 행하여지는 경우뿐만 아니라 업무를 주지 않는 행위, 잡일을 시키는 행위, 회사행사에 참여시키지 않는 행위 등을 함으로써 정신적인 고통을 주는 경우에도 부당노동행위가 성립된다.

Ⅱ 비열계약(황견계약)

1. 의의

노조법 제81조 제2호는 근로자가 어느 노동조합에 가입하지 않을 것 또는 탈퇴할 것을 고용조건으로 하거나 특정한 노동조합의 조합원이 될 것을 고용조건으로 하는 행위를 부당노동행위로 규정하였다. 노동조합에의 불가입 또는 노동조합으로부터의 탈퇴를 고용조건으로 하는 이른바 비열계약은 그 계약을 체결한 자체로서 부당노동행위가 구성된다. 또한, 비열계약은 헌법 제33조 제1항과 노조법 제81조 제2호에 위배되므로 사법상 당연히 무효이다.

2. 비열계약과 유니온 숍(union shop)

노동조합이 당해 사업장에 종사하는 근로자의 3분의 2 이상을 대표하고 있을 때에는 근로자가 그 노동조합의 조합원이 될 것을 고용조건으로 하는 단체협약의 체결은 예외로 하며, 이 경우 사용자는 근로자가 그 노동조합에서 제명된 것 또는 그 노동조합을 탈퇴하여 새로 노동조합을 조직하거나 다른 노동조합에 가입한 것을 이유로 근로자에게 신분상 불이익한 행위를 할 수 없다.(노조법 제81조 제2호 단서). 원래 유니온 숍 협정은 단결강화의 수단으로 노동조합에의 가입을 강제하는 방식으로 이는 개인의 단결선택권을 제한하고 복수노조주의의 원칙에도 반하나 근로자의 3분의 2 이상을 대표하는 경우에는 단결권 보장의 일환으로 조직강제 조항을 예외적으로 인정한 것이다. 그러나 이 경우에도 노조에서 제명되거나 다른 노조를 택한 것을 이유로 불이익 행위를 할 수 없다고 규정하여 노동조합의 권한남용을 방지하기 위한 장치를 마련한 것이다. 다만, 이러한 신분상 불이익의 금지 조치는 유니온 숍 협정의 실효성을 반감시키는 결과를 가져오게 된다.

Ⅲ 단체교섭의 거부

1. 의의

노조법 제81조 제3호는 노동조합의 대표자 또는 노동조합으로부터 위임을 받은 자와의 단체협약체결 기타의 단체교섭을 정당한 이유 없이 거부하거나 해태하는 행위를 부당노동행위로 규정하고 있다. 단체교섭의 거부 또는 해태란 단체교섭의무에 위반하여 전혀 교섭에 응하지 않거나 성의 있는 교섭을 하지 않는 것을 말하는 것으로 이 규정은 헌법 제33조에 의하여 보장한 단체교섭권을 국가가 개입하여 확실하게 구현하려는 데 그 취지가 있다.

2. 단체교섭거부의 정당한 사유

⑴ 단체교섭의 정당한 주체가 아닌 경우

단체교섭의 당사자가 ① 단체교섭의 자격이 없는 경우 ② 교섭권한을 가진 자가 교섭권한의 범위를 명백히 하지 않는 경우 ③ 교섭담당자가 조합원총회로부터 협약체결권을 받지 못한 경우 ④ 조합 측의 교섭대표자의 수가 부당하게 다수인 경우 등은 교섭을 거절할 정당한 이유가 있다고 인정된다. 또한, 교섭 당사자자격의 확정을 요구하고 그 확답이 있을 동안 단체교섭을 연기하는 것도 허용된다.

(2) 단체교섭 사항을 이유로 하는 거부

임금, 근로시간 등 협의의 근로조건에 그치지 않고 노동활동의 제이익(인사, 안전보건 등), 노동조합의 조직적 이익, 기업의 관리 및 운영에 관한 사항 등도 근로조건과 관련성을 갖고 있는 한 단체교섭의 대상이 된다. 그러나 근로조건과 직접적인 관련이 없는 순수한 정치문제, 다른 기업의 문제 등을 교섭 사항으로 할 때에는 이를 거부하더라도 정당성이 인정된다. 또한, 노사간에 타결점을 발견하기가 객관적으로 불가능한 사항에 대해서도 교섭거부가 인정된다. 그러나 요구사항이 과다하다는 이유로 거부하는 것은 정당한 이유라고 볼 수 없다.

(3) 교섭의 방법에 의한 거부

단체교섭이 극도로 장기간 소요되거나 사용자 개인의 사생활을 위협하거나, 다수의 힘을 빌린 단체교섭을 통하여 사용자에게 압력을 가하는 경우에는 정당하게 거부할 수 있다. 또한, 조합측이 폭력적 행동이나 폭언을 하는 경우에도 단체교섭을 거부할 수 있다.

(4) 기타의 단체교섭 거부

노동조합이 단체협약에 규정된 교섭절차나 노사관행을 무시하고 단체교섭을 요구해 오는 경우에도 사용자를 이를 거부할 수 있다. 또한, 객관적으로 더 이상 단체교섭을 계속한다고 해도 타결의 희망이 전혀 없는 결렬 상태가 된 경우에도 이를 거부할 수 있으나 그 후 사정이 변경되어 노동조합측이 다시 수정안을 제출한 경우에는 교섭거부를 할 수 없다.

ⅣⅤ 지배·개입

1. 의의

노조법 제81조 제4호는 근로자가 노동조합을 조직 또는 운영하는 것을 지배하거나 이에 개입하는 행위를 부당노동행위로 규정하고 있다. 이 규정은 자주적인 단결, 단체행동에 대한 사용자의 간섭·방해행위를 포괄적으로 금지하여 노동조합의 자주적인 결성 및 운영을 보호하기 위한 것이다. 사용자가 노동조합의 조직 또는 운영에 지배·개입하는 행위가 건전한 사회통념이나 사회상규상 용인될 수 없는 정도에 이른 부당노동행위로 인정되는 경우에 그 지배·개입행위는 헌법이 보장하고 있는 노동조합의 단결권을 침해하는 위법한 행위로 평가되어 노동조합에 대한 불법행위가 되고, 사용자는 이로 인한 노동조합의 비재산적 손해에 대하여 위자료 배상책임을 부담한다.[74]

2. 지배와 개입

지배는 사용자가 노동조합의 결성 및 운영에 관하여 주도권을 가지고 조합의 의사결정을 완전히 좌우하게 되는 경우를 말하고, 개입은 이 정도에는 이르지 않았지만, 노동조합의 결성 및 운영에 관해 간섭하고 조합의 의사결정에 영향력을 미치는 경우를 의미한다. 그러나 지배·개입은 상대적이고 유동적이기 때문에 명확히 구별할 실익은 없다. 따라서 노동조합에 부당하게 관여하는 일체의 행위를 넓은 의미의 지배·개입행위로 해석하면 될 것이다.

3. 지배·개입의 성립요건

노조법 제81조 제4호의 입법취지는 사용자의 개입행위만으로도 부당노동행위의 성립을 인정하려는 것이므로 구체적인 결과나 손해의 발생을 요건으로 하지 않는다. 따라서 지배·개입의 객관적 사실이 존재하면 그 자체만으로 지배·개입은 성립하게 된다.

4. 지배·개입의 모습

(1) 조합결성에 대한 지배·개입
사용자가 조합의 결성행위자체를 비난하거나 위협적 발언을 하는 것뿐만 아니라 그 중지를 설득·요구하는 것은 조합결성에 대한 지배·개입이 된다.

---

74) 대판 2020.12.24, 2017다51603.

(2) 노조임원선거에 대한 지배·개입

노동조합의 임원선거에 사용자가 간섭하는 것은 지배·개입에 해당한다. 즉 노동조합의 대표자 혹은 임원에 관한 선거출마·선출 등의 문제는 노동조합이 자주적으로 결정해야 할 문제이므로, 이에 대하여 사용자가 간섭하는 것도 지배·개입으로서 허용되지 않는다.

(3) 반조합 단체의 결성이나 지원

노동조합의 결성을 알아차린 사용자가 이를 방해하기 위하여 친목단체를 결성한다든지 근로자로 하여금 이에 대항하는 어용단체를 지원하는 것도 지배·개입이 된다. 또한, 사용자가 노동조합의 결성에 대항하거나, 그 결성을 사전에 방해하기 위하여 제2노조의 결성에 재정적인 원조나 편의를 제공하는 것도 지배·개입이 된다.[75]

(4) 언론의 자유와 지배·개입의 경합

사용자의 언론에 대한 자유와 지배·개입이 서로 충돌하는 경우에 사용자는 원칙적으로 자유롭게 의견을 표명할 수 있다. 따라서 단체교섭에 대해 사용자가 회사의 경영상태를 설명하고 조합의 요구를 비판하거나 반론을 제기할 수 있고, 자신의 설명을 전 근로자에게 선전하기 위하여 문서를 배포할 수 있다. 또한, 협약위반 등의 행위가 있을 때, 이를 비난하는 행위도 사용자의 적법한 대항행위로 인정된다. 그러나 정당한 비판이나 반론의 범위를 넘어 일방적으로 조합을 비난하거나 조합의 내부운영에 대해 비판하는 것은 지배·개입으로서 허용되지 않는다.

---

75) 도쿄지방재판소(東京地裁), 1973.6.19(判夕 29.8.302). 일본판례는 제1조합에 대하여 제2조합이 결성되는 상황하에서 사용자가 제1조합은 비민주적인 조합이라는 뜻을 표명함과 동시에 제2조합을 환영하는 뜻을 표명하는 경우, 제1조합의 결성 후 사용자가 이에 가입하지 않는 제2조합의 간부 등에게 9주간에 걸쳐 급료 이외의 수당을 지급한 경우 등에 있어 이를 지배·개입으로 판시하였다.

Ⓥ 운영비 원조

1. 의의

노조법 제81조 제4호 하단은 사용자가 "근로시간 면제한도를 초과하여 급여를 지급하거나 노동조합의 운영비를 원조하는 행위"를 입법형식상 지배개입과 별도의 부당노동행위로 규정하고 있다. 이 규정은 사용자에 의한 운영비 지원으로부터 독립하여 노동조합의 자주성을 확보하고 어용화를 방지하기 위한 것이다.

2. 운영비 원조의 유형

노동조합의 운영비를 원조하는 행위는 부당노동행위로서 금지되지만 ① 근로자가 근로시간 중에 제24조 제2항(근로시간면제제도)에 따른 활동을 하는 것을 사용자가 허용하는 것, ② 근로자의 후생자금 또는 경제상의 불행 그 밖에 재해의 방지와 구제 등을 위한 기금의 기부, ③ 최소한의 규모의 노동조합사무소의 제공 및 그 밖에 이에 준하여 노동조합의 자주적인 운영 또는 활동을 침해할 위험[76]이 없는 범위에서의 운영비 원조행위는 예외로 한다. 이와 같은 단서규정 외에 체크오프, 조합 활동을 위한 최소한의 비품과 시설 제공 또한 노동조합의 자주성을 잃을 염려가 없는 한 부당노동행위가 성립되지 않는다고 보아야 할 것이다. 그러나 조합 활동에 대하여 사용자가 여비와 숙박비 등의 수당을 지급하는 것은 운영비 원조에 해당된다.

---

76) 노동조합의 자주적 운영 또는 활동을 침해할 위험 여부를 판단할 때에는 운영비 원조의 목적과 경위, 원조된 운영비 횟수와 기간, 원조된 운영비 금액과 원조방법, 원조된 운영비가 노동조합의 총수입에서 차지하는 비율, 원조된 운영비의 관리방법 및 사용처 등을 고려하여야 한다(노조법 81조 제2항).

관련 판례1 대판 2006.9.8, 2006도388.

업무상 불이익을 주는 행위는 부당노동행위에 해당

일반적으로 근로자가 연장 또는 휴일근로를 희망할 경우 회사에서 반드시 이를 허가하여야 할 의무는 없지만, 특정 근로자가 파업에 참가하였거나 노조활동에 적극적이라는 이유로 해당 근로자에게 연장근로 등을 거부하는 것은 해당 근로자에게 경제적 내지 업무상의 불이익을 주는 행위로서 부당노동행위에 해당할 수 있다. 한편, 사용자가 근로자를 해고함에 있어 표면적으로 내세우는 해고사유와는 달리 실질적으로는 근로자의 정당한 노동조합 활동을 이유로 해고한 것으로 인정되는 경우에는 그 해고는 부당노동행위라고 보아야 하고, 근로자의 노동조합 업무를 위한 정당한 행위를 실질적인 해고사유로 한 것인지의 여부는 사용자 측이 내세우는 해고사유와 근로자가 한 노동조합 업무를 위한 정당한 행위의 내용, 해고를 한 시기, 사용자와 노동조합과의 관계, 동종의 사례에 있어서 조합원과 비조합원에 대한 제재의 불균형 여부, 종래 관행에의 부합 여부, 사용자의 조합원에 대한 언동이나 태도, 기타 부당노동행위 의사의 존재를 추정할 수 있는 제반 사정 등을 비교 검토하여 판단하여야 하는바, 이는 근로자에게 연장근로 등을 거부하여 해당 근로자에게 경제적 내지 업무상의 불이익을 주는 행위의 경우에도 마찬가지이다.

관련 판례2 대판 2006.10.26, 2004다11070.

단체교섭과 불법행위 책임

사용자가 노동조합과의 단체교섭을 정당한 이유 없이 거부하였다고 하여 그 단체교섭 거부행위가 바로 위법한 행위로 평가되어 불법행위의 요건을 충족하게 되는 것은 아니지만, 그 단체교섭거부행위가 그 원인과 목적, 그 과정과 행위태양, 그로 인한 결과 등에 비추어 건전한 사회통념이나 사회상규상 용인될 수 없는 정도에 이른 것으로 인정되는 경우에는 그 단체교섭 거부행위는 부당노동행위로서 단체교섭권을 침해하는 위법한 행위로 평가되어 불법행위의 요건을 충족하게 되는바, 사용자가 노동조합과의 단체교섭을 정당한 이유 없이 거부하다가 법원으로부터 노동조합과의 단체교섭을 거부하여서는 아니 된다는 취지의 집행력 있는 판단이나 가처분결정을 받고서도 이를 위반하여 노동조합과의 단체교섭을 거부하였다면, 그 단체교섭 거부행위는 건전한 사회통념이나 사회상규상 용인될 수 없는 정도에 이른 행위로서 헌법이 보장하고 있는 노동조합의 단체교섭권을 침해하는 위법한 행위라고 할 것이므로, 그 단체교섭 거부행위는 노동조합에 대하여 불법행위를 구성한다.

관련 판례3 대판 1991.12.10, 91누636.

노조결의에 대한 불만자의 규합과 근무를 강요하는 행위와 지배개입의 인정

회사의 대표이사나 전무가 원고 조합의 일부 조합원들을 개별적으로 만나거나 원고 조합의 결의에 불만을 품은 일부 조합원들을 모아서, 원고 조합 운영위원회의 결의에 의하여 시행하고 있는 준법 운행에 참여하게 된 경위를 묻고, 준법운행에 반대하여 종전과 같은 방식으로 근무할 것을 종용하는 등의 행위를 하고, 그 결과로 조합원들 중의 일부가 원고 조합의 준법운행을 반대하고 종전과 같은 방식으로 근무할 것을 결의하는 등의 행위를 하게 되었다면, 회사가 위와 같이 원고조합의 준법 운행에 대항하여 한 행위는 위 법 소정의 부당노동행위에 해당된다.

관련 판례4 대판 2006.9.8, 2006도388.

사용자의 언론의 자유와 부당노동행위

사용자가 연설, 사내방송, 게시문, 서한 등을 통하여 의견을 표명할 수 있는 언론의 자유를 가지고 있음은 당연하나, 그 표명된 의견의 내용과 함께 그것이 행하여진 상황, 시점, 장소, 방법 및 그것이 노동조합의 운영이나 활동에 미치거나 미칠 수 있는 영향 등을 종합하여 노동조합의 조직이나 운영 및 활동을 지배하거나 이에 개입하는 의사가 인정되는 경우에는 '근로자가 노동조합을 조직 또는 운영하는 것을 지배하거나 이에 개입하는 행위'로서 부당노동행위가 성립하고, 또 그 지배·개입으로서의 부당노동행위의 성립에 반드시 근로자의 단결권의 침해라는 결과의 발생까지 요하는 것은 아니다.

관련 판례5　대판 2016.4.28, 2014두11137.
___

노조전임자에게 과다한 급여를 지급한 행위는 부당노동행위에 해당

　　근로시간면제자에게 지급하는 급여는 근로제공의무가 면제되는 근로시간에 상응하는 것이어야 한다. 그러므로 단체협약 등 노사간 합의에 의한 경우라도 타당한 근거 없이 과다하게 책정된 급여를 근로시간면제자에게 지급하는 사용자의 행위는 노조법 제81조 제4호 단서에서 허용하는 범위를 벗어난 것으로서 노조전임자 급여 지원 행위나 노동조합 운영비 원조 행위에 해당하는 부당노동행위가 될 수 있다.

___

관련 판례6　대판 2016.3.10, 2013두3160.
___

사용자의 노동조합 운영비 원조는 부당노동행위에 해당

　　사용자가 차량이나 유류비 등을 노동조합에 제공하고 노동조합 사무소의 관리유지비 등을 부담하도록 하는 단체협약의 시설·편의제공 조항은 노조법 제81조 제4호 본문이 정한 부당노동행위에 해당한다.

___

제3절 부당노동행위의 구제

❶ 의의

　　부당노동행위의 구제방법은 노동위원회를 통한 행정적 구제와 법원에 의한 사법적 구제의 두 가지로 구분되며, 어느 기관을 이용할 것인가는 신청인이 자유로이 결정할 수 있다. 부당노동행위에 대한 구제가 시민법질서에서의 손해의 배상과 같은 사후적 구제에 그 목적이 있는 것이 아니고 정상적인 노사관계의 회복에 그 주안점이 있으므로, 많은 소송비용과 확정판결을 얻을 때까지 장기간을 요구하고 근로3권의 침해 등 긴박성을 요구하는 행위에 대하여 적시에 타당한 해결방법을 제시하지 못하는 사법적 구제와 달리 신속하고 탄력적인 구제를 도모할 수 있도록 제도화한 것이 노동위원회를 통한 구제절차이다.

Ⅱ 행정적 구제

1. 구제절차의 구조

노동위원회를 통한 구제절차는 초심절차와 재심절차의 2심제로 되어 있으며, 재심(중앙노동위원회)의 결정내용에 불복하는 경우에는 법원에 행정소송을 제기할 수 있다.

2. 당사자

(1) 구제신청권자

사용자의 부당노동행위로 인하여 그 권리를 침해당한 근로자 또는 노동조합은 노동위원회에 그 구제를 신청할 수 있다(노조법 제82조 제1항). 노동조합으로서는 자신에 대한 사용자의 부당노동행위가 있는 경우뿐만 아니라, 그 소속 조합원으로 가입한 근로자 또는 그 소속 조합원으로 가입하려고 하는 근로자에 대하여 사용자의 부당노동행위가 있는 경우에도 노동조합의 권리가 침해당할 수 있으므로, 그 경우에도 자신의 명의로 부당노동행위에 대한 구제신청을 할 수 있는 권리를 가진다.[77] 한편 단체교섭 거부의 경우 단체교섭의 주체는 어디까지나 노동조합이기 때문에 노동조합만이 신청인이 될 수 있다고 보아야 한다.

(2) 피신청인

부당노동행위 구제신청과 구제명령의 상대방인 사용자에는 노조법 제2조에서 정한 사업주, 사업의 경영담당자 또는 그 사업의 근로자에 관한 사항에 대하여 사업주를 위하여 행동하는 사람 모두 포함된다고 해석함이 타당하다.[78] 다만 현실적으로는

---

77) 대판 2022.5.12, 2017두54005.
78) 대판 2022.5.12, 2017두54005.

구제명령의 내용을 이행할 수 있는 권한과 책임을 가지는 자인 사업주가 사용자로
서 한정된다고 보아야 한다.

3. 초심절차

(1) 관할

초심절차의 관할권은 부당노동행위가 발생한 사업장의 소재지를 관할하는 지방노
동위원회가 가지며(노위법 제3조 제2항), 특정사항에 관한 것일 때에는 특별노동위원
회가 초심관할권을 갖는다(동조 제3항).

(2) 제소기간

구제의 신청은 부당노동행위가 있은 날(계속하는 행위는 그 종료일)부터 3월 이내에 이
를 행하여야 한다(노조법 제82조 제2항). 노동위원회가 구제신청을 받은 때에는 지체
없이 필요한 조사와 관계 당사자의 심문을 하여야 한다(동법 제83조 제1항).

(3) 조사와 심문

조사는 심문을 원활하게 진행하기 위하여 쟁점을 정리하고 증거의 제출을 요구하
는 등 심문의 사전준비를 행하는 절차로서, 민사소송에 있어서의 준비절차에 가까
운 성격을 지닌다. 심문은 당사자 쌍방의 출석 하에 당사자에게 주장 및 입증을 시
키고, 노동위원회가 직권으로 수집한 증거를 조사하여 사실인정의 기초가 되는 자
료를 얻는 절차로서 민사소송상 구두변론과 유사하다. 심문은 노동위원회가 당사자
의 신청 또는 직권으로 증인을 출석하게 하여 필요한 사항을 질문할 수 있고(노조법
제83조 제2항), 관계 당사자에 대하여 증거의 제출과 증인에 대한 반대심문을 할 수
있는 충분한 기회를 주어야 한다(동조 제3항). 심문절차에 당사자나 증인으로 출석
하는 것은 근로기준법 제10조(공민권 행사의 보장)에서 말하는 '공의 직무수행'에 해당
하는 것으로 본다.

(4) 판정

노동위원회가 심문을 종료하고 부당노동행위가 성립한다고 판정한 때에는 사용자에

게 구제명령을 발하여야 하며, 부당노동행위가 성립되지 아니한다고 판정한 때에는 그 구제신청을 기각하는 결정을 하여야 한다(노조법 제84조 제1항). 관계 당사자는 제1항의 규정에 의한 명령이 있을 때에는 이에 따라야 한다(동조 제3항).

(5) 명령의 효력

노동위원회의 구제명령·기각결정 또는 재심판정은 중앙노동위원회에의 재심 신청이나 행정소송의 제기에 의하여 그 효력이 정지되지 아니한다(노조법 제86조). 다만 노동위원회의 구제명령은 사용자에 대하여 공법상의 의무만을 부담시킬 뿐 직접 근로자와 사용자 간의 사법상 법률관계를 발생 또는 변경시키는 것이 아니다.

4. 재심절차

지방노동위원회 또는 특별노동위원회의 구제명령이나 기각결정에 불복이 있는 관계 당사자는 그 명령서 또는 결정서의 송달을 받은 날부터 10일 이내에 중앙노동위원회에 재심을 신청할 수 있다(노조법 제85조 제1항). 위 기간 내에 재심을 신청하지 않으면 초심의 구제명령 또는 기각결정은 확정된다(동조 제3항).

5. 이행명령

사용자가 중앙노동위원회(이하 "중노위"라 한다)의 부당노동행위 재심판정에 불복하여 행정소송을 제기한 경우 중노위는 당해 사건의 근로자나 노동조합의 요청에 의하여 법원에의 구제명령 이행 신청 여부를 결정하여야 하고(노위칙 제96조), 관할법원은 중노위의 신청에 의하여 결정으로써, 판결이 확정될 때까지 중노위의 구제명령의 전부 또는 일부를 이행하도록 명할 수 있다(노조법 제85조 제5항). 이 규정은 잠정적으로 부당노동행위 구제명령의 이행을 강제하는 제도로서, 구제명령을 바로 이행하지 아니하면 회복하기 어려운 손해 발생이 우려되거나, 긴급한 필요성이 있을 때에 중노위가 법원에 이행명령을 신청하게 된다. 이러한 이행명령은 그 위반에 대해 과태료가 부과되므로 이행이 확보될 수 있다(동법 제95조). 다만 관할법원은 당사자의 신청 또는 직권으로 그 결정을 취소할 수 있다(동법 제85조 제5항 후단).

Ⅲ 사법적 구제

1. 민사적 구제

노동법원이 마련되어 있지 않은 현행법제하에서 부당노동행위에 대한 사법적 구제는 일반법원에 민사소송을 제기하여 구제받을 수 있다. 예컨대 노동조합의 대표자는 사용자 또는 사용자단체가 단체교섭에 응하라는 요구를 거부하는 경우에는 단체교섭응낙청구소송의 소로써 그 이행을 청구할 수 있고 불법행위의 구성요건을 갖추는 경우 사용자에게 정신적 고통을 가한 데 대한 손해배상도 청구할 수 있다.

2. 형사적 구제

현행법은 부당노동행위를 한 사용자 및 부당노동행위의 구제명령에 위반한 사용자에 대하여 직접 형벌을 과할 수 있다(노조법 제89조 제2호 및 제90조). 이는 부당노동행위를 사전에 예방·억제하고 그 행위가 범죄임을 명백히 하여 사용자에게 형벌을 과할 수 있도록 마련한 제도이다.

3. 행정소송

사법적 구제라는 용어는 넓은 의미로 법원에 의한 행정소송도 포함된다. 중앙노동위원회의 재심판정에 대하여 관계당사자는 15일 이내에 행정소송을 제기할 수 있다(노조법 제85조 제2항). 이 규정은 노동위원회의 구제명령에 대한 사법심사로서의 성격을 가진다. 중앙노동위원회의 재심판정의 효력은 행정소송의 제기에 의하여 정지되지 아니하며, 지방노동위원회의 초심판정(구제명령·기각결정)에 대한 불복의 경우에도 마찬가지이다(동법 제86조).

관련 판례1 대판 2008.9.11, 2007두19249.

노동조합이 사용자의 부당노동행위에 대한 구제신청권을 가지는 경우

노조법 제82조 제1항에 의하면, 노동조합은 사용자의 부당노동행위에 대하여 근로자 개인의 구제신청권과는 별개의 독자적인 구제신청권을 가진다고 할 것인바, 노동조합에게 이와 같은 구제신청권을 인정한 이유가 노동조합의 단결권 또는 그 지위 및 기능의 보호·유지에 있고, 법 제5조가 근로자의 노동조합 결성 및 가입의 자유를 보장하고 있으며, 법 제81조 제1호에서 사용자가 노동조합에 가입한 근로자에게 불이익을 주는 행위뿐만 아니라 노동조합에 가입하려고 한 근로자에게 불이익을 주는 행위에 대하여도 부당노동행위로 규정하여 이를 금지하고 있는 점에 비추어 보면, 노동조합으로서는 자신에 대한 사용자의 부당노동행위가 있는 경우뿐만 아니라, 그 소속 조합원으로 가입한 근로자 또는 그 소속 조합원으로 가입하려고 하는 근로자에 대하여 사용자의 부당노동행위가 있는 경우에도 노동조합의 권리가 침해당할 수 있으므로, 그 경우에도 노동조합은 자신의 명의로 그 부당노동행위에 대한 구제 신청을 할 수 있는 권리를 가진다고 할 것이다.

관련 판례2 대판 2014.5.29, 2011두24040.

노조법 제82조 제2항의 '계속하는 행위'의 의미

노조법 제82조 제2항에 의하면 부당노동행위에 대한 구제신청은 부당노동행위가 있은 날 또는 그 행위가 계속하는 행위인 때에는 그 종료일로부터 3월 이내에 하여야 한다. 여기서 '계속하는 행위'란 1개의 행위가 바로 완결되지 않고 일정 기간 계속되는 경우뿐만 아니라 수 개의 행위라도 각 행위 사이에 부당노동행위 의사의 단일성, 행위의 동일성·동종성, 시간의 연속성이 인정될 경우도 포함한다.

관련 판례3 대판 1996.8.23, 95누11238.

구제신청의 가산점과 경과의 효과

부당노동행위에 대한 행정적 구제절차에 있어서 그 심사대상은 구제신청의 대상이 된 부당노동행위를 구성하는 구체적 사실에 한정되므로 부당노동행위 등에 대한 구제신청기간은 근로자가 부당노동행위라고 주장하는 구체적 사실이 발생한 날이나 해고 등 사용자의 불이익처분이 있은 날(다만 계속하는 행위인 경우에는 그 종료일)로부터 기산되고, 해고 등 불이익처분에 대하여 근로자가 취업규칙 등의 규정에 따른 재심절차를 밟고 있다고 하더라도 그 결론을 달리할 수 없으며, 구제신청기간은 이와 같이 신속. 간이한 행정적 구제절차로서의 기능을 확보하기 위한 것이므로 그 기간이 경과하면 그로써 행정적 권리구제를 신청할 권리는 소멸한다.

관련 판례4   대판 2007.11.15, 2005두4120.

부당노동행위에 대한 입증책임

사용자의 행위가 노조법에 정한 부당노동행위에 해당하는지 여부는 사용자의 부당노동행위 의사의 존재 여부를 추정할 수 있는 모든 사정을 전체적으로 심리 검토하여 종합적으로 판단하여야 하고, 부당노동행위에 대한 증명책임은 이를 주장하는 근로자 또는 노동조합에게 있으므로 필요한 심리를 다하였어도 사용자에게 부당노동행위 의사가 존재하였는지 여부가 분명하지 아니하여 그 존재 여부를 확정할 수 없는 경우에는 그로 인한 위험이나 불이익은 그것을 주장한 근로자 또는 노동조합이 부담할 수밖에 없다.

관련 판례5   대판 1995.4.7, 94누1579.

복수의 부당노동행위와 행정처분의 개수

부당노동행위의 구제제도는 근로자가 부당노동행위라고 주장하는 구체적 사실에 대하여 부당노동행위에 해당하는지 여부를 심리하고 그것이 부당노동행위인 경우에 적절한 구제방법을 결정. 명령하는 제도이므로, 부당노동행위라고 주장되는 구체적 사실이 심사의 대상이 되는 것이다. 따라서 부당노동행위라고 주장된 구체적 사실이 1개인 이상 행정처분으로서의 구제명령은 1개라고 할 것이나, 부당노동행위라고 주장된 구체적 사실이 복수인 경우에는 그에 대한 행정처분으로서의 노동위원회의 구제명령 또는 기각결정은 복수라고 보는 것이 타당하다.

제4편
그 밖의 노동법

제1절 기간제 및 단시간근로자 보호 등에 관한 법률

　기간제 및 단시간근로자는 노동시장에서 상당한 비중을 차지하고 있음에도 불구하고 근로조건은 정규직 근로자에 비하여 열악한 문제를 안고 있다. 물론 기간제 및 단시간근로자도 근로기준법 등의 적용을 받지만, 이들에 대해 불합리한 차별을 시정하고 근로조건 보호를 강화하는 등의 법적 장치가 필요하다. 이러한 필요를 충족하기 위하여 제정된 것이 기간제 및 단시간근로자 보호 등에 관한 법률로서 이 법은 상시 5인 이상의 근로자를 사용하는 모든 사업 또는 사업장에 적용한다. 다만 동거의 친족만을 사용하는 사업 또는 사업장과 가사사용인에 대하여는 적용하지 아니하며(제3조 제1항), 상시 4인 이하의 근로자를 사용하는 사업 또는 사업장에 대하여는 대통령령이 정하는 바에 따라 이 법의 일부 규정을 적용할 수 있다(동조 제2항).

Ⅰ 기간제근로자 보호법률의 기본원칙

1. 개념

　"기간제근로자"란 기간의 정함이 있는 근로계약을 체결한 근로자를 말한다(제2조 제1항). 따라서 계약직, 임시직, 일용직, 촉탁직 등 명칭과 관계없이 기간의 정함이 있는 근로계약을 체결한 근로자는 모두 기간제근로자에 해당한다.

2. 사용기간

　사용자는 2년을 초과하지 아니하는 범위 안에서(기간제 근로계약의 반복갱신 등의 경우에는 그 계속근로한 총기간이 2년을 초과하지 아니하는 범위 안에서) 기간제근로자를 사용할 수 있다(제4조 제1항). 기간제 근로계약이 반복하여 체결되거나 갱신되어 일정한 공백기 없이 계속 근로한 경우에는 그 기간 전체가 총기간이 된다. 반복하여 체결된 기간제 근로계약 사이에 공백기간이 있는 경우에는 공백기간 전후의 근로관계가 단절 없이 계속되었다고 평가될 수 있는지 여부를 가린 다음 공백기간 전후의 근로기간 합산 여부를 판단해야 한다.[1] 다만 당사자 사이에 기존 기간제 근로계약의 단순한 반복 또는 갱신이 아닌 새로운 근로관계가 형성되었다고 평가할 수 있는 특별한 사정이 있는 경우에는 기간제근로자의 계속된 근로에도 불구하고 그 시점에 근로관계가 단절되었다고 보아야 한다.[2] 한편 기간제근로자로서 육아휴직을 한 기간은 사용기간에 산입하지 않는다.[3]

3. 사용기간의 예외

　다음에 해당하는 경우에는 2년을 초과하여 기간제근로자로 사용할 수 있다(제4조 제1항 단서). 이는 기간제근로자를 사용하는 것이 불가피하거나 사용기간을 제한하지 않아도 재취업할 가능성이 높은 전문직 등의 특성을 고려한 것이다. 사용자가 사용기간의 예외 사유가 없거나 소멸되었음에도 불구하고 2년을 초과하여 기간제근로자로 사용하는 경우에는 그 기간제근로자는 기간의 정함이 없는 근로계약을 체결한 근로자로 본다(동조 제2항).
　① 사업의 완료 또는 특정한 업무의 완성에 필요한 기간을 정한 경우
　② 휴직·파견 등으로 결원이 발생하여 당해 근로자가 복귀할 때까지 그 업무를 대신할 필요가 있는 경우
　③ 근로자가 학업, 직업훈련 등을 이수함에 따라 그 이수에 필요한 기간을 정한 경우
　④ 「고령자고용촉진법」 제2조 제1호의 고령자와 근로계약을 체결하는 경우

---

1)　대판 2019.10.17, 2016두63705.
2)　대판 2020.8.20, 2018두51201.
3)　남녀고평법 제19조 제5항

⑤ 전문적 지식·기술의 활용이 필요한 경우와 정부의 복지정책·실업대책 등에 따라 일자리를 제공하는 경우로서 대통령령이 정하는 경우

⑥ 그 밖에 제①호 내지 제⑤호에 준하는 합리적인 사유가 있는 경우로서 대통령령이 정하는 경우

4. 갱신 기대권

기간제근로자는 그 기간이 만료됨으로써 사용자의 갱신 거절의 의사표시가 없어도 당연히 종료하는 것이 원칙이다. 그러나 근로계약, 취업규칙, 단체협약 등에서 기간만료에도 불구하고 일정한 요건이 충족되면 근로계약이 갱신되거나 무기 계약으로 전환된다는 취지의 규정이 있거나, 그러한 규정이 없더라도 이에 대한 당사자 사이의 근로계약 갱신에 대한 신뢰관계가 형성되는 등 근로자에게 정당한 기대권이 인정되는 경우 사용자가 정당한 이유 없이 갱신계약의 체결을 거절하는 것은 해고와 마찬가지로 무효로 보아야 한다. 한편 기간제 근로자가 무기계약근로자로 전환되는 경우 그 근로자의 근로조건에 대해서는 해당 사업 또는 사업장 내 동종 또는 유사한 업무에 종사하는 기간의 정함이 없는 근로계약을 체결한 근로자가 있을 경우, 달리 정함이 없는 한 그 근로자에게 적용되는 취업규칙 등이 동일하게 적용된다.[4]

Ⅱ 단시간근로자 보호법률의 기본원칙

1. 개념

"단시간근로자"란 1주 동안의 소정근로시간이 그 사업장에서 같은 종류의 업무에 종사하는 통상 근로자의 1주 동안의 소정근로시간에 비하여 짧은 근로자를 말한다(근기법 제2조 제1항 제9호). "소정근로시간"이란 법정근로시간의 범위에서 당사자 사이에 정한 근로시간을 말한다(제8호).

---

4) 대판 2019.12.24, 2015다254873.

2. 초과근로 제한(제6조)

사용자는 단시간근로자에 대하여 근로기준법 제2조의 소정근로시간을 초과하여 근로[5] 하게 하는 경우에는 당해 근로자의 동의를 얻어야 한다. 이 경우 1주간에 12시간을 초과하여 근로하게 할 수 없다. 단시간근로자는 사용자가 제1항의 규정에 따른 동의를 얻지 아니하고 초과근로를 하게 하는 경우에는 이를 거부할 수 있다. 즉, 단시간근로자의 소정근로시간이 법정근로시간에 미치지 못하더라도 소정근로시간을 초과하여 근로할 수 있는 시간은 12시간으로 제한된다.

3. 통상근로자로의 전환(제7조)

사용자는 통상근로자를 채용하고자 하는 경우에는 당해 사업 또는 사업장의 동종 또는 유사한 업무에 종사하는 단시간근로자를 우선적으로 고용하도록 노력하여야 하고, 가사 및 학업 그 밖의 이유로 근로자가 단시간근로를 신청하는 때에는 당해 근로자를 단시간근로자로 전환하도록 노력하여야 한다.

4. 근로조건 비례의 원칙

단시간근로자의 근로조건은 그 사업장의 같은 종류의 업무에 종사하는 통상 근로자의 근로시간을 기준으로 산정한 비율에 따라 결정되어야 한다(근기법 제18조 제1항). 이것은 '근로조건 비례의 원칙'을 명시한 것으로 단시간근로자가 사업장에서 근로를 제공하는 경우 통상근로자의 월 소정근로일수 및 소정근로시간과 비례하여 임금, 휴일, 연차 유급휴가 및 퇴직금 등을 주어야 한다. 그러나 4주 동안(4주 미만으로 근로하는 경우에는 그 기간)을 평균하여 1주 동안의 소정근로시간이 15시간 미만인 근로자에 대하여는 근로기준법 제55조(휴일)와 제60조(연차 유급휴가) 및 근로자퇴직급여보장법상의 퇴직급여제도를 적용하지 않는다(근기법 제18조 제3항 및 근퇴법 제4조 제1항).

---

5) 사용자는 단시간근로자의 초과근로에 대하여도 통상임금의 100분의 50 이상을 가산하여 지급하여야 한다.

Ⅲ 특별보호

1. 차별적 처우의 금지(제8조)

사용자는 기간제근로자(또는 단시간근로자)임을 이유로 당해 사업 또는 사업장에서 동종 또는 유사한 업무에 종사하는 기간의 정함이 없는 근로계약을 체결한 근로자(또는 통상근로자)에 비하여 차별적 처우를 하여서는 아니 된다. "차별적 처우"란 임금 그 밖의 근로조건 등에 있어서 합리적인 이유 없이 불리하게 처우하는 것을 말하는 것으로, 여기에는 임금뿐만 아니라 정기적으로 지급되는 상여금 및 경영성과에 따른 성과금, 복리후생 등에 관한 사항을 모두 포함한다.

2. 불리한 처우의 금지(제16조)

사용자는 기간제근로자 또는 단시간근로자가 다음 각호의 어느 하나에 해당하는 행위를 한 것을 이유로 해고 그 밖의 불리한 처우를 하지 못한다.
① 사용자의 부당한 초과근로 요구의 거부
② 차별적 처우에 대한 시정신청, 노동위원회에의 참석 및 진술, 시정명령 등의 확정에 따른 재심 신청 또는 행정소송의 제기
③ 시정명령 불이행의 신고
④ 사업 또는 사업장에서 이 법 또는 이 법에 의한 명령을 위반한 사실이 있는 경우에 그 사실을 고용노동부장관 또는 근로감독관에게 통고한 것

3. 근로조건의 서면명시(제17조)

사용자는 기간제근로자 또는 단시간근로자와 근로계약을 체결하는 때에는 다음 각호의 모든 사항을 서면으로 명시하여야 한다. 다만, 제⑥호는 단시간근로자에 한한다.
① 근로계약기간에 관한 사항
② 근로시간·휴게에 관한 사항
③ 임금의 구성항목·계산방법 및 지불방법에 관한 사항

④ 휴일·휴가에 관한 사항

⑤ 취업의 장소와 종사하여야 할 업무에 관한 사항

⑥ 근로일 및 근로일별 근로시간

근로기준법 제17조에 근로조건의 서면명시가 있음에도 불구하고 기단법에 기간제 및 단시간근로자에게 근로조건의 서면명시를 따로 규정한 이유는 기간제 및 단시간근로자의 경우 통상근로자에 비하여 근로조건이 취업규칙 등으로 집단적으로 규율되는 경우가 적고, 근로자로 하여금 자신의 근로조건을 명확히 알 수 있도록 하여 특별히 취약근로자 보호를 강화하기 위한 것으로 보인다. 다만, 단시간근로자에게 제1호 근로계약기간에 관한 사항을 명시하라는 것은 단시간근로자가 대체로 기간제근로자이기 때문이라는 사정을 고려한 것으로 보이기는 하나, 단시간근로자이면서 상용근로자인 경우도 있기 때문에 제1호를 '근로계약의 기간을 정한 경우에는 그 기간에 관한 사항'으로 고치는 것이 바람직하다.[6]

Ⅳ 차별의 시정

1. 시정신청(제9조)

기간제근로자 또는 단시간근로자는 차별적 처우를 받은 경우 노동위원회에 그 시정을 신청할 수 있다. 다만, 차별적 처우가 있은 날(계속되는 차별적 처우는 그 종료일)부터 6개월이 경과한 때에는 그러하지 아니하다. 기간제근로자 또는 단시간근로자가 제1항의 규정에 따른 시정신청을 하는 때에는 차별적 처우의 내용을 구체적으로 명시하여야 한다.

2. 조사와 심문(제10조)

노동위원회는 차별적 처우에 따른 시정신청을 받은 때에는 지체 없이 필요한 조사와 관계 당사자에 대한 심문을 하여야 한다. 심문을 하는 때에는 관계 당사자의 신청 또는 직

---

6) 임종률, 『노동법』, p.608.

권으로 증인을 출석하게 하여 필요한 사항을 질문할 수 있고, 관계 당사자에게 증거의 제출과 증인에 대한 반대심문을 할 수 있는 충분한 기회를 주어야 한다.

3. 조정·중재(제11조)

노동위원회는 심문의 과정에서 관계 당사자 쌍방 또는 일방의 신청 또는 직권에 의하여 조정(調停)절차를 개시할 수 있고, 관계 당사자가 미리 노동위원회의 중재(仲裁)결정에 따르기로 합의하여 중재를 신청한 경우에는 중재를 할 수 있다(제1항). 조정 또는 중재를 신청하는 경우에는 차별적 처우의 시정신청을 한 날부터 14일 이내에 하여야 한다(제2항). 노동위원회는 조정 또는 중재를 함에 있어서 관계 당사자의 의견을 충분히 들어야 하며(제3항), 특별한 사유가 없는 한 조정절차를 개시하거나 중재신청을 받은 때부터 60일 이내에 조정안을 제시하거나 중재결정을 하여야 한다(제4항). 노동위원회는 관계 당사자 쌍방이 조정안을 수락한 경우에는 조정조서를 작성하고 중재결정을 한 경우에는 중재결정서를 작성하여야 한다(제5항). 조정조서에는 관계 당사자와 조정에 관하여 위원 전원이 서명·날인하여야 하고, 중재결정서에는 관여한 위원 전원이 서명·날인하여야 한다(제6항). 조정 또는 중재결정은 「민사소송법」의 규정에 따른 재판상 화해와 동일한 효력을 갖는다(제7항).

4. 판정(제12조~제13조)

노동위원회는 조사·심문을 종료하고 차별적 처우에 해당된다고 판정한 때에는 사용자에게 시정명령을 발하여야 하고, 차별적 처우에 해당하지 아니한다고 판정한 때에는 그 시정신청을 기각하는 결정을 하여야 한다. 시정명령 또는 기각결정은 서면으로 하되 그 이유를 구체적으로 명시하여 관계 당사자에게 각각 교부하여야 한다. 이 경우 시정명령을 발하는 때에는 시정명령의 내용 및 이행기한 등을 구체적으로 기재하여야 한다. 조정·중재 또는 시정명령의 내용에는 차별적 행위의 중지, 임금 등 근로조건의 개선 또는 적절한 배상 등이 포함될 수 있다.

5. 판정의 확정(제14조~제15조)

지방노동위원회의 시정명령 또는 기각결정에 대하여 불복이 있는 관계 당사자는 시정명령서 또는 기각결정서의 송달을 받은 날부터 10일 이내에 중앙노동위원회에 재심을 신청할 수 있고, 중앙노동위원회의 재심결정에 대하여 불복이 있는 관계 당사자는 재심결정서의 송달을 받은 날부터 15일 이내에 행정소송을 제기할 수 있다. 규정된 기간 이내에 재심을 신청하지 아니하거나 행정소송을 제기하지 아니한 때에는 그 시정명령·기각결정 또는 재심결정은 확정된다.

고용노동부장관은 확정된 시정명령에 대하여 사용자에게 이행상황을 제출할 것을 요구할 수 있고, 시정신청을 한 근로자는 사용자가 확정된 시정명령을 이행하지 아니하는 경우 이를 고용노동부장관에게 신고할 수 있다.

6. 고용노동부장관의 시정요구(제15조의2~제15조의3)

고용노동부장관은 사용자가 기간제근로자 또는 단시간근로자임을 이유로 차별적 처우를 한 경우 그 시정을 요구할 수 있고, 사용자가 이에 응하지 않을 경우 차별적 처우의 내용을 구체적으로 명시해 노동위원회에 통보하고, 해당 사용자 및 근로자에게 그 사실을 통지하여야 한다.

노동위원회는 고용노동부장관의 통보를 받은 경우에는 지체 없이 차별적 처우가 있는지 여부를 심리하여야 한다. 이 경우 노동위원회는 해당 사용자 및 근로자에게 의견을 진술할 수 있는 기회를 부여하여야 하며, 노동위원회의 심리 등에 관한 사항은 중앙노동위원회가 정한다. 이는 차별적 처우를 받은 근로자의 직접 신청에 의하지 않더라도 고용노동부장관이 직권으로 그 시정을 요구할 수 있게 함으로써 차별 시정의 예방적 기능을 강화하고 이에 응하지 않을 경우 노동위원회의 시정 명령 제도를 통해 차별이 시정될 수 있도록 하려는 것이다. 한편, 고용노동부장관은 확정된 시정명령을 이행할 의무가 있는 사용자의 사업 또는 사업장에서 해당 시정명령의 효력이 미치는 근로자 이외의 기간제근로자 또는 단시간근로자에 대하여 차별적 처우가 있는지를 조사하여 차별적 처우가 있는 경우에도 그 시정을 요구할 수 있다.

관련 판례1 대판 2012.2.9, 2010두22290.

기간의 정함이 형식에 불과한 경우 갱신계약 체결 거절의 효력

기간을 정한 근로계약서를 작성한 경우에도 예컨대 단기의 근로계약이 장기간에 걸쳐서 반복하여 갱신됨으로써 그 정한 기간이 단지 형식에 불과하게 된 경우 등 계약서의 내용과 근로계약이 이루어지게 된 동기 및 경위, 기간을 정한 목적과 당사자의 진정한 의사, 동종의 근로계약 체결방식에 관한 관행, 근로자 보호법규 등을 종합적으로 고려하여 그 기간의 정함이 단지 형식에 불과하다는 사정이 인정되는 경우에는 계약서의 문언에도 불구하고 사실상 기간의 정함이 없는 근로계약을 맺었다고 보아야 한다. 따라서 그 경우에 사용자가 정당한 사유 없이 갱신계약의 체결을 거절하는 것은 해고와 마찬가지로 무효이다. 그러나 근로계약 기간의 정함이 위와 같이 단지 형식에 불과하다고 볼 만한 특별한 사정이 없다면 근로계약 당사자 사이의 근로관계는 그 기간이 만료함에 따라 사용자의 해고 등 별도의 조처를 기다릴 것이 없이 당연히 종료된다.

관련 판례2 대판 2021.4.29, 2016두57045.

용역업체 근로자의 고용승계 기대권

도급업체가 사업장 내 업무의 일부를 기간을 정하여 용역업체에 위탁하고, 용역업체가 위탁받은 용역업무의 수행을 위해 해당 용역계약의 종료시점까지 기간제근로자를 사용하여 왔는데, 해당 용역업체의 계약기간이 만료되고 새로운 용역업체가 해당 업무를 위탁받아 도급업체와 용역계약을 체결한 경우, 새로운 용역업체가 종전 용역업체 소속 근로자에 대한 고용을 승계하여 새로운 근로관계가 성립될 것이라는 신뢰관계가 형성되었다면, 특별한 사정이 없는 한 근로자에게는 그에 따라 새로운 용역업체로 고용이 승계되리라는 기대권이 인정된다. 이와 같이 근로자에게 고용승계에 대한 기대권이 인정되는 경우 근로자가 고용승계를 원하였는데도 새로운 용역업체가 합리적 이유 없이 고용승계를 거절하는 것은 부당해고와 마찬가지로 근로자에게 효력이 없다. 이때 근로자에게 고용승계에 대한 기대권이 인정되는 지는 새로운 용역업체가 종전 용역업체 소속 근로자에 대한 고용을 승계하기로 하는 조항을 포함하고 있는지 여부를 포함한 구체적인 계약내용, 해당 용역업체의 체결 동기와 경위, 도급업체 사업장에서의 용역업체 변경에 따른 고용승계 관련 기존 관행, 위탁의 대상으로서 근로자가 수행하는 업무의 내용, 새로운 용역업체와 근로자들의 인식 등 근로관계 및 해당 용역계약을 둘러싼 여러 사정을 종합적으로 고려하여 판단하여야 한다.

관련 판례3   대판 2012.10.25, 2011두7045.

차별적 처우의 판단을 위한 비교대상 근로자 1

기간제근로자에 대하여 차별적 처우가 있었는지를 판단하기 위한 비교대상 근로자로 선정된 근로
자의 업무가 기간제근로자의 업무와 동종 또는 유사한 업무에 해당하는지 여부는 취업규칙이나 근
로계약 등에 명시된 업무 내용이 아니라 근로자가 실제 수행하여 온 업무를 기준으로 판단하되, 이
들이 수행하는 업무가 서로 완전히 일치하지 아니하고 업무의 범위 또는 책임과 권한 등에서 다소
차이가 있다고 하더라도 주된 업무의 내용에 본질적인 차이가 없다면, 특별한 사정이 없는 이상 이
들은 동종 또는 유사한 업무에 종사한다고 보아야 할 것이다.

관련 판례4   대판 2019.9.26, 2016두47858.

차별적 처우의 판단을 위한 비교대상 근로자 2

기간제근로자에 대하여 차별적 처우가 있었는지를 판단하기 위한 동종 또는 유사한 업무에 종사하
는 비교대상 근로자는 기간의 정함이 없는 근로계약을 체결한 근로자 중에서 선정하여야 하고, 이
러한 근로자가 당해 사업 또는 사업장에 실제로 근무하고 있을 필요는 없으나 직제에 존재하지 않
는 근로자를 비교대상 근로자로 삼을 수는 없다.

관련 판례5   대판 2012.3.29, 2011두2132.

차별적 처우의 판단

기단법 제2조 제3호는 '차별적 처우'를 임금 그 밖의 근로조건 등에서 합리적인 이유 없이 불리하게
처우하는 것으로 정의하고 있다. 여기서 불리한 처우란 사용자가 임금 그 밖의 근로조건 등에서 기
간제근로자와 비교대상 근로자를 다르게 처우함으로써 기간제근로자에게 발생하는 불이익 전반을
의미하고, 합리적인 이유가 없는 경우란 기간제근로자를 다르게 처우할 필요성이 인정되지 않거나
다르게 처우할 필요성이 인정되는 경우에도 그 방법·정도 등이 적정하지 않은 경우를 의미한다. 그
리고 합리적인 이유가 있는지 여부는 개별 사안에서 문제된 불리한 처우의 내용과 사용자가 불리
한 처우의 사유로 삼은 사정을 기준으로 기간제근로자의 고용형태, 업무의 내용과 범위, 권한과 책
임, 임금 그 밖의 근로조건 등의 결정요소 등을 종합적으로 고려하여 판단하여야 한다.

대판 2012.11.15, 2011두11792.

불리한 처우에 해당

중식대와 통근비는 실비변상 내지 복리후생적인 목적에 따라 지급되는 것으로서 업무의 범위, 업무의 난이도, 업무량 등에 따라 차등하여 지급될 성질의 것이 아니고, 부수적으로 위 급부에 복리후생적인 목적이 있다고 하더라도 이를 장기근속의 유도와 직접 연관시키기는 어려우므로 중식대와 통근비를 비교대상 근로자에 비해 적은 금액으로 책정하여 지급한 것은 불리한 처우에 해당하고, 중식대와 통근비를 차별하여 지급한데에 합리적인 이유가 있는 것으로 볼 수 없다.

제2절 파견근로자 보호 등에 관한 법률

Ⅰ 서설

1. 목적

노동시장에서의 음성적인 파견근로가 증가함에 따라 1998년 근로자파견제도에 관한 특별법으로서 「파견근로자 보호 등에 관한 법률」에 제정되었다. 이 법은 근로자파견사업의 적정한 운영을 기하고 파견근로자의 근로조건 등에 관한 기준을 확립함으로써 파견근로자의 고용안정과 복지증진에 이바지하고 인력수급을 원활하게 함을 목적으로 한다(제1조).

2. 개요

(1) 근로자파견

"근로자파견"이란 파견사업주[7]가 근로자를 고용한 후 그 고용관계를 유지하면서 근

---

7) "파견사업주"란 근로자파견사업을 행하는 자를 말한다(파견법 제2조 제3항).

로자파견계약의 내용에 따라 사용사업주[8]의 지휘·명령을 받아 사용사업주를 위한 근로에 종사하게 하는 것을 말한다(제2조 제1호).

"파견근로자"란 파견사업주가 고용한 근로자로서 근로자파견의 대상이 되는 사람을 말하며(동조 제5호), "근로자파견계약"이란 파견사업주와 사용사업주 간에 근로자파견을 약정하는 계약을 말한다(동조 제6호).

[파견근로의 3자 관계][9]

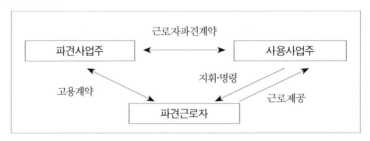

(2) 근로자파견과 도급

근로자파견 관계는 당사자간에 체결한 계약의 명칭이나 형식보다는 그 사실관계를 기준으로 판단하여야 한다. 즉 근로자파견은 사용사업주의 지휘·명령을 받아 근로를 제공하지만, 도급의 경우 고용사업주의 지휘·명령을 받아 근로를 제공한다는 점에서 차이가 있다. 판례[10]에 따르면 근로자를 고용하여 타인을 위한 근로에 종사하게 하는 경우 그 법률관계가 근로자파견에 해당하는지 여부는 ① 제3자가 해당 근로자에 대하여 업무 수행자체에 대한 구속력 있는 지휘·명령을 하는지, ② 해당 근로자가 제3자 소속 근로자와 하나의 작업집단을 구성하여 공동작업을 하는 등 제3자 사업장에 실질적으로 편입되었는지, ③ 원고용주가 작업에 투입될 근로자의 선발이나 근로자의 수, 그 밖의 인사·노무와 관련된 결정 권한을 독자적으로 행사하는지, ④ 계약의 목적이 구체적으로 범위가 한정된 업무의 이행으로 확정되어 제3자 소속 근로자의 업무와 구별되며 그러한 업무에 전문성·기술성 있는지, ⑤ 원고용주가 계약의 목적을 달성하기 위하여 필요한 독립적 기업 조직이나 설비를 갖추고 있는지 등의 요소를 바탕으로 근로관계의 실질에 따라 판단해야 한다고 판시하였다.

---

8) "사용사업주"란 근로자파견계약에 의하여 파견근로자를 사용하는 자를 말한다(파견법 제2조 제4항).
9) 고용노동부, 근로자파견제도, p.4.
10) 대판 2015.2.26, 2010다106436.

Ⅱ 근로자파견사업의 운영

1. 파견 대상 업무와 금지업무(제5조)

(1) 대상 업무

근로자파견사업은 제조업의 직접생산공정업무를 제외하고 전문지식·기술·경험 또는 업무의 성질 등을 고려하여 적합하다고 판단되는 업무로서 대통령령으로 정하는 업무를 대상으로 한다(제1항). 다만, 출산·질병·부상 등으로 결원이 생긴 경우 또는 일시적·간헐적으로 인력을 확보하여야 할 필요가 있는 경우에는 근로자파견사업을 할 수 있다(제2항).

(2) 절대파견 금지업무

다음의 경우에는 어떠한 경우를 불문하고 파견이 금지된다.

① 건설공사현장에서 이루어지는 업무

②「항만운송사업법」, 「한국철도공사법」, 「농수산물유통 및 가격안정에 관한 법률」, 「물류정책 기본법」에 의한 하역업무로서 직업안정법 제33조에 따라 근로자공급사업 허가를 받은 지역의 업무

③ 선원법 제2조 제1호에 따른 선원의 업무

④ 산업안전보건법 제58조의 규정에 따른 유해하거나 위험한 업무

⑤ 그 밖에 근로자 보호 등의 이유로 근로자파견사업의 대상으로는 적절하지 못하다고 인정하여 대통령령으로 정하는 업무[11]

---

11) 1. 분진작업업무(진폐의 예방과 진폐근로자의 보호 등에 관한 법률 제2조 제3호).
   2. 건강관리카드의 교부대상 업무(산업안전보건법 제137조).
   3. 의료인의 업무 및 간호조무사의 업무(의료법 제2조 및 제80조).
   4. 의료기사업 업무(의료기사 등에 관한 법률 제3조).
   5. 여객자동사운송사업의 운전업무(여객자동차운수사업법 제2조 제3호).

2. 파견기간(제6조)

(1) 원칙

근로자파견의 기간은 파견법 제5조 제2항에 해당하는 경우를 제외하고는 1년[12]을 초과하여서는 아니 된다. 그러나 파견사업주, 사용사업주, 파견근로자 간의 합의가 있는 경우에는 파견기간을 연장할 수 있다. 이 경우 1회를 연장할 때에는 그 연장기간은 1년을 초과하여서는 아니 되며, 연장된 기간을 포함한 총 파견기간은 2년을 초과하여서는 아니 된다.

(2) 예외

「고용상 연령차별금지 및 고령자고용촉진에 관한 법률」 제2조 제1호의 고령자[13]인 파견근로자에 대하여는 2년을 초과하여 근로자파견기간을 연장할 수 있다. 또한, 출산·질병·부상 등 그 사유가 객관적으로 명백한 경우에는 해당 사유의 해소에 필요한 기간을 파견할 수 있으며, 일시적·간헐적으로 인력을 확보할 필요가 있는 경우에는 3월 이내의 기간을 파견할 수 있다. 다만 해당 사유가 해소되지 아니하고 파견사업주, 사용사업주, 파견근로자 간의 합의가 있는 경우에는 3개월의 범위에서 한 차례만 그 기간을 연장할 수 있다.

3. 고용의무(제6조의2)

(1) 사용사업주의 직접고용 의무

사용사업주는 파견근로자를 사용하고 있는 업무에 근로자를 직접 고용하려는 경우에는 해당 파견근로자를 우선적으로 고용하도록 노력하여야 하며, 사용사업주가 다음 각호의 어느 하나에 해당하는 경우에는 해당 파견근로자를 직접 고용하여야 한다. 다만 해당 파견근로자가 직접 고용되는 것에 명시적으로 반대의사를 표시하는 경우

---

12) 파견근로자의 육아휴직 기간은 파견법 제6조에 따른 근로자파견기간에 산입하지 아니한다(남녀고평법 제19조 제5항).
13) 고령자는 만55세 이상인 사람을 말한다.

에는 적용되지 않는다.**14)**

① 근로자파견 대상 업무에 해당하지 아니하는 업무에서 파견근로자를 사용하는 경우(출산·질병·부상 등으로 결원이 생긴 경우 또는 일시적·간헐적으로 인력을 확보하여야 할 필요가 있는 경우는 제외한다)

② 절대파견금지(제5조 제3항)의 규정을 위반하여 파견근로자를 사용하는 경우

③ 2년을 초과하여 계속적으로 파견근로자를 사용하는 경우

④ 출산·질병·부상 등으로 인한 결원의 해소에 필요한 기간을 초과하여 파견근로자를 사용하거나 일시적·간헐적 사유로 파견하였으나, 파견기간(최장 6개월)을 초과하여 파견근로자를 사용한 경우

⑤ 파견 사업허가를 받지 않았거나, 허가받은 사항 중 중요 사항의 변경허가를 받지 않고 근로자파견사업을 행하는 자로부터 근로자파견의 역무를 제공받은 경우

(2) 직접고용 시의 근로조건

사용사업주가 파견근로자를 직접 고용하는 경우 파견근로자의 근로조건은 사용사업주의 근로자 중 해당 파견근로자와 같은 종류의 업무 또는 유사한 업무를 수행하는 근로자가 있을 때에는 해당 근로자에게 적용되는 취업규칙 등에서 정하는 근로조건에 따르고, 그러한 근로자가 없는 경우에는 해당 파견근로자의 기존 근로조건의 수준보다 낮아져서는 아니 된다.

4. 허가 및 요건

(1) 허가(제7조)

근로자파견사업을 하려는 자는 고용노동부령으로 정하는 바에 따라 고용노동부장관의 허가를 받아야 하고, 허가받은 사항 중 고용노동부령으로 정하는 중요 사항을 변경하는 경우에도 또한 같다. 다만, 중요 사항 외의 사항을 변경하고자 하는 경우에는 고용노동부장관에게 신고하여야 한다. 한편, 미성년자, 피성년후견인, 피한정후견인 등 파견법 제8조가 정한 결격사유에 해당하는 자는 근로자 파견사업의 허

---

14) 대판 2020.5.14, 2016다239024.

가를 받을 수 없으며, 파견법 제14조에서 정한 식품접객업이나 숙박업, 결혼중개업 및 그 밖에 대통령령으로 정하는 사업을 겸업하지 않아야 한다.

(2) 유효기간(제10조)

근로자파견사업 허가의 유효기간은 3년으로 하며, 유효기간의 만료 후 계속하여 근로자 파견사업을 하고자 하는 자는 고용노동부령이 정하는 바에 의하여 갱신허가를 받아야 한다. 갱신허가의 유효기간은 당해 갱신 전의 유효기간이 만료되는 날의 다음 날부터 기산하여 3년으로 한다.

5. 근로자파견의 제한(제16조)

파견사업주는 쟁의행위 중인 사업장이 그 쟁의행위로 중단된 업무의 수행을 위하여 근로자를 파견하여서는 아니 되며, 누구든지 「근로기준법」 제24조에 따른 경영상 이유에 의한 해고를 한 후 2년이 경과하기 전에는 해당 업무에 파견근로자를 사용하여서는 아니 된다. 다만, 해당 사업 또는 사업장에 근로자의 과반수로 조직된 노동조합이 있는 경우 그 노동조합(근로자의 과반수로 조직된 노동조합이 없는 경우에는 근로자의 과반수를 대표하는 자를 말한다)이 동의한 때에는 6개월로 한다(시행령 제4조).

Ⅲ 파견근로자의 근로관계

1. 파견계약의 체결

근로자파견계약의 당사자는 고용노동부령으로 정하는 바에 따라 다음 각호의 사항을 포함하는 근로자파견계약을 서면으로 체결하여야 한다(제20조 제1항).
① 파견근로자의 수
② 파견근로자가 종사할 업무의 내용
③ 파견사유(제5조 제2항에 따라 근로자파견을 하는 경우만 해당한다)
④ 파견근로자가 파견되어 근로할 사업장의 명칭 및 소재지, 그 밖에 파견근로자의

　근로장소

　⑤ 파견근로 중인 파견근로자를 직접 지휘·명령할 사람에 관한 사항

　⑥ 근로자파견기간 및 파견근로 시작일에 관한 사항

　⑦ 업무 시작 및 업무 종료의 시각과 휴게시간에 관한 사항

　⑧ 휴일·휴가에 관한 사항

　⑨ 연장·야간·휴일근로에 관한 사항

　⑩ 안전 및 보건에 관한 사항

　⑪ 근로자파견의 대가

　⑫ 그 밖에 고용노동부령으로 정하는 사항

2. 차별적 처우의 금지 및 시정(제21조~제21조의2)

　파견사업주와 사용사업주는 파견근로자임을 이유로 사용사업주의 사업 내의 동종 또는 유사한 업무를 수행하는 근로자에 비하여 파견근로자에게 차별적 처우를 하여서는 아니 되며, 파견근로자는 차별적 처우를 받은 경우 노동위원회에 그 시정을 신청할 수 있다.

　고용노동부장관은 파견사업주와 사용사업주가 차별적 처우를 한 경우 직권으로 그 시정을 요구할 수 있고, 파견사업주와 사용사업주가 제1항에 따른 시정요구에 따르지 아니한 경우에는 차별적 처우의 내용을 구체적으로 명시하여 노동위원회에 통보하여야 한다. 이 경우 고용노동부장관은 해당 파견사업주 또는 사용사업주 및 근로자에게 그 사실을 통지하여야 한다.

　노동위원회는 고용노동부장관의 통보를 받은 경우에는 지체 없이 차별적 처우가 있는지 여부를 심리하여야 한다. 다만 차별적 처우의 금지와 시정에 관한 규정은 사업주가 상시 4인 이하의 근로자를 사용하는 경우에는 적용하지 아니한다.

Ⅳ 사업주가 강구하여야 할 조치

1. 파견사업주

(1) 파견근로자에 대한 고지의무(제24조)

파견사업주는 근로자를 파견근로자로서 고용하려는 경우에는 미리 해당 근로자에게 그 취지를 서면으로 알려 주어야 하고, 그가 고용한 근로자 중 파견근로자로 고용하지 아니한 사람을 근로자파견의 대상으로 하려는 경우에도 미리 해당 근로자에게 그 취지를 서면으로 알리고 그의 동의를 받아야 한다.

(2) 파견근로자에 대한 고용제한의 금지(제25조)

파견사업주는 정당한 이유 없이 파견근로자 또는 파견근로자로 고용되려는 사람과 그 고용관계가 끝난 후 그가 사용사업주에게 고용되는 것을 정당한 이유 없이 금지하는 내용의 근로계약을 체결하여서는 아니 되고, 파견근로자의 고용관계가 끝난 후 그가 사용사업주가 그 파견근로자를 고용하는 것을 정당한 이유 없이 금지하는 내용의 근로자파견계약을 체결하여서도 아니 된다.

(3) 취업조건의 고지(제26조)

파견사업주는 근로자파견을 하려는 경우에는 미리 해당 파견근로자에게 제20조 제1항의 계약의 내용을 서면으로 알려주어야 한다. 파견근로자는 파견사업주에게 근로자파견의 대가에 관하여 그 내역을 제시할 것을 요구할 수 있고, 파견사업주는 그 내역의 제시를 요구받았을 때에는 지체 없이 그 내역을 서면으로 제시하여야 한다.

(4) 사용사업주에 대한 통지(제27조)

파견사업주는 근로자파견을 할 경우에는 파견근로자의 성명 등 고용노동부령으로 정하는 사항을 사용사업주에게 통지하여야 한다.

(5) 관리책임자 선임 및 관리대장 작성(제28조~제29조)

파견사업주는 파견근로자의 적절한 고용관리를 위하여 결격사유에 해당하지 아니하는 사람 중에서 파견사업관리책임자를 선임하여야 하고, 파견사업관리대장을 작성·보존하여야 한다.

(6) 계약의 해지(제22조)

파견사업주는 사용사업주가 파견근로에 관하여 이 법 또는 관계 법령에 위반하는 경우에는 근로자파견을 정지하거나 파견계약을 해지할 수 있다.

2. 사용사업주

(1) 근로자파견계약에 관한 조치(제30조)

사용사업주는 근로자파견계약에 위반되지 아니하도록 필요한 조치를 강구하여야 하고, 파견근로자의 성별, 종교, 사회적 신분, 파견근로자의 정당한 노동조합의 활동 등을 이유로 근로자파견계약을 해지하여서는 아니 된다.

(2) 적정한 파견근로의 확보(제31조)

사용사업주는 파견근로자가 파견근로에 관한 고충을 제시한 경우에는 그 고충의 내용을 파견사업주에게 통지하고 신속하고 적절하게 고충을 처리하도록 하여야 하며, 고충의 처리 외에 사용사업주는 파견근로가 적정하게 이루어지도록 필요한 조치를 마련하여야 한다.

(3) 관리책임자 선임 및 관리대장 작성(제32조~제33조)

사용사업주는 파견근로자의 적절한 파견근로를 위하여 사용사업관리책임자를 선임하여야 하고, 사용사업관리대장을 작성·보존하여야 한다.

Ⓥ 근로기준법 등의 적용에 관한 특례

1. 근로기준법의 적용에 관한 특례(제34조)

파견중인 근로자의 파견근로에 관하여는 파견사업주 및 사용사업주 모두를 근로기준법상 사용자로 본다. 이는 파견근로에 대한 근로계약상의 사용자는 파견사업주이지만, 실제로 지휘·명령은 사용사업주가 행사하기 때문이다. 따라서 양자가 파견계약에 따른 근로기준법을 위반한 경우에는 그 계약 당사자 모두에게 근로기준법 제15조(이 법을 위반한 근로계약)의 규정에 의한 사용자로 보아 근로기준법 소정의 벌칙을 적용하며, 파견사업주가 사용사업주의 귀책사유로 인하여 근로자의 임금을 지급하지 못한 때에는 사용사업주는 그 파견사업주와 연대하여 책임을 진다. 다만, 부담하여야 할 의무는 다르게 보아 파견법에서는 파견사업주와 사용사업주 각자가 책임을 분담할 사항을 나누어 규율하고 있다.

(1) 파견사업주의 사용자 책임

파견사업주는 근로계약상 사용자이므로 근로계약의 체결, 해고나 그 밖의 근로관계 종료, 임금과 재해보상에 관한 규정에 대해서 사용자로서의 책임을 진다.

(2) 사용사업주의 사용자 책임

사용사업주는 파견근로자에 대한 실제 노무지휘권을 행사하고 있으므로 근로시간 및 휴게·휴일·휴가에 관한 규정에 대해서 사용자로서의 책임을 진다. 다만, 연차 유급휴가에 관한 규정과 휴일(근기법 제55조), 생리휴가(동법 73조) 및 출산전후휴가(동법 제74조 제1항)의 규정에 의하여 사용사업주가 유급휴일 또는 유급휴가를 주는 경우 그 휴일 또는 휴가에 대하여 지급되는 임금은 파견사업주가 지급하여야 한다.

2. 산업안전보건법의 적용에 관한 특례(제35조)

파견중인 근로자에 대해서는 원칙적으로 사용사업주가 사용자로서 산업안전보건법상의 책임을 진다. 즉, 산업안전보건법의 대부분의 규정은 사용사업주에게만 적용되며 일부 규정에 대해 파견사업주 단독으로 또는 공동으로 책임을 지도록 규정하고 있다.

⑴ 파견사업주의 사용자 책임

산업안전보건법 제129조(일반건강진단) 및 제130조(특수건강진단)에 따라 사업주가 정기적으로 실시하여야 하는 건강진단 중 고용노동부령이 정하는 건강진단에 대하여는 파견사업주를 산안법상 사업주로 본다.

⑵ 파견사업주와 사용사업주 공동책임

① 사업주의 의무(산안법 제5조)
② 건강진단 결과에 따른 사후조치[15](산안법 제132조 제4항)
③ 개별 근로자 건강진단 결과 공개(산안법 제132조 제2항 단서)
④ 감독기관에 신고한 근로자에 대한 불리한 처우 금지(산안법 제157조 제3항)
⑤ 양자가 근로자파견계약에 따른 산업안전보건법을 위반한 경우에는 그 계약 당사자 모두에게 산업안전보건법 제2조 제4호의 사업주로 보아 해당 벌칙규정을 적용(파견법 제35조 제6항)

관련 판례1 대판 2022.1.27, 2018다207847.

직접고용의무

사용사업주는 직접고용의무 규정에 따라 근로계약을 체결할 때 기간을 정하지 않은 근로계약을 체결하여야 함이 원칙이다. 다만, 파견법 제6조의2에서 파견근로자가 명시적으로 반대의사를 표시한 경우에는 직접고용의무의 예외가 인정되는 점을 고려할 때 파견근로자가 사용사업주를 상대로 직접고용의무의 이행을 구할 수 있다는 점을 알면서도 기간제 근로계약을 희망하였다거나, 사용사업주의 근로자 중 해당 파견근로자와 같은 종류의 업무 또는 유사한 업무를 수행하는 근로자가 대부분 기간제 근로계약을 체결하고 근무하고 있어 파견근로자로서도 애초에 기간을 정하지 않은 근로계약 체결을 기대하기 어려웠던 경우 등과 같이 직접고용관계에 계약기간을 정한 것이 직접고용의무 규정의 입법취지 및 목적을 잠탈한다고 보기 어려운 특별한 사정이 존재하는 경우에는 사용사업주가 파견근로자와 기간제 근로계약을 체결할 수 있을 것이다. 그리고 이러한 특별한 사정의 존재에 관하여는 사용사업주가 증명책임을 부담한다.

---

15) 작업 장소의 변경, 작업 전환 및 근로시간 단축의 경우에 한한다.

관련 판례2 대판 2003.10.9, 2001다24655.

파견사업주의 책임

파견법에 의한 근로자파견은 파견사업주가 근로자를 고용한 후 그 고용관계를 유지하면서 사용사업주와 사이에 체결한 근로자파견계약에 따라 사용사업주에게 근로자를 파견하여 근로를 제공하게 하는 것으로서, 파견근로자는 사용사업주의 사업장에서 그의 지시·감독을 받아 근로를 제공하기는 하지만 사용사업주와의 사이에는 고용관계가 존재하지 아니하는 반면, 파견사업주는 파견근로자의 근로계약상의 사용자로서 파견근로자에게 임금지급의무를 부담할 뿐만 아니라, 파견근로자가 사용사업자에게 근로를 제공함에 있어서 사용사업자가 행사하는 구체적인 업무상의 지휘·명령권을 제외한 파견근로자에 대한 파견명령권과 징계권 등 근로계약에 기한 모든 권한을 행사할 수 있으므로 파견근로자를 일반적으로 지휘·감독해야 할 지위에 있게 되고, 따라서 파견사업주와 파견근로자 사이에는 민법 제756조의 사용관계가 인정 업무에 관련한 불법행위에 대하여 파견근로자의 사용자로서의 책임을 져야 하지만, 파견근로자가 사용사업주의 구체적인 지시·감독을 받아 사용사업주의 업무를 행하던 중에 불법행위를 한 경우에 파견사업주가 파견근로자의 선발 및 일반적 지휘·감독권의 행사에 있어서 주의를 다하였다고 인정되는 때에는 면책된다고 할 것이다.

관련 판례3 대판 2013.11.28, 2011다60247.

사용사업주의 책임

근로자파견관계에서 사용사업주와 파견근로자 사이에는 특별한 사정이 없는 한 파견근로와 관련하여 사용사업주가 파견근로자에 대한 보호의무 또는 안전배려의무를 부담한다는 점에 관한 묵시적인 의사의 합치가 있다고 할 것이고, 따라서 사용사업주의 보호의무 또는 안전배려의무 위반으로 손해를 입은 파견근로자는 사용사업주와 직접고용 또는 근로계약을 체결하지 아니한 경우에도 위와 같은 묵시적 약정에 근거하여 사용사업주에 대하여 보호의무 또는 안전배려 의무의 위반을 원인으로 하는 손해배상을 청구할 수 있다고 할 것이다.

관련 판례4 대판 2020.5.14, 2016다239024.

차별적 처우

사용사업주가 파견근로자와 비교대상 근로자가 동종 또는 유사한 업무를 수행하고 있음을 알았거나 통상적인 사용사업주의 입장에서 합리적인 주의를 기울였으면 이를 알 수 있었는데도 파견근로자의 임금을 결정하는 데 관여하거나 영향력을 행사하는 등으로 파견근로자가 비교대상 근로자보다 적은 임금을 지급받도록 하고 이러한 차별에 합리적 이유가 없는 경우 이는 파견법 제21조 제1항을 위반하는 위법한 행위로서 이 경우 사용사업주는 합리적인 이유 없이 임금 차별을 받은 파견근로자에게 그러한 차별이 없었더라면 받을 수 있었던 적정한 임금과 실제 지급받은 임금의 차액에 상당하는 손해를 배상할 책임이 있다. 이때 합리적인 이유가 없는 경우라 함은, 파견근로자를 달리 처우할 필요성이 인정되지 아니하거나, 달리 처우할 필요성이 인정되더라도 그 방법·정도 등이 적정하지 아니한 경우를 의미한다. 그리고 합리적인 이유가 있는지는 개별 사안에서 문제가 된 불리한 처우의 내용과 정도, 불리한 처우가 발생한 이유를 기준으로 파견근로자의 업무의 내용과 범위·권한·책임 등을 종합적으로 고려하여 판단하여야 한다.

제2장
기타법령

제1절 최저임금법

　최저임금제도는 국가가 노사간 임금의 결정 과정에 직접 개입하여 임금의 최저수준을 정하고, 사용자에게 그 이상의 임금을 지급하도록 법으로 강제함으로써 저임금 근로자를 보호하는 제도이다. 이러한 임금은 노동시장의 자율적인 기능에 의해서 결정될 것이지 정부가 그 결정에 개입할 성질의 것은 아니다. 그러나 결정된 임금이 사회적으로 용인되기 어려운 정도로 너무 낮아 근로자의 인간다운 생활을 보장할 수 없어 사회적인 역기능을 하고 있다면 정부가 임금결정에 개입하여 임금의 최저수준을 직접 정하고 사용자에게 그 지급을 강제할 필요가 생긴다. 최저임금제는 바로 이러한 사회정책적인 관점에서 노사간의 임금자율결정원리를 일부 수정하는 제도로서 도입된 것이다. 헌법 제32조 제1항은 최저임금제 시행 의무를 규정하였고, 이에 따라 최저임금법[16]이 제정·시행되어 이 법에 따라 사용자는 최저임금의 적용을 받는 근로자에게 최저임금액 이상을 지급하여야 한다(제6조 제1항).

❶ 최저임금의 적용 범위

　최저임금법은 근로자를 사용하는 모든 사업 또는 사업장에 적용된다. 다만, 동거하는 친족만을 사용하는 사업과 가사사용인, 그리고 선원법의 적용을 받는 선원과 선원을 사용하는 선박의 소유자에게는 적용하지 아니한다(제3조).

---

16)　1986.12.31. 최저임금법이 제정되어, 1988.1.1.부터 시행되었다.

1. 수습사용 중에 있는 자

　1년 이상의 기간을 정하여 근로계약을 체결하고 수습 중에 있는 근로자로서 수습을 시작한 날부터 3개월 이내인 사람에 대해서는 시간급 최저임금액의 90%를 그 근로자의 시간급 최저임금액으로 한다(시행령 제3조). 이는 숙련 수준이 일반 근로자에 비해 상대적으로 낮은 점을 고려한 것으로 근로계약이나 취업규칙, 단체협약 등에 '수습으로 한다'는 명시적 근거가 있어야 한다. 다만, 단순노무업무로 고용노동부장관이 정하여 고시한 직종에 종사하는 근로자는 제외하며(제5조 제2항), 임금이 통상적으로 도급제나 그 밖에 이와 비슷한 형태로 정하여져 있는 경우로서, 최저임금액을 정하는 것이 적당하지 아니하다고 인정되면 대통령령으로 정하는 바에 따라 최저임금액을 따로 정할 수 있다(동조 제3항).

2. 최저임금의 적용제외 대상자

　정신장애나 신체장애로 근로능력이 현저히 낮은 자와 그 밖에 최저임금을 적용하는 것이 적당하지 아니하다고 인정되는 자에 대하여는 적용하지 않는다(제7조). 이는 일반근로자에 비해 노동생산성이 현저히 낮거나 최저임금을 적용하면 고용기회가 줄어들 수 있는 등 특수한 경우의 일부 근로자에 대해 적용을 배제할 수 있도록 하고 있다. 다만, 사용자의 임의적인 판단에 의할 경우 근로자 보호의 취지에 반할 수 있으므로 고용노동부장관의 인가를 받도록 하고 있다.

Ⅱ 최저임금의 결정기준 및 절차

1. 결정기준

　최저임금은 근로자의 생계비, 유사 근로자의 임금, 노동생산성 및 소득분배율 등을 고려하여 정한다. 이 경우 사업의 종류별로 구분하여 정할 수 있다(제4조 제1항).

(1) 근로자의 생계비

근로자의 생계비란 근로자 가구가 생활을 하는 데 필요한 비용을 말하는 것으로 근로자의 생계비가 최저임금의 결정기준이 되는 것은 최저임금법이 근로자의 생활안정을 첫째의 목적으로 하고 있기 때문이다.

(2) 유사근로자의 임금

유사근로자의 임금이란 같은 산업에서 동일한 종류 또는 유사한 종류의 업무에 종사하는 근로자의 임금수준을 말한다. 최저임금제는 미숙련 근로자나 유효한 단체교섭기구가 없는 근로자가 부당하게 낮은 임금을 받는 것을 지양하면서 상향조정하는 제도이기 때문에 국민 전체의 소득수준보다 같은 위치에 있는 근로자들의 임금수준이 중요한 비교수준이 된다.[17]

(3) 노동생산성

노동생산성은 산출량을 노동투입량으로 나눈 값으로, 노동생산성의 증가는 생산비의 증가에 비해서 수입의 증가를 의미하기 때문에 기업의 이윤이 증가하고 기업의 임금지불능력이 높아지게 된다. 최저임금을 노동생산성을 고려하여 정하여야 한다는 것은 적어도 임금은 기업의 지불능력 또한 고려하여 노동생산성을 초과해서는 안 된다는 의미이기도 하다.

(4) 소득분배율[18]

소득분배율은 학문적으로 정의된 특정한 소득분배 지표를 의미하지는 않는 것으로 해석되며, 소득분배 개선의 의지를 반영하여 최저임금을 결정하라는 취지인 것으로 보인다. 노동소득분배율[19] 이라는 학문적 용어는 있으나, 노동소득분배율이 개선되는 것에는 여러 이유가 가능하여 저임금 보호의 필요성과는 연관이 크지 않다.

---

17) 정병석·김헌수, 『최저임금법』, p.250.
18) 2005.5.31. 법 개정에 따라 최저임금 결정기준으로 도입되었다.
19) 노동소득분배율이란 국민소득에서 임금소득이 차지하는 비율을 나타낸다.

2. 결정절차

(1) 심의 및 고시

최저임금의 심의는 고용노동부장관이 매년 3월 31일까지 최저임금위원회("이하 위원회"
라 한다)에 다음 연도에 적용할 최저임금 심의를 요청하면, 위원회는 심의요청을 받은
날로부터 90일 이내에 이를 심의·의결하여 고용노동부장관에게 최저임금안을 제출하
여야 한다(제8조 제2항). 고용노동부장관은 위원회로부터 최저임금안을 제출받은 때
에는 대통령령으로 정하는 바에 따라 최저임금안을 고시하여야 한다(제9조 제1항).

(2) 이의 절차

고용노동부장관은 위원회가 심의하여 제출한 최저임금안에 따라 최저임금을 결정
하기가 어렵다고 인정되면 20일 이내에 그 이유를 밝혀 위원회에 10일 이상의 기간
을 정하여 재심의를 요청할 수 있다(제8조 제3항). 위원회는 재적위원 과반수의 출석
과 출석위원 3분의 2 이상의 찬성으로 당초의 최저임금안을 재의결한 때에는 그에
따라 최저임금을 결정하여야 한다(동조 제5항). 근로자를 대표하는 자나 사용자를
대표하는 자는 고시된 최저임금안에 대해 이의가 있으면 고시된 날부터 10일 이내
에 고용노동부장관에게 이의를 제기할 수 있고(제9조 제2항), 고용노동부장관은 이러
한 이의가 이유 있다고 인정되면 그 내용을 명시하여 위원회에 최저임금안의 재심
의를 요청하여야 한다(동조 제3항). 고용노동부장관은 위원회가 재심의하여 의결한
최저임금안이 제출될 때까지는 최저임금을 결정하여서는 아니 된다(동조 제4항).

(3) 최저임금의 결정

고용노동부장관은 매년 8월 5일까지 다음 연도에 적용할 최저임금을 결정하여야 하
고(제8조 제1항), 결정한 때에는 지체 없이 그 내용을 고시하여야 한다 (제10조 제1항).
고시된 최저임금은 다음 연도 1월 1일부터 효력이 발생한다(동조 제2항).

(4) 주지 의무

최저임금의 적용을 받는 사용자는 대통령령으로 정하는 바에 따라 해당 최저임금
을 그 사업의 근로자가 쉽게 볼 수 있는 장소에 게시하거나 그 외의 적당한 방법으

로 근로자에게 널리 알려야 한다(제11조). 근로자에게 주지시켜야 할 최저임금의 내용은 ① 적용을 받는 근로자의 최저임금액, ② 최저임금에 산입하지 아니하는 임금, ③ 해당 사업에서 최저임금의 적용을 제외할 근로자의 범위, ④ 최저임금의 효력발생 연월일이며(시행령 제11조 제1항), 제1항에 따른 최저임금의 내용을 최저임금의 효력발생일 전날까지 근로자에게 주시시켜야 한다(제2항).

Ⅲ 최저임금액의 단위와 임금 산입범위

1. 최저임금액의 단위

최저임금액은 시간·일·주 또는 월을 단위로 하여 정한다. 이 경우 일·주 또는 월을 단위로 하여 최저임금액을 정할 때에는 시간급으로도 표시하여야 한다(제5조 제1항).

2. 임금 산입범위

(1) 산입범위 개편

기존의 최저임금 산입임금은 근로자가 받는 임금에서 격월·분기별 정기상여금, 숙식비·교통비 등의 복리후생비가 제외되어 최저임금에 포함되는 임금의 범위가 지나치게 협소하다는 비판을 받아 왔다. 이에 따른 제도 개선으로 2019.1.1.부터 매월 1회 이상 지급하는 상여금과 현금성 복리후생비를 최저임금에 포함함으로써 실제 지급받는 임금이 반영될 수 있도록 개편되었다.[20] 또한 사용자가 개정법에 따라 산입되는 임금을 포함시키기 위해 1개월을 초과하는 주기로 지급하는 임금을 총액의 변동 없이 매월 지급하는 것으로 취업규칙을 변경할 경우에는 근로기준법 제94조 제1항(취업규칙의 변경절차)에도 불구하고 근로자의 과반수로 조직된 노동조합이 있는 경우에는 그 노동조합, 근로자의 과반수로 조직된 노동조합이 없는 경우에는 근로자의 과반수의 의견을 듣도록 취업규칙 변경절차의 특례를 규정하였다.

---

20) 일정 비율을 넘는 부문만 산입하도록 제한함으로써 저임금노동자의 임금보장과 중소기업 부담 완화 사이의 균형을 추구하였다. 다만 연차적으로 축소되어 2024년부터는 모두 산입범위에 포함된다.

(2) 산입임금의 범위

최저임금에는 매월 1회 이상 정기적으로 지급하는 임금을 산입한다. 다만, 근로기준법의 소정근로시간 또는 소정의 근로일에 대하여 지급하는 임금 외의 임금으로서 고용노동부령으로 정하는 임금(초과근로수당 등)은 산입하지 아니한다(제6조 제4항). 제4항에도 불구하고 일반택시운송 사업에서 운전업무에 종사하는 근로자의 최저임금에 산입되는 임금의 범위는 생산고에 따른 임금을 제외한 대통령령으로 정하는 임금으로 한다(동조 제5항).

Ⅳ 최저임금의 효력 및 보호

1. 효력

사용자는 최저임금을 이유로 종전의 임금수준을 낮추어서는 아니 된다(제6조 제2항). 최저임금액에 미달되는 금액을 정한 근로계약은 그 부분에 한하여 무효이며, 무효로 된 부분은 최저임금액과 동일한 임금을 지급하기로 한 것으로 본다(동조 제3항). 만일 사용자가 이에 위반하여 최저임금액보다 적은 임금을 지급하거나 최저임금을 이유로 종전의 임금을 낮춘 자는 3년 이하의 징역 또는 2천만원 이하의 벌금에 처하며, 이 경우 징역과 벌금은 병과할 수 있다(제28조 제1항).

2. 도급근로자의 최저임금액 보호

도급으로 사업을 행하는 경우 도급인이 책임져야 할 사유로 수급인이 근로자에게 최저임금액에 미치지 못하는 임금을 지급한 경우 도급인은 해당 수급인과 연대하여 책임을 진다(근기법 제6조 제7항). 도급인이 책임져야 할 사유의 범위는 ① 도급인이 도급계약 체결 당시 인건비 단가를 최저임금액에 미치지 못하는 금액으로 결정하는 행위 ② 도급인이 도급계약 기간 중 인건비 단가를 최저임금액에 미치지 못하는 금액으로 낮춘 행위이다(동조 제8항). 두 차례 이상의 도급으로 사업을 행하는 경우에는 위의 "수급인"은 "하수급인"으로 보고, "도급인"은 "직상수급인"으로 본다(동조 제9항). 이는 두 차례 이상의 도급이 있는 경우 영세성을 면치 못하는 하수급인의 근로자에게 최저임금을 보장해줄 필요가 있기 때문이다.

Ⓥ 최저임금위원회[21)]

1. 최저임금위원회의 설치 및 기능

최저임금에 관한 심의와 그 밖에 최저임금에 관한 중요 사항을 심의하기 위하여 고용노동부에 최저임금위원회를 둔다(제12조). 위원회는 ① 최저임금에 관한 심의 및 재심의, ② 최저임금 적용 사업의 종류별 구분에 관한 심의, ③ 최저임금제도의 발전을 위한 연구 및 건의, ④ 그 밖에 최저임금에 관한 중요 사항으로서 고용노동부장관이 회의에 부치는 사항을 심의한다(제13조).

2. 위원회의 구성 및 회의

(1) 구성

위원회는 근로자 및 사용자, 공익을 대표하는 위원 각 9명으로 구성한다(제14조 제1항). 위원회에 2명의 상임위원을 두며, 상임위원은 공익위원이 된다(동조 제2항), 위원의 임기는 3년으로 하되, 연임할 수 있다(동조 제3항), 위원이 궐위되면 그 보궐위원의 임기는 전임자 임기의 남은 기간으로 하며(동조 제4항), 임기가 끝났더라도 후임자가 임명되거나 위촉될 때까지 계속하여 직무를 수행한다(동조 제5항). 위원회에 위원장과 부위원장 각 1명을 두며(제15조 제1항), 위원장과 부위원장은 공익위원 중에서 위원회가 선출한다(동조 제2항). 위원회는 필요하다고 인정하면 사업의 종류별 또는 특정 사항별로 전문위원회를 둘 수 있으며(제19조 제1항), 전문위원회에는 근로자위원, 사용자위원 및 공익위원 각 5명 이내의 같은 수로 구성한다(동조 제3항). 위원회에는

---

21)   고용노동부장관은 최저임금을 결정함에 있어서 최저임금심의위원회의 심의·의결을 얻어야 하는데, 이 심의·의결은 최저임금결정의 유효요건이라고 해석하여야 하며 단순한 자문을 받는 정도의 의미를 갖는 것은 아니다. 따라서 최저임금심의위원회가 심의·의결한 최저임금안은 고용노동부장관을 구속하는 것으로 보아야 한다.

관계 행정기관의 공무원 중에서 3명 이내의 특별위원을 둘 수 있다(제16조 제1항).

(2) 회의

위원회의 회의는 ① 고용노동부장관이 소집을 요구하는 경우, ② 재적위원 3분의 1 이상이 소집을 요구하는 경우, ③ 위원장이 필요하다고 인정하는 경우에 위원장이 소집하며(제17조 제1항), 재적위원 과반수의 출석과 출석위원 과반수의 찬성으로 의결한다(동조 제3항). 위원회가 제3항에 따른 다른 의결을 할 때에는 근로자위원과 사용자위원 각 3분의 1 이상의 출석이 있어야 한다. 다만, 2회 이상 출석요구를 받고도 정당한 이유 없이 출석하지 않은 경우는 그렇지 않다(동조 제4항).

관련 판례1 대판 2007.6.29, 2004다48836.

최저임금법 적용 시 임금 산정 기준

사용자는 최저임금법이 적용되는 경우라도 반드시 근로자가 실제로 근무한 매시간에 대해 최저임금액 이상의 임금을 지급하여야 하는 것은 아니고 근로자와의 근로계약에서 정한 임금 산정 기준 기간 내에 평균적인 최저임금액 이상을 지급하면 된다.

관련 판례2 대판 2017.12.28, 2016다49074.

통상임금이 최저임금보다 적을 경우 법정수당 산정방법

최저임금이나 최저임금의 적용을 위한 비교대상 임금은 통상임금과는 그 기능과 산정방법이 다른 별개의 개념이므로, 사용자가 최저임금의 적용을 받는 근로자에게 최저임금액 이상의 임금을 지급하여야 한다고 하여 곧바로 통상임금 자체가 최저임금액을 그 최하한으로 볼 수 없다. 다만 최저임금의 적용을 받는 근로자에게 있어서 비교대상 임금총액이 최저임금액보다 적은 경우에는 비교대상 임금총액이 최저임금액으로 증액되어야 하므로, 이에 따라 비교대상 임금에 산입된 개개의 임금도 증액되고 그 증액된 개개의 임금 중 통상임금에 해당하는 임금들을 기준으로 통상임금이 새롭게 산정될 수는 있을 것이다.

제2절 남녀고용평등과 일·가정 양립 지원에 관한 법률

Ⅰ 총칙

1. 목적

남녀고용평등법은 헌법의 평등 이념에 따라 고용에서 남녀의 평등한 기회와 대우를 보장하고 모성 보호와 여성 고용을 촉진하여 남녀고용평등을 실현함과 아울러 근로자의 일과 가정의 양립을 지원함으로써 모든 국민의 삶의 질 향상에 이바지하는 것을 목적으로 한다(제1조).

2. 용어의 정의

(1) 차별

차별은 사업주가 근로자에게 성별, 혼인, 가족 안에서의 지위, 임신 또는 출산 등의 사유로 합리적인 이유 없이 채용 또는 근로의 조건을 다르게 하거나 그 밖의 불리한 조치를 하는 경우를 말하며, 사업주가 채용조건이나 근로조건은 동일하게 적용하더라도 그 조건을 충족할 수 있는 남성 또는 여성이 다른 한 성에 비하여 현저히 적고 그에 따라 특정 성에게 불리한 결과를 초래하며 그 조건이 정당한 것임을 증명할 수 없는 경우를 포함한다. 다만, ① 직무의 성격에 비추어 특정 성이 불가피하게 요구되는 경우 ② 여성 근로자의 임신·출산·수유 등 모성보호를 위한 조치를 하는 경우 ③ 그 밖에 이 법 또는 다른 법률에 따라 적극적 고용개선조치[22)]를 하는 경우에는 차별에서 제외된다.

(2) 직장 내 성희롱

직장 내 성희롱이란 사업주·상급자 또는 근로자가 직장 내의 지위를 이용하거나 업무와 관련하여 다른 근로자에게 성적 언동 등으로 성적 굴욕감 또는 혐오감을 느끼

---

22) 현존하는 남녀 간의 고용차별을 없애거나 고용평등을 촉진하기 위하여 잠정적으로 특정 성을 우대하는 조치를 말한다.

게 하거나 성적 언동 또는 그 밖의 요구 등에 따르지 아니하였다는 이유로 근로조
건 및 고용에서 불이익을 주는 것을 말한다.

3. 적용 범위

이 법은 근로자를 사용하는 모든 사업 또는 사업장에 적용한다. 다만 동거하는 친족만
으로 이루어지는 사업 또는 사업장과 가사사용인에 대하여는 법의 전부를 적용하지 아니
한다(제3조 제1항 및 시행령 제2조).

Ⅱ 법률의 내용

1. 남녀의 평등한 기회보장 및 대우

(1) 모집과 채용(제7조)
사업주는 근로자를 모집하거나 채용할 때 남녀를 차별하여서는 아니 되며, 근로자
를 모집·채용할 때 그 직무의 수행에 필요하지 아니한 용모·키·체중 등의 신체적 조
건, 미혼 조건, 그 밖에 고용노동부령으로 정하는 조건을 제시하거나 요구하여서는
아니 된다.

(2) 임금 및 복리후생(제8조~제9조)
동일한 사업 내의 동일 가치 노동에 대하여 동일한 임금을 지급하여야 하고, 복리후
생에서 남녀를 차별하여서는 아니 된다.

(3) 평등한 기회보장(제10조~제11조)
근로자의 교육·배치·승진 및 정년·퇴직·해고에서 남녀를 차별하여서는 아니 되며, 여
성 근로자의 혼인, 임신 또는 출산을 퇴직 사유로 예정하는 근로계약을 체결하여서
는 아니 된다.

2. 직장 내 성희롱의 금지 및 예방

(1) 직장 내 성희롱의 금지(제12조)

사업주, 상급자 또는 근로자는 직장 내 성희롱을 하여서는 아니 된다. 성희롱은 성적 굴욕감이나 혐오감을 불러일으키는 행위로서 근로자에게 직접 행해진 것뿐만 아니라 근로자 사이에 성적인 내용의 정보를 유포하는 간접적인 형태로 이루어지더라도 직장 내 성희롱에 해당한다.[23]

(2) 직장 내 성희롱 예방 교육(제13조)

사업주는 직장 내 성희롱의 예방을 위한 교육을 매년 실시하여야 하고, 사업주 및 근로자는 제1항에 따른 성희롱 예방 교육을 받아야 한다. 성희롱 예방 교육의 내용은 근로자가 자유롭게 열람할 수 있는 장소에 항상 게시하거나 갖추어 두어 근로자에게 널리 알려야 한다.

(3) 성희롱 발생 시 조치(14조)

누구든지 직장 내 성희롱 발생 사실을 알게 된 경우 그 사실을 해당 사업주에게 신고할 수 있다.

사업주는 ① 신고를 받거나 직장 내 성희롱 발생 사실을 알게 된 경우에는 지체 없이 그 사실 확인을 위한 조사를 하여야 한다. ② 조사 기간 동안 피해 근로자 등을 보호하기 위하여 필요한 경우 해당 피해 근로자 등에 대하여 근무장소의 변경, 유급휴가 명령 등 적절한 조치를 하여야 하며, 피해 근로자 등의 의사에 반하는 조치를 하여서는 아니 된다. ③ 조사 결과 직장 내 성희롱 발생 사실이 확인된 때에는 피해 근로자가 요청하면 근무장소의 변경, 배치전환, 유급휴가 명령 등 적절한 조치를 하여야 하고 직장 내 성희롱 행위를 한 사람에 대하여 징계, 근무장소의 변경 등 필요한 조치를 하여야 한다. 이 경우 징계 등의 조치를 하기 전에 그 조치에 대하여 직장 내 성희롱 피해를 입은 근로자의 의견을 들어야 한다. ④ 성희롱 발생 사실을 신고한 근로자 및 피해 근로자 등에게 불리한 처우를 하여서는 아니 된다.

---

23) 대판 2021.9.16, 2021다219529.

직장 내 성희롱 발생 사실을 조사한 사람, 조사 내용을 보고 받은 사람 또는 그 밖에 조사 과정에 참여한 사람은 해당 조사 과정에서 알게 된 비밀을 피해 근로자 등의 의사에 반하여 다른 사람에게 누설하여서는 아니 된다. 다만, 조사와 관련된 내용을 사업주에게 보고하거나 관계기관의 요청에 따라 필요한 정보를 제공하는 경우는 제외한다.

(4) 고객 등에 의한 성희롱 방지(제14조의2)

사업주는 고객 등 업무와 밀접한 관련이 있는 자가 업무수행 과정에서 성적인 언동 등을 통하여 근로자에게 성적 굴욕감 또는 혐오감 등을 느끼게 하여 해당 근로자가 그로 인한 고충 해소를 요청할 경우 근무장소 변경, 배치전환, 유급휴가의 명령 등 적절한 조치를 하여야 하고, 근로자가 제1항에 따른 피해를 주장하거나 고객 등으로부터의 성적 요구 등에 불응한 것을 이유로 해고나 그 밖의 불이익한 조치를 하여서는 아니 된다.

3. 여성의 직업능력 개발 및 고용촉진(제16조~17조)

국가, 지방자치단체 및 사업주는 여성의 직업능력 개발 및 향상을 위하여 모든 직업능력 개발 훈련에서 남녀에게 평등한 기회를 보장하여야 한다. 고용노동부장관은 임신·출산·육아 등의 이유로 직장을 그만두었으나 재취업할 의사가 있는 경력단절여성을 위하여 취업유망 직종을 선정하고, 특화된 훈련과 고용촉진프로그램을 개발하여야 하며, 대통령령으로 정한 공공기관·단체의 장 및 일정규모 이상의 근로자를 고용하는 사업의 사업주에 한해 직종별 여성 근로자의 비율이 산업별·규모별로 고용노동부령으로 정하는 고용 기준에 미달하는 경우 적극적 고용개선조치 시행계획을 수립하여 제출할 것을 요구할 수 있고 이 경우 해당 사업주는 시행계획을 제출하여야 한다(제17조의3 제1항).

4. 모성보호

(1) 출산전후휴가 등에 대한 지원(제18조)

국가는 제18조의2에 따른 배우자 출산휴가, 제18조의3에 따른 난임치료휴가, 「근로

기준법」 제74조에 따른 출산전후휴가 또는 유산·사산 휴가를 사용한 근로자 중 일
정한 요건에 해당하는 자에게 그 휴가기간에 대하여 통상임금에 상당하는 금액을
지급할 수 있다.

(2) 배우자 출산휴가(제18조의2)

사업주는 근로자가 배우자의 출산을 이유로 휴가를 고지하는 경우에 20일의 휴가
를 주어야 하고, 근로자는 3회에 한정하여 나누어 사용할 수 있다. 이 경우 사용한
휴가기간은 유급으로 한다. 다만 출산전후휴가급여 등이 지급된 경우에는 그 금액
의 한도에서 지급의 책임을 면하고, 근로자의 배우자가 출산한 날부터 120일이 지
나면 사용할 수 없다.

(3) 난임치료휴가(제18조의3)

사업주는 근로자가 인공수정 또는 체외수정 등 난임치료를 받기 위하여 휴가를 청
구하는 경우에 연간 6일 이내의 휴가를 주어야 하며, 이 경우 최초 2일은 유급으로
한다. 다만, 근로자가 청구한 시기에 휴가를 주는 것이 정상적인 사업운영에 중대한
지장을 초래하는 경우에는 근로자와 협의하여 그 시기를 변경할 수 있다.

(4) 육아휴직(제19조)

사업주는 임신 중인 여성 근로자가 모성을 보호하거나 근로자가 만 8세 이하 또는
초등학교 2학년 이하의 자녀를 양육하기 위하여 휴직을 신청하는 경우에 이를 허용
하여야 한다. 다만 육아휴직을 시작하려는 날의 전날까지 해당 사업에서 계속 근로
한 기간이 6개월 미만인 근로자가 신청한 경우에는 그러하지 아니하다. 육아휴직의
기간은 1년 이내[24] 로 하되, 3회에 한정하여 나누어 사용할 수 있다. 이 경우 임신
중인 여성 근로자가 모성보호를 위하여 육아휴직을 사용한 횟수는 육아휴직을 나
누어 사용한 횟수에 포함하지 아니한다. 사업주는 육아휴직을 이유로 해고나 그 밖
의 불리한 처우를 하여서는 아니 되고, 육아휴직 기간에는 그 근로자를 해고하지

---

24) 다만, 다음 각 호의 어느 하나에 해당하는 근로자의 경우 6개월 이내에서 추가로 육아휴직을 사용할 수 있다. 1. 같은
자녀를 대상으로 부모가 모두 육아휴직을 각각 3개월 이상 사용한 경우의 부 또는 모 2. 「한부모가족지원법」 제4조제1
호의 부 또는 모 3. 고용노동부령으로 정하는 장애아동의 부 또는 모

못한다. 육아휴직을 마친 후에는 휴직 전과 같은 업무 또는 같은 수준의 임금을 지급하는 직무에 복귀시켜야 하며, 육아휴직 기간은 근속기간에 포함한다. 한편 기간제근로자 또는 파견근로자의 육아휴직 기간은 기단법 제4조에 따른 사용기간 또는 파견법 제6조에 따른 근로자파견기간에서 제외한다.

(5) 육아기 근로시간 단축 (제19조의2~제19조의4)

사업주는 근로자가 만 12세 이하 또는 초등학교 6학년 이하의 자녀를 양육하기 위하여 근로시간의 단축을 신청하는 경우에 이를 허용하여야 한다.[25]

다만 대체인력 채용이 불가능한 경우, 정상적인 사업운영에 중대한 지장을 초래하는 경우 등 대통령령으로 정하는 경우에는 근로시간 단축을 허용하지 아니하며, 이 경우 해당 근로자에게 그 사유를 서면으로 통보하고 육아휴직을 사용하게 하거나 출근 및 퇴근 시간 조정 등 다른 조치를 통하여 지원할 수 있는지를 해당 근로자와 협의하여야 한다. 사업주는 육아기 근로시간 단축을 하고 있는 근로자에게 단축된 근로시간 외에 연장근로를 요구할 수 없으나 그 근로자가 명시적으로 청구하는 경우에는 주 12시간 이내에서 연장근로를 시킬 수 있다. 육아기 근로시간 단축을 한 근로자의 근로조건은 사업주와 그 근로자 간에 서면으로 정하되, 육아기 근로시간 단축의 기간은 1년 이내로 한다. 다만, 육아휴직을 신청할 수 있는 근로자가 육아휴직 기간 중 사용하지 아니한 기간이 있으면 그 기간의 두 배를 가산한 기간 이내로 한다. 육아기 근로시간 단축을 한 근로자에 대하여 평균임금을 산정하는 경우에는 그 근로자의 육아기 근로시간 단축 기간을 평균임금 산정기간에서 제외한다. 근로자는 육아기 근로시간 단축을 나누어 사용할 수 있고, 이 경우 나누어 사용하는 1회의 기간은 1개월(근로계약기간의 만료로 1개월 이상 근로시간 단축을 사용할 수 없는 기간제근로자에 대해서는 남은 근로계약기간을 말한다) 이상이 되어야 한다.

(6) 직장어린이집 설치(제21조)

사업주는 근로자의 취업을 지원하기 위하여 수유·탁아 등 육아에 필요한 어린이집

---

25) 단축 후 근로시간은 주당 15시간 이상이어야 하고 35시간을 넘어서는 아니 된다.

을 설치[26]하여야 하며, 직장어린이집을 운영하는 경우 근로자의 고용형태에 따라 차별해서는 아니 된다.

(7) 근로자의 가족 돌봄 등을 위한 지원(제22조의2)

사업주는 근로자가 조부모, 부모, 배우자, 배우자의 부모, 자녀 또는 손자녀의 질병, 사고, 노령으로 인하여 그 가족을 돌보기 위한 휴직을 신청하는 경우 이를 허용하여야 한다. 다만, 대체인력 채용이 불가능한 경우, 정상적인 사업운영에 중대한 지장을 초래하는 경우, 본인 외에도 조부모의 직계비속 또는 손자녀의 직계존속이 있는 경우 등 대통령령으로 정하는 경우에는 그러하지 아니하고 이에 따라 사업주가 가족돌봄휴직을 허용하지 아니하는 경우에는 해당 근로자에게 그 사유를 서면으로 통보하고 ① 업무를 시작하고 미치는 시간 조정 ② 연장근로의 제한 ③ 근로시간의 단축, 탄력적 운영 등 근로시간의 조정 ④ 그 밖에 사업장 사정에 맞는 지원조치의 어느 하나에 해당하는 조치를 하도록 노력하여야 한다. 가족돌봄휴직 기간은 연간 최장 90일로 하며, 이를 나누어 사용할 수 있고 이 경우 나누어 사용하는 1회의 기간은 30일 이상이 되어야 한다.

사업주는 근로자가 가족(조부모 또는 손자녀의 경우 근로자 본인 외에도 직계비속 또는 직계존속이 있는 등 대통령령으로 정하는 경우는 제외)의 질병, 사고, 노령 또는 자녀의 양육으로 인하여 긴급하게 그 가족을 돌보기 위한 휴가를 신청하는 경우 이를 허용하여야 한다. 다만, 근로자가 청구한 시기에 가족돌봄휴가를 주는 것이 정상적인 사업운영에 중대한 지장을 초래하는 경우에는 근로자와 협의하여 그 시기를 변경할 수 있다. 가족돌봄휴가 기간은 연간 최장 10일로 하며, 일단위로 사용할 수 있지만, 이 기간은 가족돌봄휴직 기간에 포함된다.

(8) 가족돌봄 등을 위한 근로시간 단축(제22조의3~제22조의4)

사업주는 ① 근로자가 가족의 질병, 사고, 노령으로 인하여 그 가족을 돌보기 위한 경우 ② 근로자 자신의 질병이나 사고로 인한 부상 등의 사유로 자신의 건강을 돌보기 위한 경우 ③ 55세 이상의 근로자가 은퇴를 준비하기 위한 경우 ④ 근로자의

---

26) 사업주가 직장어린이집을 설치하여야 하는 사업장은 상시 여성근로자 300명 이상 또는 상시근로자 500명 이상을 고용하고 있는 사업장으로 한다(영유아보육법 시행령 제20조).

학업을 위한 경우로 근로시간의 단축을 신청하는 경우에 이를 허용하여야 한다. 다만, 대체인력 채용이 불가능한 경우, 정상적인 사업운영에 중대한 지장을 초래하는 경우 등 대통령령으로 정하는 경우에는 그러하지 아니하다. 사업주가 근로시간 단축을 허용하지 아니하는 경우에는 해당 근로자에게 그 사유를 서면으로 통보하고 휴직을 사용하게 하거나 그 밖의 조치를 통하여 지원할 수 있는지를 해당 근로자와 협의하여야 하고, 근로시간 단축을 허용하는 경우 단축 후 근로시간은 주당 15시간 이상이어야 하고 30시간을 넘어서는 아니 된다. 근로시간 단축의 기간은 1년 이내로 하되, 위의 ①~③호의 어느 하나에 해당하는 근로자는 합리적 이유가 있는 경우에 추가로 2년의 범위 안에서 근로시간 단축 기간을 연장할 수 있다.

근로시간 단축을 한 근로자의 근로조건은 사업주와 그 근로자 간에 서면으로 정하되, 사업주는 근로시간 단축을 하고 있는 근로자에게 단축된 근로시간 외에 연장근로를 요구할 수 없다. 다만, 그 근로자가 명시적으로 청구하는 경우에는 주 12시간 이내에서 연장근로를 시킬 수 있다.

Ⅲ 분쟁의 예방과 해결

1. 명예고용평등감독관

남녀고용평등 이행을 촉진하기 위하여 고용노동부 장관은 그 사업장 소속 근로자 중 노사가 추천하는 자를 명예고용평등감독관으로 위촉할 수 있고, 위촉된 명예고용평등감독관은 ① 해당 사업장의 차별 및 직장 내 성희롱 발생 시 피해 근로자에 대한 상담·조언, ② 해당 사업장의 고용평등 이행상태 자율점검 및 지도 시 참여, ③ 법령위반 사실이 있는 사항에 대하여 사업주에 대한 개선 건의 및 감독기관에 대한 신고, ④ 남녀고용평등 제도에 대한 홍보·계몽, ⑤ 그 밖에 남녀고용평등의 실현을 위하여 고용노동부장관이 정하는 업무를 수행한다. 하지만 남녀고용평등의 이행을 돕는다는 명예감독관 제도가 실질적 권한과 역할이 부족해 제도개선을 이끄는 데 실효성이 떨어지고, 명예감독관의 여성 비율 또한 현저히 낮아[27] 제대로 활용되지 못한다는 지적이 있다.

2. 차별에 대한 구제조치

(1) 차별적 처우 등의 시정신청(제26조~제27조)

근로자가 성별을 이유로 모집과 채용, 임금, 임금 외의 금품과 복리후생, 교육·배치 및 승진, 정년·퇴직 및 해고에서 차별적 처우를 받은 경우 차별적 처우가 있은 날부터 6개월 안에 노동위원회에 그 시정을 신청할 수 있고(제26조), 노동위원회는 이에 따른 시정신청을 받을 때에는 지체 없이 필요한 조사와 관계 당사자에 대한 심문을 하여야 한다(제27조).

(2) 조정 및 중재(제28조)

노동위원회는 제27조에 따른 심문 과정에서 관계 당사자 쌍방 또는 일방의 신청이나 직권으로 조정절차를 개시할 수 있고, 관계 당사자가 미리 노동위원회의 중재결정에 따르기로 합의하여 중재를 신청한 경우에는 중재를 할 수 있다.

(3) 시정명령(제29조)

노동위원회는 제27조에 따른 조사·심문을 끝내고 차별적 처우 등에 해당된다고 판정한 때에는 해당 사업주에게 시정명령을 하여야 하고, 차별적 처우 등에 해당하지 아니한다고 판정한 때에는 그 시정신청을 기각하는 결정을 하여야 한다.

(4) 시정명령 등의 확정(제29조의3~제29조의4)

지방노동위원회의 시정명령 또는 기각결정에 불복하는 관계 당사자는 중앙노동위원회에 재심을 신청(10일 이내)할 수 있고, 중앙노동위원회의 재심결정에 불복하는 관계 당사자는 행정소송(15일 이내)을 제기할 수 있다. 재심을 신청하지 아니하거나 행정소송을 제기하지 아니한 때에는 그 시정명령, 기각결정 또는 재심결정은 확정된다(제29조의3). 시정신청을 한 근로자는 사업주가 확정된 시정명령을 이행하지 아니하

---

27) 여성 명예감독관 비율은 2022년 6월 기준 27%에 불과하다.

는 경우 이를 고용노동부장관에게 신고할 수 있다(제29조의4).

(5) 확정된 시정명령의 효력 확대(제29조의6)

고용노동부장관은 확정된 시정명령을 이행할 의무가 있는 사업주의 사업 또는 사업장에서 해당 시정명령의 효력이 미치는 근로자 외의 근로자에 대해서도 차별적 처우가 있는지를 조사하여 차별적 처우가 있는 경우에는 그 시정을 요구할 수 있다. 이는 근로자가 고용불안 등으로 차별적 처우의 시정신청에 소극적일 수 있기 때문에 고용노동부장관에 의한 직권 시정요구가 가능하도록 한 것이다.[28]

(6) 시정신청 등으로 인한 불리한 처우의 금지

사업주는 근로자가 제26조에 따른 차별적 처우 등의 시정신청, 제27조에 따른 노동위원회의 참석 및 진술, 제29조의3에 따른 재심신청 또는 행정소송의 제기, 제29조의4에 따른 시정명령 불이행의 신고의 어느 하나에 해당하는 행위를 한 것을 이유로 해고나 그 밖의 불리한 처우를 하지 못한다.

관련 판례1 대판 2021.9.16, 2021다219529.

성희롱이 성립하기 위한 요건으로서의 성적언동

성적 언동 등에는 피해자에게 직접 성적 굴욕감 또는 혐오감을 준 경우뿐만 아니라 다른 사람이나 매체 등을 통해 전파하는 간접적인 방법으로 성적 굴욕감 또는 혐오감을 느낄 수 있는 환경을 조성하는 경우도 포함된다.

---

28) 이철수, 『노동법』, p.84.

관련 판례2 대판 2023.2.2, 2022다273964.

직장 내 성희롱에 대한 판단

직장 내 성희롱은 "사업주·상급자 또는 근로자가 직장 내의 지위를 이용하거나 업무와 관련하여 다른 근로자에게 성적 언동 등으로 성적 굴욕감 또는 혐오감을 느끼게 하거나 성적 언동 또는 그 밖의 요구 등에 따르지 않았다는 이유로 근로조건 및 고용에서 불이익을 주는 것"을 뜻한다. 여기서 말하는 '성적 언동'이란 남녀 간의 육체적 관계 또는 남성이나 여성의 신체적 특징과 관련된 육체적, 언어적, 시각적 행위로서, 사회공동체의 건전한 상식과 관행에 비추어 볼 때 객관적으로 상대방과 같은 처지에 있는 일반적이고도 평균적인 사람으로 하여금 성적 굴욕감이나 혐오감을 느끼게 할 수 있는 행위를 가리킨다. 행위자에게 반드시 성적 동기나 의도가 있어야 성희롱이 되는 것은 아니지만, 당사자의 관계, 행위장소와 상황, 상대방의 명시적 또는 추정적인 반응, 행위의 내용과 정도, 행위가 일회적 또는 단기간의 것인지 아니면 계속적인 것인지 등 구체적인 사정을 참작하여 볼 때 성적 언동 등으로 상대방이 성적 굴욕감이나 혐오감을 느꼈다고 인정되어야 한다. 또한 '지위를 이용하거나 업무와 관련하여'라는 요건은 포괄적인 업무관련성을 나타낸 것으로, 업무수행 기회나 업무수행에 편승하여 성적 언동이 이루어진 경우뿐만 아니라 권한을 남용하거나 업무수행을 빙자하여 성적 언동을 한 경우도 이에 포함된다. 어떠한 성적 언동이 업무관련성이 인정되는지는 쌍방당사자의 관계, 행위가 이루어진 장소와 상황, 행위 내용과 정도 등 구체적인 사정을 참작해서 판단해야 한다.

관련 판례3 대판 2022.6.30, 2017두76005.

육아휴직 종료 후 원직복직의 정당성 판단

사업주가 남녀고평법 제19조 4항에 따라 육아휴직을 마친 근로자를 복귀시키면서 부여한 업무가 휴직 전과 '같은 업무'에 해당한다고 보려면, 취업규칙이나 근로계약 등에 명시된 업무 내용뿐만 아니라 실제 수행하여 온 업무도 아울러 고려하여, 휴직 전 담당 업무와 복귀 후의 담당 업무를 비교할 때 그 직책이나 직위의 성격과 내용·범위 및 권한·책임 등에서 사회통념상 차이가 없어야 한다. 만약 휴직기간 중 발생한 조직체계나 근로환경의 변화 등을 이유로 사업주가 같은 업무로 복귀시키는 대신 같은 수준의 임금을 지급하는 다른 직무로 복귀시키는 경우에도 복귀하는 근로자에게 실질적인 불이익이 있어서는 아니 된다. 사업주가 위와 같은 책무를 다하였는지는 근로환경의 변화나 조직의 재편 등으로 인하여 다른 직무를 부여해야 할 필요성 여부 및 정도, 임금을 포함한 근로조건이 전체적으로 낮은 수준인지, 업무의 성격과 내용·범위 및 권한·책임 등에 불이익이 있는지 여부 및 정도, 대체직무를 수행하게 됨에 따라 기존에 누리던 업무상·생활상 이익이 박탈되는지 여부 및 정도, 동등하거나 더 유사한 직무를 부여하기 위하여 휴직 또는 복직 전에 사전 협의 기타 필요한 노력을 하였는지 여부 등을 종합적으로 고려하여 판단하여야 한다.

제3절 **산업안전보건법**

I 개요

1. 의의

산업안전보건법은 산업안전 및 보건에 관한 기준을 확립하고 그 책임의 소재를 명확하게 하여 산업재해를 예방하고 쾌적한 작업환경을 조성함으로써 노무를 제공하는 사람[29]의 안전 및 보건을 유지·증진함을 목적으로 한다(제1조).

2. 적용 범위

이 법은 모든 사업에 적용한다. 다만, 유해·위험의 정도, 사업의 종류, 사업장의 상시근로자수(건설공사의 경우에는 건설공사 금액) 등을 고려하여 대통령령으로 정하는 종류의 사업 또는 사업장에는 이 법의 전부 또는 일부를 적용하지 아니할 수 있다(제3조).

---

29) 산업안전보건법 전부개정(2020.1.16. 시행)에 따라 법의 보호대상이 근로기준법상 근로자에서 '노무를 제공하는 자'로 확대됨에 따라 특수형태근로종사자 및 배달종사자, 가맹점사업자와 그 소속근로자도 산업재해예방의 보호대상에 포함되었다.

3. 책임과 의무

사업주**30)**·근로자·정부 등은 안전·보건에 대한 체계적이고 조직적인 활동을 통해 산업재해를 예방하여야 할 책임과 의무를 지고 있다.

(1) 정부의 책무(제4조)
  ① 산업안전 및 보건 정책의 수립 및 집행
  ② 산업재해 예방 지원 및 지도
  ③ 직장 내 괴롭힘 예방을 위한 조치기준 마련, 지도 및 지원
  ④ 산업주의 자율적인 산업안전 및 보건 경영체제 확립을 위한 지원
  ⑤ 산업안전 및 보건에 관한 의식을 북돋우기 위한 홍보·교육 등 안전문화 확산 추진
  ⑥ 산업안전 및 보건에 관한 기술의 연구·개발 및 시설의 설치·운영
  ⑦ 산업재해에 관한 조사 및 통계의 유지·관리
  ⑧ 산업안전 및 보건 관련 단체 등에 대한 지원 및 지도·감독
  ⑨ 그 밖에 노무를 제공하는 자의 안전 및 건강의 보호·증진

(2) 지방자치단체의 직무(제4조의 2~제4조의 3)
  지방자치단체는 산업안전 및 보건 정책의 수립 및 집행에 따른 정부의 정책에 적극 협조하고, 관할 지역의 산업재해를 예방하기 위한 대책을 수립·시행하여야 하며, 단체의 장은 관할 지역 내에서의 산업재해 예방을 위하여 자체 계획의 수립, 교육, 홍보 및 안전한 작업환경 조성을 지원하기 위한 사업장 지도 등 필요한 조치를 할 수 있다.

(3) 사업주 등의 의무(제5조)
  ① 산업재해 예방을 위한 기준 준수
  ② 근로자의 신체적 피로와 정신적 스트레스 등을 줄일 수 있는 쾌적한 작업환경의 조성 및 근로조건 개선

---

30) "사업주"란 근로자를 사용하여 사업을 하는 자를 말하는 것으로 법인의 경우는 당해 법인이고, 개인기업의 경우는 사업주 개인이 된다.

③ 해당 사업장의 안전 및 보건에 관한 정보를 근로자에게 제공

④ 기계·기구와 그 밖의 설비를 설계·제조 또는 수입하는 자, 원재료 등을 제조·수입하는 자, 건설물을 발주·설계·건설하는 자는 발주·설계·제조·수입 또는 건설을 할때 산업안전보건법에 따른 기준 준수 및 이에 사용되는 물건으로 인하여 발생하는 산업재해를 방지하기 위하여·필요한 조치를 하여야 함

(4) 근로자의 의무(제6조)

산업안전보건법에 따른 산업재해예방에 필요한 사항을 지켜야 하며, 사업주 또는 근로감독관, 공단 등 관계인이 실시하는 산업재해 예방에 관한 조치에 따라야 한다.

(5) 고용노동부 장관의 직무(제7조~제8조)

산업재해 예방에 관한 기본계획 수립 및 산업재해를 예방하기 위하여 대통령령으로 정하는 사업장[31]의 근로자 산업재해 발생건수, 재해율 또는 그 순위 등을 공표하여야 하고, 산업재해예방계획의 효율적인 시행을 위하여 필요하다고 인정할 때에는 관계행정기관의 장 또는 공공기관의 장에게 필요한 협조를 요청할 수 있다.

Ⅱ 안전·보건관리체제

사업주는 산업재해를 예방하고 근로자의 안전 및 보건을 유지·증진시키기 위하여 안전·보건에 관한 관리자를 두어야 한다. 또한 산업안전보건위원회를 설치·운영하고 안전보건관리규정을 작성하여 각 사업장에 게시하여야 한다.

---

31) "대통령령으로 정하는 사업장"이란 ① 산업재해로 인한 사망자가 연간 2명 이상 발생한 사업장, ② 사망만인율(연간 상시근로자 1만 명당 발생하는 사망재해자 수의 비율)이 규모별 같은 업종의 평균 사망만인율 이상인 사업장, ③ 중대산업사고가 발생한 사업장 ④ 산업재해 발생 사실을 은폐한 사업장, ⑤ 산업재해의 발생에 관한 보고를 최근 3년 이내 2회 이상 하지 않은 사업장을 말한다.

1. 안전보건관리책임자

상시근로자 100명 이상을 사용하는 사업[32])과 공사금액이 20억원 이상인 건설업, 상시 근로자 100명 미만을 사용하는 사업 중 대통령령으로 정하는 사업의 사업주는 사업장을 실질적으로 총괄하여 관리하는 사람(안전보건관리책임자)에게 해당 사업장의 다음 각 호의 업무를 총괄하여 관리하도록 하여야 하며(제15조 제1항), 안전보건관리책임자는 안전관리 자와 보건관리자를 지휘·감독한다(동조 제2항).

① 사업장의 산업재해 예방계획의 수립에 관한 사항
② 안전보건·관리규정의 작성 및 변경에 관한 사항
③ 근로자의 안전보건교육에 관한 사항
④ 작업환경측정 등 작업환경의 점검 및 개선에 관한 사항
⑤ 근로자의 건강진단 등 건강관리에 관한 사항
⑥ 산업재해의 원인 조사 및 재발방지 대책 수립에 관한 사항
⑦ 산업재해에 관한 통계의 기록 및 유지에 관한 사항
⑧ 안전장치 및 보호구 구입 시의 적격품 여부 확인에 관한 사항
⑨ 그 밖에 근로자의 유해·위험 방지조치에 관한 사항으로서 고용노동부령으로 정하는 사항

(1) 안전관리자

사업주는 사업장에 안전에 관한 기술적인 사항에 관하여 사업주 또는 안전보건관리 책임자를 보좌하고 관리감독자에게 지도·조언하는 업무를 수행하는 안전관리자를 두어야 한다(제17조 제1항).

(2) 보건관리자

사업주는 사업장에 보건에 관한 기술적인 사항에 관하여 사업주 또는 안전보건관리 책임자를 보좌하고 관리감독자에게 지도·조언하는 업무를 수행하는 보건관리자를

---

32) 단, 농업, 어업, 소프트웨어 개발 및 공급업, 컴퓨터 프로그래밍, 시스템 통합 및 관리업, 정보서비스업, 금융 및 보험업, 임대업(부동산 제외), 전문, 과학 및 기술 서비스업(연구개발업 제외), 사업지원 서비스업, 사회복지 서비스업은 상시근로 자 300명 이상.

두어야 한다(제18조 제1항).

2. 관리감독자

사업주는 사업장의 생산과 관련되는 업무와 그 소속 직원을 직접 지휘·감독하는 직위에 있는 관리감독자[33]로 하여금 산업안전 및 보건에 관한 업무로서 대통령령으로 정하는 업무를 수행하도록 하여야 한다(제16조 제1항).

3. 산업보건의

사업주는 근로자의 건강관리나 그 밖에 보건관리자의 업무를 지도하기 위하여 사업장에 산업보건의를 두어야 한다. 다만, 의사를 보건관리자로 둔 경우에는 그러하지 아니하다(제22조).

4. 산업안전보건위원회

사업주는 사업장의 안전 및 보건에 관한 중요 사항을 심의·의결하기 위하여 사업장에 근로자위원과 사용자위원이 같은 수로 구성되는 산업안전보건위원회("이하 위원회"라 한다)를 구성·운영하여야 한다(제24조 제1항). 사업주와 근로자는 위 위원회의 심의·의결한 사항을 성실하게 이행하여야 하고(동조 제4항), 위원회는 이 법, 이 법에 따른 명령, 단체협약, 취업규칙 및 안전보건관리규정에 반하는 내용으로 심의·의결해서는 아니 된다(동조 제5항). 위원회의 회의는 정기회의와 임시회의로 구분하되, 정기회의는 분기마다 위원장이 소집하며, 임시회의는 위원장이 필요하다고 인정할 때에 소집한다(시행령 제37조 제1항).

(1) 설치대상(시행령 별표 9)

상시근로자 100명 이상을 사용하는 사업[34](다만, 건설업의 경우에는 공사금액이 120억

---

33) 경영조직에서 생산과 관련되는 업무와 그 소속 직원을 직접 지휘·감독하는 부서의 장 또는 그 직위를 담당하는 자를 말한다.
34) 단, 농업, 어업, 소프트웨어 개발 및 공급업, 컴퓨터 프로그래밍, 시스템 통합 및 관리업, 정보서비스업, 금융 및 보험업, 임대업(부동산 제외), 전문, 과학 및 기술 서비스업(연구개발업 제외), 사업지원 서비스업, 사회복지 서비스업은 상시근로자 300명 이상.

원 이상인 사업장)과 상시근로자 50명 이상 100명 미만을 사용하는 사업중 대통령령
으로 정하는 사업장에 설치·운영하여야 한다.

(2) 산업안전보건위원회의 구성
위원회의 위원장은 위원 중에서 호선한다. 이 경우 근로자위원과 사용자위원 중 각
1명을 공동위원장으로 선출할 수 있다(시행령 제36조).

1) 근로자위원
① 근로자대표
② 근로자대표가 지명하는 1명 이상의 명예산업안전감독관(위촉되어 있는 사업장의
경우)
③ 근로자대표가 지명하는 9명 이내의 해당 사업장의 근로자(명예산업안전감독관이
근로자위원으로 지명되어 있는 경우 그 수를 제외한 수의 근로자)

2) 사용자위원
① 해당 사업의 대표자
② 안전관리자 1명(안전관리자의 업무를 안전관리대행기관에 위탁한 사업장의 경우에는
그 대행기관의 해당 사업장 담당자)
③ 보건관리자 1명(보건관리자의 업무를 보건관리대행기관에 위탁한 경우에는 그 대행기
관의 해당 사업장 담당자)
④ 산업보건의(해당 사업장에 선임되어 있는 경우)
⑤ 해당 사업의 대표자가 지명하는 9명 이내의 해당 사업장 부서의 장

(3) 산업안전보건위원회의 심의·의결을 거쳐야 하는 사항(제24조 제2항)
① 산업재해 예방계획의 수립에 관한 사항
② 안전보건관리규정의 작성 및 변경에 관한 사항
③ 근로자의 안전보건교육에 관한 사항
④ 작업환경측정 등 작업환경의 점검 및 개선에 관한 사항
⑤ 근로자의 건강진단 등 건강관리에 관한 사항

⑥ 산업재해의 원인 조사 및 재발방지 대책 수립에 관한 사항 중 중대재해에 관한 사항

⑦ 산업재해에 관한 통계의 기록 및 유지에 관한 사항

⑧ 유해하거나 위험한 기계·기구와 그 밖의 설비를 도입한 경우 안전·보건조치에 관한 사항

5. 안전보건관리규정

사업주는 사업장의 안전 및 보건을 유지하기 위하여 안전보건관리규정을 작성하여야 한다(제25조 제1항). 안전보건관리규정은 단체협약 또는 취업규칙에 반할 수 없으며(동조 제2항), 작성하여야 할 사업의 종류 및 사업장의 상시근로자수 및 안전보건관리규정에 포함되어야 할 세부적인 내용, 그 밖에 필요한 사항은 고용노동부령으로 정한다(동조 제3항). 안전보건관리규정을 작성하거나 변경할 때에는 산업안전보건위원회의 심의·의결을 거쳐야 한다. 다만, 산업안전보건위원회가 설치되어 있지 아니한 사업장의 경우에는 근로자대표의 동의를 받아야 한다(제26조). 안전보건관리규정에 관하여는 이 법에서 규정한 것을 제외하고는 그 성질에 반하지 아니하는 범위에서 「근로기준법」 중 취업규칙에 관한 규정을 준용한다(제28조). 안전보건관리규정은 다음 각 호의 사항이 포함되어야 한다.

① 안전 및 보건에 관한 관리조직과 그 직무에 관한 사항

② 안전보건교육에 관한 사항

③ 작업장의 안전 및 보건관리에 관한 사항

④ 사고 조사 및 대책 수립에 관한 사항

⑤ 그 밖에 안전 및 보건에 관한 사항

6. 안전보건교육

(1) 근로자에 대한 안전보건교육

사업주는 소속 근로자에게 고용노동부령으로 정하는 바에 따라 안전보건교육을 실시하여야 하고(제29조 제1항), 채용할 때와 작업내용을 변경할 때에도 그 근로자에게 고용노동부령으로 정하는 바에 따라 해당 작업에 필요한 안전보건교육을 하여야

한다(동조 제2항). 또한 사업주는 근로자를 유해하거나 위험한 작업에 채용하거나 그 작업으로 작업내용을 변경할 때에는 제2항에 따른 안전보건교육 외에 고용노동부령으로 정하는 바에 따라 유해하거나 위험한 작업에 필요한 안전보건교육을 추가로 하여야 한다(동조 제3항). 건설업의 사업주는 건설 일용근로자를 채용할 때에는 그 근로자에 하여금 안전보건교육기관이 실시하는 안전보건교육을 이수하도록 하여야 한다. 다만, 건설 일용근로자가 그 사업주에게 채용되기 전에 안전보건교육을 이수한 경우에는 그러하지 아니하다(제31조).

(2) 안전보건관리책임자 등에 대한 직무교육

사업주는 안전보건관리책임자, 안전관리자 및 보건관리자, 안전보건관리담당자 및 산안법 제32조 제5항에 따른 기관에서 안전과 보건에 관련된 업무에 종사하는 사람에게 안전보건교육기관에서 직무와 관련한 안전보건교육을 이수하도록 하여야 한다. 다만, 다른 법령에 따라 안전 및 보건에 관한 교육을 받는 등 고용노동부령으로 정하는 경우에는 안전보건교육의 전부 또는 일부를 하지 아니할 수 있다(동조 제2항).

Ⅲ 유해·위험 방지조치

사업주는 산업안전보건법과 이에 따른 명령의 요지 및 안전보건관리규정을 각 사업장의 근로자가 쉽게 볼 수 있는 장소에 게시하거나 갖추어 두어 근로자에게 널리 알려야 한다(제34조).

1. 안전조치

사업주는 기계·기구·그 밖의 설비, 폭발성, 발화성 및 인화성 물질, 전기, 열, 그 밖의 에너지에 의한 위험 및 굴착, 채석, 하역, 벌목, 운송, 조작, 운반, 해체, 중량물 취급, 그 밖의 작업을 할 때 불량한 작업방법 등에 의한 위험으로 인한 산업재해(제38조 제1~2항) 및 근로자가 추락할 위험이 있는 장소, 토사·구축물 등이 붕괴할 우려가 있는 장소, 물체가 떨어지거나 날아올 위험이 있는 장소, 천재지변으로 인한 위험이 발생할 우려가 있는 장소에서 작업을 할 때 발생할 수 있는 산업재해를 예방하기 위하여 필요한 조치를 하여야 한다 (동조 제3항).

2. 보건조치

사업주는 ① 원재료·가스·증기·분진·흄·미스트·산소결핍·병원체 등에 의한 건강장해, ② 방사선·유해광선·고열·한랭·초음파·소음·진동·이상기압 등에 의한 건강장해, ③ 사업장에서 배출되는 기체·액체 또는 찌꺼기 등에 의한 건강장해, ④ 계측감시, 컴퓨터 단말기 조작, 정밀공작 등의 작업에 의한 건강장해, ⑤ 단순반복작업 또는 인체에 과도한 부담을 주는 작업에 의한 건강장해, ⑥ 환기·채광·조명·보온·방습·청결 등의 적정기준을 유지하지 아니 하여 발생하는 건강장해, ⑦ 폭염·한파에 장시간 작업함에 따라 발생하는 건강장해[35]를 예방하기 위하여 필요한 조치를 하여야 한다(제39조 제1항).

3. 건강장해 예방조치

사업주는 주로 고객을 직접 대면하거나 정보통신망을 통하여 상대하면서 상품을 판매 하거나 서비스를 제공하는 업무에 종사하는 고객응대근로자에 대하여 고객의 폭언, 폭 행, 그 밖에 적정 범위를 벗어난 신체적·정신적 고통을 유발하는 행위로 인한 건강장해를 예방하기 위하여 고용노동부령으로 정하는 바에 따라 필요한 조치를 하여야 하고(제41조 제1항), 업무와 관련하여 고객 등 제3자의 폭언 등으로 근로자에게 건강장해가 발생하거나 발생할 현저한 우려가 있는 경우에는 업무의 일시적 중단 또는 전환 등 대통령령으로 정 하는 필요한 조치를 하여야 한다(동조 제2항). 이는 고객 등 제3자의 폭언 등으로부터 감정 근로자의 건강을 보장하기 위한 것으로, 근로자는 사업주에게 제2항에 따른 조치를 요구 할 수 있고, 사업주는 근로자의 요구를 이유로 해고 또는 그 밖의 불리한 처우를 해서는 아니 된다(동조 제3항).

---

35) 폭염·한파에 의한 근로자의 건강장해를 예방하기 위한 사업주의 보건조치 의무를 법률에 명확히 규정하여 근로자의 생 명과 건강을 두텁게 보호하려는 것으로 2024.10.22. 산업안전보건법 일부개정법률의 공포에 따라 2025.6.1.부터 시행 된다.

4. 작업중지

(1) 사업주

산업재해가 발생할 급박한 위험이 있거나 중대재해가 발생하였을 때에는 즉시 작업을 중지시키고 근로자를 작업장소에서 대피시키는 등 안전 및 보건에 관하여 필요한 조치를 하여야 한다(제51조 및 제54조 제1항). 산업재해가 발생할 급박한 위험이 있다고 근로자가 믿을 만한 합리적인 이유가 있을 때에는 작업을 중지하고 대피한 근로자에 대하여 해고나 그 밖의 불리한 처우를 해서는 아니 된다(제52조 제4항). 산업재해가 발생하였을 때에는 그 발생 사실을 은폐해서는 아니 되고(제57조 제1항), 고용노동부령으로 정하는 바에 따라 산업재해의 발생원인 등을 기록하여 보존하여야 한다(동조 제2항). 고용노동부령으로 정하는 산업재해에 대해서는 그 발생 개요·원인 및 보고 시기, 재발방지 계획 등을 고용노동부령으로 정하는 바에 따라 고용노동부장관에게 보고하여야 한다(동조 제3항).

(2) 근로자

산업재해가 발생할 급박한 위험이 있는 경우에는 작업을 중지하고 대피할 수 있다(제52조 제1항). 제1항에 따라 작업을 중지하고 대피한 근로자는 지체 없이 그 사실을 관리감독자 또는 그 밖에 부서의 장에게 보고하여야 하고(동조 제2항), 관리감독자 등은 제2항에 따른 보고를 받으면 안전 및 보건에 관하여 필요한 조치를 하여야 한다(동조 제3항).

(3) 고용노동부장관

① 사업주가 사업장의 건설물 또는 그 부속건설물 및 기계·설비 등에 대하여 안전 및 보건에 관하여 고용노동부령으로 정하는 필요한 조치를 하지 아니하여 근로자에게 현저한 유해·위험이 초래될 우려가 있다고 판단될 때에는 해당 기계·설비 등에 대하여 사용중지·대체·제거 또는 시설의 개선, 그 밖에 안전 및 보건에 관하여 고용노동부령으로 정하는 시정조치를 명할 수 있고(제53조 제1항), 사업주가 이를 이행하지 아니하여 유해·위험 상태가 해소 또는 개선되지 아니하거나 근로자에 대한 유해·위험이 현저히 높아질 우려가 있는 경우에는 해당 기계·설비 등과

관련된 작업의 전부 또는 일부의 중지를 명할 수 있다(동조 제3항).

② 중대재해가 발생하였을 때에는 그 원인규명 또는 산업재해 예방대책 수립을 위하여 중대재해 발생 원인을 조사할 수 있고(제56조 제1항), 중대재해가 발생한 사업장의 사업주에게 안전보건개선계획의 수립·시행, 그 밖에 필요한 조치를 명할 수 있다(동조 제2항). 또한 중대재해가 발생한 해당 작업이나 그 작업과 동일한 작업으로 인하여 해당 사업장에 산업재해가 다시 발생할 급박한 위험이 있다고 판단되는 경우에는 그 작업의 중지를 명할 수 있고(제55조 제1항), 토사·구축물의 붕괴, 화재·폭발, 유해하거나 위험한 물질의 누출 등으로 인하여 중대재해가 발생하여 그 재해가 발생한 장소 주변으로 산업재해가 확산될 수 있다고 판단되는 등 불가피한 경우에도 해당 사업장의 작업을 중지할 수 있다(동조 제2항).

③ 사업주가 작업중지의 해제를 요청한 경우에는 작업중지 해제에 관한 전문가 등으로 구성된 심의위원회의 심의를 거쳐 고용노동부령으로 정하는 바에 따라 작업중지를 해제하여야 한다(동조 제3항).

5. 도급 시 산업재해 예방

(1) 도급의 제한

사업주는 근로자의 안전과 보건에 유해하거나 위험한 작업으로 도금작업, 수은, 납, 카드뮴을 제련, 주입, 가공 및 가열하는 작업, 대통령령으로 정하는 허가대상물질을 제조하거나 사용하는 작업을 도급하여 자신의 사업장에서 수급인의 근로자가 그 작업을 하도록 해서는 아니 된다(제58조 제1항). 다만, 일시·간헐적으로 하는 작업이거나, 수급인이 보유한 기술이 전문적이고 사업운영에 필수 불가결한 경우로서 고용노동부장관의 승인을 받은 경우에 한해 사업주는 이와 같은 작업을 도급하여 자신의 사업장에게 수급인의 근로자가 그 작업을 하도록 할 수 있다(동조 제2항). 이는 일시·간헐적 작업으로서 작업수요가 예측불가능해 상시 인원을 두기 어려운 작업이나, 전문인력 채용에 시간이 소요돼 작업시기를 놓칠 경우 오히려 근로자 위험도가 더 높아질 수 있는 작업 등 필수 불가결한 경우에 한해 고용노동부장관의 승인을 받아 시행할 수 있는 예외 규정을 둔 것이다.

(2) 도급인의 안전 및 보건조치

사업주는 산업재해 예방을 위한 조치를 할 수 있는 능력을 갖춘 사업자에게 도급하여야 하고(제61조), 도급인은 관계수급인 근로자가 도급인의 사업장에서 작업을 하는 경우에 자신의 근로자와 관계수급인 근로자의 산업재해를 예방하기 위하여 안전 및 보건 시설의 설치 등 필요한 안전조치 및 보건조치를 하여야 한다(제63조).

6. 유해·위험 기계 등에 대한 조치

(1) 방호조치

누구든지 동력으로 작동하는 기계·기구로서 대통령령이 정하는 것은 고용노동부령으로 정하는 유해·위험 방지를 위한 방호조치를 하지 아니하고는 양도, 대여, 설치 또는 사용에 제공하거나 양도·대여의 목적으로 진열해서는 아니 된다(제80조 제1항). 누구든지 동력으로 작동하는 기계·기구로서 ① 작동부분에 돌기부분이 있는 것, ② 동력전달부분 또는 속도조절부분이 있는 것, ③ 회전기계에 물체 등이 말려 들어갈 부분이 있는 것은 고용노동부령으로 정하는 방호조치를 하지 아니하고는 양도, 대여, 설치 또는 사용에 제공하거나 양도·대여의 목적으로 진열하여서는 아니 된다(동조 제2항). 대통령령으로 정하는 기계·기구·설비 및 건축물 등을 타인에게 대여하거나 대여받는 자는 안전조치 및 보건조치를 하여야 한다(제81조). 타워크레인을 설치하거나 해체를 하려는 자는 대통령령으로 정하는 바에 따라 인력·시설 및 장비 등의 요건을 갖추어 고용노동부장관에게 등록하여야 한다(제82조).

(2) 안전인증

고용노동부장관은 유해·위험기계 등의 안전성을 평가하기 위하여 그 안전에 관한 성능과 제조자의 기술 능력 및 생산 체계 등에 관한 안전인증기준을 정하여 고시하여야 한다(제83조 제1항). 안전인증을 받은 자는 안전인증을 받은 유해·위험기계 등이나 이를 담은 용기 또는 포장에 고용노동부령으로 정하는 바에 따라 안전인증의 표시를 하여야 한다(제85조 제1항). 고용노동부장관은 ① 안전인증을 받은 유해·위험한 기계·기구·설비 등의 안전에 관한 성능 등이 안전인증기준에 맞지 아니하게 된 경우, ② 정당한 사유 없이 안전인증준수여부의 확인을 거부, 방해 또는 기피하는 경우에 해당하면 안전인증을 취소하거나 6개월 이내의 기간을 정하여 안전인증표시의 사용 금지 또는 안전인증기준에 맞게 시정하도록 명할 수 있다. 다만, 거짓이나 그 밖의 부정한 방법으로 안전인증을 받은 경우에는 안전인증을 취소하여야 한다(제86조 제1항). 고용노동부장관은 안전인증을 취소한 경우에는 고용노동부령으로 정하는 바에 따라 그 사실을 관보 등에 공고하여야 하며(동조 제2항), 안전인증이 취소된 자는 안전인증이 취소된 날부터 1년 이내에는 취소된 유해·위험기계 등에 대하여 안전인증을 신청할 수 없다(동조 제3항).

(3) 안전검사

유해하거나 위험한 기계·기구·설비로서 대통령령으로 정하는 것을 사용하는 사업주는 안전검사대상 기계 등의 안전에 관한 성능이 고용노동부장관이 정하여 고시하는 검사기준에 맞는지에 대하여 고용노동부장관이 실시하는 안전검사를 받아야 한다. 이 경우 안전검사대상 기계 등을 사용하는 사업주와 소유자가 다른 경우에는 안전검사대상 기계 등의 소유자가 안전검사를 받아야 한다(제93조 제1항). 제1항에도 불구하고 안전검사대상 기계 등이 다른 법령에 따라 안전성에 관한 검사나 인증을 받은 경우에는 안전검사를 면제할 수 있다(동조 제2항).

Ⅳ 근로자의 보건관리

1. 작업환경측정

사업주는 유해인자로부터 근로자의 건강을 보호하고 쾌적한 작업환경을 조성하기 위하여 인체에 해로운 작업을 하는 작업장으로서 고용노동부령으로 정하는 작업장에 대하여 고용노동부령으로 정하는 자격을 가진 자로 하여금 작업환경측정을 하도록 하여야 한다(제125조 제1항). 사업주는 근로자대표가 요구하면 작업환경측정 시 근로자대표를 참석시켜야 하고(동조 제3항), 작업환경측정 결과를 기록하여 보존하고 고용노동부령으로 정하는 바에 따라 고용노동부장관에게 보고하여야 한다(동조 제5항). 사업주는 작업환경측정 결과를 해당 작업장의 근로자에게 알려야 하며 그 결과에 따라 근로자의 건강을 보호하기 위하여 해당 시설·설비의 설치·개선 또는 건강진단의 실시 등의 조치를 하여야 한다(동조 제6항). 사업주는 산업안전보건위원회 또는 근로자대표가 요구하면 작업환경측정 결과에 대한 설명회를 개최하여야 한다 이 경우 작업측정을 위탁하여 실시한 경우에는 작업환경측정기관에 작업환경측정 결과에 대하여 설명하도록 할 수 있다(동조 제7항).

2. 휴게시설의 설치

사업주는 근로자[36]가 신체적 피로와 정신적 스트레스를 해소할 수 있도록 휴식시간에 이용할 수 있는 휴게시설을 갖추어야 한다(128조의 2).

3. 건강진단

사업주는 상시 사용하는 근로자의 건강관리를 위하여 건강진단을 실시하여야 한다(제129조). 이 경우 근로자대표가 요구하면 근로자대표를 참석시켜야 한다(제132조 제1항). 사업주는 건강진단의 결과 근로자의 건강을 유지하기 위하여 필요하다고 인정할 때에는 작업장소 변경, 작업 전환, 근로시간 단축, 야간근로의 제한, 작업환경측정 또는 시설·설비의 설치·개선 등 고용노동부령으로 정하는 바에 따라 적절한 조치를 하여야 하고(동조 제4항), 산업안전보건위원회 또는 근로자대표가 요구할 때에는 직접 또는 건강진단을 한 건강진단기관으로 하여금 건강진단 결과에 대한 설명을 하도록 하여야 한다. 다만, 개별 근로자의 건강진단 결과는 본인의 동의 없이 공개하여서는 아니 된다(동조 제2항). 근로자는 사업주가 실시하는 건강진단을 받아야 한다. 다만 사업주가 지정한 건강진단기관이 아닌 건강진단기관으로부터 이에 상응하는 건강진단을 받아 그 결과를 증명하는 서류를 사업주에게 제출하는 경우에는 사업주가 실시하는 건강진단을 받은 것으로 본다(제133조).

---

36) 관계수급인의 근로자를 포함한다.

4. 취업제한

(1) 질병자의 근로 금지·제한

사업주는 감염병, 정신질환 또는 근로로 인하여 병세가 크게 악화될 우려가 있는 질병으로서 고용노동부령으로 정하는 질병에 걸린 사람에게는 의사의 진단에 따라 근로를 금지하거나 제한하되(제138조 제1항), 건강을 회복하였을 때에는 지체 없이 근로를 할 수 있도록 하여야 한다(동조 제2항).

(2) 유해·위험작업에 대한 근로시간 제한

사업주는 유해하거나 위험한 작업으로서 높은 기압에서 하는 작업 등 대통령령으로 정하는 작업에 종사하는 근로자에게는 1일 6시간, 1주 34시간을 초과하여 근로하게 하여서는 아니 된다(제139조 제1항).

(3) 자격 등에 의한 취업제한

사업주는 유해하거나 위험한 작업으로서 상당한 지식이나 숙련도가 요구되는 고용노동부령으로 정하는 작업의 경우 그 작업에 필요한 자격·면허·경험 또는 기능을 가진 근로자가 아닌 사람에게 그 작업을 하게 해서는 아니 된다(제140조 제1항). 고용노동부장관은 제1항에 따른 자격·면허의 취득 또는 근로자의 기능 습득을 위하여 교육기관을 지정할 수 있다(동조 제2항).

5. 역학조사

고용노동부장관은 직업성 질환의 진단 및 예방, 발생 원인의 규명을 위하여 필요하다고 인정할 때에는 근로자의 질환과 작업장의 유해요인의 상관관계에 관한 역학조사를 할 수 있고(제141조 제1항), 사업주 및 근로자는 고용노동부장관이 역학조사를 실시하는 경우 적극 협조하여야 하며, 정당한 사유 없이 역학조사를 거부·방해하거나 기피해서는 아니 된다(동조 제2항).

Ⓥ 감독상의 조치

1. 근로감독관의 권한

근로감독관은 이 법 또는 이 법에 따른 명령을 시행하기 위하여 필요한 경우 사업장 또는 사무소에 출입³⁷⁾하여 사업주, 근로자 또는 안전보건관리책임자 등에게 질문을 하고, 장부·서류 그 밖의 물건의 검사 및 안전보건점검을 하며, 관계 서류의 제출을 요구할 수 있다(제155조 제1항). 근로감독관은 기계·설비 등에 대한 검사를 할 수 있으며, 검사에 필요한 한도에서 무상으로 제품·원재료 또는 기구를 수거할 수 있다. 이 경우 근로감독관은 해당 사업주 등에게 그 결과를 서면으로 알려야 한다(동조 제2항). 근로감독관은 이 법 또는 이 법에 따른 명령의 시행을 위하여 관계인에게 보고 또는 출석을 명할 수 있다(동조 제3항).

2. 공단 소속 직원의 검사 및 지도

고용노동부장관은 공단이 위탁받은 업무를 수행하기 위하여 필요하다고 인정할 때에는 공단 소속 직원에게 사업장에 출입하여 산업재해 예방에 필요한 검사 및 지도 등을 하게 하거나, 역학조사를 위하여 필요한 경우 관계자에게 질문하거나 필요한 서류의 제출을 요구하게 할 수 있다(제156조 제1항). 이 경우 공단 소속 직원이 검사 또는 지도업무 등을 하였을 때에는 그 결과를 고용노동부장관에게 보고하여야 한다(동조 제2항).

3. 감독기관에 대한 신고

사업장에서 이 법 또는 이 법에 따른 명령을 위반한 사실이 있으면 근로자는 그 사실을 고용노동부장관 또는 근로감독관에게 신고할 수 있고(제157조 제1항), 사업주는 제1항의 신고를 이유로 해당 근로자에 대하여 해고나 그 밖의 불리한 처우를 해서는 아니 된다(동조 제3항).

---

37) 이 경우 그 신분을 나타내는 증표를 지니고 관계인에게 보여 주어야 하며, 출입 시 성명, 출입시간, 출입목적 등이 표시된 문서를 관계인에게 내주어야 한다(제155조 제4항).

4. 영업정지의 요청

고용노동부장관은 사업주가 안전·보건상의 조치에 위반하여 많은 근로자가 사망하거나 사업장 인근 지역에 중대한 피해를 주는 등 대통령령으로 정하는 사고가 발생하거나, 고용노동부장관의 시정조치에 따른 명령을 위반하여 근로자가 업무로 인하여 사망한 경우에 해당하는 산업재해를 발생시킨 경우에는 관계 행정기관의 장에게 관계 법령에 따라 해당 사업의 영업정지나 그 밖에 제재를 할 것을 요청하거나 공공기관의 장에게 그 기관이 시행하는 사업의 발주 시 필요한 제한을 해당 사업자에게 할 것을 요청할 수 있고(제159조 제1항), 요청을 받은 관계 행정기관의 장 또는 공공기관의 장은 정당한 사유가 없으면 이에 따라야 하며, 그 조치 결과를 고용노동부장관에게 통보하여야 한다(동조 제2항).

관련 판례 대판 2023.11.9, 2018다288662.

근로자의 작업중지권

산업안전보건법은 제52조에서 산업재해가 발생할 급박한 위험이 있는 경우에는 근로자가 작업을 중지하고 대피할 수 있음을 명확히 하고, 산업재해가 발생할 급박한 위험이 있다고 근로자가 믿을 만한 합리적인 이유가 있을 때에는 작업을 중지하고 대피한 근로자에 대하여 해고나 그 밖의 불리한 처우를 금지하도록 규정하고 있다. 누출사고 지점으로부터 반경 200m 정도의 거리에 있던 피고 회사 작업장이 유해물질로부터 안전한 위치에 있었다고 단정하기 어렵고 나아가 원고는 피고 회사의 근로자이자 노동조합의 대표자로서 인체에 유해한 화학물질이 누출되었고 이미 대피명령을 하였다는 취지의 소방본부 설명과 대피를 권유하는 근로감독관의 발언을 토대로 산업재해가 발생할 급박한 위험이 존재한다고 인식하고 대피하면서, 노동조합에 소속된 피고 회사의 다른 근로자들에게도 대피를 권유하였다고 볼 여지가 있다.

중대재해 처벌 등에 관한 법률의 주요 내용

1. 서설

(1) 제정이유

중대재해처벌법이 2022년 1월 27일부터 50인 이상 사업장을 대상으로 시행되었다. 기존에도 산업재해를 예방하기 위한 산업안전보건법이 2020년 1월 16일부터 전면 개정되어 시행되어 왔었지만 2020년 4월 물류사고 건설현장 화재사고[1] 및 2020년 5월 현대중공업 아르곤가스 질식사고[2] 등 산업재해로 인한 사망사고의 계속적인 발생 등이 사회적 문제로 지적되어 오자 기존의 산업안전보건법으로는 산업재해에 이르게 한 책임이 있는 경영책임자와 법인을 처벌하지 못하는 등 근로자의 안전보건조치를 담보하기엔 미흡하다는 주장에 따른 것으로 보인다. 이에 따라 사업 또는 사업장에서 안전·보건조치 의무를 위반하여 인명사고가 발생한 중대산업재해에 대하여 경영책임자의 안전보건관리 책임을 명시하고, 중대재해 발생에 대한 형사책임을 강화하여 산업재해 예방의 실효성을 높이려는 취지이다.

(2) 다른 법령과의 관계

산업안전보건법은 산업안전 및 보건에 관한 기준을 확립하고 그 책임의 소재를 명확하게 하여 산업재해를 예방하고 쾌적한 작업환경을 조성함으로써 노무를 제공하는 자의 안전 및 보건을 유지·증진함을 목적으로 하며, 산업재해보상보험법은 근로자의 업무상의 재해를 신속하고 공정하게 보상하며 재해근로자의 재활 및 사회 복귀를 촉진하는 데 그 목적이 있으므로 사용자의 귀책사유 유무와 관계없이 업무상 사유에 따른 근로자의 부상·질병·장해 또는 사망을 적용대상으로 한다. 즉 산업안

---

1) 2020.04.29. 이천 물류센터신축공사 현장에서 발생한 화재로 인해 작업자 38명이 사망하였다.
2) 2020.05.21. 현대중공업 하청소속 김○○이 배관 및 용접작업 진행을 확인하는 과정에서 쓰러져 병원으로 이송되었으나 사망하였다.

전보건법은 사전예방적 성격을, 산업재보상보험법은 사후보상 내지 사후구제적 성격이 있다. 반면에 중대재해처벌법은 사업 또는 사업장의 사업주나 경영책임자 등이 준수하여야 할 안전 및 보건 관계 법령의 의무 이행에 필요한 관리상의 조치 등을 규정하고 있는 것으로 중대산업재해를 예방하기 위해 이들에게 안전 및 보건 확보의무를 부과하고 안전 및 보건 확보의무를 이행하지 아니하거나 방치함으로써 중대산업재해가 발생하는 경우에는 형사처벌을 한다는 점에서 차이가 있다.

2. 중대재해의 개념

중대재해처벌법은 중대재해를 중대산업재해와 중대시민재해로 구분해, 의무와 책임을 달리하고 있는데 여기에서 '중대산업재해'란 「산업안전보건법」 제2조 제1호에 따른 산업재해[3] 중 사망자가 1명 이상 발생하거나 동일한 사고로 6개월 이상 치료가 필요한 부상자가 2명 이상 발생 또는 동일한 유해요인으로 급성중독 등 대통령령으로 정하는 직업성 질병자가 1년 이내에 3명 이상 발생한 재해를 말한다(법 제2조 제3호). 사망의 경우 그 원인 등 중대산업재해에 해당하기 위한 다른 요건을 규정하고 있지 않으므로 산업안전보건법상 산업재해에 해당한다면 사고에 의한 사망뿐만 아니라 직업성 질병에 의한 사망도 중대산업재해에 포함된다. 여기에서 사망은 부상 또는 질병이 발생한 날부터 일정한 시간이 경과한 이후에 발생하는 경우가 있을 수 있는 바 이 경우 중대산업재해는 종사자의 사망 시에 발생한 것으로 보아야 한다.[4] 다만 직업성 질병은 산업안전보건법의 산업재해에 해당되어야 하므로 업무에 관계되는 유해·위험요인에 의하거나 작업 또는 그 밖의 업무로 인하여 발생하였음이 명확한 것이어야 한다.

---

3) "산업재해"란 노무를 제공하는 사람이 업무에 관계되는 건설물·설비·원재료·가스·증기·분진 등에 의하거나 작업 또는 그 밖의 업무로 인하여 사망 또는 부상하거나 질병에 걸리는 것을 말한다.
4) 고용노동부, 중대재해처벌법 해설, p.10.

3. 적용 범위 및 기준

(1) 적용 범위

산업안전보건법은 원칙적으로 모든 사업에 적용되나, 중대재해처벌법[5]에서는 상시근로자가 5명 미만인 사업 또는 사업장의 사업주[6] 또는 경영책임자 등에게는 적용하지 아니한다(제3조).

(2) 상시근로자 기준

사업 또는 사업장의 상시근로자란 근로기준법상 근로자를 말하는 것으로 여기에는 기간제근로자뿐만 아니라 일용근로자도 포함된다. 도급, 용역, 위탁 등 계약의 형식에 관계없이 그 사업의 수행을 위하여 대가를 목적으로 노무를 제공하는 자나 이를 행한 제3의 근로자는 안전 및 보건 확보의무 대상은 되지만 해당 사업 또는 사업장의 상시근로자에는 포함되지 않는다. 따라서 상시근로자가 5명 미만인 개인사업주나 법인 또는 기관에서 노무를 제공하는 특수형태근로종사자, 플랫폼종사자 등이 5명 이상인 경우에도 해당 사업 또는 사업장은 법의 적용대상이 아니다. 도급인 소속의 상시근로자가 5명 이상인 경우에는 수급인 소속의 상시근로자가 5명 미만으로 수급인이 이 법의 적용을 받지 않으나, 도급인은 수급인과 수급인의 근로자 및 노무를 제공하는 자에 대해 안전 및 보건 확보의무를 부담해야 한다. 반대로 도급인 소속 상시근로자는 5명 미만이지만 수급인 소속 근로자는 5명 이상인 경우 도급인인 개인사업주나 법인 또는 기관은 법의 적용대상이 아니지만 수급인은 법의 적용 대상이 된다.[7]

(3) 사업주의 책임범위

중대재해처벌법에서는 중대재해에 대해 책임의 주체를 사업주와 경영책임자 등으로 명시하고 있다(법 제2조 제8호 및 제9호). 여기에서 "사업주"란 자신의 사업을 영위하는 자, 타인의 노무를 제공받아 사업을 하는 자를 말하는 것으로 중대재해처벌법에 따

---

5) 이 법 시행 당시 개인사업자 또는 상시근로자가 50명 미만인 사업 또는 사업장 (건설업의 경우에는 공사금액 50억원 미만의 공사)에 대해서는 공포 후 3년이 경과한 날(2024.01.27.)부터 시행한다.
6) 개인사업주에 한정한다.
7) 고용노동부, 중대재해처벌법 해설, p.33.

른 사업주는 근로자를 사용하여 사업을 하는 자로 한정하고 있는 산업안전보건법에 따른 사업주보다 넓은 개념이다. 중대재해처벌법이 산업안전보건법과 달리 제반 의무를 개인으로서의 사업주와 경영책임자 등에게 부과하고 개인사업주가 아닌 사업주를 경영책임자 등과 구분하여 법인 또는 기관으로 표현하고 있는 점에 비추어 볼 때 중대재해처벌법에서 규정하는 사업주는 행위자로서 개인사업주만을 의미한다.[8] "경영책임자 등"이란 원칙적으로 사업 전체를 대표하고 사업을 총괄하는 권한과 책임이 있는 사람 또는 이에 준하여 안전보건에 관하여 업무를 담당하는 사람을 말하나, 사업을 대표하고 사업을 총괄하는 권한과 책임이 있는 자 외에 안전 및 보건에 관한 업무를 담당하면서 그에 관한 최종적인 의사결정권을 행사할 수 있는 사람이 있다면 그 역시 경영책임자 등에 해당할 수 있다고 보았다. 경영책임자에 해당하는 사람이 여러 명이 있는 경우 개별 사안마다 안전 및 보건 확보의무 불이행에 관한 최종적 의사결정권의 행사나 그 결정에 관여한 정도를 구체적으로 고려하여 형사책임이 부과되어야 한다.[9]

4. 안전 및 보건 확보의무

중대재해처벌법은 개인사업주 또는 경영책임자 등에게 안전보건조치 의무를 명시(제4조 및 제5조)하고 있는데, 즉 개인사업주나 법인 또는 기관이 실질적으로 지배·운영·관리하는 사업 또는 사업장에서 일하는 모든 종사자에 대해 ① 재해예방에 필요한 인력 및 예산 등 안전보건관리체계의 구축 및 그 이행[10]에 관한 조치, ② 재해 발생 시 재발방지 대책의 수립 및 그 이행에 관한 조치, ③ 중앙행정기관·지방자치단체가 관계 법령에 따라 개선, 시정 등을 명한 사항의 이행에 관한 조치, ④ 안전·보건 관계 법령에 따른 의무 이행에 필요한 관리상의 조치를 말한다. 특히 상시근로자수가 500명 이상인 사업 또는 사업장에는 안전·보건에 관한 업무를 총괄·관리하는 전담 조직을 두어야 할 의무를 부과하고

---

8) 고용노동부, 중대재해처벌법 해설, p.20.
9) 고용노동부, 중대재해처벌법 해설, p.23.
10) "안전보건관리체계의 구축 및 그 이행"이란 근로자를 비롯한 모든 일하는 사람의 안전과 건강을 보호하기 위해 기업 스스로 유해하거나 위험한 요인을 파악하여 제거·대체 및 통제 방안을 마련·이행하며 이를 지속적으로 개선하는 일련의 활동을 말하는 것으로 중대재해처벌법이 개인사업주 또는 경영책임자 등에게 요구하는 것은 단순히 조직의 구성과 역할 분담을 정하라는 의미에 한정되는 것이 아니라 종사자의 안전과 보건이 유지되고 증진될 수 있도록 사업 전반을 운영하라는 의미이다.

있다. 구체적으로는 사업 또는 사업장의 안전보건관리체계를 관리 감독하는 등 개인사업주 또는 경영책임자 등을 보좌하고 개인사업주나 법인 또는 기관의 안전보건에 관한 컨트롤타워로서의 역할을 하는 조직을 의미하는 것으로, 중대재해처벌법령 및 안전보건 관계 법령에 따른 종사자의 안전보건상 유해 위험 방지 정책의 수립이나 안전보건 전문인력의 배치, 안전보건 관련 예산의 편성 및 집행관리 등 법령상 필요한 조치의 이행이 이루어지도록 하는 등 사업 또는 사업장의 안전 및 보건 확보의무의 이행을 총괄 관리하는 것을 말한다.

5. 중대재해 발생에 대한 처분

(1) 형사책임 강화

중대재해처벌법에서 정하는 제재는 기존의 산업안전보건법에 비해 중대재해 발생에 대한 형사책임을 강화한 것으로 안전 및 보건 확보의무를 위반해 중대재해가 발생한 경우, 사업주 또는 경영책임자 등이 형사처벌의 대상이 된다. 구체적으로는 ① 1명 이상의 사망자 발생 시 사업주 또는 경영책임자 등에게는 1년 이상 징역 또는 10억원 이하의 벌금과 양벌규정으로서 법인에게 50억원 이하의 벌금을 부과하고 ② 동일한 사고로 6개월 이상 치료가 필요한 부상자 2명 이상 발생 시 사업주 또는 경영책임자 등에게는 7년 이하 징역 또는 1억원 이하 벌금을, 법인에게는 10억원 이하의 벌금을 부과하게 된다.

(2) 징벌적 손해배상

중대재해처벌법 제15조에서는 산업안전보건법에 없는 징벌적 손해배상제도를 도입했다. 이에 따르면 사업주 또는 경영책임자 등이 고의 또는 중대한 과실로 중대재해처벌법에서 정한 안전 및 보건조치 의무를 위반하여 중대재해를 발생하게 한 경우 해당 사업주 또는 법인은 중대재해로 손해를 입은 사람에 대하여 그 손해액의 5배를 넘지 아니하는 범위에서 배상책임을 지지만 법인이 해당 업무에 대해 상당한 주의와 감독을 한 경우에는 적용되지 않는다. 법인이 배상액을 정할 때에는 ① 고의 또는 중대한 과실의 정도 ② 의무위반행위의 종류 및 내용 ③ 의무위반행위로 인하여 발생한 피해의 규모 ④ 의무위반행위로 인하여 사업주나 법인이 취득한 경제적 이익

⑤ 의무위반행위의 기간·횟수 ⑥ 사업주나 법인의 재산상태 ⑦ 사업주나 법인의 피해구제 및 재발방지 노력의 정도 등 7가지 사항을 고려하여 배상액을 결정한다.

⑶ 안전보건교육 수강

중대산업재해가 발생한 법인 또는 기관의 경영책임자 등은 총 20시간의 범위에서 안전교육을 이수하여야 한다(제8조 및 시행령 제6조). 이는 중대산업재해가 발생한 법인 또는 기관의 경영책임자 등에 대해 안전보건교육을 이수하게 함으로써 중대산업재해 예방에 관한 인식을 개선하고 안전보건관리체계 구축 및 발생한 중대산업재해에 대한 원인 분석과 대책 수립 이행을 촉진하고자 하는 것이다.[11]

---

11) 고용노동부, 중대재해처벌법 해설, p.116.

사항 색인 ||||||||||||||||||||||||||||||||||||||||||||||||||||||||||||||||